D1652904

Eigentum des Landes Hessen
Gesamtschule Kirchhain
Realschule
Jahr 19....

Bei Beschädigung oder Verlust volle Ersatzpflicht!
Das Buch ist mit einem Schutzumschlag zu versehen!

Sofort nach Erhalt des Buches
sind folgende Angaben einzutragen:

Vor- und Zuname des Schülers — Druckbuchstaben —	Jahr	Zustand der Ausgabe Rückgabe
Markus Klingelhöfer		
Christoph Linne	01/02	

ANNO 2

**Band 2
Vom Mittelalter bis zum Ende
des Absolutismus**

Herausgegeben von
Bernhard Askani und Elmar Wagener

Erarbeitet von
Dr. Bernhard Askani, Dr. Ralph Erbar, Dr. Sylvia Fein,
Werner Hamann, Jürgen Klöckner, Dr. Ingeborg Seltmann,
Dr. Amrei Stupperich, Dr. Martin Stupperich,
Elmar Wagener, Klaus Wohlt

westermann

Die Autoren und ihre Beiträge:

Dr. Bernhard Askani: Herrschaft und Kirche im Mittelalter
Dr. Ralph Erbar, Dr. Sylvia Fein: Der Absolutismus in Europa
Werner Hamann: Die Reformation und ihre Folgen
Jürgen Klöckner: Europa im späten Mittelalter
Dr. Ingeborg Seltmann: Menschen im Mittelalter
Dr. Amrei Stupperich, Dr. Martin Stupperich: Europa im Glaubensstreit
Elmar Wagener: England und der Aufstieg der USA (S. 259–265 in Verbindung mit Martin Thunich); Herbst des Mittelalters
Klaus Wohlt: Das Zeitalter des Umbruchs

1. Auflage Druck   6   5   4   3   2
Herstellungsjahr   1999   1998   1997   1996   1995
Alle Drucke dieser Auflage können im Unterricht
parallel verwendet werden.

© Westermann Schulbuchverlag GmbH, Braunschweig 1995

Verlagslektorat: Dieter J. Bode, Karin Gebel
Typographie: Eilert Focken
Layout und Herstellung: Sandra Grünberg
Druck und Bindung: westermann druck GmbH, Braunschweig

ISBN 3-14-110942-7

Inhalt

Herrschaft und Kirche im Mittelalter ... 6
Das Karolingerreich ... 9
Karl der Große – „Vater Europas" ... 9
Lehnswesen und Grundherrschaft ... 12
Karl der Große – der allerchristlichste Kaiser ... 16
Das Reich der Sachsenkönige ... 18
Das Ostfrankenreich wird selbständig ... 18
Die Erneuerung des Kaisertums ... 22
Der Streit zwischen Kaiser und Papst ... 26
Die Salier und ihr Reich ... 26
Investiturstreit: Wer setzt die Bischöfe ein? ... 28
Die Kreuzzüge – Krieg im Namen Gottes ... 34
Aufbruch zur Befreiung der Heiligen Stätten ... 34
Begegnung von Abend- und Morgenland ... 38
Die Herrschaft der Staufer ... 40
Kaiser Friedrich I. Barbarossa ... 40
Friedrich II. – Weltwunder oder Antichrist? ... 46
Zusammenfassung ... 51
Geschichtslabor: Baustile des Mittelalters: Romanik und Gotik ... 52

Menschen im Mittelalter ... 56
Lebensbedingungen der Menschen ... 59
Natur und Umwelt ... 59
Von der Wiege bis zur Bahre ... 60
Vorstellungen von der Ordnung der Welt ... 66
Das Bild der Erde ... 67
Die Zeit in Gottes Hand ... 68
Die Ständeordnung ... 69
Menschen in den Dörfern ... 70
Das Leben in Haus und Hof ... 70
Die Arbeit der Bauern ... 72
Die Bauern und ihre Herren ... 76
Menschen in den Klöstern ... 78
Bete und arbeite ... 78
Das Kloster – ein Ort mit vielen Aufgaben ... 80
Menschen in den Burgen ... 84
Die Burg und ihre Bewohner ... 84
Vom Leben der „Hêren und Frouwen" ... 86
Menschen in den Städten ... 90
Freiheit hinter Mauern ... 90
Leben und Arbeiten in der Stadt ... 94
Politische Veränderungen in der Stadt ... 101
Städte schließen sich zusammen: Die Hanse ... 104
Zusammenfassung ... 107
Geschichtslabor: Was fand sich im Klo? ... 108

Europa im späten Mittelalter ... 110
Von einem Reich zu vielen Ländern ... 113
Die Macht im Reich verlagert sich ... 113
Brandenburg – Beispiel einer Landesherrschaft ... 116
Kirche und Reich in der Krise ... 118

Inhalt

Nationalstaaten in Westeuropa 120
England und Frankreich 120
Spanien – Nation aus drei Kulturen 122
Osteuropa im späten Mittelalter 124
Deutsche siedeln im Osten 124
Die Entwicklung Polens 128
Der Aufstieg Rußlands 130
Herbst des Mittelalters 132
Die Pest entvölkert Europa 132
Wissen und Bildung 133
Pracht und Wohlstand in Burgund 134
Zusammenfassung 135

Das Zeitalter des Umbruchs 136
Renaissance und Humanismus 139
Mit anderen Augen 139
Florenz – Wiege von Renaissance und Humanismus 140
Künstler, Forscher und Erfinder 142
Kolumbus und die Folgen 146
Alte Ziele – neue Wege 146
Alte Kulturen – neue Herren 152
Die Weltwirtschaft 158
Europa beherrscht den Welthandel 158
Die Fugger 161
Zusammenfassung 165
Geschichtslabor: Der Prozeß des Galilei 166

Die Reformation und ihre Folgen 170
Luthers Angriff auf die Kirche 173
Kirche und Volksfrömmigkeit 173
Luthers Bruch mit der Kirche 176
Reformation und Politik 179
Luther vor Kaiser und Reich 179
Soziale Unruhen 182
Das Ende der Glaubenseinheit 188
Die lutherischen Landeskirchen 188
Die Glaubensspaltung im Deutschen Reich 189
Zusammenfassung 193

Europa im Glaubensstreit 194
Das Erstarken der alten Kirche 197
Die Jesuiten 197
Das Konzil von Trient 199
Konfessionen in Europa 200
Calvin und die Reformierten 200
Protestanten in Westeuropa 203
Der Dreißigjährige Krieg 207
Hintergründe und Kriegsursachen 207
Der Krieg und die europäischen Mächte 208
Der Westfälische Friede 212
Zusammenfassung 213

Inhalt

Der Absolutismus in Europa ... 214
Frankreich unter Ludwig XIV. ... 217
Ludwig XIV. und der Hof des Sonnenkönigs ... 217
Ein Volk von Untertanen ... 220
Die Stützen des absolutistischen Staates ... 222
Frankreich als Vorbild für Europa ... 228
Französisch wird Mode ... 228
Der Absolutismus in Preußen ... 232
Sachsen und Polen unter August dem Starken ... 234
Der aufgeklärte Absolutismus ... 236
Die Aufklärung ... 236
Preußen unter Friedrich II. ... 239
Der aufgeklärte Absolutismus in Österreich ... 244
Die Europäisierung Rußlands ... 246
Rußlands Aufstieg zur europäischen Großmacht ... 246
Katharina II. – eine aufgeklärte Zarin? ... 250
Zusammenfassung ... 253
Geschichtslabor: Die Rekonstruktion der Frauenkirche in Dresden ... 254

England und der Aufstieg der USA ... 256
Die Anfänge des Parlaments ... 259
König und Adel ... 259
Der König und sein Parlament ... 260
Das Parlament besiegt den König ... 262
Der Konflikt zwischen König und Parlament ... 262
Englands Untertanen in Amerika ... 266
Auf dem Weg in ein neues England ... 266
Der Konflikt mit dem Mutterland ... 270
Ein Staat ohne König ... 274
Die Verfassung der Vereinigten Staaten ... 274
Die Ausdehnung der Vereinigten Staaten ... 275
Zusammenfassung ... 277
Geschichtslabor: Vertrieben aus Wigwam und Tipi ... 278

Daten der Geschichte ... 280
Minilexikon ... 281
Register ... 285

Herrschaft und Kirche im Mittelalter

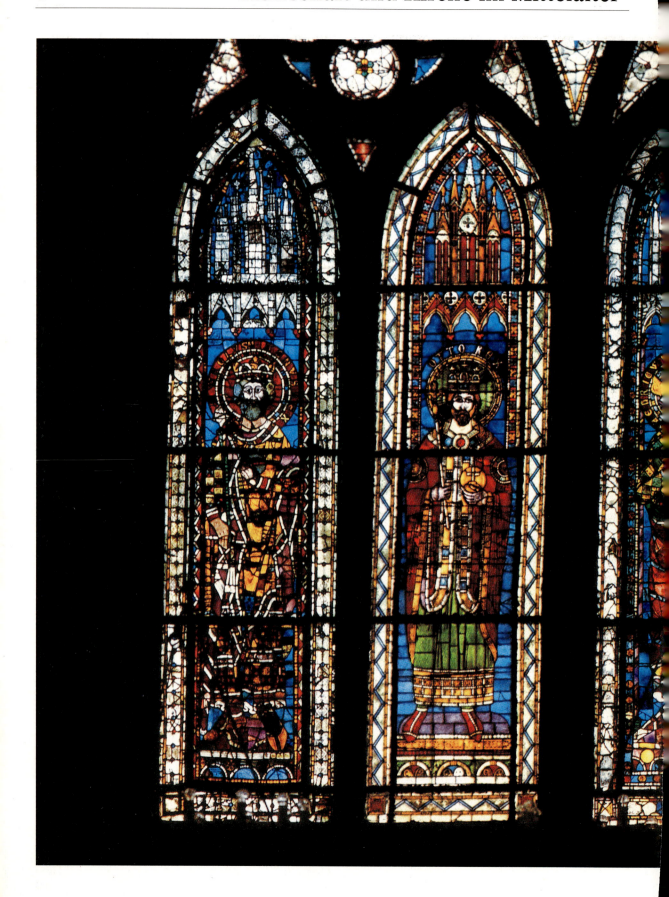

Kannst du dir vorstellen, daß heute in einer Kirche der amerikanische Präsident und alle seine Vorgänger auf den Fenstern einer Kirche abgebildet werden? – In Straßburg, dem Sitz des Europa-Parlaments, gibt es so etwas.

Im dortigen Münster schauen seit dem 13. Jahrhundert die überlebensgroßen bunten Glasbilder von Kaisern und Königen auf die Gläubigen herab. Vier davon, Karl der Große, Otto der Große, Heinrich II. der Heilige und Friedrich Barbarossa, sind hier abgebildet. Alle tragen die Abzeichen ihrer Herrscherwürde in den Händen, während die gekrönten Häupter von Heiligenscheinen umgeben sind. Die Menschen des Mittelalters glaubten, die Könige seien von Gott eingesetzt und etwas Ähnliches wie Heilige. Deshalb fanden sie es auch ganz richtig, sie in der Kirche abzubilden.

Wie diese Herrscher regiert haben und welche Rolle die Kirche dabei gespielt hat, davon soll in diesem Kapitel die Rede sein.

Herrschaft und Kirche im Mittelalter

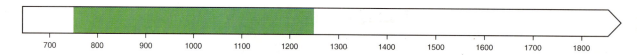

Kirche, Könige und Kaiser

Aus dem Mittelalter, der Zeit zwischen 500 und 1500, greift dieses Kapitel den Zeitraum heraus, in dem sich die typischen Formen gebildet haben. Es ist die Epoche zwischen der Regierung des Frankenkönigs und ersten Kaisers KARLS DES GROSSEN (768–814) und dem Ende der Herrschaft der Kaiser aus dem Geschlecht der STAUFER (1250). Geprägt ist diese Zeit vor allem durch die von den Päpsten geleitete *christliche Kirche* des Westens. Deshalb sind in die Karte die Erzbistümer der katholischen Kirche eingetragen; sie bilden zusammen das *Abendland*.

Politisch war das Abendland in Königreiche gegliedert. Die Könige der einzelnen Lehnsstaaten standen an der Spitze adliger Gefolgschaften. Nur einer von ihnen trug den Kaisertitel. Kaiser waren zunächst seit Karl dem Großen fränkische Herrscher, danach seit Otto dem Großen (936–973) deutsche Könige. Sie wurden vom *Papst* in Rom zu Kaisern gekrönt und gerieten im 11. Jahrhundert mit ihm in eine schwere Auseinandersetzung, den *Investiturstreit*. Seit Friedrich Barbarossa (1152–1190) vereinigten die deutschen Kaiser vier Königreiche in ihrer Hand: Deutschland, Burgund, Italien und Sizilien.

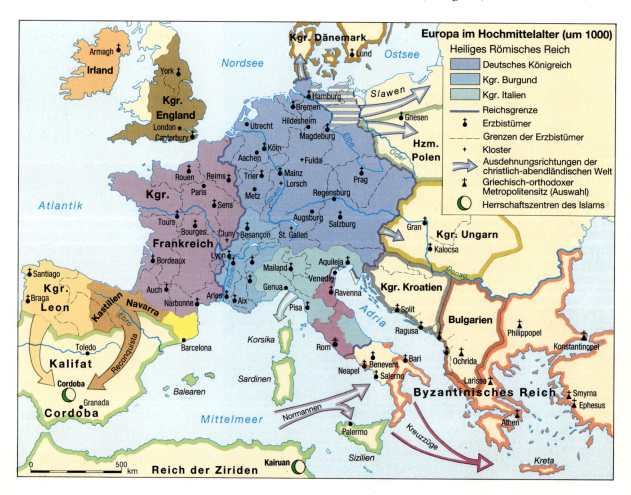

Das Karolingerreich 9

Karl der Große – Ideal des Herrschers im Mittelalter

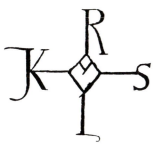

Namenszeichen (Monogramm) Karls des Großen auf einer Urkunde von 781.

Karl der Große – „Vater Europas"

KARL DER GROSSE heißt er bei den Deutschen; die Franzosen nennen ihn „Charlemagne". Und beide stellen ihn an den Anfang ihrer Geschichte. Seine Freunde nannten ihn manchmal „Vater Europas". Seine Familie heißt nach ihm die *Karolinger*. Wer war dieser Karl?

Sein Vater PIPPIN war 751 vom Hausmeier zum fränkischen König aufgestiegen. Schon im Jahre 754 hatte er den damals siebenjährigen Karl und dessen jüngeren Bruder KARLMANN vom Papst zu Königen salben lassen. Nach Pippins Tod 768 wurde das Frankenreich zunächst geteilt. Aber Karlmann starb schon 771, so daß Karl der Große bis zu seinem Tod 814 die Geschicke des Reichs allein in die Hand nehmen konnte. Er tat das so erfolgreich, daß er über das ganze Mittelalter hinweg als das große Idealbild eines christlichen Herrschers verehrt wurde. Besonders in den Sagen behielt sein Name einen magischen Klang.

Auch persönlich kennen wir ihn ziemlich gut, weil der Leiter seiner Hofschule, EINHARD, eine Beschreibung seiner Person und seiner Taten verfaßt hat:

> Er hatte eine breite und kräftige Gestalt, war von hervorragender Größe, die jedoch das rechte Maß nicht überschritt, denn seine Länge betrug bekanntlich sieben seiner Füße [1.92 m]; sein Schädel war rund, seine Augen außergewöhnlich groß und lebhaft, die Nase etwas größer als normal; er hatte schönes graues Haar und ein fröhliches, heiteres Gesicht. Daher erhielt seine Gestalt im Stehen wie im Sitzen eine besondere Würde und Autorität. Obwohl sein Nacken feist und zu kurz und sein Bauch zu dick erschienen, wurde dies durch das Ebenmaß der anderen Glieder verdeckt. Er hatte einen festen Gang und eine vollkommen männliche Haltung; nur seine helle Stimme paßte weniger zu der ganzen Gestalt ...
>
> Fleißig übte er sich im Reiten und Jagen ... wie auch im Schwimmen, das er besser als jeder andere beherrschte ...
>
> Er besaß eine reiche und überströmende Redegabe und ... widmete sich auch dem Erlernen fremder Sprachen. Im Lateinischen brachte er es so weit, daß er es wie seine Muttersprache redete ...
>
> Er versuchte auch zu schreiben und pflegte deshalb Schreibtäfelchen und Büchlein im Bett unterm Kopfkissen bei sich aufzubewahren, um in der Freizeit seine Hand an das Buchstaben-Malen zu gewöhnen. Doch hatte er mit seinen verkehrten und zu spät begonnenen Bemühungen wenig Erfolg.
> (Einhard, Leben Karls d. Gr., Kap. 22 und 25, Quellen zur karolingischen Reichsgeschichte, Teil I, Darmstadt 1974, S. 193–197, bearbeitet v. B. Askani)

Das Bild Karls des Großen aus der Silbermünze ist dem Gesicht der Reiterstatuette aus Bronze verblüffend ähnlich. Erst über vierhundert Jahre später haben sich mittelalterliche Herrscher wieder so naturgetreu wiedergeben lassen.

1 Vergleiche das Münzbild und die Statuette mit Einhards Darstellung von Karl dem Großen. Du könntest einmal versuchen, selbst ein Portrait von ihm zu zeichnen.
2 Errechne, wie lange Karl regiert hat, in welchem Alter er König geworden ist, und wie alt er wurde.

Das Karolingerreich

Vom Frankenreich zum Karlsreich

KARL MARTELL, der Großvater Karls des Großen, hat 732 das Frankenreich vor den Arabern gerettet. Sein Vater Pippin übernahm den Schutz des Papstes gegen die Langobarden, schenkte ihm den *Kirchenstaat* und erhielt dafür den Titel „Schutzherr der Römer". Karl selbst verdankt seinen Beinamen „Vater Europas" vor allem seinen Eroberungen. Das Frankenreich erweiterte er so, daß es das gesamte *Abendland*, d. h. den Bereich der katholischen Christenheit, außer England und Irland, umfaßte. Rasch unterwarfen seine Panzerreiter Gebiete im Süden und Osten und gliederten sie dem Reich an.

Zunächst zwang er das aufständische Aquitanien unter fränkische Herrschaft und eroberte danach das *Langobardenreich* in Italien. Nach einem gescheiterten Feldzug gegen die Araber in Spanien, bei dem der sagenumwobene Markgraf ROLAND fiel, wurde in Nordspanien eine *Grenzmark* angelegt. Im Südosten des Reiches setzte Karl den aufständischen Bayernherzog TASSILO ab, unterwarf die *Awaren* im heutigen Ungarn und errichtete auch hier eine Grenzmark.

30 Jahre dauerte der Krieg gegen die *Sachsen,* die erbitterten Widerstand leisteten. Jahr für Jahr unternahmen die Franken Feldzüge, schlugen Aufstände blutig nieder und zwangen die Sachsen zur Taufe. Als unter der Führung von Herzog WIDUKIND eine neuer Aufstand losbrach, hielt Karl 782 ein Strafgericht in VERDEN und ließ viele Sachsen hinrichten. Den letzten Widerstand brach er durch gewaltsame Umsiedlung von 10 000 Menschen innerhalb des Reichs.

Adel und Kirche als Stützen der Regierung Karls

Neben den fränkischen Adel traten nun auch die Adligen aus den unterworfenen Völkern. Sie bildeten mit ihren Gefolgschaften das Heer. Karl setzte sie aber auch als *Grafen* und *Markgrafen* oder als *Königsboten* zur Kontrolle weit entfernter Gebiete ein. Und er ernannte Männer aus dem Adel zu *Bischöfen* und *Äbten* an den Kirchen und Klöstern des Reichs, denn die Kirche war die wichtigste Klammer für die Einheit.

> Beim Tode eines Bischofs setzte der Kaiser einen jungen Mann an seine Stelle. Als dieser nun freudig hinausschritt und seine Diener ihm entsprechend seiner bischöflichen Würde das Pferd an die Treppenstufen heranführten, ärgerte er sich, daß sie ihn wie einen kranken Mann behandeln wollten, und sprang vom ebenen Boden aus so auf sein Pferd, daß er sich kaum halten konnte. Der König beobachtete das durch die Fenstergitter seines Palastes, ließ ihn schnell zu sich rufen und sprach: „Guter Mann, du bist rasch und beweglich, hurtig und behend; wie du selbst weißt, wird die Ruhe meines Reiches ringsum durch viele Kriegswirren gestört... Bleib also noch eine Zeitlang als Gefährte meiner Mühen, solange du dein Roß so schnell besteigen kannst."
> (Notker, Taten Karls, Kap. I, 6, Quellen zur karolingischen Reichsgeschichte III, S. 331, übersetzt von R. Rau, Darmstadt 1960)

Ein Adliger und ein Geistlicher (karolingische Malerei aus der Kirche St. Benedikt in Mals, Südtirol).

Das Karolingerreich

Lehnswesen und Grundherrschaft

Das Lehnswesen – die Stütze des Staats im Mittelalter

Das fränkische Heer war seinen Gegnern oft derart überlegen, daß diese eine offene Schlacht überhaupt nicht wagten. Denn es verfügte über sehr viele, besonders gut ausgerüstete Krieger aus dem ganzen Reich. Die schlagkräftigste Truppe bildeten die *Reiter*. Sie trugen einen Bronzehelm, einen Lederpanzer, der mit Eisenplättchen besetzt war, lederne Beinschienen und einen lederbezogenen Schild. Ihre Waffen waren Lanzen mit Eisenspitzen, ein kurzes Schwert und ein Langschwert aus Stahl, das mit beiden Händen geführt wurde.

Da diese Waffen teuer waren, konnten sich die freien fränkischen Krieger häufig gar nicht mehr selbst ausrüsten. Karl der Große ordnete deshalb an, daß sich jeweils vier solcher Leute zusammentun sollten, um gemeinsam einen Mann für das Heer zu stellen. Die meisten Krieger waren aber nicht solch einfache freie Männer, sondern reiche Adlige, Grafen oder Herzöge, die genügend Land besaßen, um sich und eine ganze Gefolgschaft ausrüsten zu können.

Ihnen verlieh der König oft auch noch Besitzungen, manchmal ganze Dörfer, Klöster und Bistümer mit allen Einkünften. Solche auf Lebenszeit verliehenen Besitzungen und Ämter nannte man „Wohltaten" (lat. beneficium) oder mit dem germanischen Wort *Lehen* (= Geliehenes). Als Gegenleistung dafür verlangte der König *Dienste*. Geistliche Lehnsleute hielten am Königshof die Gottesdienste oder waren als politische Berater tätig. Sie mußten aber auch Kriegsdienst leisten. Die Hauptaufgabe der weltlichen Adligen war der Heeresdienst. Sie mußten, wenn der König sie rief, im Frühjahr mit ihrer Kriegergefolgschaft zum Heereszug erscheinen und alles mitbringen, was für Rüstung und Verpflegung nötig war.

Leute, die Lehen erhielten, hießen *Vasallen* oder *Lehnsleute;* große Herren, die ihre Lehen vom König selbst bekommen hatten, waren Kronvasallen. Häufig vergaben auch sie einen Teil ihrer Besitzungen als Lehen an Untervasallen. So entstand ein ganzes Netz von persönlichen Abhängigkeiten zwischen dem König, dem hohen und dem niederen Adel: das *Lehnswesen* des Mittelalters.

Im neunten Jahrhundert wurde das Lehnswesen zur wichtigsten Ordnung des Staates und setzte sich schließlich als Herrschaftsordnung für das ganze Mittelalter durch. Da der König darauf angewiesen war, daß ihn seine Vasallen nicht im Stich ließen, mußte er darauf achten, daß nur ihm treu ergebene Adlige seine Lehen erhielten. Bei geistlichen Lehnsleuten war das weniger problematisch, weil bei deren Tod die Lehen an den König zurückfielen. Weltliche Herren dagegen wollten natürlich die Lehen an ihre Söhne weitergeben und erreichten auch bald, daß die Lehen erblich wurden.

Bei der Übergabe eines Lehens forderte der Lehnsherr von seinem Vasallen einen Huldigungseid. Das geschah ganz öffentlich vor vielen Zeugen. Der Lehnsherr saß auf einem Thronsessel, und der Vasall kniete vor ihm nieder und legte seine zum Fesseln dargebotenen Hände in die seines Herrn zum Zeichen seiner Unterwerfung. Dabei schwor er ihm Treue und Gehorsam, ohne dadurch seine Freiheit aufzugeben. Knechtsdienste und bäuerliche Arbeiten konnte der Herr nicht von ihm fordern. Der Lehnsherr dagegen verpflichtete sich bei der Belehnung zum Schutz seines Vasallen.

Bild einer Belehnung nach dem Sachsenspiegel, einem Rechtsbuch des 13. Jahrhunderts.

Das Lehnswesen
(nach Bildern des 9. Jh.)
Der König ist Karl der Kahle, ein Enkel Karls des Großen, der von 840 bis 877 König des Westfrankenreichs war.

Lehnsherr und Vasallen

König, oberster Lehnsherr, verleiht Land und Ämter.

Weltliche und geistliche Kronvasallen leisten Heeres- und Hofdienst.
Viele von ihnen haben ebenfalls Vasallen.

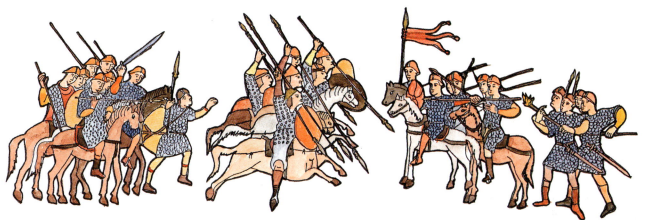

Untervasallen leisten Kriegsdienst im fränkischen Heer.

14 Das Karolingerreich

Die Grundherrschaft

In dieser Zeit, in der nur ganz wenig Geld im Umlauf war und es noch kaum Handel über größere Entfernungen gab, lebten fast alle Menschen von der Landwirtschaft. Über 90 Prozent waren Bauern. Sie ermöglichten durch ihre Arbeit auf den Feldern und Wiesen, in Ställen und Scheunen, daß die adligen Herren sich Rüstungen, Waffen und Pferde beschaffen konnten, daß Könige Kriegszüge unternehmen und Bischöfe Kirchen bauen und ausschmücken konnten. Ihre Arbeit versetzte die Äbte in die Lage, in ihren Klöstern Bücher abschreiben zu lassen und Schulen einzurichten.

Die Bauern lebten entweder auf großen Gutshöfen, wie sie z. B. der König besaß, oder in kleinen Dörfern. Aber die Felder und Wiesen, die sie bewirtschafteten, gehörten gewöhnlich nicht ihnen, sondern den adligen *Grundherren*. Von ihnen bekamen die Bauernfamilien Häuser und Felder zugewiesen. Einen Teil der Felder und den Wald behielt der Grundherr meist selbst. Sein Vertreter im Dorf, der *Maier*, bestimmte, wann die Bauern auf ihren Feldern arbeiten durften und wann sie Arbeiten auf den Herrenfeldern leisten mußten. Solche Arbeiten nannte man Herren- oder *Frondienste*. Der Maier kontrollierte auch im Auftrag des Grundherrn die *Abgaben*, die die Bauern für die ausgeliehenen Felder entrichten mußten, und er ordnete an, welche weiteren Dienste die Bauern – vor allem als Fuhrleute – zu leisten hatten.

Ohne Erlaubnis des Grundherrn durften sie weder heiraten noch an einen anderen Ort ziehen. Und wenn der Grundherr ein Stück Land oder ein ganzes Dorf verkaufte oder einer Kirche schenkte, dann blieben die Menschen selbstverständlich in ihren Häusern wohnen; sie wechselten nur den Herrn, dem sie gehörten und gehorchten. Wir nennen diese Leute deshalb unfreie Grundholde oder *Hörige*; wenn sie ganz rechtlos sind, heißen sie *Leibeigene*.

Wie ein solches grundherrschaftliches Dorf ausgesehen hat, geht aus dem folgenden Verzeichnis hervor, das der Abt des Klosters Saint-Germain-des-Prés bei Paris um 820 aufzeichnen ließ. Als Grundherr wollte er sich damit einen Überblick über seine Einkünfte verschaffen. Das Dorf NULLY liegt etwa 150 km von Paris entfernt. Das Verzeichnis ist hier nur teilweise abgedruckt. Im dritten Abschnitt sind die Abgaben und Frondienste für *eine* Hufe (das Ackerland *eines* Bauernhofes) aufgelistet. Da der Abt insgesamt sechs Hufen an seine Hörigen ausgegeben hatte, muß man alle Zahlen mit sechs multiplizieren, wenn man ausrechnen will, wie viele Einwohner das ganze Dorf hatte, und was alle zusammen abliefern mußten.

Kalenderbild mit bäuerlichen Tätigkeiten für die Monate Juni bis Oktober und Januar aus einer Handschrift, die kurz nach dem Tod Karls des Großen entstand.

Abgaben und Frondienste

Das Kloster hat in Nully eine Herrenhufe mit reichlichen Nebengebäuden. Es gibt dort zehn kleine Felder mit 40 Teilen Ackerland, darauf können 200 Scheffel Hafer gesät werden, neun große Wiesenstücke, von denen zehn Karren Heu geerntet werden können.

Der Knecht Electeus und seine Frau Landina, Eigenleute von Saint-Germain, bleiben in Nully. Er hat eine halbe Hufe, bestehend aus sechs Teilen Ackerland und einem halben Wiesenstück. Er pflügt bei der Winterbestellung vier Äcker, bei der Frühjahrsbestellung dreizehn. Er fährt Mist auf das Herrenfeld und tut und zahlt sonst nichts wegen des Dienstes, den er übernimmt als Vertreter des Grundherrn.

Der Knecht Abrahil und seine Frau Berthild, Eigenleute von Saint-Germain; das sind ihre Kinder: Abram, Avremar, Bertrada. Der Hörige Ceslin und seine Frau Leutberga; das sind ihre Kinder: Leutgard, Ingohild. Der Hörige Godalbert; das sind seine Kinder: Gedalcaus, Celsovild, Bladovild. Die drei Familien bleiben in Nully. Sie haben zusammen eine Hufe, bestehend aus 15 Teilen Ackerland und vier großen Wiesenstücken. Sie machen Spanndienst nach Angers und im Monat Mai nach Paris. Sie erbringen für die Heeressteuer zwei Hammel. Weitere Abgaben: Neun Hühner, 30 Eier, 100 Bretter und ebensoviele Schindeln, zwölf Faßdauben, sechs Faßreifen, zwölf Fakkeln. Sie fahren zwei Karren Holz nach Suré. Auf dem Herrenhof umzäunen sie vier Äcker mit Latten, vier Wiesen mit Hecken; bei der Ernte arbeiten sie nach Bedarf. Sie pflügen zur Winterbestellung acht Äcker, zur Frühjahrsbestellung 26 Äcker. Neben dem normalen und außerordentlichen Felddienst fahren sie Mist aufs Herrenfeld. Jeder erbringt vier Pfennige Kopfzins (1 Pfennig = 1,6 g Silber) ... Andere Frauen weben Tuch aus Wolle, die sie vom Kloster erhalten.
(Nach der Übersetzung von Arno Borst, in: Lebensformen im Mittelalter, Frankfurt a. M. 1973, S. 347)

1 Überlege, bei welchen Arbeiten die Kinder der Hörigen ihren Eltern helfen konnten. Was mußten sie lernen? Wie sah ihre Zukunft aus?
2 Berechne, was der Abt von Saint-Germain jedes Jahr an Abgaben aus dem Dorf Nully erhält. Welche Dienste leisteten die Einwohner?
3 Erkläre die Arbeiten und Geräte auf den unteren Bildern. Welches Bild fällt aus dem Rahmen und warum? Welche Tätigkeiten würdest du heute auswählen, um einen Kalender auszumalen?

Das Karolingerreich

Karl der Große – der allerchristlichste Kaiser

An seinem Hof umgab sich Karl der Große mit den gelehrtesten Kirchenmännern des ganzen Abendlandes. Weil der König als kostbarste Reliquie den Mantel (lat. cappa) des heiligen MARTIN VON TOURS immer mitführte, hieß diese Gemeinschaft der Hofgeistlichen *Kapelle*. An ihrer Spitze stand viele Jahre der Angelsachse ALKUIN; sein Nachfolger wurde EINHARD, der Biograph Karls des Großen. Er kam um 794 aus dem Kloster Fulda an Karls Hof.

Diese Männer machten nicht nur die Schreibarbeit für den König, sie bildeten in der Hofschule auch den Nachwuchs an Bischöfen aus, und sie berieten mit dem König die Reformpläne. Um die Bildung zu fördern, ordnete Karl an, daß in den Klöstern die vorhandenen Bücher abgeschrieben und weitergegeben werden sollten. Intensiv kümmerte er sich um die Vereinheitlichung des Gottesdienstes im Frankenreich. Sein besonderes Interesse galt der Ausbildung der Geistlichen im Kirchengesang. Persönlich mischte er sich in theologische Auseinandersetzungen – vor allem mit der byzantinischen Kirche – ein. Und selbstverständlich hatte er den Vorsitz in allen Kirchenversammlungen *(Synoden)* des Frankenreichs.

Reformtätigkeit

hoc anno imperator parcha aquis celebrauit

„In diesem Jahr feierte der Kaiser Ostern in Aachen." Beispiel für die unter Karl d. Gr. geschaffene Einheitsschrift „Karolingische Minuskel", die Urform der heutigen Schrift.

Kurz vor dem Jahr 800 ließ Papst Leo III. im Speisesaal seines Palastes in Rom zwei Mosaikbilder anbringen. Sie sind nicht erhalten; wir kennen sie aber aus Zeichnungen des 16. Jahrhunderts. Das hier abgebildete zeigt den heiligen Petrus, wie er Papst Leo die Bischofsbinde und dem Frankenkönig Karl eine Fahnenlanze überreicht. Auf dem anderen Bild war Christus dargestellt, wie er dem heiligen Petrus die Schlüssel und Kaiser Konstantin eine Fahne übergibt.
Versuche zu erklären, was der Papst mit diesen Bildern zum Ausdruck bringen wollte.

Die Kaiserkrönung Karls des Großen

Anno 799 wurde Papst LEO III. von seinen römischen Gegnern überfallen und schwer mißhandelt. Er floh zu Karl dem Großen nach Paderborn und bat ihn um Hilfe. Ein Jahr später erschien Karl kurz vor Weihnachten in ROM, um ein Urteil im Streit zwischen dem Papst und seinen Gegnern zu sprechen. Noch bevor der Fall ganz entschieden war, geschah etwas, das nicht nur die Römer, sondern auch die Franken und vor allem die Byzantiner in helle Aufregung versetzte:

Rekonstruktionszeichnung der Pfalz in Aachen
① Pfalzkapelle, ② Kaiserpfalz, ③ Kaiserbad, ④ Gärten der Pfalz,
⑤ Wohnbezirk der Kaufleute, ⑥ Grenze des Pfalzbezirks

Am Ende der Meßfeier am Weihnachtstag des Jahres 800 setzte der Papst eine goldene Krone auf Karls Haupt und kniete zur Huldigung vor ihm nieder. Das römische Volk in der Kirche brach in lauten Beifall aus und rief: „Karl, dem Kaiser der Römer, Leben und Sieg!" Von dem Augenblick an führte Karl den Kaisertitel, aber in einer sehr diplomatischen Form: „Karl, der allergnädigste, erhabene, von Gott gekrönte, große und friedebringende Kaiser, der das Römische Reich regiert, und durch das Erbarmen Gottes König der Franken und Langobarden."

Die Pfalz in Aachen

Kaiser und Könige des Mittelalters waren mit dem ganzen Hof ständig unterwegs. Nur wenige Tage oder höchstens Wochen blieben sie am gleichen Ort, entweder in ihren eigenen Palästen, den *Pfalzen,* oder in Bischofsstädten, wo sie die hohen christlichen Feste feierten. In seinem letzten Lebensjahrzehnt ist Karl der Große nicht mehr so viel gereist. Sein Lieblingsort wurde die Pfalz in AACHEN, wo schon die Römer in den warmen Quellen gebadet hatten. Auf der Rekonstruktionszeichnung sieht man hinten das Gebäude mit dem großen Empfangssaal für Gesandtschaften wie z. B. die des Kalifen HARUN-AL-RASCHID, der Karl aus Bagdad einen vielbestaunten Elefanten schickte. Neben den Ruinen der römischen Thermen ließ sich Karl ein Bad für hundert Personen bauen. Am prächtigsten aber war die Palast-Kirche, für die eigens römische Marmorsäulen aus RAVENNA geholt wurden. In dieser Kirche hat sich Karl der Große als einziger Herrscher der Karolingerfamilie im Jahr 814 beisetzen lassen.

1 Überlege, worauf Karl bei der Kaiserkrönung Rücksicht nehmen mußte.
2 Wodurch unterscheidet sich das neue Kaisertum des Mittelalters von dem der römischen Kaiser der Antike?

Das Reich der Sachsenkönige

Das Ostfrankenreich wird selbständig

Das Karlsreich zerbricht

Schon am Ende der Regierung Karls des Großen kündigten sich die ersten Angriffe der *Wikinger* an. Diese Germanen aus Skandinavien drangen mit schnellen Booten tief in das Frankenreich ein, überfielen die wehrlosen Städte, brachten die Bewohner um, plünderten und raubten die Schätze der reichen Kirchen. Bevor das Heer des Königs auf dem Schauplatz erscheinen konnte, waren sie längst wieder verschwunden. So mußten die Adligen der einzelnen Regionen die Verteidigung selbst organisieren und wurden immer selbständiger.

Ähnliche Auswirkungen hatte das karolingische Erbrecht: Wenn ein König mehrere Söhne hinterließ, mußte das Reich geteilt werden. Das war beim Tod von Karls Sohn LUDWIG DEM FROMMEN 840 der Fall. Seine drei Söhne führten einen Krieg um das Erbe, bis sie sich im *Vertrag von Verdun* 843 einigten: LOTHAR, der Kaiser, erhielt den Mittelteil mit den Hauptstädten Aachen und Rom, KARL DER KAHLE bekam den Westen und LUDWIG DER DEUTSCHE das Ostfränkische Reich.

Der letzte Karolinger im Ostreich starb 911 ohne Erben. In dieser kritischen Situation wählten die Adligen des fränkischen und des sächsischen Stammes den Frankenherzog KONRAD zum König, und die Schwaben und Bayern schlossen sich der Wahl an. Im Ostreich regierte kein Karolinger mehr.

Die Teilung des Frankenreichs im Vertrag von Verdun (843).

Veränderungen durch den Vertrag von Ribemont (880).

Die Sachsenherzöge werden Könige

Als KONRAD I. nach erfolgloser Regierung 919 starb, schickte er die Abzeichen seiner Königswürde seinem bisherigen Hauptgegner, dem Sachsenherzog Heinrich. Auch dieser wurde zunächst nur von Franken und Sachsen als HEINRICH I. zum König gewählt. Es gelang ihm aber, auch die Herzogtümer Lothringen, Schwaben und Bayern für sich zu gewinnen. So konnte er nach seinem Tod 936 seinem Sohn Otto das gesamte Ostreich hinterlassen. Wie OTTO I. König wurde, beschrieb der Mönch WIDUKIND aus dem Kloster Corvey sehr genau:

Die Königserhebung Ottos I. in Aachen

> Nachdem also König Heinrich gestorben war, wählte sich das gesamte Volk der Franken und Sachsen seinen Sohn Otto, der bereits vom Vater zum König bestimmt worden war, als Herrscher aus. Zum Ort der allgemeinen Wahl bestimmte man die Pfalz Aachen.
>   Dort versammelten sich die Herzöge und obersten Grafen mit der übrigen Schar vornehmster Ritter in dem Säulenhof vor der Basilika Karls des Großen, setzten den neuen Herrscher auf einen dort aufgestellten Thron, huldigten ihm, gelobten ihm Treue, versprachen ihm Unterstützung gegen alle seine Feinde und machten ihn nach ihrem Brauch zum König.
>   Währenddessen erwartete der Erzbischof von Mainz mit der gesamten Priesterschaft und dem ganzen Volk in der Basilika den Auftritt des Königs. Als dieser erschien, ging ihm der Erzbischof entgegen, berührte mit seiner Linken die Rechte des Königs, während er selbst in der Rechten den Krummstab trug, schritt vor bis in die Mitte des Heiligtums und sagte: „Seht, ich bringe euch den von Gott erwählten und von dem mächtigen Herrn Heinrich einst bestimmten, jetzt aber von allen Fürsten zum König gemachten Otto; wenn euch diese Wahl gefällt, zeigt dies an, indem ihr die rechte Hand zum Himmel emporhebt." Da streckte das ganze Volk die Rechte in die Höhe und wünschte unter lautem Rufen dem neuen Herrscher viel Glück.
>   Dann schritt der Erzbischof mit dem König, der nach fränkischer Sitte mit einem eng anliegenden Gewand bekleidet war, hinter den Altar, auf dem die königlichen Abzeichen lagen: das Schwert mit dem Wehrgehänge, der Mantel mit den Spangen, der Stab mit dem Zepter und das Diadem. Er nahm das Schwert, wandte sich an den König und sprach: „Nimm dieses Schwert, auf daß du alle Feinde Christi verjagst, die Heiden und schlechten Christen, da durch Gottes Willen dir alle Macht im Frankenreich übertragen ist, zum unerschütterlichen Frieden für alle Christen." Dann nahm er die Spangen, legte ihm den Mantel um ... und gab ihm Zepter und Stab ... Auf der Stelle wurde er mit dem heiligen Öl gesalbt und mit dem goldenen Diadem gekrönt durch die beiden Bischöfe von Mainz und Köln und zum Thron geführt, zu dem man über eine Wendeltreppe hinaufstieg ...
>   Nachdem man das Lob Gottes gesungen und das Meßopfer feierlich begangen hatte, ging der König hinunter zur Pfalz und nahm mit den Bischöfen und dem ganzen Adel Platz; die Herzöge [von Lothringen, Franken, Schwaben und Bayern] aber taten Dienst.
> (Widukind von Corvey, II, 1/2, übersetzt von E. Rotter und B. Schneidmüller, aus: Res gestae Saxonicae, Stuttgart 1981, S. 105, 107, 109)

Hier auf dem Marmorsitz Karls des Großen wurde Otto I. 936 inthronisiert.

Das Reich der Sachsenkönige

Regierungsbeginn mit Schwierigkeiten

HEINRICH I. und seine Frau Mathilde, die Begründer der neuen nichtkarolingischen Herrscherfamilie (Dynastie), sind hier im Kloster QUEDLINBURG am Harz beigesetzt, wo sie reiche Besitzungen hatten. Aber erst ihr Sohn OTTO I. (936–973), der den Beinamen „der Große" erhielt, hat die Herrschaft endgültig gesichert und ausgebaut. Deshalb nennen wir die Familie nach ihm auch die *Ottonen*.

Blick auf den Burgberg und die Stiftskirche St. Servatius in Quedlinburg, in der Heinrich I. und seine Frau Mathilde beerdigt sind.

Über fünfzehn Jahre hat er allerdings gebraucht, um die Widerstände von Familienmitgliedern zu überwinden, die sich mit den *Stammesherzögen* von Bayern, Franken und Lothringen verbanden. Zuerst zettelte Ottos Bruder Heinrich mehrere Aufstände an; und als Otto schließlich zum zweiten Mal heiratete und Königin Adelheid einen Sohn zur Welt brachte, unternahm Ottos Sohn Liudolf mit seinem Schwager Konrad dem Roten einen Aufstand.

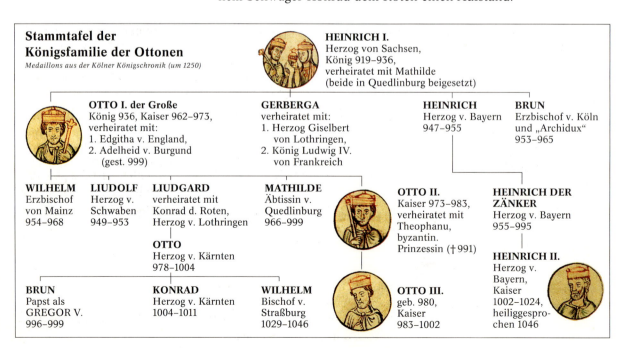

Die Reichsbischöfe als Stützen des Königs

Die Widerstände aus der eigenen Familie und dem Adel der Stämme konnte Otto I. zuletzt überwinden, weil er die Erzbischöfe und Bischöfe des Reichs auf seine Seite brachte. Den ersten durchschlagenden Erfolg errang er, als er 953 seinen Bruder BRUN zum Erzbischof von Köln wählen ließ. Brun war seit seinem vierten Lebensjahr für das geistliche Amt erzogen worden. Mit 26 Jahren wurde er Leiter der Kanzlei seines Bruders und damit verantwortlich für den gesamten politischen Schriftverkehr des Reichs. Das kam ihm sehr zugute, als er zwei Jahre später Erzbischof von Köln wurde und zu seinem Kirchenamt auch als „Archidux" das Amt des Herzogs von Lothringen erhielt, um gegen den aufständischen KONRAD DEN ROTEN vorzugehen. Bruns Biograph berichtet, Otto habe zu ihm gesagt:

> Das ist es, was mich in meiner bitteren Lage am allermeisten tröstet: daß ich sehe, wie durch die Gnade des allmächtigen Gottes zu unserer Königsherrschaft eine königliche Priesterschaft hinzugetreten ist ... Bemühe dich, Gottgeweihter, ich bitte dich, bemühe dich, durch den Rat, worauf du dich besonders gut verstehst, je nach Ort und Zeit, nicht wie es am schnellsten, sondern wie es am wirksamsten möglich ist, vom Kampf abzuraten oder ihn durch einen Vertrag beizulegen.
> *(Ruotger, Vita Brunonis, Kap. 20, übersetzt von Kallfelz/Klöckner)*

Erzbischof Brun von Köln (953–965) mit den Abzeichen des Bischofs, des Herzogs und des Kirchengründers. Oben seine Eltern Heinrich I. und Mathilde, unten der besiegte Konrad der Rote.

Nicht nur mit gutem Rat, sondern auch mit militärischen Mitteln hat Brun Konrad den Roten schnell zum Einlenken gebracht. Nach diesem Erfolg betrachtete Otto I. die *Reichsbischöfe* als seine besten Helfer. Da er als gesalbter König das Recht in Anspruch nahm, sie einzusetzen, besetzte er von nun an diese Ämter möglichst mit Angehörigen der eigenen Familie oder mit zuverlässigen Geistlichen seines Hofs. Diese Politik bezeichnen heute die Historiker als *ottonisches Reichskirchensystem*.

Die Lechfeldschlacht – der endgültige Durchbruch

Die Rolle der Wikinger hatten im 10. Jahrhundert die *Ungarn* übernommen. Jeden Sommer kamen sie aus der Donautiefebene in großen Trupps auf schnellen, wendigen Pferden, brannten alles nieder, mordeten und plünderten bis weit nach Frankreich hinein. Ihren Höhepunkt erreichte die Bedrohung im Sommer des Jahres 955.

Ein riesiges Ungarnheer belagerte die Stadt AUGSBURG, die von ihrem Bischof ULRICH zäh verteidigt wurde. So konnte Otto I. aus allen Stammesherzogtümern ein Heer aufbieten und damit die Ungarn auf dem LECHFELD nördlich von Augsburg angreifen. In einem langen und schweren Kampf wurden sie vernichtend geschlagen; ihre Niederlage war so vollständig, daß sie nie mehr wiederkamen. Wie furchtbar die Schlacht war, sieht man an der großen Zahl der Toten, zu denen auch Konrad der Rote gehörte. Von diesem Tag an war Otto I. unangefochtener Herrscher im Reich.

1 Suche in der Stammtafel Beispiele für die Familien- und Kirchenpolitik der Ottonen.
2 Versuche zu erklären, warum der Sieg über die Ungarn für die Anerkennung Ottos I. so entscheidend war.

Das Reich der Sachsenkönige

Die Erneuerung des Kaisertums

Otto I. wird Kaiser

In der Lechfeldschlacht hatte sich Otto I. als der von Gott gesegnete König erwiesen, wie es seit Karl dem Großen keinen mehr gegeben hatte. Er glaubte, Gottes Hilfe, sichtbar in der Heiligen Lanze, habe ihm den Sieg über die Heiden geschenkt, vergleichbar mit dem Triumph Karls des Großen über die Awaren. Was lag für Otto jetzt näher, als auch nach der römischen Kaiserwürde Karls zu greifen?

In dieser Situation mußte es wie ein Fingerzeig Gottes erscheinen, als 959 eine Gesandtschaft des Papstes in Deutschland erschien und Otto um Hilfe gegen seine lombardischen Feinde bat. Der König folgte diesem Ruf aber nicht sofort, sondern bereitete seinen zweiten Italienzug sorgfältig vor. Seinen erst sechsjährigen Sohn Otto ließ er zum Mitkönig wählen und in Aachen krönen, um für den Fall seines Todes die Nachfolge zu sichern. Und die Erzbischöfe von Köln und Mainz, seinen Bruder Brun und seinen Sohn Wilhelm, ernannte er zu seinen Stellvertretern für die Zeit seiner Abwesenheit.

Im August 961 brach Otto I. in Begleitung seiner Gemahlin Adelheid mit einem großen Heer von Augsburg auf, überquerte die Alpen auf der Brennerstraße und stand Anfang Februar 962 vor den Toren Roms, wo er von Papst, Geistlichkeit und Volk feierlich empfangen und sofort zur Peterskirche geleitet wurde. Dort salbte und krönte ihn der Papst zum *Kaiser* und anschließend Adelheid zur Kaiserin. Damit war das von Karl dem Großen begründete abendländische Kaisertum durch den ostfränkisch-deutschen König glanzvoll erneuert.

Die Reichskrone. Mit ihr ließen sich die deutschen Könige und Kaiser bis zum Ende des Reichs krönen. Der Spruch auf der Bildplatte lautet: „Per me reges regnant" – Durch mich regieren die Könige.
Die Heilige Lanze wurde von Heinrich I. erworben. Sie galt als Reliquie, in die Konstantin, der erste christliche Kaiser Roms, angeblich einen Nagel vom Kreuz Christi hatte einfügen lassen. Die Kaiser und Könige führten sie als Zeichen der Anwesenheit Gottes auf ihren Kriegszügen mit.

Die Gelehrten streiten darüber, ob die sogenannte *Reichskrone* für diese erste Krönung eines Kaisers aus Deutschland angefertigt wurde. Von Ottos Nachfolgern ist sie jedenfalls als Kaiserkrone getragen worden, und wir können aus Form und Symbolen ihre Bedeutung ablesen. Die acht perlenbesetzten Bogenplatten verweisen auf die Tore der Stadt Gottes, das Himmlische Jerusalem der Bibel. Und auf den vier Email-Bildern wird der christliche Kaiser mit den Königen des Gottesvolkes aus dem Alten Testament gleichgesetzt.

Ostpolitik und Slawenmission

Der christliche Kaiser war nicht nur zum Schutz der Christenheit, sondern auch zur Ausbreitung des Christentums unter den Heiden verpflichtet. Für Otto I. waren das in erster Linie die Slawenstämme an der Ostgrenze seines Reiches jenseits von Elbe und Saale. Hier konnte der Herrscher durch christliche Mission zugleich die bedrohte Grenze sichern und das Reich erweitern. Otto I. setzte dabei eine Ostpolitik fort, die sein Vater begonnen hatte. Als Kaiser konnte er aber auch den organisatorischen Rahmen für diese Politik schaffen. Auf dem dritten Italienzug 967/968 ließ er ein neues Erzbistum für die *Slawenmission* in MAGDEBURG an der Elbe errichten, dem fünf Bistümer im Slawenland, nämlich Brandenburg, Havelberg, Merseburg, Zeitz und Meißen, unterstellt wurden.

In Magdeburg, seinem Lieblingsplatz, hat sich Otto I. 973 neben seiner ersten Frau Edgitha beisetzen lassen.

Frauen der Kaiserfamilie

Die beiden Medaillons auf dem Rand einer Kölner Evangelienhandschrift sind kürzlich als Portraits der Kaiserinnen Theophanu (oben) und Adelheid aus der Zeit ihrer Regentschaft identifiziert worden.

Die Frauen mittelalterlicher Herrscher führten ein beschwerliches Leben, da sie an der Seite ihrer Männer ständig mit dem gesamten Hof unterwegs waren. Auf die Politik hatten sie nur wenig Einfluß, trugen jedoch als Mütter der erbberechtigten Söhne eine hohe Verantwortung. In Königsurkunden werden sie zuweilen als Bittstellerinnen genannt.

Einige brachten ihren Männern allerdings auch Herrschaftsansprüche ein wie ADELHEID, die Witwe des Königs von Italien. Oder es umgab sie der Glanz einer besonders edlen Abstammung wie THEOPHANU, die byzantinische Prinzessin und Gemahlin Ottos II.

Diese beiden Frauen haben auch eine außergewöhnliche Rolle gespielt, weil beim Tod OTTOS II. 983 dessen Sohn OTTO III. erst drei Jahre alt war. So mußte Theophanu als Witwe die Herrschaftsrechte ihres kleinen Sohns gegen die Ansprüche Heinrichs des Zänkers, eines Onkels, verteidigen und selbst im Namen des Kindes die Regentschaft im Reich übernehmen. Und nach dem Tod dieser energischen und tatkräftigen Frau trat 991 die Großmutter des Jungen, die Kaiserinwitwe Adelheid, an ihre Stelle, bis Otto III. mit vierzehn Jahren mündig wurde und selbst die Regierung übernahm.

1 An der Reichskrone findest du noch weitere Symbole außer den im Text erläuterten, z. B. die „heiligen" Zahlen 4 und 12 in der Zahl der Perlen und kleinen und großen Edelsteine. Versuche, die Krone zum Sprechen zu bringen. Was sollte sie „sagen" in einer Zeit, in der nur wenige Menschen lesen konnten?
2 Vergleiche die wirkliche Machtstellung des Kaisers mit den Ansprüchen, die sich aus der Krone ableiten lassen.

Das Reich der Sachsenkönige

Otto III. – ein junger Mann mit großen Plänen

OTTO III. war 15 Jahre alt, als er 996 zu seinem ersten Italienzug aufbrach. Noch bevor er in Rom ankam, erreichte ihn die Nachricht vom Tod des Papstes. So konnte er seinen Vetter Brun als Papst GREGOR V. einsetzen und sich von ihm zum Kaiser krönen lassen.

Dann kehrte er zu einem Slawenfeldzug nach Deutschland zurück, war aber schon im Februar 998 wieder in Rom, wo er sich auf dem Palatin zwischen den Ruinen der antiken Kaiserpaläste einen neuen Palast bauen ließ und wie ein römischer Kaiser hofzuhalten begann.

Das politische Motto auf seinem Siegel hieß „renovatio imperii romanorum" (Erneuerung des Römerreichs). Nach dem Tod Gregors V. setzte Otto III. seinen gelehrten Freund Gerbert von Aurillac 999 als Papst SILVESTER II. ein. Und beide, Kaiser und Papst, träumten von der Wiederherstellung der glanzvollen Zeiten des Römischen Reichs. Begeistert schrieb Gerbert an seinen Freund, den Kaiser:

Metallsiegel Ottos III. mit dem Bild des Kaisers und der Umschrift: RENOVATIO IMPERII ROMANORUM.

> Unser, unser ist das Römische Reich. Es spenden Kräfte Italien, reich an Früchten, Gallien und Germanien, reich an Kriegern, und es fehlen uns auch nicht die starken Reiche Skythiens. Unser bist du, Caesar, Kaiser und Augustus der Römer, der du, aus edelstem Blut der Griechen geboren, die Griechen an Macht überragst, den Römern durch erbliches Recht befiehlst und beide an Geist und Beredsamkeit übertriffst.
> *(Gerbert von Aurillac, Libellus, übers. v. G. A. Bezzola, in: Das ottonische Kaisertum, Graz–Köln 1956, S. 97)*

Im Dezember 999 reiste der Kaiser an das Grab seines Freundes, des Missionsbischofs Adalbert, nach GNESEN in Polen. Gnesen ließ er zum Erzbistum erheben und überreichte dem Polenherzog BOLESLAW eine Nachbildung der Heiligen Lanze als Zeichen der Aufnahme Polens in das römisch-christliche Kaiserreich. Ähnlich verhielt er sich auch gegenüber dem christlich gewordenen Ungarn, wo ebenfalls ein Erzbistum in GRAN errichtet wurde.

Auf dem Rückweg von Polen ließ Otto III. in Aachen das Grab KARLS DES GROSSEN öffnen und nahm das Kreuz, das der Leichnam um den Hals trug, als Reliquie mit. Aus dieser Zeit um das Jahr 1000 stammt auch das Bild des Kaisers auf der rechten Seite: Er sitzt auf einem Thron, der von der personifizierten Erde (terra) getragen wird; Gottes Hand salbt ihn, und die Symbole der vier Evangelisten halten ein Tuch vor sein Herz. Herzog BOLESLAW von Polen und König STEPHAN von Ungarn verneigen sich vor ihm.

Kaum war Otto nach Rom zurückgekehrt, da unternahmen die Römer einen Aufstand, vor dem der Kaiser fliehen mußte. Und noch bevor er neue Truppen aus Deutschland herbeirufen konnte, starb Otto III., noch keine 22 Jahre alt, im Jahre 1002. Seine Leiche wurde nach Aachen gebracht und neben Karl dem Großen beigesetzt.

1 Beschreibe das Bild aus der Aachener Handschrift, und versuche es zu deuten als Vorstellung von der Herrschaft des Kaisers.
2 Vergleiche die Beschreibung Gerberts mit der Wirklichkeit der Herrschaft Ottos III.

Otto III. vom Widmungsbild des Liuthar-Evangeliars, das der Kaiser um 1000 dem Aachener Münster schenkte.

Der Streit zwischen Kaiser und Papst

Die Salier und ihr Reich

Eine neue Kaiserdynastie

Mit dem frühen Tod Ottos III. gingen auch seine großen Pläne unter. Und mit seinem kinderlosen Nachfolger HEINRICH II. starben 1024 die Ottonen aus. Wie 911 und 919 wählten jetzt die Reichsfürsten einen neuen König. Sie einigten sich auf KONRAD II., einen Urenkel Ottos I. und Enkel Konrads des Roten. Die neue Kaiserfamilie nennen wir die *Salier*; bei den Zeitgenossen hießen sie die „Heinriche", weil auf Konrad II. drei Kaiser mit dem Namen Heinrich folgten. Ihre größten Besitzungen hatte die neue Dynastie im *Herzogtum Franken* westlich des Rheins. Als Grafen saßen sie in der Bischofsstadt Worms. Erst Konrad II. errichtete in SPEYER als neuen Mittelpunkt eine große Kirche, wo er und seine Nachfolger beigesetzt wurden.

Konrad kümmerte sich energisch um die Wiederherstellung seiner Herrschaftsrechte in Italien und gewann außerdem 1033 die Herrschaft über das Königreich *Burgund*, so daß er seinem Sohn HEINRICH III. das Reich vergrößert und gefestigt hinterlassen konnte.

Der Kaiser auf dem Höhepunkt der Macht

In die Karte des Salierreichs ist der Reiseweg Heinrichs III. im Jahr seines ersten Italienzugs 1046/1047 eingetragen. Sie verdeutlicht, welch ungeheure Reiseleistung die Regierung eines so großen Reiches erzwang, welche Rolle Kaiserpfalzen und Bischofssitze spielten, und wie wichtig es war, die Alpenpässe zu kontrollieren.

1046 stand Heinrich III. auf dem Höhepunkt seiner Macht. In Rom waren gleichzeitig drei Päpste gewählt worden, die sich gegenseitig bekämpften. Deshalb berief Heinrich in SUTRI eine Kirchenversammlung ein und ließ kurzerhand alle drei Päpste absetzen. Dann erst zog er in Rom ein. Dort wählten die Römer auf seinen Vorschlag den Bischof von Bamberg als CLEMENS II. zum neuen Papst. Und dieser vollzog am Weihnachtsfest – wie einst bei Karl dem Großen – an Heinrich und seiner Gemahlin Agnes die Kaiserkrönung. Dann schickte Heinrich die schwangere Kaiserin zur Entbindung nach Ravenna, während er selbst die unsicheren Gebiete an der Südgrenze des Reiches ordnete. Er wird wohl enttäuscht gewesen sein, als er ein Vierteljahr später auf dem Rückweg wieder mit Agnes zusammentraf und sah, daß auch ihr zweites Kind „nur" eine Tochter war.

Auf die Geburt des als Nachfolger ersehnten Sohnes mußte Heinrich III. noch bis 1050 warten. Als Taufpaten für das Kind wählte der fromme Kaiser den Abt des weltberühmten Klosters CLUNY. Bereits 1053 ließ er den jungen Heinrich von den Fürsten zum König wählen und in Aachen krönen. Das fünfjährige Kind verlobte er mit Berta von Turin, deren Vater als zuverlässiger Gefolgsmann die Alpenpässe zwischen Burgund und Italien beherrschte. Als Heinrich III. bereits 1056 starb, hatte er seinem kleinen Sohn die Nachfolge gesichert. Gemäß dem Wunsch des Kaisers wurde sein Herz in seiner Lieblingspfalz Goslar, der Körper in Speyer beigesetzt.

Die vier Salier-Kaiser (nach einer Zeichnung von 1106/1107):
Konrad II. (1024 bis 1039)
Heinrich III. (1039 bis 1056)
Heinrich IV. (1056/65 bis 1106)
Heinrich V. (1106 bis 1125)

1 Vergleiche das Reich der Salier mit dem der Ottonen hinsichtlich seiner Größe und Schwerpunkte.
2 Errechne die Gesamtstrecke des Reisewegs Heinrichs III. im Jahr 1046/47. Warum nahm er mit seiner Familie diese Strapazen auf sich?

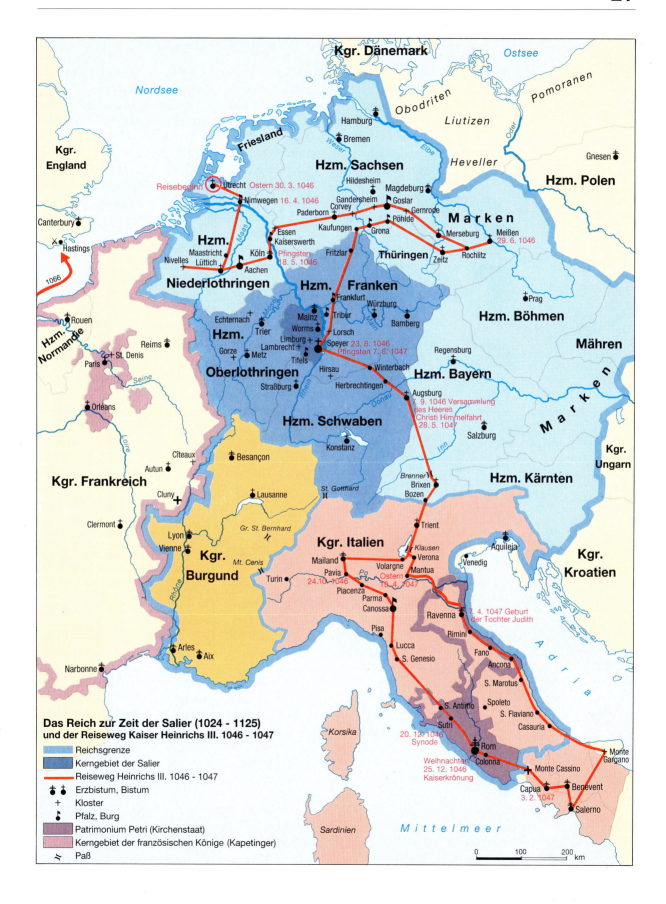

Der Streit zwischen Kaiser und Papst

Investiturstreit: Wer setzt die Bischöfe ein?

Klosterreform – Kirchenreform

Mit dem Kloster Cluny bauten die Mönche die größte Kirche der Christenheit. Sie war 187 m lang (Rekonstruktion).

Genau wie Kaiser Heinrich III. und Agnes waren in dieser Zeit viele Menschen in West- und Mitteleuropa von einer tiefen Frömmigkeit erfaßt. Sie wollten alles tun, was dem Heil ihrer Seelen diente. Reiche Adlige stifteten daher Kirchen und gründeten Klöster, oder sie schenkten der Kirche von ihrem Grundbesitz. Dabei dachten sie daran, daß in den Gotteshäusern für sie und die Seelen ihrer verstorbenen Familienangehörigen unablässig gebetet wurde. Und sie meinten, das wäre besonders wirksam, wenn die Beter ein heiliges, nicht auf die Freuden der Welt gerichtetes Leben führten.

Im Ruf eines besonders strengen, gottgefälligen Lebens standen die Mönche des Klosters CLUNY im französischen Burgund. Viele andere Klöster in ganz Europa holten sich dort Rat und Hilfe für eine *Reform* des Klosterlebens. Und das wirkte sich schließlich auch auf die anderen Kirchen aus, da viele Geistliche aus den Reformklöstern kamen.

Vor allem drei Forderungen der *Cluniazenser* – so nennen wir die Klosterreformer – betrafen nicht nur die Mönche: Sie verlangten die Ehelosigkeit aller Priester, sie forderten die freie Wahl der Äbte und Bischöfe ohne Mitspracherecht der adligen Kirchenherrn. Und sie verboten den Kauf und Verkauf kirchlicher Ämter; das nannten die Reformer *Simonie* nach einer Bibelerzählung von einem Simon, der den Aposteln die Gabe des Heilens hatte abkaufen wollen. Überhaupt sollte der Einfluß der Nichtgeistlichen, der *Laien*, auf die Kirche zurückgedrängt werden.

Die Päpste und die Reform der Kirche

Papst Leo IX. segnet den Abt Warinus von Metz als Kirchenstifter.

Als Bischof Brun von Toul in Lothringen 1048 auf Vorschlag Kaiser Heinrichs III. Papst werden sollte, willigte er ein unter der Bedingung, daß er ordnungsgemäß von der römischen Geistlichkeit gewählt würde. Zum Zeichen seiner Demut zog er barfuß in Rom ein. Und nach seiner Wahl machte sich LEO IX. mit den Reformern, die er aus Lothringen mitgebracht hatte, sofort an die Reinigung der ganzen Kirche im Geist Clunys. Bereits auf der ersten Synode forderte er, daß alle Geistlichen, die durch Simonie ihr Amt erworben hatten, und alle verheirateten Priester abgesetzt werden sollten. Das konnte er allerdings nicht verwirklichen, weil sich herausstellte, daß dann in Rom kein Gottesdienst mehr hätte stattfinden können. Leo IX. ließ sich jedoch dadurch nicht entmutigen, und seine Nachfolger führten das Werk der Kirchenreform weiter.

Papst NIKOLAUS II. erließ 1059 eine neue Ordnung für die Papstwahl: Wahlberechtigt waren in Zukunft nur noch die römischen Kardinäle. So sollte der Einfluß der römischen Adelsfamilien auf die Papstwahl beseitigt werden. Und Nikolaus II. machte auch aus den Päpsten politische Lehnsherren, indem er sich von den beiden normannischen Eroberern RICHARD VON CAPUA und ROBERT GUISCARD huldigen ließ und sie mit Süditalien und Sizilien belehnte. ALEXANDER II. versuchte dann, die päpstliche Lehnsherrschaft auch auf den Norden auszudehnen. Er übersandte Herzog Wilhelm von der Normandie eine Lehnsfahne, als dieser 1066 England eroberte.

Wirklich radikale Vorstellungen von der Oberherrschaft des Papstes über alle weltlichen Fürsten aber entwickelte GREGOR VII. (1073–1085). Wir kennen sie aus einem Programm von 27 Leitsätzen, die er 1075 unter der Überschrift „Dictatus Papae" in sein Briefregister aufnehmen ließ:

> 3. Der römische Papst ganz allein kann Bischöfe absetzen und auch wieder einsetzen.
> 8. Nur er verfügt über die kaiserlichen Insignien [Abzeichen].
> 9. Alle Fürsten haben die Füße einzig und allein des Papstes zu küssen.
> 12. Der Papst kann Kaiser absetzen.
> 19. Über ihn besitzt niemand richterliche Gewalt.
> 27. Er kann Untertanen vom Treueid gegen unbillige [Herrscher] entbinden.
>
> *(nach: Geschichte in Quellen, Band 2, München 1975, S. 291f.)*

Der König – ein Kind

Während die Päpste immer stärker wurden, war der deutsche König HEINRICH IV. ein unmündiges Kind, für das seine Mutter Agnes die Regentschaft führte. Resigniert ging sie ins Kloster, als ihr der zwölfjährige König von dem ehrgeizigen Kölner Erzbischof ANNO entrissen wurde. Über die Vorgänge in der Pfalz von KAISERSWERTH bei Düsseldorf berichtet ein Mönch aus Hersfeld:

> Als der junge König eines Tages nach einem festlichen Mahl besonders heiter war, redete ihm der Bischof zu, ein Schiff, das er zu diesem Zweck überaus prächtig hatte herrichten lassen, zu besichtigen. Dazu ließ sich der arglose Knabe leicht überreden. Kaum hatte er das Schiff betreten, da umringten ihn die vom Erzbischof angestellten Helfershelfer seines Anschlags; rasch stemmen sich die Ruderer hoch, werfen sich mit aller Kraft in die Riemen und treiben das Schiff blitzschnell in die Mitte des Stroms. Der König dachte nichts anderes, als daß man ihm Gewalt antun und ihn ermorden wolle, und stürzte sich kopfüber in den Fluß; und er wäre in den reißenden Fluten ertrunken, wäre dem Gefährdeten nicht Graf Ekbert trotz der großen Gefahr nachgesprungen und hätte er ihn nicht mit Mühe und Not vor dem Untergang gerettet und aufs Schiff zurückgebracht.
>
> *(Lampert von Hersfeld, Annalen zu 1062, übers. v. A. Schmidt, Darmstadt 1957, S. 75)*

Erzbischof Anno von Köln als Heiliger inmitten der von ihm gegründeten Kirchen. Im Kloster Siegburg befindet sich sein Grab.

Auf Druck der Fürsten gab Anno den jungen König später an Erzbischof ADALBERT von Bremen weiter. Und als Heinrich IV. 1065 endlich volljährig wurde und die Regierung übernahm, mußte er versuchen, die Rechte und Besitzungen des Königs im Reich zurückzugewinnen. In Deutschland führte das zu einem langen Krieg gegen den Bayernherzog und gegen die Sachsen, den Heinrich 1075 siegreich beenden konnte. In Italien geriet er wegen der Besetzung des Erzbistums Mailand in einen heftigen Streit mit dem Papst, der damit endete, daß Gregor VII. Heinrichs Berater *bannte*, d. h. aus der Kirche ausschloß, und auch dem König selbst 1075 den Kirchenausschluß androhte. Die Auseinandersetzung zwischen König und Papst um die Einsetzung der Bischöfe, der sogenannte *Investiturstreit*, war unausweichlich geworden.

Der Streit zwischen Kaiser und Papst

Die heiße Phase des Streits

Heinrich IV. war empört über die Drohung des Papstes, ihn – den Gesalbten des Herrn – aus der Kirche ausstoßen zu wollen und rief die deutschen Bischöfe nach Worms zusammen. Von 39 kamen 26 und stellten sich hinter den König. Sie kündigten dem Papst den Gehorsam auf und ermutigten den König zu einem Brief nach Rom. Darin redete er Gregor VII. nicht mehr als Papst, sondern als „falschen Mönch Hildebrand" an, beschuldigte ihn, auf unrechtmäßige Weise Papst geworden zu sein und seine Treuepflicht gegenüber dem König gebrochen zu haben.

Schließlich erklärte er ihn kurzerhand für abgesetzt und forderte ihn auf: „Steige herab vom Stuhle des Petrus!" Und mit einer Kurzfassung dieses Absetzungsschreibens, das er an die deutschen und italienischen Fürsten schickte, eröffnete Heinrich IV. einen Propagandafeldzug gegen den Papst.

Als der Brief in Rom verlesen wurde, wären die Boten Heinrichs beinahe erschlagen worden. Am nächsten Tag, dem 15. Februar 1076, antwortete Gregor öffentlich in einem Gebet an den heiligen Petrus. Kraft der dem Petrus und seinen Nachfolgern von Christus verliehenen Gewalt stieß er den König aus der Kirche aus, verbot ihm die Regierung über das Reich und löste alle Christen vom Treueid.

Zuerst versuchte Heinrich IV. so zu tun, als sei nichts geschehen. In Utrecht feierte er mit großem Pomp das Osterfest; aber verschweigen konnte er nicht, daß der Papst ihn gebannt, d. h. verflucht hatte. Aus der Sicht eines Gegners sah das so aus:

Monogramm und Siegel Heinrichs IV. Ein solches Siegel war sicher auch auf dem Absetzungsschreiben Heinrichs an Papst Gregor VII. befestigt. Es bestand aus Wachs oder Blei und sollte die Echtheit des königlichen Schreibens beweisen.

> Auch der Bischof von Utrecht fürchtete, das Volk könnte sich vom König als einem Gebannten abwenden. Er machte, als er während der Messe zum Volk redete, diesem mit ganz spöttischen Worten bekannt, daß der König in den Bann getan sei, setzte aber zugleich mit aller Kunst der Rede auseinander, daß jener Bannfluch keine Kraft habe. Und doch hat er selber nachher anerkennen müssen, wie groß die Kraft desselben war. Denn an demselben Orte, wo er dem römischen Bischof zu nahe trat und dessen Macht mit einem Wortschwall zu vernichten suchte, wurde er selbst von einer Krankheit ergriffen, die ihn bis an das erbärmliche Ende seines Lebens nicht losließ. [Als er starb, sagte er angeblich zu den Umstehenden:] „Die Teufel umstehen mein Bett, um mich davonzutragen, wenn ich verschieden bin."
>
> (Brunos Buch vom Sachsenkrieg, Kap. 74, nach der Übers. von W. Wattenbach)

Der König in Bedrängnis

Solche Geschichten kamen der päpstlichen Propaganda gerade recht. Bald flohen viele Bischöfe vom Hof des gebannten Königs. Auch die Fürsten, an ihrer Spitze die Herzöge von Schwaben, Bayern und Kärnten, schlugen sich auf die Seite der papsttreuen Bischöfe. Denn sie hofften, anstelle des gebannten einen neuen König wählen zu können. Deswegen beriefen sie eine Versammlung der deutschen Fürsten in den Ort TRIBUR am Rhein. Heinrich IV. erschien mit einem Heer auf der gegenüberliegenden Rheinseite bei der Stadt Oppenheim. Da seine Truppen jedoch auch zu den Gegnern überliefen, mußte er notgedrungen nachgeben. Indem er den päpstlichen Gesandten reumütig

Gehorsam und Buße versprach, konnte er wenigstens das Schlimmste verhindern. Die Fürsten erklärten jedoch, sie würden einen neuen König wählen, wenn sich Heinrich nicht bis zum Jahrestag seiner Exkommunikation vom Bann gelöst hätte. Gleichzeitig luden sie den Papst als Schiedsrichter zu einem Treffen im nächsten Frühjahr nach Augsburg ein.

Für den König schien damit alles verloren, denn vom Bann lösen konnte ihn nur der Papst. Der aber residierte in Rom. Zudem war Herbst, ein Heer stand nicht zur Verfügung, und Heinrichs Gegner sperrten die Alpenpässe. In dieser verzweifelten Lage entschloß sich der König, mitten im Winter mit seiner Familie und wenigen Getreuen von Burgund aus über den 2098 m hohen Paß des MONT CENIS zu steigen. LAMPERT VON HERSFELD schildert, wie es dabei zuging:

So stellten sich die Reformer einen König vor. Es handelt sich um ein Bild aus der Bibelhandschrift, die Heinrich IV. kurz vor Ausbruch des Investiturstreits dem Abt Wilhelm des süddeutschen Reformklosters Hirsau geschenkt hat.

> Die Nähe des Jahrestages, an dem der König in den Bann getan worden war, duldete keine Verzögerung der Reise ... Daher mietete er um Lohn einige ortskundige, mit den schroffen Alpengipfeln vertraute Einheimische, die vor seinem Gefolge über das steile Gebirge und die Schneemassen hergehen und den Nachfolgenden auf jede mögliche Weise die Unebenheiten des Weges glätten sollten.
>
> Als sie unter deren Führung mit größter Schwierigkeit bis auf die Scheitelhöhe des Berges vorgedrungen waren, gab es keine Möglichkeit weiterzukommen, denn der schroffe Abhang des Berges war, wie gesagt, durch die eisige Kälte so glatt geworden, daß ein Abstieg hier völlig unmöglich erschien. Da versuchten die Männer, alle Gefahren durch ihre Körperkraft zu überwinden: sie krochen bald auf Händen und Füßen vorwärts, bald stützten sie sich auf die Schultern ihrer Führer, manchmal auch, wenn ihr Fuß auf dem glatten Boden ausglitt, fielen sie hin und rutschten ein ganzes Stück hinunter, schließlich aber langten sie doch unter großer Lebensgefahr endlich in der Ebene an.
>
> Die Königin und die anderen Frauen ihres Gefolges setzte man auf Rinderhäute, und die dem Zug vorausgehenden Führer zogen sie darauf hinab. Die Pferde ließen sie teils mit Hilfe gewisser Vorrichtungen hinunter, teils schleiften sie sie mit zusammengebundenen Beinen hinab.
>
> (Lampert von Hersfeld, Annalen zu 1077, übers. von A. Schmidt, Darmstadt 1957, S. 397 ff.)

1. Welche Leitsätze des „Dictatus Papae" hat Gregor VII. in der Auseinandersetzung mit Heinrich IV. verwirklicht?
2. Vergleiche das Königsbild aus der Bibel Heinrichs IV. mit dem Bild aus dem Evangeliar Ottos III. auf S. 25.
3. Ihr könntet versuchen, eine der folgenden Szenen zu spielen:
   a) Die Herzöge Rudolf von Schwaben und Welf von Bayern schmieden das Komplott gegen den gebannten König.
   b) Zwei Reichsbischöfe streiten darüber, ob sie zum König oder zum Papst halten sollen.
   c) Heinrich IV. berät mit seiner Frau Berta und ein paar Freunden, ob sie auf die Bedingung der Fürsten eingehen sollen.

Der Streit zwischen Kaiser und Papst

Canossa – ein Erfolg des Papstes oder des Königs?

Als Heinrich IV. in Oberitalien ankam, durchquerte der Papst gerade die Lombardei, um rechtzeitig zum Gerichtstag in Deutschland zu sein. Aus Furcht vor den Anhängern des Königs zog er sich nach CANOSSA – einer Burg der Markgräfin MATHILDE von Tuszien – zurück und begann zu verhandeln. Auf Vermittlung Mathildes und des Abtes Hugo von Cluny trafen Papst und König folgende Vereinbarung: Der König mußte im Büßergewand dreimal vor dem Burgtor erscheinen und schriftlich die Unterwerfung unter den Schiedsspruch des Papstes versprechen. Danach löste ihn Gregor VII. vom Bann.

Für den einst so mächtigen König war das zwar eine unerhörte Demütigung. Aber den Plan seiner Gegner hatte er dadurch zunächst vereitelt; Gregor setzte seine Reise nach Deutschland nicht fort. Die deutschen Fürsten wählten trotzdem ohne sein Beisein Heinrichs Schwager, den Schwabenherzog RUDOLF VON RHEINFELDEN, zum Gegenkönig. Nach Deutschland zurückgekehrt, sammelte Heinrich IV. ein Heer und eröffnete sofort den Kampf gegen Rudolf. Diesem wurde in einer Schlacht 1080 die rechte Hand abgehauen, mit der er dem König einst Treue geschworen hatte. Das betrachteten die Zeitgenossen als Gottesurteil zugunsten des Königs.

Ein erneuter Bannfluch Gregors VII. blieb ohne Wirkung. Heinrich konnte jetzt zum Gegenangriff übergehen, den Papst auf einer Synode in Brixen absetzen und den Erzbischof Wibert von Ravenna zum Gegenpapst wählen lassen. Zusammen mit diesem zog er allerdings erst 1084 an der Spitze eines Heeres in Rom ein und ließ sich zum Kaiser krönen. Gregor VII. floh zu den Normannen nach Salerno, wo er bei seinem Tod 1085 gesagt haben soll: „Ich habe die Gerechtigkeit geliebt und gottloses Wesen gehaßt. Darum sterbe ich im Exil!"

Canossa: Der gebannte König bittet die Markgräfin Mathilde und den Abt Hugo von Cluny um Fürsprache.

Die Vertreibung Gregors VII. aus Rom und sein Tod im Exil in Salerno.

Das Ende Heinrichs IV.

Kupferne Grabkrone und Bischofsring aus dem Grab Heinrichs IV. im Speyerer Dom.

Das Wormser Konkordat – ein Kompromiß

Heinrich IV. übergibt seinem Sohn Heinrich V. die Reichsinsignien.

Aber der Streit war damit nicht beendet. Von nun an gab es ein *Schisma*, d. h. eine Spaltung der Kirche in Anhänger des Reformpapsttums und der vom König unterstützten Gegenpäpste. Und beide Seiten setzten ihre Kandidaten als Bischöfe – manchmal am gleichen Ort – ein.

Das gab der Fürstenopposition im Reich wieder Auftrieb, und auch in der eigenen Familie erwuchs dem Kaiser neuer Widerstand. Seine zweite Gemahlin Praxedis ging zur päpstlichen Partei über, und seine beiden Söhne unternahmen nacheinander Aufstände. Dem jüngeren, HEINRICH V., gelang es Ende 1105 sogar, den Vater gefangenzunehmen und ihn zur Herausgabe der Königsabzeichen zu zwingen. Heinrich IV. konnte zwar noch einmal fliehen, starb aber schon 1106. Sein Leichnam wurde nach Speyer überführt und zunächst, weil er noch im Bann war, in eine ungeweihte Kapelle gebracht. Erst 1111 durfte der Kaiser neben seinen Vorfahren im Speyerer Dom beerdigt werden, den er selbst prachtvoll erweitert und vollendet hatte.

Mit den Königen von England und Frankreich hatte sich der Papst längst über die Einsetzung der Bischöfe verständigt. Im Reich ging dagegen auch unter HEINRICH V. (1106–1125) der Streit weiter. Mit Gewalt erzwang dieser vom Papst die Kaiserkrönung. Erst 1122 waren beide Seiten, Kaiser und Papst, zu einer vertraglichen Lösung im sogenannten *Wormser Konkordat* bereit. Darin hieß es:

- Heinrich V. gewährt die freie Wahl der Bischöfe.
- Er verzichtet auf die Einsetzung in die geistlichen Amtsbefugnisse *(Spiritualien)* mit Bischofsstab und Bischofsring.
- Er behält aber das Recht, die Bischöfe in ihre weltlichen Amtsbefugnisse *(Regalien)* mit dem Zepter einzusetzen.

Für den Einfluß von Papst und Kaiser war es entscheidend, daß die Bischofsinvestitur im deutschen Königreich und im Königreich Italien verschieden geordnet wurde:

- In Deutschland durfte der König oder sein Vertreter bei der Wahl anwesend sein und in Streitfällen die Wahl entscheiden.
- Hier durfte er auch als erster die Investitur mit dem Zepter vornehmen; erst danach durfte der Bischof geweiht werden.
- In Italien dagegen wurde der frei gewählte Bischof sofort geweiht, und der König mußte ihn dann mit den Regalien belehnen.

So hatte Heinrich V. wenigstens einen Teil seiner Rechte retten können. Aber die Vorstellung von der Rolle des christlichen Herrschers hat sich in den fünfzig Jahren des Investiturstreits völlig verändert. Verändert hat sich in dieser Zeit aber auch die Stellung der Päpste in der Kirche und der christlichen Welt des Abendlandes. Ein erster Schritt auf dem Weg zur Trennung von *geistlicher* und *weltlicher* Gewalt, von Kirche und Staat, war getan.

1 Kann man die Vorgänge in Canossa auch als Erfolg Heinrichs IV. sehen? Was spricht für diese Ansicht?
2 Warum kämpften die mittelalterlichen Herrscher so entschlossen um ihre Mitwirkung bei der Einsetzung von Bischöfen?
3 Vergleiche das Verhältnis von Papst und Kaiser nach dem Investiturstreit mit dem zur Zeit der Ottonen.

Die Kreuzzüge – Krieg im Namen Gottes

Aufbruch zur Befreiung der Heiligen Stätten

Deus lo volt – Gott will es!

In diesem Jahrhundert religiöser Begeisterung, während Kaiser und Papst um die Einsetzung der Bischöfe stritten, hatten die Normannen den Sarazenen SIZILIEN entrissen und dem Papst unterstellt; und in Spanien waren die christlichen Könige dabei, von Norden aus die ganze Halbinsel von den muslimischen Mauren wieder zurückzuerobern. Da ergriff im Jahre 1095 Papst URBAN II. auf einer Versammlung im südfranzösischen CLERMONT die Gelegenheit, die Christen des Westens zu einem noch gewaltigeren Unternehmen aufzurufen:

> Ihr Volk der Franken, ihr Volk nördlich der Alpen, ihr seid Gottes geliebtes und auserwähltes Volk, herausgehoben aus allen Völkern durch die Lage des Landes, den katholischen Glauben und die Hochschätzung für die heilige Kirche.
>
> Aus dem Land Jerusalem und der Stadt Konstantinopel kam schlimme Nachricht: Ein fremdes, ganz gottesfernes Volk hat die Länder der dortigen Christen besetzt, durch Mord, Raub und Brand entvölkert und die Gefangenen teils in sein Land abgeführt, teils elend umgebracht; es hat die Kirchen Gottes gründlich zerstört oder für seinen Kult beschlagnahmt. Sie beflecken die Altäre mit ihren Abscheulichkeiten und stürzen sie um; sie beschneiden die Christen und gießen das Blut der Beschneidung auf die Altäre oder in die Taufbecken ...
>
> Euch verlieh Gott mehr als den übrigen Völkern ausgezeichneten Waffenruhm, hohen Mut, körperliche Gewandtheit und die Kraft, den Scheitel eurer Widersacher zu beugen. Bewegen und zu mannhaftem Entschluß aufstacheln mögen euch die Taten eurer Vorgänger, die Heldengröße König Karls des Großen, seines Sohnes Ludwig und eurer anderen Könige. Sie haben die Heidenreiche zerstört und dort das Gebiet der heiligen Kirche weit ausgedehnt.
>
> Kein Besitz, keine Haussorge soll euch fesseln. Denn dieses Land, in dem ihr wohnt, ist überall von Meeren und Gebirgszügen umschlossen und von euch beängstigend dicht bevölkert. Es fließt nicht vor Fülle und Wohlstand über und liefert seinen Bauern kaum die bloße Nahrung ... Tretet den Weg zum Heiligen Grab an, nehmt das Land dem gottlosen Volk, macht es euch untertan!
>
> Jerusalem ist der Mittelpunkt der Erde, das fruchtbarste aller Länder, als wäre es ein zweites Paradies der Wonne. Der Erlöser der Menschheit hat es durch seine Ankunft verherrlicht, durch seinen Lebenswandel geschmückt, durch sein Leiden geweiht, durch sein Sterben erlöst, durch sein Grab ausgezeichnet. Diese Königsstadt erbittet und ersehnt Befreiung, sie erfleht unablässig eure Hilfe. Schlagt also diesen Weg ein zur Vergebung eurer Sünden; nie verwelkender Ruhm ist euch im Himmelreich gewiß.
> (Robertus monachus, Historia Iherosolimitana I, 1/2, übers. v. Arno Borst, in: Lebensformen im Mittelalter, Frankfurt 1973, S. 318 ff.)

Der Graf von Vendôme trägt noch das Kreuz der Kreuzfahrer auf dem Mantel, als er nach fünfzehnjähriger muslimischer Gefangenschaft zu seiner Frau zurückkehrt (Statue aus dem Franziskanerkloster in Nancy in Lothringen).

Deus lo volt! – Gott will es!, rief die begeisterte Menge, und die Ritter hefteten Kreuze aus Stoff auf die Schultern ihrer Mäntel zum Zeichen, daß sie die Kreuzfahrt gelobt hatten.

Judenverfolgungen in den Städten am Rhein

Die Begeisterung erfaßte auch die einfachen Leute. Angeführt von einzelnen Fanatikern strömten sie von Frankreich und Lothringen aus 1096 in Speyer, Worms und Mainz zusammen. Dort gab es reiche Judengemeinden, die bisher im Frieden mit den christlichen Bürgern gelebt hatten und den Schutz der Kaiser und Bischöfe genossen.

Die Kreuzfahrer dagegen sahen in den Juden die Mörder des Heilandes Jesus. Sie überfielen sie auf offener Straße und schlugen sie tot, wenn sie sich nicht taufen ließen. In Mainz raubten sie das Judenviertel aus und zündeten es an. Die Juden, die in die Bischofsburg geflohen waren, hatten gegen die Menge der Angreifer keine Chance. Nachdem die Verteidiger gefallen waren, töteten sich die alten Männer, Frauen und Kinder gegenseitig.

Die Kreuzfahrerscharen zogen weiter die Donau entlang nach Osten, gingen aber zugrunde, ehe sie das Heilige Land erreichten.

Die Eroberung Jerusalems im ersten Kreuzzug

Die ritterlichen Kreuzfahrerheere dagegen, angeführt von Graf Raimund von Toulouse, Herzog Gottfried von Bouillon und dem Normannenfürsten Boemund von Tarent, standen nach drei Jahren endlich vor den Mauern JERUSALEMS. In der Hitze des Juli 1099 belagerten sie fast sechs Wochen die Stadt, ehe sie sie im Sturm nahmen:

> Der größte Teil der Bevölkerung hatte sich nach dem Tempelhof geflüchtet, weil dieser mit einer Mauer, mit Türmen und starken Toren verwahrt war. Sogleich begab sich Herr Tankred mit dem größten Teil des Heeres dorthin. Er brach mit Gewalt in den Tempel ein und machte unzählige nieder... Der übrige Teil des Heeres zerstreute sich in der Stadt, zog diejenigen, die sich in engen Gassen versteckt hatten, wie das Vieh hervor und stieß sie nieder. Andere gingen in die Häuser, wo sie die Familienväter mit Frauen und Kindern und dem ganzen Gesinde herausrissen und entweder mit den Schwertern durchbohrten oder von den Dächern herabstürzten.
>
> Als endlich auf diese Weise Ordnung in der Stadt hergestellt war, legten sie die Waffen nieder, wuschen sich die Hände, zogen reine Kleider an und gingen dann demütigen und zerknirschten Herzens, unter Seufzen und Weinen, mit bloßen Füßen, an den ehrwürdigen Orten umher, welche der Erlöser durch seine Gegenwart heiligen und verherrlichen mochte, und küßten sie mit größter Andacht. Bei der Kirche zu den Leiden und der Auferstehung des Herrn kamen ihnen sodann das gläubige Volk der Stadt und der Klerus entgegen und geleiteten sie unter Lobliedern und geistlichen Gesängen zu der vorgenannten Kirche.
>
> *(Wilhelm von Tyrus, übers. v. E. und R. Kausler, in: Geschichte in Quellen, Bd. 2, München 1975, S. 370)*

Kreuzfahrer beschießen 1097 das belagerte Nikäa mit abgeschlagenen Köpfen von Feinden, um die Verteidiger zu demoralisieren.

1 Entspricht das Vorgehen der Kreuzritter christlichen Grundsätzen? Diskutiert über die Verrohung der Menschen im Krieg und die Gefahren des Fanatismus. Nennt Beispiele aus unserer Zeit.

2 Die Menschen entschlossen sich nicht nur aus religiösen Gründen für den Kreuzzug. Welche anderen Motive kannst du aus der Rede des Papstes und aus den Judenverfolgungen erschließen?

Die Kreuzzüge – Krieg im Namen Gottes

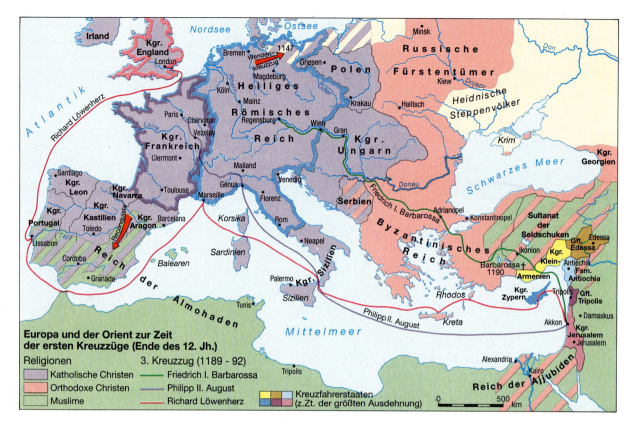

Europa und der Orient zur Zeit der ersten Kreuzzüge (Ende des 12. Jh.)

Religionen:
- Katholische Christen
- Orthodoxe Christen
- Muslime

3. Kreuzzug (1189 – 92):
- Friedrich I. Barbarossa
- Philipp II. August
- Richard Löwenherz

Kreuzfahrerstaaten (z.Zt. der größten Ausdehnung)

Kaiser Friedrich I. Barbarossa ertrinkt auf dem dritten Kreuzzug 1190 in dem Flüßchen Saleph in Kleinasien. Ein Engel übergibt seine Seele dem Himmel (Handschrift um 1195/96).

Kreuzzüge und Kreuzfahrerstaaten

Die Eroberung Jerusalems und der Küstenregion des Vorderen Orients im ersten Kreuzzug war vor allem das Werk der französischen Ritter, der „Franken", wie sie von den Muslimen genannt wurden. Ihre Anführer gründeten auf dem eroberten Land eigene Staaten und befestigten sie mit Burgen. Der wichtigste Kreuzfahrerstaat war *Jerusalem,* wo Gottfried von Bouillon König wurde.

Kreuzritter besteigen die Schiffe. Neben Proviant und Waffen mußten sie auch Pferde mitnehmen. Sie wurden unter Deck in hölzernen Gestellen wegen des Seegangs angegurtet.

Wenn diese christlichen Staaten sich in einer islamischen Welt halten wollten, brauchten sie dringend weitere Verstärkung aus Europa. Deshalb rief der wortgewaltige Prediger Bernhard von Clairvaux 1146 zu einem neuen Kreuzzug auf. Jetzt stellten sich die Könige von Frankreich und Deutschland an die Spitze, aber die Erfolge blieben aus. Ähnlich war es auch, nachdem Sultan Saladin 1187 Jerusalem erstürmt hatte. Die Herrscher der drei größten Reiche des Westens brachen danach mit ihren Rittern zum dritten Kreuzzug auf: der deutsche Kaiser Friedrich I. Barbarossa, der französische König Philipp II. August und der englische König Richard Löwenherz. Doch ihr Erfolg war gering: Der Kaiser ertrank unterwegs in Kleinasien, ehe er das Heilige Land erreicht hatte. Franzosen und Engländer konnten zwar die Hafenstadt Akkon erobern, aber Richard Löwenherz geriet auf dem Rückweg in Gefangenschaft.

Die Kreuzzugsbewegung war damit zwar nicht erloschen, aber nur weniges gelang noch. Der Marsch von 7000 Kindern aus dem Rheinland endete z. B. in Italien mit einer Katastrophe: die meisten starben oder wurden als Sklaven verkauft. Auch die beiden letzten Kreuzzüge, die der französische König Ludwig IX. der Heilige 1248 und 1270 unternahm, scheiterten, obwohl er sie gründlich vorbereitet und sogar extra einen Hafen in Aigues-Mortes hatte bauen lassen. Schließlich ging als letzter Stützpunkt 1291 die Stadt Akkon verloren.

Das Siegel des Königs von Jerusalem.

1 Beschreibe anhand der Karte die Reisewege der am 3. Kreuzzug beteiligten Herrscher. Wie verteilen sich die einzelnen Religionen?

Die Kreuzzüge – Krieg im Namen Gottes

Begegnung von Abend- und Morgenland

Rückwirkungen auf den Westen

Fast 200 Jahre lang lebten abendländische Christen im Orient in direktem Kontakt mit den Muslimen. Sie staunten nicht nur über deren Luxus, sondern auch über die Schönheit ihrer Bauten und über den Stand ihrer Wissenschaften. Der anfängliche Haß auf die verfluchten Heiden wich der Achtung vor den vornehmen Gegnern.

Manche Christen kehrten auch wieder in ihre europäischen Heimatländer zurück und berichteten von dem märchenhaften Leben im Orient. Sie brachten manche orientalische Wörter und Bezeichnungen mit wie z. B. Algebra, Alkohol, Baldachin, Chemie, Damast, Diwan, Jacke (= arab. Panzerhemd), Kaffee, Karaffe, Matratze, Musselin, Orange, Pantoffel, Schach, Satin, Sofa, Sirup, Tasse, Ziffer oder Zucker. Sicher ist auch der Kontakt mit dem Osten ein Anstoß dazu gewesen, daß die Ritter in den Ländern des Westens anfingen, Romane zu schreiben und Liebeslieder zu dichten. Zugleich blühte der Handel mit dem Orient auf, und arabische Technik und Naturwissenschaften wirkten auf die abendländische Kultur ein.

Die Muslime dagegen schauten verachtungsvoll auf die unzivilisierten „Franken" herab, wie z. B. der Verfasser des folgenden Berichts. Im gleichen Buch berichtet er mit Schaudern, wie christliche Ärzte auf blutige Weise ein Bein amputieren, das mit den Mitteln arabischer Medizin hätte gerettet werden können.

Ein Mameluckenbrunnen in Jerusalem, geschmückt mit der Rosette einer Kreuzfahrerkirche und einer arabischen Inschrift.

1 Auf welchen Gebieten war der Orient dem Abendland überlegen? Untersuche hierzu die oben aufgeführten deutschen Lehnwörter.
2 Was erschien einem Orientalen an der christlichen Essensszene (unten) fremd, was einem Christen an der orientalischen (rechte Seite)?

Die Turmhelme der Pauluskirche in Worms aus dem 12. Jahrhundert haben wahrscheinlich Minarette orientalischer Moscheen zum Vorbild.

Eine Kreuzfahrerfamilie bei Tisch (Illustration aus einer Bilderhandschrift des Buches Ruth).

Ein Muslim unter Christen

Es gibt unter den Franken einige, die sich im Lande angesiedelt und begonnen haben, auf vertrautem Fuße mit den Muslimen zu leben. Sie sind besser als die anderen, die gerade neu aus ihren Heimatländern gekommen sind.

Einmal schickte ich einen Gefährten zu einem Geschäft nach Antiochia, dessen Oberhaupt Todros ibn as-Safi [der Grieche Theodor Sophianos] war. Er sagte eines Tages zu meinem Gefährten: „Ein fränkischer Freund hat mich eingeladen. Komm doch mit, dann siehst du ihre Gebräuche." – „Ich ging mit", erzählte mein Freund, „und wir kamen zum Hause eines der alten Ritter, die mit dem ersten Zug der Franken gekommen waren. Er hatte sich von seinem Amt und Dienst zurückgezogen und lebte von den Einkünften seines Besitzes in Antiochia.

Er ließ einen schönen Tisch bringen mit ganz reinlichen und vorzüglichen Speisen. Als er sah, daß ich nicht zulangte, sagte er: ‚Iß getrost, denn ich habe ägyptische Köchinnen und esse nur, was sie zubereiten; Schweinefleisch kommt mir nicht ins Haus.'

Später überquerte ich den Markt, als eine fränkische Frau mich belästigte und in ihrer barbarischen Sprache mir unverständliche Worte hervorstieß. Eine Menge Franken sammelte sich um mich, und ich war schon meines Todes sicher: da erschien der Ritter und sagte zu der Frau: ‚Was hast du mit diesem Muslim?' – ‚Er hat meinen Bruder Urso getötet!' erwiderte sie. Er fuhr sie an: ‚Das hier ist ein Bürger, ein Kaufmann, der nicht in den Krieg zieht und sich nicht aufhält, wo man kämpft.'"

(Usama ibn Munqid, Buch der Belehrung, übers. v. F. Gabrieli, in: F. Gabrieli, Die Kreuzzüge aus arabischer Sicht, München 1973, S. 121 f.)

Schlanke Türme wie dieser von einer Moschee in Jiblah im Jemen und Kuppeln wie die des Felsendoms in Jerusalem haben die Kreuzfahrer gewiß beeindruckt.

Ein Festmahl unter Muslimen (Miniatur-Malerei aus einer orientalischen Handschrift).

Die Herrschaft der Staufer

Kaiser Friedrich I. Barbarossa

Der Übergang der Herrschaft im Reich an die Staufer

Mit Kaiser HEINRICH V. starb die Familie der Salier aus. Der nächste Verwandte war der Schwabenherzog Friedrich aus der Familie der *Staufer*, genannt nach ihrer Burg Hohenstaufen. Trotzdem wählten die Fürsten nicht ihn, sondern den Sachsenherzog LOTHAR VON SUPPLINBURG zum neuen König. Als dieser starb, war der nächste Thronanwärter sein Schwiegersohn Heinrich der Stolze, Herzog von Bayern und Sachsen, aus der Familie der *Welfen*. Und wieder wählten die Fürsten einen anderen, diesmal den Staufer KONRAD III.; der versuchte erfolglos, die Welfen zu bezwingen. Nach seinem Tod fiel die Wahl der Fürsten daher 1152 auf seinen Neffen FRIEDRICH I., den die Italiener BARBAROSSA nannten. Da seine Mutter Welfin war, schien er eine Aussöhnung zwischen den beiden mächtigsten Adelsfamilien im Reich, den Staufern und den Welfen, zu ermöglichen.

Der Herrscher und seine Helfer

Während des Investiturstreits veränderte sich die Stellung des Königs grundsätzlich: Die Möglichkeit, mit königstreuen Bischöfen zu regieren, bestand nicht mehr, und die Fürsten waren selbständiger und selbstbewußter geworden. So mußten sich die Herrscher nach neuen Helfern umsehen.

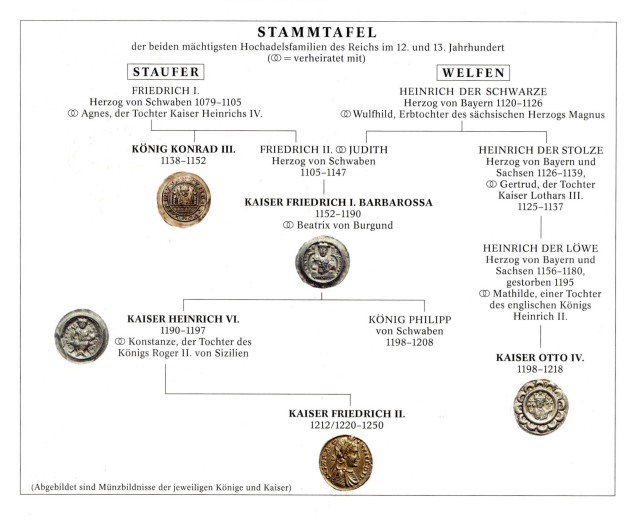

STAMMTAFEL der beiden mächtigsten Hochadelsfamilien des Reichs im 12. und 13. Jahrhundert (⚭ = verheiratet mit)

STAUFER
FRIEDRICH I.
Herzog von Schwaben 1079–1105
⚭ Agnes, der Tochter Kaiser Heinrichs IV.

KÖNIG KONRAD III.
1138–1152

FRIEDRICH II. ⚭ JUDITH
Herzog von Schwaben
1105–1147

KAISER FRIEDRICH I. BARBAROSSA
1152–1190
⚭ Beatrix von Burgund

KAISER HEINRICH VI.
1190–1197
⚭ Konstanze, der Tochter des Königs Roger II. von Sizilien

KÖNIG PHILIPP
von Schwaben
1198–1208

KAISER FRIEDRICH II.
1212/1220–1250

WELFEN
HEINRICH DER SCHWARZE
Herzog von Bayern 1120–1126
⚭ Wulfhild, Erbtochter des sächsischen Herzogs Magnus

HEINRICH DER STOLZE
Herzog von Bayern und Sachsen 1126–1139,
⚭ Gertrud, der Tochter Kaiser Lothars III.
1125–1137

HEINRICH DER LÖWE
Herzog von Bayern und Sachsen 1156–1180,
gestorben 1195
⚭ Mathilde, einer Tochter des englischen Königs Heinrich II.

KAISER OTTO IV.
1198–1218

(Abgebildet sind Münzbildnisse der jeweiligen Könige und Kaiser)

Der gerechte König und sein Volk: Bischof, Fürst, Ritter, Geistlicher, Frau, Jude (zweite Hälfte des 12. Jh.).

Sie fanden sie in den Dienstmannen oder *Ministerialen,* wie sie lateinisch hießen. Diese ursprünglich unfreien Leute dienten den Königen vor allem als Besatzung von Burgen, die das Königsland und die Straßen schützten. Wenn sie vom König Lehen erhielten, stiegen sie auf in den niederen Adel.

Seit Friedrich I. betonten die Herrscher besonders ihre Würde als oberste Richter und Garanten von Frieden und Recht, wie es das Bild vom „gerechten König" zeigt, das aus der Zeit Barbarossas stammt.

1 Versuche zu erklären, warum die Fürsten zweimal nicht den nächsten Verwandten der Königsfamilie zum neuen König wählten.
2 Vergleiche das Königsbild (oben) mit dem Kaiserbild auf S. 25. Warum hat der Maler wohl auch Frauen und Juden aufgenommen?

Die Herrschaft der Staufer

Friedrich Barbarossa und Heinrich der Löwe

Portrait Kaiser Friedrichs I. Die vergoldete Bronzebüste ist ein Geschenk des Kaisers an seinen Taufpaten Otto von Cappenberg. Die Mauerzinnen am unteren Rand symbolisieren Rom.

Als FRIEDRICH I. BARBAROSSA 1152 König wurde, schien der alte Streit zwischen Staufern und Welfen beendet. HEINRICH DER LÖWE, der Sachsenherzog aus der Welfenfamilie, unterstützte mit seinen Kriegern seinen Vetter Friedrich bereits bei desssen ersten Italienzug 1154, auf dem er sich die Kaiserkrone holte. Dafür belehnte der Kaiser den Sachsenherzog mit dem Herzogtum BAYERN.

Danach wendeten sich Kaiser und Herzog verschiedenen Aufgaben zu: Heinrich der Löwe erweiterte seinen Herrschaftsbereich von Sachsen aus nach Osten weit in das Slawenland hinein, während Friedrich Barbarossa die Reichsrechte in Italien wiederzugewinnen suchte. Seit dem Investiturstreit hatten die Städte in der LOMBARDEI die Königsrechte *(Regalien)* wie z. B. das Recht, Steuern zu erheben oder Gericht zu halten, unrechtmäßig selbst ausgeübt. Nun begann Barbarossa, diese Rechte und damit auch die Einkünfte von den wohlhabenden Städten zurückzufordern. Das schien ihm auch gelungen zu sein, nachdem er MAILAND, die größte und reichste der Städte Oberitaliens, zur bedingungslosen Kapitulation gezwungen und zerstört hatte.

Es blieb jedoch nicht bei diesem Triumph des Kaisers. Schon 1159 hatten nämlich die Kardinäle gleichzeitig zwei Päpste gewählt, einen von der kaiserlichen und einen von der antikaiserlichen Partei. Der antikaiserliche nannte sich ALEXANDER III. und verbündete sich mit den lombardischen Städten. Sie bauten eine Festung und nannten sie nach dem Papst ALESSANDRIA. Bei seinem fünften Italienzug belagerte der Kaiser diese Stadt, konnte sie aber nicht einnehmen. Da sein Heer zu schwach war, um den Krieg gegen die Städte fortzusetzen, bat er 1176 Heinrich den Löwen um Hilfe:

> Der Kaiser sandte nun dringende Boten nach Deutschland, um das Heer zu verstärken, und vor allem an seinen Vetter Heinrich, den Herzog von Sachsen und Bayern, um ihn zu einer Aussprache in Chiavenna zu laden. Er kam ihm bis hier entgegen und bat ihn dringender, als es der kaiserlichen Majestät ansteht, dem Reiche in seiner gefährlichen Lage zu Hilfe zu kommen. Man sagt sogar, er habe sich ihm zu Füßen geworfen. Aber Herzog Heinrich, der allein die Macht und die Mittel besaß, damals dem Reiche einen wirklichen Dienst zu leisten, forderte dafür Goslar, die reichste Stadt in ganz Sachsen, zum Lehen. Der Kaiser aber hielt es für eine Schande, sich gegen seinen Willen um ein solches Lehen erpressen zu lassen, und stimmte nicht zu, worauf Heinrich ihn in hellem Zorn in der Gefahr verließ und heimkehrte.
> *(aus der Chronik Ottos von St. Blasien, übers. v. W. Lautemann, in: Geschichte in Quellen, Band 2, München 1975, S. 426)*

Die Folge von Heinrichs Weigerung war, daß der Kaiser eine vernichtende Niederlage durch die lombardischen Städte erlitt.

Warum ließ Heinrich der Löwe den Kaiser im Stich, obwohl Friedrich ihn bisher gegen seine Gegner in Sachsen stets unterstützt hatte? Inzwischen hatte der Herzog die Slawenfürsten in MECKLENBURG und POMMERN unterworfen und sich in Norddeutschland eine königsähnliche Stellung verschafft. Nach dem Vorbild der Kaiserpfalz Goslar ließ er BRAUNSCHWEIG zur Residenz ausbauen; zwischen Burg und Dom stellte er als stolzes Zeichen seiner Herrschaft einen bronzenen Löwen auf. Und der Kaiser selbst hatte die Heirat zwischen Heinrich und MATHILDE, einer Tochter des englischen Königs, vermittelt. So konnte sich der Welfe seinem staufischen Vetter mindestens für ebenbürtig halten, wie es in dem Bild auch zum Ausdruck kommt.

Bronzenes Löwenstandbild Heinrichs des Löwen vor seiner Burg Dankwarderode in Braunschweig.

Christus krönt Heinrich den Löwen und seine Frau Mathilde. Links hinter Heinrich: seine Eltern Heinrich der Stolze und Gertrud sowie deren Eltern Kaiser Lothar III. und Richenza. Rechts hinter Mathilde ihr Vater, König Heinrich II. von England, und dessen Mutter Mathilde, englische Königin und Witwe Kaiser Heinrichs V. (Buchmalerei aus dem Evangeliar Heinrichs des Löwen).

Aber die Rechnung Heinrichs des Löwen ging nicht auf. Seine sächsischen Gegner verklagten ihn beim Kaiser. Und als der Herzog trotz mehrfacher Vorladung nicht vor dem Fürstengericht erschien, verlor er 1180 seine Herzogtümer und wurde geächtet. In einem Krieg zwang ihn der Kaiser, sich zu unterwerfen. Er mußte ins Exil zu seinem Schwiegervater nach England gehen und behielt nur seinen Besitz um Braunschweig und Lüneburg. Seine Herzogtümer wurden an andere Adlige vergeben. Von Bayern, das schon 1156 ÖSTERREICH hatte hergeben müssen, wurde nun die STEIERMARK als eigenes Herzogtum abgetrennt. Der Rest kam an die Familie der *Wittelsbacher*. Sachsen wurde ganz aufgelöst: Westfalen als größter Teil fiel an das Erzbistum Köln; den Osten erhielt der Sohn von Heinrichs erbittertem Gegner ALBRECHT DEM BÄREN aus der Familie der Askanier.

1 Heinrich der Löwe hat alles in das Bild aufnehmen lassen, was ihn als „königlich" ausweist. Beschreibe deine Beobachtungen.
2 Während des Kampfes zwischen Kaiser und Herzog hat sich das Reich verändert. Wer erzielte den größten Machtzuwachs? Vergleiche das Reich der Stauferzeit mit dem der Ottonen.

Die Herrschaft der Staufer

Der Friede mit dem Papst

Über Heinrich den Löwen konnte Barbarossa nur triumphieren, weil er zuvor mit dem Papst Frieden geschlossen hatte. 1177 traf er sich mit Papst ALEXANDER III. zur Versöhnung auf neutralem Boden in VENEDIG. Ein Augenzeuge berichtet:

> Als der Papst nach der Messe in seinen Palast zurückkehrte, ergriff der Kaiser dessen Rechte und geleitete ihn ehrenvoll bis zur Kirchentüre, und als hier der Papst wie üblich seinen Schimmel besteigen wollte, trat der Kaiser von der anderen Seite herzu und hielt den Steigbügel. Nachdem der Papst auf seinem Pferde saß, führte es der Kaiser wie ein Marschall ein Stück Weges. [Am nächsten Tag erkannte der Kaiser Alexander III. als rechtmäßigen Papst an.] Alle Anwesenden brachen in laute Lobrufe auf ihn aus. Als wieder Stille eingekehrt war, brachte man die heiligen Evangelien Gottes mit Heiligenreliquien und einem Kreuz vom Holz des Kreuzes Christi mitten in die Versammlung. Im Auftrag des Kaisers schwur dann der Graf Heinrich von Diez auf die Seele des Kaisers, daß dieser zwischen Reich und Kirche und dem König von Sizilien fünfzehn Jahre Frieden und mit den lombardischen Städten einen Waffenstillstand von sechs Jahren halten werde.
> (aus den Annalen des Romoald von Salerno, nach der Übersetzung von J. Bühler, Die Hohenstaufen, Leipzig 1925, S. 236, 238)

Friedrich Barbarossa und der Doge von Venedig führen das Pferd Papst Alexanders III.

Friedrich Barbarossa auf dem Höhepunkt der Macht

Danach konnte der Kaiser auch mit den lombardischen Städten verhandeln. Im *Frieden von Konstanz* (1183) behielten sie zwar die Regalien, mußten sich aber zu Steuerzahlungen verpflichten. Die antikaiserliche Festung Alessandria wurde umgetauft in Caesarea, die „Kaiserliche".

Nun erst herrschte Barbarossa ganz unangefochten im Reich und konnte an Pfingsten 1184 Fürsten und Ritter zum Fest der Volljährigkeit seiner beiden Söhne nach Mainz einladen. ARNOLD VON LÜBECK berichtet:

> Zahllose, in den verschiedensten Farben erglänzende Zelte bedeckten die weite Ebene, auf ihren Spitzen mit Fahnen und Bannern mannigfach geschmückt. Mehr noch staunte man die Vorräte von Lebensmitteln an, die auf des Kaisers Befehl von allen Seiten her, zu Land und zu Wasser, herbeigebracht wurden.
>
> Und welche Menschenmassen waren außer den geladenen Gästen noch zu erwarten! Fahrende Sänger und Dichter, Spielleute und Gaukler wurden durch die Festlichkeiten aus weiter Ferne herbeigelockt, in der Hoffnung, von der Freigebigkeit des Kaisers und der Fürsten reichen Gewinn zu haben. Auf siebzigtausend schätzte man die Zahl der Ritter und Krieger, und dazu kam noch das Heer der Geistlichen und der Leute niederen Standes. Am ersten Pfingstfeiertag schritt Kaiser Friedrich mit seiner Gemahlin Beatrix im Schmuck des kaiserlichen Stirnreifs in feierlicher Prozession und geleitet von einem glänzenden Gefolge zu der in der Mitte des Lagers errichteten Kirche.
> (nach: E. Orthbandt, Die Staufer, 1977, S. 190 f.)

Staufische „Weltpolitik"

Friedrich Barbarossa mit seinen Söhnen König Heinrich und Herzog Friedrich von Schwaben.

Im selben Jahr 1184 vereinbarte der Kaiser die Verlobung seines 19jährigen Sohnes Heinrich mit der 30jährigen KONSTANZE VON SIZILIEN. Und 1187 schloß er ein Bündnis mit dem französischen König PHILIPP II. AUGUST gegen England, das die Welfenpartei unterstützte. Und als Sultan SALADIN Jerusalem eroberte, stellte sich Friedrich Barbarossa als Kaiser sofort an die Spitze eines Kreuzzugs, der 1189 von Deutschland aus aufbrach. Seinem Sohn Heinrich übertrug er während seiner Abwesenheit die Regentschaft.

So ging die Herrschaft im Reich bei der Nachricht vom Tod Barbarossas 1190 reibungslos auf HEINRICH VI. über. Fast gleichzeitig war Wilhelm II. von Sizilien gestorben, und Heinrich VI. erhob daher für seine Frau Konstanze Erbansprüche auf dieses Königreich. Er konnte sie aber nicht gleich durchsetzen; auf seinem Italienzug gelang es ihm 1191 nur, die Kaiserkrönung vom Papst zu erzwingen. Danach kehrte er nach Deutschland zurück, um einem Fürstenaufstand entgegenzutreten.

Die Opposition verlor jedoch ihre wichtigste Stütze, als 1193 der englische König RICHARD LÖWENHERZ bei der Rückkehr vom Kreuzzug gefangengenommen und an Heinrich VI. ausgeliefert wurde. Dieser erpreßte nicht nur eine ungeheure Summe Lösegeld von ihm, sondern zwang ihn auch, für England den Lehnseid zu leisten.

Nun konnte Heinrich Sizilien erobern und sich am Weihnachtstag 1194 in PALERMO zum König krönen lassen. Einen Tag später gebar Konstanze einen Sohn, der den Namen des Großvaters FRIEDRICH erhielt. Heinrich VI. stand an der Spitze einer Herrschaft, die europäische Dimensionen anzunehmen schien. Da starb er 1197 an Malaria und hinterließ als Nachfolger ein nicht ganz dreijähriges Kind.

1 Betrachte noch einmal den Lebensweg Friedrich Barbarossas. Welche Ziele verfolgte er, und wie festigte er seine Macht?

Kaiserin Konstanze übergibt den neugeborenen Friedrich (II.) an die Gemahlin Konrads von Urslingen, des Herzogs von Spoleto (1195).

Die Herrschaft der Staufer

Friedrich II. – Weltwunder oder Antichrist?

Auf dem Weg zur Kaiserkrone

Schon ein Jahr nach dem Vater starb 1198 auch KONSTANZE, die Mutter des jungen Kaisersohnes FRIEDRICH II. Um das Königreich SIZILIEN für ihn zu retten, hatte sie zuvor den Papst als Lehnsherrn von Sizilien zum Vormund des Kindes bestimmt.

Im gleichen Jahr wählte ein Teil der deutschen Fürsten dessen Onkel PHILIPP VON SCHWABEN zum König. Die meisten norddeutschen Fürsten aber hoben den Welfen OTTO IV., einen Sohn Heinrichs des Löwen, auf den Thron. Mit ihm verband sich Papst INNOZENZ III. und krönte ihn zum Kaiser, weil er so die Verbindung des Reichs mit Sizilien für immer zu verhindern hoffte. Otto IV. kehrte jedoch bald zur alten Italienpolitik der deutschen Könige zurück, so daß der Papst erneut die Staufer unterstützte. Da Philipp von Schwaben 1209 ermordet wurde, schickte er 1212 den 17jährigen Friedrich nach Deutschland und ließ ihn vom Mainzer Erzbischof zum König krönen. Otto IV. hingegen bot ein Heer gegen den stauferfreundlichen König von Frankreich auf, um den Thronstreit für sich zu entscheiden. In der Schlacht bei BOUVINES (1214) erlitt er jedoch mit den verbündeten Engländern eine vernichtende Niederlage. Alle Fürsten fielen von Otto ab, und er starb wenig später völlig vereinsamt. Friedrich II. aber kehrte als unbestrittener Herrscher nach Italien zurück und ließ sich 1220 zum Kaiser krönen. Dafür mußte er dem Papst versprechen, Sizilien niemals mit dem Reich zu vereinen.

Geschnittener Edelstein (Kamee): Zwei antike Siegesgöttinnen (Viktorien) halten einen Kranz oder Kronreif über Kaiser Friedrich II. Die Viktorien sind griechisch beschriftet mit „Michael" und „Gabriel". Kannst du dir denken warum?

Das Jagdschloß Castel del Monte in Apulien. Friedrich II. errichtete den achteckigen Bau um 1240–50.

Friedrich II. – das Staunen der Welt

Bild aus dem Falkenbuch Friedrichs II.: Ein Mann holt junge Falken aus Nestern in einer Felswand. Die Jungvögel sollen für die Jagd abgerichtet werden.

Nachdem Friedrich Kaiser war, begann er sofort, das Königreich Sizilien zu einem ganz modernen Staat umzugestalten. Er gründete 1224 in NEAPEL die erste Universität zur Ausbildung von Staatsbeamten. Diese Juristen wurden in allen Provinzen als höchste Richter eingesetzt, um die Macht des normannischen Adels einzuschränken. Die letzten Sarazenen Siziliens unterwarf er und siedelte sie in der Stadt LUCERA in Apulien an, wo sie ihren Glauben beibehalten durften. Auch eine sarazenische Truppe stellte er auf und umgab sich mit einer Leibgarde aus Sarazenen. Die wichtigsten Städte des Königreichs ließ er durch Kastelle sichern und entwarf selbst die Pläne für die schönsten dieser Schlösser wie z. B. das oben abgebildete *Castel del Monte*. Das Geld dafür gewann er aus der Kontrolle des Handels zwischen Europa und dem Orient, aus Staatsmonopolen auf Salz, Eisen, Kupfer, Seide, Hanf und Färbemittel sowie aus Steuern, die auch die Kirchen zahlen mußten. Da er eine stabile Währung brauchte, ließ er Goldmünzen mit seinem Kaiserbild prägen.

Er kümmerte sich auch persönlich um die Wissenschaft und hielt Kontakt mit arabischen, griechischen und italienischen Gelehrten, was ihm nicht schwer fiel, da er neben Italienisch auch Latein, Arabisch, Griechisch, Hebräisch und Französisch fließend sprach. Er selbst verfaßte ein Buch über die Jagd mit Falken, das auf genauesten Beobachtungen beruhte.

Schon 1215 hatte er ein Kreuzzugsgelübde ausgesprochen. Dieses Vorhaben schob er jedoch so lange hinaus, bis der Papst ihn schließlich bannte. Trotzdem konnte er im Heiligen Land 1229 durch persönliche Gespräche mit dem Sultan mehr erreichen als die drei vorhergegangenen Kreuzzüge: JERUSALEM und das umliegende Land wurden den Christen kampflos zurückgegeben! Danach krönte er sich selbst zum *König von Jerusalem* und betrachtete sich von da an als Nachfolger des *Königs David*, von Gott eingesetzt als Herrscher über das ganze Gottesvolk.

Die Herrschaft der Staufer

Friedrich II. – der Hammer der Welt

Zwar wurde der Kaiser nach dem Kreuzzugserfolg wieder vom Bann gelöst. Aber als er anfing, die aufständischen Städte in Oberitalien niederzuwerfen, brach der Konflikt mit dem Papst erneut aus. Die religiös aufgewühlten Menschen meinten, das Weltende stehe unmittelbar bevor. So glaubten viele, was die Bettelmönche im Auftrag des Papstes predigten: Der Kaiser ist der Antichrist. In ganz Europa wuchs die Empörung über Friedrich II., als er etwa hundert Bischöfe auf der Reise nach Rom gefangennahm. Um nicht selbst in seine Hände zu fallen, entzog sich der Papst schließlich der Gefahr, indem er nach LYON in Südfrankreich floh. Dort rief er ein *Konzil* zusammen und setzte Friedrich als Kaiser, deutschen König und König von Sizilien ab. Die Konzilsteilnehmer verfluchten ihn und löschten feierlich ihre Fackeln.

Trotz militärischer Erfolge konnte sich Friedrich II. bis zu seinem Tod (1250) von diesem schweren politischen Schlag nicht mehr erholen. Die Zeitgenossen haben ihn ganz verschieden beurteilt:

> *Friedrichs Kanzler Petrus von Vinea über den Kaiser (um 1239):*
> Wahrhaftig, ihn verehren Land und Meer, ihm jubeln laut die Lüfte zu; denn er, der der Welt als wahrer Kaiser von der göttlichen Macht beschieden wurde, lenkt als Freund des Friedens, als Schützer der Liebe, als Begründer des Rechts, als Hüter der Gerechtigkeit und Sohn der Geduld die Welt mit unendlicher Weisheit. Er ist es, von dem die Worte des Propheten Hesekiel verkünden: ein großer Adler mit gewaltigen Fittichen.
> *(nach: Horst Stern, Mann aus Apulien, München 1988, S. 292)*
>
> *Albert von Beham, päpstlicher Agent, über Friedrich (1245):*
> Fürst der Tyrannei, Zerstörer der kirchlichen Lehre und Verderber der Geistlichkeit, Umstürzer des Glaubens, Lehrer der Grausamkeit, Erneuerer der Zeiten, Zersplitterer des Erdkreises und Hammer der ganzen Welt!
>
> *Papst Innozenz IV. zur Begründung des Bannspruchs (1245):*
> Friedrich, der die Kirche und Uns mehr verspottete als anhörte, war ferner in verabscheuungswürdiger Freundschaft mit den Sarazenen verbunden, sandte ihnen mehrfach Boten und Geschenke, nahm ihre Sitten an und hält sie zu seinen täglichen Diensten bei sich ... Weder Kirchen noch Klöster oder andere fromme Gebäude sah man ihn bauen. Außerdem hat er es in seinem Königreich Sizilien, das der besondere Besitz des heiligen Petrus ist und das dieser Fürst vom Apostolischen Stuhl zu Lehen hatte, bereits zu solcher Verarmung und Verknechtung der Geistlichen und Laien gebracht, daß sie fast nichts mehr besitzen ...
> *(nach: Kaiser Friedrich II. in Briefen und Berichten seiner Zeit, hg. u. übers. v. K. J. Heinisch, Darmstadt 1968, S. 525, 599 f.)*

Kaiseradler Friedrichs II. vom Kastell Rocca Ursino in Catania (nach 1239).

1 Erkläre den Konflikt zwischen Friedrich II. und den Päpsten mit Hilfe der Karte (S. 46).
2 Versucht ein Streitgespräch zwischen zwei Sizilianern, von denen der eine auf der Seite des Kaisers, der andere auf der Seite der Kirche steht.

Das Ende der Staufer

Selbst beim Tod Friedrichs II. im Jahre 1250 blieb der Widerspruch unaufgelöst: Zum Sterben ließ er sich in die Kutte eines Zisterziensermönchs kleiden und empfing die kirchlichen Sterbesakramente. Bestattet wurde er wie ein heidnischer römischer Kaiser in einem Sarg aus Porphyr ohne christliche Symbole, der jedoch im Dom von Palermo aufgestellt wurde.

Sein Sohn und Nachfolger KONRAD IV. starb bereits vier Jahre nach ihm. Gegen die weiteren Nachkommen verbündete sich der Papst mit KARL VON ANJOU, dem Bruder des französischen Königs. Dieser eroberte das Königreich Sizilien und ließ den erst sechzehnjährigen KONRADIN, den Enkel Friedrichs II. und letzten Staufer, 1268 in Neapel öffentlich hinrichten.

Die Sage vom schlafenden Kaiser

Viele Zeitgenossen glaubten nicht an den plötzlichen Tod Friedrichs II.; sie erzählten sich Geschichten vom schlafenden Kaiser, der wiederkommen und ein Reich des ewigen Friedens errichten werde. Die Sage wurde später auf Friedrich Barbarossa übertragen und in eine Höhle des KYFFHÄUSER-BERGES in Thüringen verlegt. In dieser Form ist sie in die *Deutschen Sagen* der BRÜDER GRIMM gelangt:

> *Friedrich Rotbart auf dem Kyffhäuser*
> Von diesem Kaiser gehen viele Sagen im Schwange. Er soll nicht tot sein, sondern bis zum Jüngsten Tage leben, auch kein rechter Kaiser nach ihm mehr aufkommen. Bis dahin sitzt er verhohlen in dem Berg Kyffhausen, und wann er hervorkommt, wird er seinen Schild hängen an einen dürren Baum, davon wird der Baum grünen und eine bessere Zeit werden. Zuweilen redet er mit den Leuten, die in den Berg kommen, zuweilen läßt er sich auswärts sehen. Gewöhnlich sitzt er auf der Bank an dem runden steinernen Tisch, hält den Kopf in der Hand und schläft, mit dem Haupt nickt er stetig und zwinkert mit den Augen. Der Bart ist ihm groß gewachsen, nach einigen durch den steinernen Tisch, nach andern um den Tisch herum, dergestalt, daß er dreimal um die Rundung reichen muß bis zu seinem Aufwachen, jetzt aber geht er erst zweimal darum.

Der siegreiche Barbarossa, Glasfenster vom Hotel „Barbarossa" in Konstanz, um 1890.

Die Herrschaft der Staufer

Verklärung und Mißbrauch der Kaiserzeit des Mittelalters

Der Konstanzer Hotelbesitzer wollte mit dem Glasbild nicht nur sein Haus verschönern, sondern auch seine politische Meinung zeigen: So mächtig und stark wie das Reich Barbarossas wünschte er sich das damals gerade erst gegründete deutsche Kaiserreich. Er hatte offensichtlich ein ebenso falsches Bild vom Mittelalter wie die Leute, die 1896 auf dem KYFFHÄUSER ein 80 m hohes Denkmal errichteten, auf dem BARBAROSSA und Kaiser WILHELM I. (1871–1888) zusammen dargestellt sind. Die meisten Touristen genießen den herrlichen Ausblick, ohne über die Bedeutung des Monuments groß nachzudenken.

Schon vor der Gründung des Kaiserreichs im 19. Jahrhundert hatten sich viele deutsche Dichter für das Mittelalter begeistert und die vermeintlich so glückliche Zeit der mittelalterlichen Kaiser zurückersehnt wie EMANUEL GEIBEL in dem unten abgedruckten Gedicht. In unserem Jahrhundert nannten die *Nationalsozialisten* die Diktatur Hitlers das „Dritte Reich", und sie mißbrauchten den Namen des Stauferkaisers, indem sie den Krieg gegen die Sowjetunion „Unternehmen Barbarossa" nannten.

Heute erinnern wir uns gern an Karl den Großen als „Vater Europas"; das Reich der deutschen Kaiser aber ist uns fremd geworden. Geblieben ist nur der staufische Kaiseradler als deutsches Staatssymbol.

1 Erkläre einem Touristen, der das Kyffhäuser-Denkmal besuchen will, warum sich Barbarossa nicht als Symbolfigur für ein mächtiges Deutschland eignet.
2 Warum läßt sich das Reich des Mittelalters überhaupt nicht mit einem modernen Staat vergleichen?

Friedrich Rotbart
Tief im Schlosse des Kyffhäusers bei der Ampel rotem Schein
Sitzt der alte Kaiser Friedrich an dem Tisch von Marmorstein.
Ihn umwallt der Purpurmantel, ihn umfängt der Rüstung Pracht,
Doch auf seinen Augenwimpern liegt des Schlafes tiefe Nacht.
Vorgesunken ruht das Antlitz, drin sich Ernst und Milde paart,
Durch den Marmortisch gewachsen ist sein langer, goldner Bart.
Rings wie eh'rne Bilder stehen seine Ritter um ihn her,
Harnischglänzend, schwertumgürtet, aber tief im Schlaf, wie er.
Alles schweigt, nur hin und wieder fällt ein Tropfen vom Gestein,
Bis der große Morgen plötzlich bricht mit Feuerglut herein;
Bis der Adler stolzen Fluges um des Berges Gipfel zieht,
Daß vor seines Fittichs Rauschen dort der Rabenschwarm entflieht.
Aber dann wie ferner Donner rollt es durch den Berg herauf,
Und der Kaiser greift zum Schwerte, und die Ritter wachen auf.
Laut in seinen Angeln tönend, springet auf das eh'rne Thor,
Barbarossa mit den Seinen steigt im Waffenschmuck empor.
Auf dem Helm trägt er die Krone und den Sieg in seiner Hand,
Schwerter blitzen, Harfen klingen, wo er schreitet durch das Land.
Und dem alten Kaiser beugen sich die Völker allzugleich,
Und aufs neu zu Aachen gründet er das heil'ge deutsche Reich.
Emanuel Geibel

Zusammenfassung

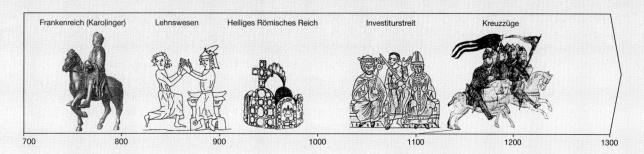

Das Hochmittelalter

In der Epoche zwischen KARL DEM GROSSEN und FRIEDRICH II. waren Kirche und Staat, Religion und Herrschaft eng miteinander verbunden. Die Menschen im Abendland, die römisch-katholischen Christen, betrachteten sich als Volk Gottes, als die Erben des Volkes Israel und des von Kaiser KONSTANTIN christianisierten *Römerreichs*. Ihre Herrscher sollten wie die Könige der Bibel im Auftrag Gottes regieren.

Als Karl der Große im Jahre 800 vom Papst zum *Kaiser* gekrönt worden war, schien diese Einheit von Herrschaft und Christenheit fast erreicht, auch wenn sein Reich nicht alle Christen umfaßte. So wurde Karl zum großen Vorbild. Seine Nachfolger aber teilten das Reich. Es entstanden mehrere selbständige christliche Königreiche in Europa. Ihre Könige aus hochadligen Familien stützten sich auf adlige *Vasallen* und auf die *Bischöfe,* durch die sie feierlich in ihr Königsamt eingesetzt wurden.

Im 10. Jahrhundert erneuerte der deutsche König OTTO I. das römische Kaisertum Karls des Großen. Seine Nachfolger behielten zwar die Kaiserkrone, konnten aber die Herrschaft über die Könige Europas nicht erringen. Sie gerieten vielmehr mit den Päpsten in einen schweren Konflikt um das Herrschaftsrecht über die Kirche *(Investiturstreit)*. König HEINRICH IV. wurde sogar aus der Kirche ausgeschlossen. Das deutsche Königtum verlor dadurch viel von seinem Einfluß auf die Kirche und geriet in stärkere Abhängigkeit von den weltlichen Fürsten.

In der gleichen Zeit erfaßte die *Kreuzzugsbewegung* ganz Europa, die Sarazenen wurden aus Spanien vertrieben und die Völker Nord- und Osteuropas teils friedlich, teils gewaltsam missioniert. Ritter aus dem Westen eroberten das Heilige Land. Der fast 200jährige Kontakt mit der überlegenen Kultur des islamischen Orients wirkte befruchtend auf den Westen zurück.

Den Kaisern aus dem staufischen Haus gelang es zwar, Burgund, Italien und Sizilien mit dem Deutschen Reich zu vereinen; aber sie scheiterten schließlich am Widerstand der Fürsten, der italienischen Städte und des Papsttums.

Wichtige Begriffe

Cluniazensische Reform
Grundherrschaft
Hörige
Investiturstreit
Kaisertum
Kirchenbann
Kreuzzüge

Lehnswesen
Ministeriale
Reichsfürsten
Reichsinsignien
Reichskirchensystem
Stammesherzogtum
Vasallen

Baustile des Mittelalters: Romanik und Gotik

Romanik – das Beispiel Speyer

In SPEYER am Rhein errichteten die Herrscher aus dem Haus der Salier zwischen 1030 und 1106 einen Dom als Begräbnisstätte für sich und ihre Frauen. Mit 134 m Länge war er die größte Kirche der Christenheit. Dieses Bauwerk entstand mitten in der *Romanik* (etwa 900 bis 1200) und kann als Musterbeispiel des *romanischen Stils* gelten. „Romanisch" heißt er, weil er überall den gewölbten Bogen der antiken römischen Bauten verwendet: an Türen und Fenstern, als Arkaden über Säulen und Pfeilern, bei den Gewölben und als Schmuck der Wände. Der *runde Bogen* ist geradezu das Erkennungszeichen der romanischen Baukunst.

Außer dem Bogen übernahmen die Baumeister der Romanik von den Römern auch die Grundform der Kirchen: die *Basilika*. Basiliken sind große, langgestreckte Hallen, deren Wände auf Säulen stehen; an beiden Seiten sind schmalere und niedrigere Räume angegliedert. Wegen ihrer Form heißen sie *Haupt-* und *Nebenschiffe*. Der Haupteingang kann an der Längsseite oder, wie in Speyer, an der westlichen Schmalseite liegen. Im Osten sind die Basiliken meist mit halbrunden Anbauten, den *Apsiden* (Sing. = Apsis), abgeschlossen.

Schmuckformen am Speyerer Dom: vom nördlichen Querschiff (oben); Säulenkapitell aus der Afra-Kapelle, in der der Sarg Heinrichs IV. stand, bis der Leichnam, vom Bann gelöst, im Dom beigesetzt werden konnte (unten).

Die große Unterkirche (Krypta) unter den östlichen Teilen des Speyerer Doms ist dessen ältester Teil, erkennbar an den Würfelkapitellen.

Die Innenwände und Holzdecken der romanischen Kirchen waren oft reich bemalt. Davon ist nur wenig erhalten geblieben im Gegensatz zum plastischen Schmuck, den die romanischen Steinmetze an den Toren, den Fenstergewänden, an Säulenköpfen *(Kapitellen)*, Friesen und Altären anbrachten. Als Schmuckformen verwendeten sie alles, was sich in Stein hauen ließ, vielfach auch Tiergestalten und Fabelwesen, die mit der christlichen Religion nichts zu tun hatten. Den Bauherren und Architekten kam es hauptsächlich darauf an, daß die Kirchen wie überdimensionale Burgen Gottes aussahen und mit ihren Türmen die Fachwerkhäuser der Städte und Dörfer überragten. So wurde ganz Europa in der Zeit der Romanik mit steinernen Kirchenbauten überzogen, von denen noch viele erhalten sind.

1 Erkundige dich über romanische Kirchen in deinem Wohnort und der Umgebung oder auch an Urlaubsorten in Europa. Prüfe, ob es sich um Basiliken handelt. Häufig ist es interessant, die phantasiereichen Verzierungen abzuzeichnen.
2 Vergleiche das Foto des Speyerer Doms mit dem Grundriß. Wodurch versuchten die Architekten, den gewaltigen Eindruck zu steigern?

Grundriß des Doms zu Speyer

Blick von Süden auf den Speyerer Dom: Mittelalterliche Kirchen sind nach Osten auf Jerusalem und das Heilige Land ausgerichtet; im Osten steht auch der Hauptaltar.

54 Geschichtslabor

Gotik – das Beispiel Reims

Der neue *gotische Stil* wurde seit der Mitte des 12. Jahrhunderts in FRANKREICH entwickelt und verbreitete sich von dort aus über ganz Europa. Deshalb dient als Beispiel die Kathedrale von REIMS in der Champagne, die Krönungskirche der französischen Könige.

„Gotisch" ist ursprünglich abwertend gemeint. Nach dem Mittelalter empfanden die Menschen nämlich diese Kunst als barbarisch wie die der „unzivilisierten" Goten. Die Gotik ist jedoch alles andere als barbarisch. Die Kirchenbauten verwirklichen vielmehr ein großes theologisches Programm: Durch die bunten Glasfenster mit Szenen aus der Bibel und den Heiligenlegenden sollte den Menschen in der Kirche die Schönheit Gottes als Licht und Farbe vor Augen treten.

Technisch möglich wurde dieses Bauprogramm erst durch die Einführung des *spitzen Bogens,* an dem die gotischen Bauten leicht zu erkennen sind. Wie Baumstämme wachsen die Pfeiler bis zur eindrucksvollen Höhe der *Rippengewölbe* hinauf. Die Flächen zwischen diesem Skelett lassen Raum für riesige Fenster. Die Gewölbe mußten allerdings durch *Strebepfeiler* abgestützt werden. Und auch die Fenster erhielten zur Verstärkung dünne steinerne Stege, das sogenannte *Maßwerk.* Aber sogar diese technischen Elemente nutzten die Baumeister zu religiösen Aussagen. Hoch auf den Strebepfeilern brachten sie kreuzförmige Blüten an. Und die Formen des Maßwerks nutzten sie als Symbole: zweiteilige Formen symbolisierten die beiden Bücher der Bibel, das ALTE und das NEUE TESTAMENT, dreiteilige die Dreifaltigkeit, vierteilige die vier Evangelisten oder die christlichen Haupttugenden; sechsteilige Fenster symbolisierten die sechs Tage der Schöpfung, und zwölfteilige *Rosetten* waren Sinnbild für die Jünger Jesu oder die zwölf Stämme des Gottesvolkes. Was die große Rosette der Westfassade von Reims sagen will, kannst du selbst untersuchen:

Großes Rosenfenster der Kathedrale von Reims

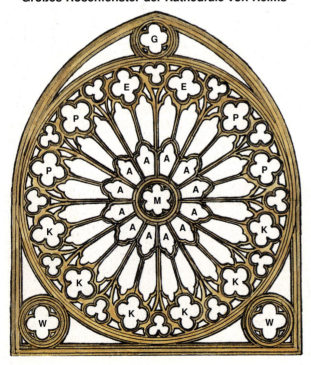

Maßwerkformen

Vierpaß   Dreipaß   Fischblase

- **G** Gott
- **E** Zwei Engel, die Kronen in den Händen tragen
- **P** Vier Propheten: Jesaja, Jeremia, Hesekiel, Daniel
- **K** Sechs Könige Israels
- **A** Zwölf Apostel
- **M** Tod der Maria, der die Kathedrale geweiht ist (Notre Dame)
- **W** Zwei Engel mit Weihrauchgefäßen

In den 24 freien Feldern sind musizierende Engel dargestellt.

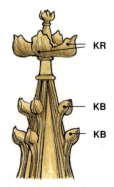

Türmchen (Fiale) mit Krabben **(KB)** und Kreuzblume **(KR)**

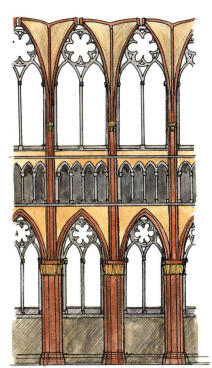

Der Blick auf die Wand von Haupt- und Nebenschiff zeigt, daß die Fenster die größte Fläche einnehmen. Der Skelettbau ist rotbraun hervorgehoben.

So sieht die Fassade der Kathedrale von Reims von außen aus. Die großen Figuren in der obersten Reihe sind Könige.

Das Hauptschiff der Kathedrale von Reims mit Blick auf die beiden Rosettenfenster, dazwischen neun Fenster mit Königsdarstellungen.

Jeder Schüler trägt heute Tag für Tag eine ganze Tasche voller Bücher in die Schule! Im Mittelalter war ein Buch ein seltener und sehr kostbarer Gegenstand. In einer Zeit, die den Buchdruck noch nicht kannte, mußte jeder Buchstabe mühevoll mit der Hand geschrieben, jedes Bild kunstvoll gemalt werden. Bücher waren Schätze, die in Klöstern und Kirchen gehütet wurden. Erst im späteren Mittelalter ließen auch weltliche Adelige Bücher für sich schreiben. Meistens waren das private Andachtsbücher, denn das Gebet spielte für jeden mittelalterlichen Menschen eine große Rolle.

Die Bilder in diesen Büchern gestatten uns einen Blick in die Alltagswelt der Menschen: Die Arbeit der Bauern hört das ganze Jahr nicht auf. Am Ende des Winters müssen die Äste der Bäume zurückgeschnitten und gepflegt werden, das Holz dient als Brennmaterial. Im Hochsommer wird das Getreide auf den Feldern mit der Sense geschnitten, im Herbst ernten die Bauern das Obst, und vor Einbruch des Winters müssen die Felder neu bestellt und mit Winterkorn eingesät werden. Die Bauern ernähren mit ihrer Arbeit nicht nur sich selbst, sondern auch ihren Herrn. Dessen Burg ragt uneinnehmbar im Hintergrund auf und zeigt jedermann unmißverständlich, wer hier über das Land und die Bauern herrscht. – Eine fremde, von heute sehr verschiedene Ordnung des täglichen Lebens tritt uns mit diesem Bild entgegen.

Menschen im Mittelalter

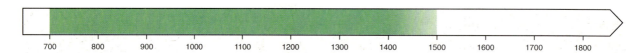

Gott ordnet die Welt

Tausend Jahre – welch ein unendlich langer Zeitraum! So groß ist die Zeitspanne, die wir als *Mittelalter* bezeichnen: das frühe Mittelalter von etwa 500 n. Chr. bis zum Jahr 1000, das Hochmittelalter bis um 1250 und das späte Mittelalter bis ungefähr 1500.

Das tägliche Leben der Menschen bestand in dieser Epoche aus harter körperlicher Arbeit. Weit mehr als wir waren sie der Natur unterworfen, litten unter Dürre, Kälte und Hunger. Krankheit und früher Tod waren alltägliche Erfahrungen, gegen die der Mensch machtlos war. *Adlige Herrschaft* und drückende *Abhängigkeit* gehörten für die meisten zum Alltag.

Die Menschen lebten in einer festgefügten Ordnung, in der Oben und Unten eindeutig und unverrückbar festlagen. Jeder Mensch hatte darin seinen Platz. Er wurde in einen *Stand* hineingeboren und blieb darin bis zu seinem Tode. Die meisten Menschen waren davon überzeugt, daß Gott selbst diese Rangordnung unter den Menschen so gewollt hatte. Der gemeinsame Glaube an Gott, an die von ihm geschaffene Welt, an sein Gericht am Jüngsten Tag wölbte sich wie ein Dach über diese festgefügte Welt aus *Geistlichen*, *Adligen* und *Bauern*.

Doch seit dem Hochmittelalter kam Bewegung in die scheinbar unverrückbare Ordnung: In den *Städten,* die überall heranwuchsen, konnte auch der Unfreie zum freien *Bürger* werden und es zu einem gewissen Wohlstand bringen. Ja, die Bürger erreichten es, ihre Stadt selbst zu regieren. So liegen auch die Wurzeln von Freiheit und Selbstverwaltung in jenen fernen Zeiten des Mittelalters.

Schüler besichtigen das Heiliggeist-Spital in Nürnberg, das um 1350 zur Pflege Alter und Kranker gegründet wurde. Wie mögen die Menschen hier im Mittelalter gewohnt haben?

Lebensbedingungen der Menschen 59

Natur und Umwelt

Im Laufe des Mittelalters haben hier am KAP ARKONA auf der Insel RÜGEN Sturmfluten die Küste zerstört und die alte slawische Burg ganz mit ins Meer gerissen. So bedrohlich war die Natur für die Menschen jener Zeit überall. Ganz Europa war am Anfang dieser Epoche bedeckt von riesigen, oft undurchdringlichen Wäldern, in denen Bären und Wölfe hausten. Wie Inseln lagen kleine Siedlungen in der Landschaft verstreut, vor allem an den Flußläufen und in den fruchtbaren Ebenen. Erst allmählich nahm die Bevölkerung zu. Die Menschen begannen damit, die dichten Wälder zu roden, das neugewonnene Land unter den Pflug zu nehmen und zu besiedeln. Viele Ortsnamen auf -hagen, -holz, -wald, -rode, -ried, -reuth erinnern noch heute daran. Die Sümpfe in den Flußniederungen wurden trockengelegt, an der Nordseeküste versuchten die Menschen, mit Deichen den Naturgewalten zu trotzen. Ein Netz von Siedlungen überzog nun das Land.

Nach einem langen Weg durch Schneewehen und eiskaltes Wasser wärmt sich ein Reisender die Füße (Miniatur, 15. Jh.).

Äcker, Wälder und Gewässer boten dem Menschen zwar Nahrung, aber um den Preis harter Arbeit. Und wie oft machten Stürme, Trockenheit oder Kälte und Nässe alle Mühen zunichte und Hungersnöte brachen herein! So behielt die Natur immer etwas Unberechenbares, ja Bedrohliches. Auch wer gezwungen war, eine längere Reise zu unternehmen, hatte keinen Blick für Naturschönheiten. Nur wenige holprige Straßen durchzogen das Land. Wer zu Fuß oder zu Pferde unterwegs war, mußte mit vielerlei Widrigkeiten rechnen: mit aufgeweichten oder von Geröll verschütteten Pfaden, mit reißenden Wasserläufen, über die keine Brücke führte, mit Räubern und wilden Tieren – das alles oft ohne Aussicht auf eine warme Mahlzeit und ein Bett am Abend.

1. Wie haben die Menschen die Natur im Laufe des Mittelalters verändert? Welche Vorteile oder Nachteile ergaben sich daraus?
2. Vergleiche unsere Einstellung zur Natur mit der der Menschen im Mittelalter. Wo liegen die Gründe für mögliche Unterschiede?

Lebensbedingungen der Menschen

Von der Wiege bis zur Bahre

Bevölkerungsentwicklung

Im 7. Jahrhundert lebten in ganz Europa etwa 18 Millionen Menschen. In den folgenden Jahrhunderten wuchs die Zahl ständig: Um die Jahrtausendwende waren es bereits etwa 40 Millionen, um 1150 ungefähr 50 Millionen, 50 Jahre später 61 Millionen und im Jahr 1340 73 Millionen Menschen. Im Gebiet des heutigen Deutschland gab es um 1200 etwa 7 bis 8 Millionen Einwohner (heute: 80 Millionen).

Für das starke *Bevölkerungswachstum* waren vor allem Verbesserungen der landwirtschaftlichen Anbaumethoden und das Ausbleiben großer Seuchen die Ursache. Als Folge der Bevölkerungszunahme mußten immer neue, bisher unbesiedelte Gebiete urbar gemacht werden. Zugleich begann die große Zeit der *Städtegründungen,* in denen nun – anders als auf dem Lande – viele Menschen auf engem Raum lebten. Hier, wo die Menschen so dicht zusammenwohnten, vollzog sich die große Wende in der Bevölkerungsentwicklung: Seit dem Jahr 1347 überrollten schwere Pestwellen Europa. Von Asien aus war die Seuche um 1346 an die Küsten des Schwarzen Meers vorgedrungen und erfaßte von dort aus die Mittelmeerländer. Bereits 1347 wütete die Pest in Oberitalien und erreichte 1348 Mittel- und Westeuropa. Der *Schwarze Tod* raffte fast die Hälfte der europäischen Bevölkerung dahin. In manchen Städten, wo sich die Krankheit besonders stark ausbreiten konnte, starben sogar Dreiviertel der Menschen. Erst 100 Jahre später nahm die Bevölkerungszahl allmählich wieder zu.

Lebenserwartung

> *Aus den Aufzeichnungen des Basler Bürgers Konrad Iselin:*
> 1401 nahm ich am Tag der hl. Lucia und Jodok (13.12.) Agnes zur Frau. Wir bekamen innerhalb der ersten zwei Jahre einen Sohn, Johannes, und eine Tochter, Elsine.
> 1405 starb meine Frau am Allerheiligentag (1.11.).
> 1406 nahm ich am 3. Tag nach St. Barbara (14.6.) Clara zur Frau.
> 1408 wurde meine Tochter Gretel geboren.
> 1410 wurde meine Tochter Agnes geboren.
> 1411 starb meine Frau Clara am 5. Tag nach St. Lucia (18.12.), als sie einen Sohn namens Johannes geboren hatte. Mutter und Sohn starben beide nachts zwischen 11 und 12 Uhr.
> 1412 nahm ich Aschermittwoch (17.2.) Else zur Frau. Sie gebar mir eine Tochter gleichen Namens. Das Kind wurde 18 Wochen alt und starb an Karfreitag 1413 (21.4.).
> 1414 wurde mein Sohn Johannes am Agnestag (21.1.) geboren.
> 1418 wurde meine Tochter Agnes am Tag Mariä Himmelfahrt (15.8) geboren.
> 1418 starb meine Tochter Gretel am Sonntag vor Michaelis (25.9.).
> 1424 starb meine Frau Else – Gott hab sie selig – am 5. Tag nach St. Georg (27.4.).
> 1425 nahm ich am fünften Tag vor St. Martin (6.11.) Gretel die Ältere zur Frau; sie war 23 Jahre lang Witwe gewesen.
> *(aus: Basler Chroniken, hrsg. von d. Histor. und Antiquar. Gesellschaft Basel, Bd. 7, bearb. v. A. Bernoulli, Leipzig 1915, S. 9 f., übers. u. gekürzt)*

Erinnerungsbild einer reichen Memminger Familie um 1500. Dargestellt sind der Familienvater mit seinen Söhnen auf der einen Seite, die Mutter mit den Töchtern auf der anderen. Die Kinder, die zur Entstehungszeit des Gemäldes nicht mehr lebten, sind durch weiße Totenhemden gekennzeichnet.

Extrem hoch war die *Säuglingssterblichkeit*. Etwa die Hälfte der Kinder starb bei der Geburt oder kurz danach, denn es gab kaum medizinische Möglichkeiten, bei der Geburt oder bei Kinderkrankheiten zu helfen. Schmutz und schlechte Ernährung taten ein übriges.

Wer dennoch das Erwachsenenalter erreichte, konnte mit einer Lebenserwartung von gut 40 Jahren rechnen. Schwere körperliche Arbeit und Hunger schwächten jedoch die Menschen. Jeder vereiterte Zahn, jede Wunde, jede schwere Grippe konnte zur Lebensbedrohung werden, weil es keine wirksamen Heil- oder Schmerzmittel gab. Anders als heute lag die Lebenserwartung der Frauen deutlich unter der der Männer, denn viele junge Frauen starben bei der Geburt ihrer Kinder. Durch die enorme Kindersterblichkeit blieben die Familien trotz hoher Geburtenzahlen relativ klein. Oft war ja das ältere Brüderchen oder Schwesterchen schon gestorben, wenn das nächste Baby auf die Welt kam. So lebten im Durchschnitt nur zwei bis drei Kinder bei ihren Eltern.

1 Wie viele Ehen geht Konrad Iselin ein? Wie viele Kinder bringt jede seiner Frauen zur Welt? Wie viele Kinder sterben und in welchem Alter? In welcher Form gibt Iselin Geburts- und Sterbedaten an?
2 Vergleiche das Bild der Memminger Familie mit dem Bericht des Konrad Iselin. Was ist anders, was ist ähnlich? Warum werden auch die toten Kinder dargestellt?
3 Informiere dich über die heutige Lebenserwartung und Säuglingssterblichkeit in Deutschland und vergleiche.

Lebensbedingungen der Menschen

Das Leben der Kinder – viel Arbeit, wenig Spiel

Da so viele Kinder starben, sah man in ihrem Tod etwas Gottgewolltes und Alltägliches. Zahlreiche Quellen zeigen uns jedoch, daß Eltern auch damals ihre Kinder liebten, selbst wenn sie – in unseren Augen – nüchterner und härter mit ihnen umgingen. Ein Beispiel ist die Sage vom Rattenfänger von Hameln:

> Im Jahr 1284 erschien in Hameln ein Mann, der den Bürgern versprach, gegen einen Lohn die Stadt von ihrer Mäuse- und Rattenplage zu befreien. Die Stadtväter stimmten zu, und der Rattenfänger lockte mit einem Pfeifchen die Tiere aus ihren Verstecken ins Weserwasser, wo alle ertranken. Nun weigerte sich die Stadt, den versprochenen Lohn zu bezahlen. Darauf erschien der Mann zum zweiten Mal und blies wieder auf seiner Flöte. Diesmal kamen aus allen Häusern die Kinder gelaufen. Über hundert folgten dem Mann zu einem nahegelegenen Berg, wo er mit ihnen für immer verschwand. Noch heute erinnert eine Inschrift in Hameln an das Unglück.

Älteste Darstellung des Kinderauszugs aus Hameln mit dem Rattenfänger (1592).

Drei kleine Kinder, dargestellt auf einem Lübecker Altar (um 1510).

In Wirklichkeit zogen die Kinder von Hameln in ein ungewisses Schicksal, wohl von einem Werber gelockt für ein Siedlungsvorhaben im Osten oder für einen Kinderkreuzzug ins Heilige Land. Das Nachleben der Ereignisse von Hameln über Jahrhunderte hinweg zeigt, wie sehr die Eltern unter dem Verlust ihrer Kinder gelitten haben.

Kinder wurden meist bis zu einem Alter von zwei Jahren gestillt und blieben bis zum 7. Lebensjahr im Hause bei der Mutter. Schon in jungen Jahren wurden sie zur Arbeit herangezogen. Auf dem Land mußten sie das Vieh hüten, die Gänse auf die Wiese treiben, Beeren und Reisig sammeln und im Haus mithelfen. Dennoch blieb wohl auch Zeit zum Spielen, denn wir kennen zahlreiche Spielsachen aus dem Mittelalter: Steckenpferde, Kreisel und kleine Püppchen aus Ton.

Mit sieben Jahren vollzog sich im Leben der Kinder ein tiefer Einschnitt: Viele verließen jetzt ihr Elternhaus und mußten von nun an selbst für ihren Lebensunterhalt sorgen. Auf dem Lande gingen sie, wenn sie nicht daheim gebraucht wurden, in fremde Dienste und verdingten sich als Knechte und Mägde. Die Kinder, die Pfarrer oder

Mönche werden sollten, wurden zur Ausbildung ins Kloster geschickt. Adelige Jungen gingen als Knappen an einen fremden Hof.

Bis ins späte Mittelalter hinein besuchten die wenigsten Kinder eine Schule. Was sie an Wissen für ihr späteres Leben brauchten, lernten sie daheim oder bei der Arbeit im fremden Haus. Dort wurden sie von den Erwachsenen angeleitet und wuchsen so von selbst in ihre künftigen Aufgaben hinein.

Auf die Kinder nahm man im Alltag keine besondere Rücksicht. Sie lebten und arbeiteten mit den Erwachsenen, nahmen an deren Festen in den Kirchen aber auch auf den Straßen und in den Wirtshäusern teil. Niemand kam auf die Idee, die derben Späße und Gespräche der Erwachsenen seien nichts für Kinderohren. Und so wurden die Kinder auch auf den Bildern des Mittelalters häufig dargestellt: nicht als Wesen mit besonderen körperlichen Merkmalen und besonderen Eigenschaften, sondern als Erwachsene im „Kleinformat".

Endgültig zur Erwachsenenwelt gehörten die Kinder mit 14 oder 15 Jahren. Nun waren sie volljährig und alt genug, um zu heiraten.

Kinderspiele, wie sie der Holländer Pieter Bruegel um 1560 sieht.

1 Betrachte das Bild von Bruegel: Welche Spiele werden auch heute noch von Kindern gespielt? Wie alt schätzt du die Kinder auf dem Bild?
2 Möchtest du mit einem Kind des Mittelalters tauschen? Begründe deine Entscheidung.

Lebensbedingungen der Menschen

Hunger

Wir sind es gewohnt, im Supermarkt aus einer Vielzahl von Lebensmitteln auszuwählen, worauf wir gerade Appetit haben. Für die Menschen des Mittelalters stellte sich immer wieder die Frage, ob es *überhaupt* etwas zu essen geben würde. Normalerweise reichten die Ernteerträge gerade aus, um alle zu ernähren. Größere Lebensmittelreserven konnten die Bauern nicht anlegen. In schlechten Jahren, wenn Kälte, Regen oder Dürre die Ernte zerstört hatten, überzogen immer wieder Hungersnöte das Land.

> Im Jahr 1343 war in Unterbayern eine solche Teuerung ausgebrochen, daß die Einwohner die Rinden von den Bäumen abschälten. Sie zerrieben dieselben, mischten sie mit viel ebenfalls zerriebenem Heu, machten einen Teig wie zu Brot daraus und aßen ihn; oder sie zerstampften jene Sachen in der Mühle, mengten sie unter abgekochten, mit Wasser und Salz besprengten Wegerich, verzehrten dies und bezwangen die Qual eines grauenhaft herrschenden Hungers.
> *(Johannes von Winterthur, nach: Auf dem Land. Aus dem mittelalterlichen Leben, Bern 1989, S. 83)*

Ernährung

In den Zeiten, in denen keine Not herrschte, bestand die Nahrung der Landbevölkerung nahezu ausschließlich aus dem, was in der Umgebung gedieh. Denn der Transport von Lebensmitteln war umständlich und teuer. So bestimmten der jeweilige Boden und das Klima den Speisezettel. Auf den salzigen Böden Schleswigs beispielsweise gab es große Viehweiden, und zu den wenigen Pflanzen, die hier gediehen, gehörte die Pferdebohne. So bildeten Fleisch und Bohnen hier die Nahrungsgrundlage. Überhaupt war Fleisch im frühen Mittelalter, als die Bevölkerungsdichte noch gering war und viel Weideland zur Verfügung stand, ein verbreitetes Nahrungsmittel. Als die Bevölkerung immer stärker wuchs, pflügten die Bauern ihre Wiesen um und säten Getreide ein. Hauptnahrungsmittel war von jetzt an der Roggen. Ein Getreidebrei aus Milch, Wasser und Salz, den die Hausfrau kochte oder auch als Fladen röstete, bildete nun die Alltagskost. An Gemüse waren Erbsen, Bohnen, Kraut, Kohl und Rüben verbreitet. Auch Milchprodukte und Eier gehörten zur Alltagskost. Im Herbst wurde, wie seit altersher, geschlachtet, das Fleisch gepökelt und getrocknet. Größter Beliebtheit erfreute sich Schweinefleisch, doch spielte auch Fisch – bedingt durch die Fastenvorschriften der Kirche – eine wichtige Rolle auf dem Speiseplan. Je nach Region und deren Anbaumöglichkeiten trank man Wein oder Bier. Dieses wurde mit unterschiedlichsten Geschmacksstoffen versetzt und in Kannen aufs Feld oder auf Reisen mitgenommen – schon weil das Wasser nicht überall trinkbar war.

Während die Ernährung der Bauern über tausend Jahre nahezu gleich blieb, änderte sie sich bei den wohlhabenden Bürgern der Städte im Spätmittelalter. Sie aßen üppiger und abwechslungsreicher. Reichliches Essen war auch ein Zeichen von Ansehen und Wohlstand. Durch den Fernhandel kamen neben Reis, Datteln, Feigen und Rosinen auch fremdländische Gewürze in die Küchen. Pfeffer, Zimt, Muskat, Nelken, Ingwer, Rohrzucker und Safran gelangten aus dem Orient ins Abendland und man ging gerne großzügig damit um.

Hölzerne Schüsseln und ein vornehmes Trinkglas aus dem Mittelalter.

Vornehmer Besuch in der Bauernstube. Gemälde von Jan Bruegel um 1597.

> *Aus dem Speiseplan einer Stiftung für alte, kranke Handwerker (1388):*
> Mittwoch morgens: Kraut oder Rüben und ein Gemüse; abends: Erbsen oder Gerstengrütze, 2 Teller Suppe, Käse, Roggenbrot.
> Donnerstag morgens: Gerstengrütze, Kraut oder Rüben; abends: 1 Stück Fleisch, Kraut und Roggenbrot.
> Freitags: 2 Gerichte mit Milch, ein Seidel Bier, Roggenbrot.
> Samstag morgens: Gerstengrütze und Kraut; abends: Gemüse, Suppe, Käse und Roggenbrot.
> Sonntag morgens: 1 Stück Fleisch in Brühe, Kohl oder Rüben oder Gemüse, 1 Seidel Bier; abends: 1 Stück Fleisch, Kraut, Roggenbrot.
> Zu Pfingsten soll man jedem Bruder einen Käse in seinen Schrank legen; den kann er zwischen den Mahlzeiten essen. An Feier- und Fasttagen soll man jedem 1 Seidel Bier geben. In der Fastenzeit gibt es zum Frühmahl drei Teller Suppe oder Gemüse und einen Hering.
> *(nach: Das Hausbuch der Mendelschen Zwölfbruderstiftung zu Nürnberg, hrsg. v. Wilhelm Treue, Bd. 1, München 1965, S. 43 ff.)*

1 Stelle fest, welche Nahrungsmittel auf dem Speiseplan der Zwölfbruderstiftung erscheinen und wie häufig sie vorkommen.
2 Beschreibe das Bild oben. Was sagt es über das Leben einer Bauernfamilie, was über die Kindheit aus?

66 Vorstellungen von der Ordnung der Welt

Die Ebstorfer Weltkarte entstand um 1235 als Altarbild im Kloster Ebstorf bei Lüneburg. Sie wurde auf ein aus mehreren Rinderhäuten zusammengenähtes Pergament von etwa 3,50 m² gemalt.

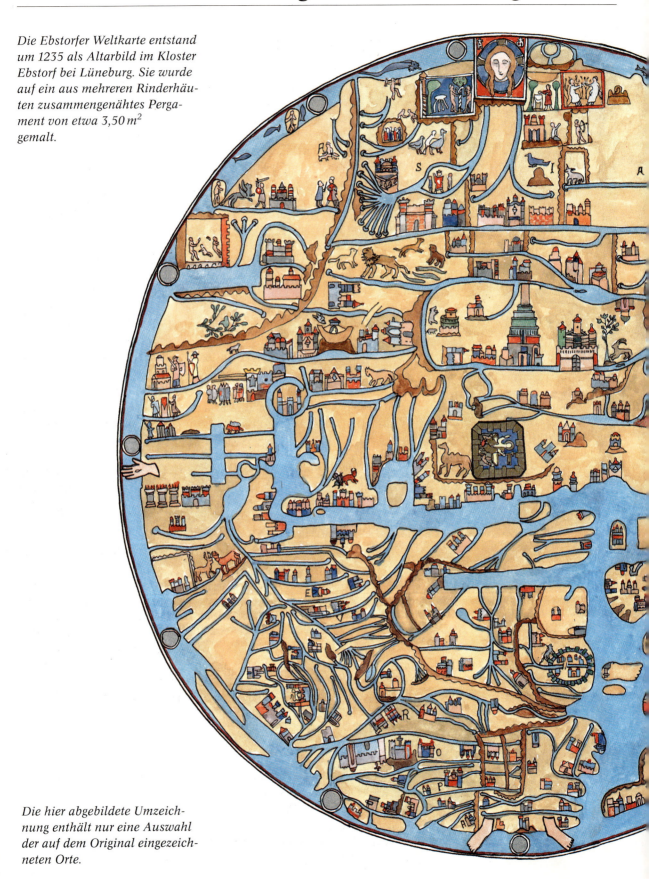

Die hier abgebildete Umzeichnung enthält nur eine Auswahl der auf dem Original eingezeichneten Orte.

Das Bild der Erde

Die Weltkarte aus dem ehemaligen Frauenkloster EBSTORF in der Lüneburger Heide zeigt in besonders eindrucksvoller Weise, wie man sich im Mittelalter die Welt vorstellte.

Die Erde ist eine große, flache Scheibe, an den Rändern umflossen vom Weltenmeer. Sie besteht überwiegend aus Festland. Das Meer trennt die drei damals bekannten Kontinente voneinander. Oben, im Osten, liegt Asien, rechts am Rand Afrika und links unten Europa. Im Schnittpunkt der drei Erdteile finden wir JERUSALEM – den Mittelpunkt des Erdkreises. Hier ist Jesus gestorben und auferstanden; hier begegnen sich Gott und Mensch, Himmel und Erde. Die Welt ist deshalb dargestellt als Leib Christi. In Form eines Kreuzes umspannt er sie: Oben erkennt man seinen Kopf, rechts und links die Hände, unten die Füße. Wie auch alle Kirchen der Zeit, so ist die Karte nach Osten ausgerichtet, denn dort hat sich das Heilsgeschehen der Bibel abgespielt.

So etwas wie eine richtige Landkarte stellt nur das europäische Viertel dar. Hier kann man wirklich Flüsse, Gebirge und Städte, wenn auch stark verzerrt, erkennen. Von Afrika dagegen ist nur der Norden bekannt, der Rest wird von Fabelwesen bevölkert: Da gibt es Nasenlose, Zungenlose, Menschen mit vier Augen und solche, die ihre übergroßen Lippen als Sonnenschirme benützen. Fabelwesen sind auch in Asien eingezeichnet, z. B. die aus der griechischen Sage bekannten Amazonen, wehrhafte Frauen im langen Kleid, mit Schild, Schwert und Spieß.

In Asien sind alle Orte und Begebenheiten eingetragen, die die frommen Christen des Mittelalters aus der Bibel kannten: Adam und Eva im Paradies führen eben die Äpfel zum Mund; Noah sitzt an der Luke der Arche und hält Ausschau nach der Taube, die er ausgesandt hat. Ins Auge fällt auch der Turm von Babylon, den die Menschen vergeblich bis zum Himmel hinauf bauen wollten.

Gut erkennbar ist das Rote Meer an der roten Farbe seines Wassers.

Die wichtigsten Orte des Lebens Jesu sind ebenfalls gekennzeichnet: Über Bethlehem leuchtet der Weihnachtsstern. Aus dem Grab mitten in den Mauern von Jerusalem steigt der auferstandene Christus mit der Siegesfahne. Das Bild wirkt nach links verdreht, weil Jesus sich erst dem europäischen Teil der Welt zuwendet. Außer Jerusalem besitzt nur Rom noch einen Mauerring, aber an Bedeutung kann es sich mit ihm nicht messen, wie man schon an der Lage sieht. Eingezeichnet sind nur die sieben großen Pilgerkirchen Roms.

Auch das eigene Kloster, Ebstorf, hat die Künstlerin oder der Künstler nicht vergessen: Bescheiden und klein liegt es zwischen den groß eingezeichneten Städten Lüneburg und Braunschweig.

1 Welche biblischen Geschichten und Orte findest du auf der Ebstorfer Weltkarte? Sucht die Himmelsrichtungen und dreht das Buch so, daß Norden oben ist. Welche Himmelsrichtung hat der Zeichner für die wichtigste gehalten?
2 Was müßte man ändern, um die Karte auf den heutigen Kenntnisstand zu bringen?

Vorstellungen von der Ordnung der Welt

Die Zeit in Gottes Hand

Die Menschen des Mittelalters glaubten, daß Gott der Herr sei über die Erde, die Geschicke der Menschen und über die Zeit. So wie er die Welt geschaffen hatte, so würde er auch ihr Ende bestimmen. Das göttliche Weltgericht am Jüngsten Tag war Endpunkt und Ziel der menschlichen Geschichte, und der Mensch mußte in seinem Tun darauf vorbereitet sein.

Die *kirchliche Lehre* war die Richtschnur, an der man die Zeit maß. So begann man in den meisten Teilen des Deutschen Reiches das neue Jahr am *Weihnachtstag* (25.12.). Bedeutsame Ereignisse wie Königskrönungen, Friedensschlüsse oder den Aufbruch zu Kriegszügen legte man so, daß sie mit hohen Kirchenfesten zusammenfielen. Für die Bauern waren Abgaben und Zinszahlungen oft an Feiertage gebunden, z. B. an den Michaelis- (29.9.) oder Martinstag (11.11.). Viele Menschen kannten ihren Geburtstag nicht, oft nicht einmal das Jahr. Das gilt auch für manche Kaiser wie Karl den Großen oder Barbarossa. Eher merkte man sich den Tauftag.

Die einfachen Leute auf dem Land schrieben keine Jahreszahlen auf. Leben und Arbeiten wurden vom Stand der Sonne und den Jahreszeiten bestimmt. Sobald es hell wurde, stand man auf, bei Sonnenuntergang endete der Arbeitstag. Die Nacht war der Feind des Menschen, ebenso der Winter. Höhepunkte im Jahresablauf waren die *Kirchenfeste.* Dabei bedeutete das Weihnachtsfest nicht nur die Geburt des Erlösers, sondern auch, daß die längsten finsteren Nächte nun endeten. Das Osterfest kündete nicht nur von der Auferstehung des Herrn, sondern auch vom Beginn des neuen Lebens in der Natur.

Während es bei der bäuerlichen Arbeit nicht auf Stunden oder gar Minuten ankam, mußten die Mönche und Nonnen in den *Klöstern* die Gebetszeiten pünktlich einhalten. Hier verwendete man seit jeher Sonnenuhren. Seit dem 13. Jahrhundert kamen mechanische Räderuhren in Gebrauch, und erst in den Städten des Spätmittelalters ermöglichten Turmuhren eine genauere Zeiteinteilung.

1 Ein Leben ohne Uhr – fertige dafür einen Tagesablauf an.

Sanduhren zählen zu den ältesten Zeitmeßinstrumenten.

Die Turmuhr links zeigt Tage und Stunden an. Der Knochenmann mit der Sanduhr soll die Menschen an den Tod erinnern. Rechts eine Sonnenuhr.

Die Ständeordnung

Nach der kirchlichen Lehre des Mittelalters hatte Gott der Welt eine feste Ordnung gegeben. Jeder Mensch gehörte einem *Stand* an, als *Geistlicher, Adliger* oder *Bauer.* Jeder Stand hatte seine Aufgabe in der Gemeinschaft zu erfüllen durch Gottesdienst, Kampf oder körperliche Arbeit. Die einen standen oben, die anderen unten. So hatte es Gott gewollt für alle Zeiten. Daran konnte und sollte niemand etwas ändern.

Erst im späten Mittelalter wurde zunehmend Kritik an dieser scheinbar ewigen, gottgewollten Ordnung laut. Die Wirklichkeit sah schon lange anders aus, denn immer wieder durchbrachen Personengruppen die strenge Trennung zwischen den Ständen. So stiegen Unfreie durch den Dienst am Königshof in den Adelsstand auf, hörige Bauern wurden in den Städten zu freien Bürgern. Auch die tatsächliche Bedeutung der einzelnen Stände entsprach nicht dem Bild, das die Ständelehre vermittelte: Die Bauern, die auf dem Bild an der untersten Stelle und am weitesten vom segnenden Christus entfernt dargestellt sind, stellten in Wirklichkeit die weitaus größte Bevölkerungsgruppe!

> Wegen der Sünde des ersten Menschen ist dem Menschengeschlecht durch göttliche Fügung die Strafe der Knechtschaft auferlegt worden, so daß Gott denen, für die, wie er sieht, die Freiheit nicht paßt, in großer Barmherzigkeit die Knechtschaft auferlegt. Der gerechte Gott hat das Leben der Menschen so unterschieden, indem er die einen zu Knechten, die anderen zu Herren einsetzte, damit die Möglichkeit zu freveln für die Knechte durch die Macht der Herren eingeschränkt würde.
> (Ständelehre des Burchard von Worms, Anfang 11. Jh., gekürzt nach: Geschichte in Quellen, Mittelalter, München 1975, S. 711 f.)
>
> Die Dinge können nicht gutgehen, bis es soweit ist, daß aller Besitz gemeinsam wird und es weder Bauern noch Edelleute gibt und wir alle eins sind. Aus welchem Grund sind die, die wir Herren nennen, größere Meister als wir? Und wenn wir alle von einem Vater und einer Mutter, Adam und Eva abstammen, inwiefern können sie beweisen, daß sie mit besserem Grund als wir Herren sind?
> (Chronik des Jean Froissart, 1387, gekürzt nach: Arno Borst, Lebensformen im Mittelalter, Frankfurt 1979, S. 273 f.)

Die drei Stände: „Du bete demütig" (tu supplex ora), „du schütze" (tu protege) „und du arbeite" (tuque labora) – so teilt der segnende Christus auf dem Regenbogen den drei Ständen ihre Aufgabe zu (Holzschnitt von 1492).

1 Durch welche Pflichten sind die drei Stände auf dem Bild gekennzeichnet, und wie sind sie einander räumlich zugeordnet?
2 Auf dem Bild fehlen die Frauen. Kannst du erklären, warum?
3 Vergleiche die Entstehungszeit der beiden Quellen. Wer hat nach Meinung der zwei Autoren die Ordnung unter den Menschen festgelegt? Welche Schlüsse ziehen beide daraus?
4 Ein im Mittelalter verbreitetes bäuerliches Sprichwort lautete: „Als Adam grub und Eva spann, wo war denn da der Edelmann." Was ist damit wohl gemeint?

Menschen in den Dörfern

Das Leben in Haus und Hof

Die meisten Menschen sind Bauern

Während heute in Deutschland etwa 5 % der Bevölkerung in der Landwirtschaft tätig sind, waren es im Mittelalter über 90 %. Die Bauern versorgten nicht nur sich selbst mit Nahrung, sondern auch die adligen und geistlichen Herren sowie die wachsende Zahl der Menschen, die in den Städten lebten. Ohne ihre Arbeit hätte kein König einen Kriegszug beginnen und kein Ritter eine Burg bauen können. Erst ihre Leistung ermöglichte es den Äbten, Klosterkirchen prächtig auszuschmücken und wertvolle Bücher anfertigen zu lassen. Doch das bäuerliche Dasein spielte sich fern von der großen Politik ab. Die Quellen erzählen uns wenig vom Leben auf dem Land. War doch die tägliche Mühsal der bäuerlichen Arbeit kein sehr interessantes Thema und die Leistung der Bauern gering geachtet. Der Dorfbewohner, der „dörpel", das war für viele der Tölpel.

Die Kleidung der Bauern

Armselig und von düsterer grauer oder brauner Farbe war die Kleidung der Bauern. Die Männer trugen einen knielangen Leibrock und eine Hose. Diese reichte entweder bis zu den Knöcheln oder bedeckte nur die Oberschenkel und wurde durch lange Strümpfe ergänzt. Die Bauersfrauen hatten kurz- oder langärmlige grobe Kittel an, die von einem Gürtel gehalten wurden, und bis zu den Knöcheln reichten. Im Winter wärmten ein Hemd und ein Kapuzenmantel aus schwerem Wollstoff. An den Füßen trug man Strohschuhe, Holzpantinen oder den „Bundschuh". Dieser bestand aus einem Stück Leder, das mit Riemen über den Knöcheln festgebunden wurde.

Der Bauernhof

Woraus ein Bauernhaus errichtet wurde, hing vom Material ab, das in der Gegend vorhanden war: Im waldreichen Norden und in den Alpen konnte man reine Holzbauten errichten, in weiten Teilen Mitteleuropas beschränkte man sich auf hölzerne Pfosten und füllte die Zwischenräume mit Flechtwerk, das mit Lehm verschmiert wurde. Stroh oder Schilf bedeckten das Dach.

Im frühen Mittelalter grub man Pfosten für das Haus einfach in die Erde ein. Schon nach wenigen Jahrzehnten begannen diese zu faulen, das Haus wurde baufällig, die Arbeit begann von neuem. In den eingeschossigen Häusern wohnten, arbeiteten und schliefen die Menschen in einem oder höchstens zwei Räumen. Auf dem lehmgestampften Boden standen nur wenige Einrichtungsgegenstände: ein paar Bänke, ein Tisch, ein Hocker, ein Webstuhl. Das Qualmen des Herdfeuers erfüllte den fensterlosen Raum und schwärzte die Wände. Nur durch eine Luke im Giebel zog der Rauch ab. Abends legte sich die Bauersfamilie auf Bänken oder Strohsäcken in der Nähe des Feuers zur Ruhe. Wasser holten sich die Bewohner nach Möglichkeit aus einem nahegelegenen Bachlauf oder aber aus einem Schöpfbrunnen. An abgelegener Stelle, oft in der Nähe des Misthaufens, befand sich das Aborthäuschen.

Im Hochmittelalter ging man dazu über, beim Hausbau zunächst ein festes Fundament aus Stein zu errichten. Die Häuser hatten nun den Vorteil, daß sie länger hielten und die Basis stabil genug war, um ein zweites Geschoß aufzusetzen. Damit gewann man neuen Nutzraum, z. B. zur Lagerung von Getreide.

Modell eines Dreiseithofes.

Durch die neue Bauweise besserten sich die Wohnverhältnisse. Ein großer Fortschritt war die Einrichtung einer rauchfreien Stube, die von einem Ofen gewärmt wurde, den man von einem Vorraum befeuerte. Die warme Stube wurde zum Zentrum des Bauernhauses, in der sich Arbeit, Ruhe und Geselligkeit abspielten. Ihre Einrichtung blieb einfach: Tisch, Bänke, ein Trockengestell für nasse Kleidungsstücke, eine Truhe für Kleidung und wertvolle Gegenstände.

Ursprünglich waren die einzelnen Gebäude eines Bauernhofs oft planlos und weiträumig verteilt. Es gab Scheunen, Schuppen, auf Pfählen stehende Getreidespeicher oder tiefer in der Erde liegende Grubenhäuser für Vorräte. Bevölkerungszunahme und Platzmangel zwangen später zu einer überlegteren, geschlosseneren Bauweise. In Norddeutschland bildete sich der Typ des geräumigen *Hallenhauses* heraus, in dem Mensch und Tier unter einem Dach lebten. In weiten Teilen Mittel- und Süddeutschlands gruppierte man Wohnhaus, Ställe und Scheune um einen Hofraum. In vielen Teilen Deutschlands können wir die alten Hofformen noch heute sehen.

Das Dorf

Je stärker die Bevölkerung wuchs, um so mehr änderte sich auch das Aussehen der gesamten bäuerlichen Siedlung. An die Stelle von Einzelhöfen und lockeren Gehöftgruppen traten Dörfer, in denen die Häuser nahe aneinander rückten. Sie gruppierten sich um den Dorfplatz und die Kirche und waren mehr oder weniger planlos verbunden durch Gassen und Wege. Nahe bei den Häusern lag das eingezäunte Gartenland, das jeder für sich bebaute. Um das Dorf herum erstreckten sich die Felder und jenseits davon die Weide- und Waldflächen, wo es Nahrung für das Vieh, Honig, Beeren, Bau- und Brennholz gab.

Nachbau mittelalterlicher Bauernhäuser in einem Berliner Museumsdorf.

Bauern pflügen im Herbst das Feld und bereiten die Einsaat des Winterkorns vor (Gemälde von 1525).

Die Arbeit der Bauern

Die Mühen der Feldarbeit

Die Feldarbeit begann im Frühjahr mit dem Pflügen. Dazu waren zwei Arbeitskräfte nötig: Ein Treiber führte das Zugvieh, der Pflüger stemmte den *Pflug* in den Boden. Nach der Aussaat mußte regelmäßig Unkraut gejätet werden. Die nächste Hauptarbeit begann mit der Ernte. Mit der *Sichel*, später der *Sense*, schnitt der Bauer das Korn, band es zu Garben und fuhr es zur Scheune. Hier mußte man nun mit einem hölzernen *Dreschflegel* das Korn aus den Ähren schlagen. Wenn alles gut ging, erbrachte die Ernte das Drei- bis Vierfache der Aussaat. Die Bauersfamilie war froh, wenn das ausreichte, um selbst satt zu werden und die fälligen Abgaben an den Grundherrn zu bestreiten. Jedes Unwetter, jeder Kälteeinbruch konnte eine Mißernte und damit Hunger und Tod bedeuten. Die immer wiederkehrende Not wäre sicher noch größer gewesen, wenn sich nicht im Mittelalter – parallel zum Bevölkerungsanstieg – wichtige Fortschritte im Ackerbau vollzogen hätten.

Verbesserungen im Ackerbau

Anfänglich verwendeten die Bauern einen hölzernen *Hakenpflug*. Dieser riß den Boden nur oberflächlich auf, zerkrümelte die Erde, aber wendete sie nicht. Später kam ein neues, besseres Arbeitsgerät in Gebrauch: der eiserne *Wendepflug*. Er hatte vorne Räder und ließ sich dadurch leichter führen. Ein eisernes Pflugmesser drang tief in den Boden ein, die einseitig angebrachte Pflugschar schnitt die Scholle ab, ein Streichbrett warf die Erde zur Seite. So entstanden tiefe Ackerfurchen, der Boden wurde gewendet, gelockert und das Unkraut untergearbeitet. Nur mit Hilfe des neuen Pfluges gelang es, nun auch die schweren Böden in den fruchtbaren Niederungen zu bearbeiten – und neues Ackerland brauchte man dringend bei der wachsenden Bevölkerungszahl.

Der Einsatz des schweren Wendepfluges war aber nur möglich, weil sich gleichzeitig in der Anspanntechnik ein Wandel vollzog. Bisher hatte man Ochsen als Zugtiere verwendet, obwohl sie weniger Kraft hatten als Pferde. Aber das *Joch*, in das man die Ochsen schirrte, war für Pferde unbrauchbar. Erst mit der Erfindung des *Kummets*, eines gepolsterten Kragens, konnte der Bauer nun auch das Pferd als Arbeitstier einsetzen und seine viermal höhere Arbeitskraft nutzen.

Die Dreifelderwirtschaft

Da der natürliche Dünger nicht ausreichte, konnten die Felder nicht jedes Jahr bestellt werden. In der Karolingerzeit teilte der Bauer die Felder in zwei Teile, bearbeitete wechselweise die eine Hälfte und ließ die andere brach liegen, damit sich der Boden erholte. Nun teilte man die Felder in drei Teile und ließ nur noch ein Drittel unbebaut. Alleine schon dadurch ergab sich ein Erntezuwachs. Außerdem führte man einen regelmäßigen Wechsel ein zwischen der *Winterfrucht* (Weizen, Dinkel, Roggen), die im Herbst gesät wurde, und der *Sommerfrucht* (Hafer, Gerste, Gemüse), für die im Frühjahr das Feld bestellt wurde. Die Arbeit der Bauern verteilte sich nun gleichmäßiger über das Jahr. Auch die Gefahr von Hungersnöten verringerte sich, denn eine Mißernte beim Wintergetreide konnte durch eine gute Ernte bei der Sommerfrucht ausgeglichen werden.

Da es nicht sinnvoll gewesen wäre, wenn jeder seine Parzellen noch einmal in drei kleine Teile zerstückelt hätte, legten die Bauern im Dorf ihre Felder zusammen und bildeten drei Großfelder *(Gewanne)*, an denen jeder seinen Anteil hatte. Gemeinsam beschlossen sie, was auf den Feldern angebaut werden sollte, legten Zufahrtswege fest und einigten sich über die Erntetermine. Ein gemeinsam bestimmter Hirte hütete das Dorfvieh auf der *Allmende,* dem Wald- und Wiesenstück, das der Gemeinde gehörte. So wuchs allmählich eine Dorfgemeinschaft, in der sich einer mit dem anderen durch alltägliche Arbeiten und Sorgen verbunden fühlte.

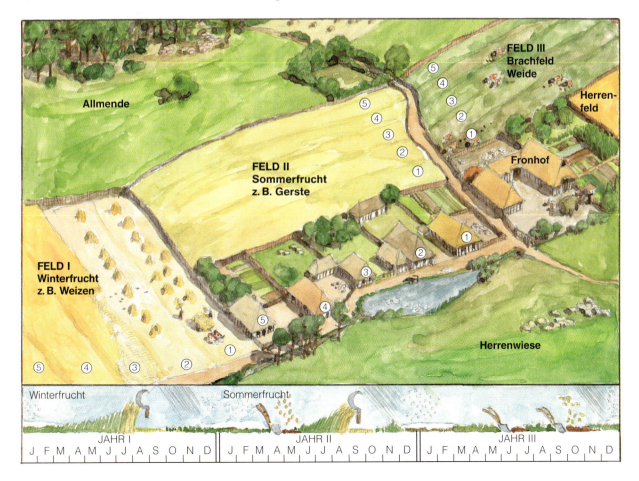

Menschen in den Dörfern

Die Viehhaltung

Ursprünglich hatte das Vieh als Nahrungslieferant eine wichtige Rolle in der bäuerlichen Wirtschaft gespielt. Mit wachsender Bevölkerungszahl waren jedoch aus den Viehweiden ertragreichere Getreideäcker geworden, auf denen vor allem Roggen wuchs. Dennoch brauchten die Bauern auch weiterhin Vieh: als Arbeitstiere, als Dünger- und, wenn auch in bescheidenerem Umfang, als Fleischlieferanten. Die Rinder lieferten zudem Milch, Butter, Käse, Felle, Leder und Pergament für die Schreibstuben, Schafe erbrachten zusätzlich Wolle.

Alle Haustiere waren deutlich kleiner als heute – auch das Schwein, das dem heutigen Wildschwein ähnelte. Es war der wichtigste Fleischlieferant, brauchte wenig Pflege, war schnell schlachtreif und stellte keine großen Nahrungsansprüche. Zur Mast trieb der Hirte die Schweine in die lichten Buchen- und Eichenwälder. Ein Großteil der Tiere wurde im Herbst geschlachtet, so mußte man sie nicht durch den Winter füttern.

Arbeiten der Bauern im Jahreslauf (Malerei um 1480). Jedem Monat ist eine typische Tätigkeit zugeordnet.

Arbeitsalltag einer Bauernfamilie

Der Arbeitstag der Bauernfamilie begann, sobald es hell wurde. Das Vieh mußte versorgt werden, die Feldarbeit wartete. Doch damit nicht genug: Die Kinder mußten von klein auf nach Kräften mithelfen. Die Frauen hatten die Schafwolle zu spinnen, zu Stoff zu verweben und schließlich die Kleidung der Familie zu nähen. Auch wollten die Bienenstöcke und der Garten versorgt, Brot gebacken, sowie Butter und Käse gemacht sein.

Neben der Feldarbeit stellte der Bauer viele seiner Arbeitsgeräte aus Holz selbst her, ebenso die wenigen Möbel des Bauernhauses sowie Holzschüsseln und Holzlöffel für das tägliche Mahl. Er reparierte das Haus, setzte die Zäune instand, schor die Schafe und kelterte die Trauben. Wenn es dunkelte, hatte die Bauersfamilie im Sommer einen anstrengenden Arbeitstag hinter sich. Ein 14-Stundentag war zu dieser Jahreszeit keine Seltenheit, da von Sonnenaufgang bis Sonnenuntergang geschuftet wurde. Im Winter blieb noch Zeit, um beim flackernden Licht des Kienspans am Spinnrad zu arbeiten.

Die Buchmalerei (links) entstand um 1520. Auf einem Bauernhof wird ein Schwein geschlachtet und Brot gebacken. Das Foto aus einem Museumsdorf (rechts) zeigt die Getreideverarbeitung im Mittelalter: Mahlen mit einem Mahlstein und Stampfen im Mörser.

So führten die Bauernfamilien ein hartes, eintöniges Leben, ständig bedroht von Hunger und Krankheit. Abwechslung in das Dasein brachten Hochzeiten, Kindstaufen oder ein Leichenschmaus. Auch Kirchweih und der Namenstag vieler Heiliger waren festliche Ereignisse. Dann spielten Fiedler zum Tanz auf, die älteren Bauersleute mischten sich in den Trubel, und man tafelte ausgiebig.

1 Warum lag der Ertrag der Felder im Mittelalter so niedrig?
2 Beschreibe die Arbeiten der Bauern auf der linken Seite. Was weißt du von der Arbeit der Bauern in heutiger Zeit?
3 Wie sah der Tageslauf eines 12jährigen im Sommer aus?
4 Du hast in deinem Dorf großen Erfolg mit der Dreifelderwirtschaft. Überzeuge die Leute aus dem Nachbardorf von den Vorteilen.

Die Bauern und ihre Herren

Frondienste und Abgaben

Im hohen Mittelalter gab es so gut wie keine freien Bauern mehr. Alle lebten in Unfreiheit, in Abhängigkeit von einem adligen *Grundherrn*. Dieser war nicht nur der Eigentümer des Bodens, er war gleichzeitig auch der Herr über die Menschen, die auf seinem Land wohnten und es bebauten. So mußte der Grundherr seine Zustimmung geben, wenn ein Bauer heiraten wollte, er entschied als Richter bei Streitigkeiten, er konnte seine Bauern samt dem Land, das sie bebauten, verschenken, verkaufen oder vertauschen. Vor allem aber erwartete der Grundherr von seinen Bauern eine Fülle von *Frondiensten* und *Abgaben*.

Die Bauern waren an etwa drei von sieben Tagen in der Woche mit Arbeiten für ihren Herrn beschäftigt. Dazu gehörte das Pflügen der Äcker des Grundherrn mit eigenem Spannvieh und Arbeitsgerät, das Einzäunen der Felder, das Hüten des Viehs, das Dreschen des Korns, die Erledigung von Botendiensten, Brotbacken und Bierbrauen, Spinnen, Weben und Reparaturarbeiten am Herrenhaus.

Nur die Hälfte ihrer Arbeitszeit blieb den Bauern, um das Stück Land zu bearbeiten, das der Herr ihnen für ihren eigenen Lebensunterhalt überlassen hatte. Aber damit nicht genug: Auch von diesen Erträgen beanspruchte der Grundherr einen Teil für sich. Zu den Produkten, die der Bauer regelmäßig auf dem Hof des Herrn oder seines Vertreters abliefern mußte, gehörten Getreide, Hühner, Schafe, Schweine, Eier, Käse, Honig, Wachs, Flachs und Wolle.

Wenn der Maibaum aufgestellt ist, müssen Lämmer abgeliefert werden.

Zu St. Urban (25. 5.) meldet der Grundherr seine Ansprüche auf die Früchte im Obst- und Weingarten an.

An Johanni (24. 6.) ist der Fleischzehnt von Rind, Kalb, Ziege, Hahn fällig.

Am Margarethentag (13. 7., die Heilige fesselt den Teufel) muß der Kornzehnt abgeliefert werden.

Am 15. August wird der Gänsezins fällig.

Der Übergang zu Geldzahlungen

Etwa seit dem 12. Jahrhundert wandelten sich die Pflichten der hörigen Bauern. In vielen Orten verkleinerten die Grundherrn ihre Eigenbetriebe oder lösten sie sogar ganz auf. Die Folge war, daß die Frondienste auf dem Herrenland ihre Bedeutung verloren und die *Abgaben* in den Vordergrund traten. Zur gleichen Zeit trat an die Stelle des Tauschhandels mehr und mehr die *Geldwirtschaft*. Die Grundherrn forderten daher von ihren Bauern weniger Eier, Getreide oder Wolle, sondern mehr Geldzahlungen. Der Bauer zahlte für die Nutzung des Bodens, oft auch für die Inanspruchnahme anderer Dinge, die dem Herrn gehörten: für das Mahlen des Getreides in der Mühle, für die Benutzung des Backofens, für die Schweinemast im Wald, für das Holzfällen.

Für die Bauern hatte dieser Wandel beträchtliche Folgen: Einerseits hatten sie nun mehr Zeit, den eigenen Boden zu bearbeiten. Andererseits mußten sie zusehen, daß sie *Überschüsse* erwirtschafteten und diese auf dem Markt in der Stadt verkauften, um so das Geld für die Zahlungen an den Grundherrn aufzubringen. Da die Bevölkerung wuchs und die Zahl der Städte stark zunahm, stieg die Nachfrage nach landwirtschaftlichen Produkten. Die Preise für Getreide, Gemüse, Milchprodukte und Fleisch kletterten, die Bauern verdienten besser, während gleichzeitig die festgelegten Abgaben an die Grundherren gleich blieben. So ging es den Bauern – so schwer ihr Leben auch war – bis zur großen Pest im 14. Jahrhundert verhältnismäßig gut.

Bauern liefern ihre Abgaben an den Grundherrn: Geld, eine Gans und ein Lamm.

> *Aus einer Urkunde des Jahres 1182:*
> Wir setzen fest, daß der Bewohner, der in dem Dorf [= Beaumont in den franz. Ardennen] ein Haus erhalten hat, uns jährlich 12 Denare zinst, und zwar am Heiligen Abend und am Johannistag je 6.
> Für die Wiesenmahd sollen uns jährlich am Fest des Hl. Remigius (13.1.) 4 Denare gezahlt werden.
> Auf altbebautem Ackerland beanspruchen wir von 12 Garben zwei. Auf neu gerodetem Ackerland aber beanspruchen wir von 14 Garben nur zwei.
> Wir werden dort auch Backöfen bauen, die uns gehören sollen; dahin sollt ihr euer Brot zum Backen bringen und von 24 Broten eines abgeben.
> Auch wollen wir Mühlen erbauen, und ihr sollt kraft unseres Gebotes dorthin kommen und von 20 Sack Getreide einen zahlen.
> *(aus: Freiheitsbrief von Beaumont, gekürzt nach: Quellen zur Geschichte des Dt. Bauernstandes im Mittelalter, hrsg. v. G. Franz, Darmstadt 1967, S. 250 ff.)*

1. Welche Naturalabgaben und Geldzahlungen werden von den Bauern in Beaumont gefordert? Warum werden von neu gerodetem Ackerland weniger Abgaben verlangt?
2. Vergleiche die Abgaben mit denen der Bauern in Nully in der Karolingerzeit (S. 15).
3. Überlege, was die Bauern alles tun müssen, bis sie Geld an ihren Grundherrn abliefern können.

Menschen in den Klöstern

Bete und arbeite

Seit dem 3. Jahrhundert lebten in Ägypten, Kleinasien und Palästina *Mönche* (griech. monachos = Einsiedler) in der Abkehr von der Welt und in der Suche nach der wahren Nachfolge Jesu. Manche zogen sich als Einsiedler *(Eremiten)* ganz alleine in die Einöde zurück, andere lebten in der Gemeinschaft mit Gleichgesinnten. In dieser Form des gemeinschaftlichen Lebens breitete sich das Mönchtum seit dem 4. Jahrhundert auch im Abendland aus.

529 gründete BENEDIKT VON NURSIA in MONTE CASSINO südlich von Rom das erste abendländische Kloster und gab der Mönchsgemeinschaft eine Verfassung, die „Regel des hl. Benedikt". Diese *Regel* wurde Grundlage des ersten Mönchsordens, der *Benediktiner*, und auch vieler späterer Orden. Zu diesen zählten etwa die *Zisterzienser*, die ihre Klöster in einsamen, noch nicht besiedelten Gebieten errichteten, und die Bettelorden der *Franziskaner* und *Dominikaner*, die sich der ärmeren Bevölkerung in den Städten annahmen. Neben den Mönchsgemeinschaften entstanden überall im Abendland auch Frauenorden.

Aus der Regel des Benedikt von Nursia

cap. 2. Der Abt, der würdig ist, ein Kloster zu leiten, soll stets daran denken, wie er genannt wird [abbas = Vater], und den Namen eines Oberen durch seine Taten rechtfertigen. Denn er gilt als Stellvertreter Christi im Kloster.

cap. 3. Sooft im Kloster etwas Wichtiges zu geschehen hat, soll der Abt die ganze Gemeinschaft zusammenrufen und berichten, worum es sich handelt. Vom Urteil des Abtes hängt es ab, was das Heilsamste ist; ihm sollen alle gehorchen.

cap. 5. Die erste Stufe der Demut ist Gehorsam ohne Zaudern. Er kommt denen zu, die nichts höher achten als Christus.

cap. 33. Niemand darf sich unterfangen, ohne Erlaubnis des Abtes etwas zu verschenken oder anzunehmen, noch irgend etwas Eigenes zu besitzen, überhaupt keine Sache: weder ein Buch noch Schreibtafel noch Griffel; sondern überhaupt gar nichts; es ist ihnen ja nicht erlaubt, über ihren Leib und ihren Willen frei zu verfügen. Alles Nötige sollen sie vom Abt des Klosters erhoffen. Und alles sei allen gemeinsam.

cap. 48. Müßiggang ist der Feind der Seele. Daher müssen sich die Brüder mit ihrer Hände Arbeit, zu bestimmten Stunden mit heiliger Lesung beschäftigen.

(aus der Regel des hl. Benedikt, gekürzt nach: P. Franz Faessler, Die großen Ordensregeln, hg. v. H. U. v. Balthasar, Einsiedeln/Zürich/Köln 1948)

Mönche bei der Arbeit. Die Buchmalerei entstand im Jahr 1111 im französischen Kloster Cîteaux.

1. Erwachsene Menschen sollen gehorchen! Wie wird das begründet? Warum regelt Benedikt das Klosterleben nicht „demokratisch"?
2. Warum verbietet Benedikt persönliches Eigentum?
3. Informiere dich, ob es in deiner Heimat ein Kloster gibt, zu welchem Orden es gehört oder gehört hat.

Nonnen beim Chorgebet (mittelalterliche Buchmalerei).

Der Eintritt ins Kloster

Viele zukünftige Mönche und Nonnen kamen schon als Kinder ins Kloster. Ihre Eltern schickten sie vor allem aus zwei Gründen dorthin. Einmal konnten so nachgeborene Söhne und Töchter, denen kein Erbe zustand, für den Rest ihres Leben versorgt werden. Vor allem aber würden die Kinder als Mönche und Nonnen für das Seelenheil ihrer Eltern und der ganzen Familie beten. Im Kloster wurden die Kinder mit strenger Disziplin auf ihr künftiges Leben vorbereitet und mit etwa 15 Jahren in die Ordensgemeinschaft aufgenommen. In einem feierlichen Versprechen gelobten sie *Armut, Ehelosigkeit* und *Gehorsam* gegenüber dem Abt oder der Äbtissin. Zum Zeichen dafür bekamen die Männer die Haare geschoren *(Tonsur)*, die Frauen trugen eine Haube. Außerdem zeigte die Kutte, daß man nun für immer zur Ordensgemeinschaft gehörte. Manch einer trat auch erst im hohen Alter ins Kloster ein, um noch rechtzeitig vor dem Tod Buße zu tun.

Der Tagesablauf im Kloster

Mönch mit einer Sichel bei der Getreideernte (12. Jh.).

Im Kloster wartete ein streng geregeltes Leben, geprägt von Arbeit und Gebet, wie Benedikt es gefordert hatte. Siebenmal am Tag versammelten sich alle in der Kirche zum *Chorgebet:* bei Tagesanbruch und – je nach Jahreszeit – gegen 6 Uhr, 9 Uhr, 12 Uhr, 15 Uhr, 17 Uhr und nach 18 Uhr. Zusätzlich wurde nachts gegen 2 Uhr ein Gottesdienst gefeiert. Zum regelmäßigen Gebet kamen etwa sieben Stunden Arbeit: zum Beispiel im Garten, in der Küche, in der Schreibstube, im Krankensaal. In der restlichen Zeit lasen die Ordensmitglieder in den Heiligen Schriften. Zweimal am Tag, nämlich mittags und abends, trafen sich die Mönche oder Nonnen im Speisesaal, dem *Refektorium,* wo sie in tiefem Schweigen ihr Essen einnahmen, während einer von ihnen aus der Bibel vorlas. Brot bildete die Hauptspeise, dazu kamen Hülsenfrüchte, Eier, Käse und Fisch. Fleisch war im allgemeinen verboten, Wein hingegen erlaubt. Die Mönche schliefen im gemeinsamen Schlafsaal, dem *Dormitorium,* angekleidet und beim Schein einer Kerze. Währenddessen wachte einer darüber, daß wirklich alle schliefen, bis die Nachtruhe wieder vom Gebet unterbrochen wurde.

Menschen in den Klöstern

Der St. Gallener Klosterplan entstand um 820 auf der Insel Reichenau. Der 77 x 112 cm große Plan ist auf fünf zusammengefügten Kalbshäuten gezeichnet und wurde dem Abt von St. Gallen zugeschickt, um ihm Anregungen für einen geplanten Klosterneubau zu geben. Der Plan wurde so nie verwirklicht. Doch zeigt er das Idealbild eines Klosters, wie man es in

Das Kloster – ein Ort mit vielen Aufgaben

Kirche und Kreuzgang – das Herz des Klosters

Stellen wir uns vor, wie im Mittelalter ein Reisender die neue Klosteranlage von ST. GALLEN gesehen hätte: Müde von der beschwerlichen Reise auf staubigen Wegen sieht er schon von weitem den gewaltigen Bau des Klosters. Durch die Tore des Haupteingangs führt der Weg direkt zum Zentrum der Anlage, zur Kirche. Ihr steinerner Bau mit den zwei mächtigen Türmen überragt alle anderen Gebäude. Die Kirche ist das Herzstück des Klosters, denn das Gebet, die Fürbitte, das Lob Gottes sind die wichtigsten Aufgaben der Brüder. Das Gotteshaus ist so groß, weil es nicht nur den Mönchen sondern auch den *Pilgern* dient, die von weither zusammenströmen, um in feierlicher Prozession zum Grab des heiligen Gallus zu ziehen und hier zu beten. Direkt an die Kirche schließt sich die *Klausur* (claustrum = das Verschlossene) an. Fern von der Betriebsamkeit der Klosteranlage, abgeschlossen hinter hohen Steinmauern, liegen *Kreuzgang, Dormitorium, Refektorium* und Vorratshaus der Mönche. Nur ein einziger Zugang führt in diese stille Welt, denn die Mönche sollen Ruhe finden für ihr Gebet, für die Meditation im Kreuzgang. Wenn wir heute einen Kreuzgang aus dem Mittelalter besuchen, spüren wir noch den Frieden, der hier herrschte.

der Folgezeit immer wieder zu bauen versuchte. Nach dem Grundriß hat ein Historiker versucht, das oben abgebildete Modell des Klosters zu entwerfen. Sichtbar wird hier vor allem, daß die Klosteranlage das Aussehen einer kleinen, völlig selbständigen Stadt besitzt. Inmitten einer Landschaft, die um 820 noch urwaldähnlich aussah, bildete ein solches Kloster eine kulturelle Insel. Eine Situation, wie sie heute allenfalls noch mit Missionszentren in abgelegenen Gegenden der Dritten Welt vergleichbar ist.

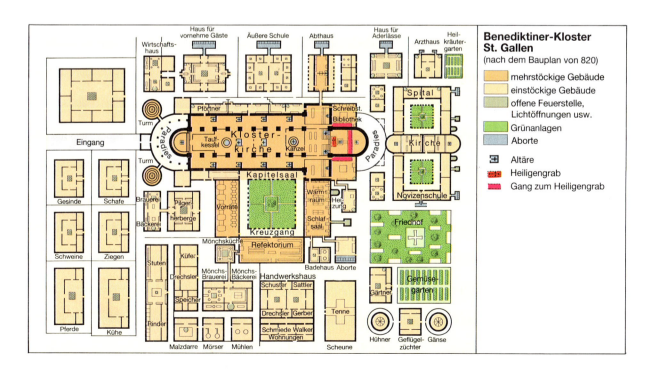

Menschen in den Klöstern

Das Kloster – ein Ort der Hilfe

Auf dem Plan von St. Gallen war auch daran gedacht, daß viele Pilger auf ihrem Weg an die Klostertüren klopften. Sie bekamen hier ebenso eine Schlafstelle und eine Mahlzeit wie Arme, Alte und Kranke. Spezielle Kliniken und Altersheime wie heute gab es im 9. Jahrhundert überhaupt nicht. Nur die Ordensleute kümmerten sich um die Pflegebedürftigen. Diese strömten aus der ganzen Gegend hier zusammen, um Hilfe zu finden. Der Plan war hier ganz modern: Es gab sogar Raum für zwei Ärzte und eine Apotheke, ebenso ein Zimmer für Aderlässe und Operationen. Und natürlich war ein Kräutergarten vorgesehen. Über die Jahrhunderte gaben die Mönche das Wissen über zahlreiche Heilkräuter weiter, pflanzten sie an und bereiteten daraus selbst die Arzneien. Dies waren die einzigen Medikamente, auf die man damals Hoffnung setzen konnte.

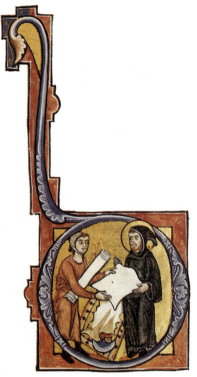

Ein Mönch kauft Pergament bei einem Händler (Malerei von 1255).

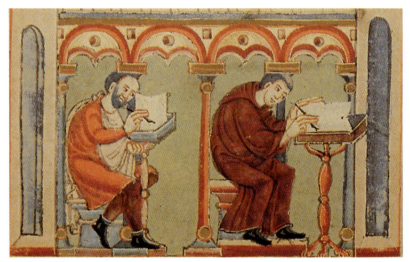

Ein Mönch und ein weltlicher Helfer arbeiten in der Schreibstube des Klosters Echternach (Buchmalerei um 1040).

Das Kloster – ein Ort der Gelehrsamkeit

Benedikt hatte gefordert, jeder Mönch solle lesen und schreiben können. Für das Studium der Bibel und die Feier der Gottesdienste war dies unbedingt erforderlich. Und so finden wir im Plan von ST. GALLEN gleich zwei Schulgebäude verzeichnet.

Zum einen ist eine *Novizenschule* vorgesehen, mit eigener Kirche und kleinem Kreuzgang. Hier wurden die Kinder, die für das Mönchsleben bestimmt waren, ausgebildet. Ihr Leben war hart. Sie nahmen an allen Stundengebeten teil und lernten in den Zwischenzeiten Lesen und Schreiben, die lateinische Sprache, Psalmen, den Kirchengesang und die Berechnung kirchlicher Feiertage. Freie Zeit gab es kaum, und körperliche Strafen standen auf der Tagesordnung.

Ein freieres Leben führten die Schüler der äußeren Schule. Hier wurden vor allem die *Pfarrer* ausgebildet, die später außerhalb der Klostermauern an den Kirchen Dienst tun würden.

Wer die Klosterschule durchlaufen hatte, gehörte zu der kleinen Zahl der Gebildeten. Er konnte lesen und schreiben und besaß damit ein Wissen, das jahrhundertelang nur wenigen vorbehalten war. Der Plan von St. Gallen verzeichnet ganz unscheinbar, direkt an die Klosterkirche angegliedert, eine *Schreibstube* und darüber eine *Biblio-*

thek. In der Schreibstube saßen die dafür ausersehenen Mönche Tag für Tag und schrieben in kunstvoller Schrift vor allem die Worte der Bibel nieder. Sie verwendeten dazu eine mit Kalklösung behandelte Tierhaut, das Pergament. Als Schreibgerät diente eine angespitzte Gänsefeder, die Tinte wurde aus den Dornen der Schlehe gewonnen. Besonders wertvolle Texte schrieb man mit Gold- oder Silbertinte und versah sie mit Ornamenten und kostbaren Bildern. Es war eine mühevolle, langwierige Arbeit, und so waren Bücher ein seltener und überaus wertvoller Besitz.

Mönche waren es auch, die die Texte der antiken Schriftsteller abschrieben und die Ereignisse der eigenen Zeit festhielten. Hätten sie es nicht getan, wüßten wir über manche Jahrhunderte kaum etwas, wären die Schriften vieler antiker Schriftsteller verloren.

Das Kloster – ein Wirtschaftsbetrieb

Der Besucher von St. Gallen hätte nicht nur die gewaltige Kirche gesehen, den stillen Kreuzgang hinter den Mauern, die Schar der Pilger und Kranken, er hätte auch einen geschäftigen Wirtschaftsbetrieb erlebt. Da gab es Scheunen und Ställe, Küchen, Back- und Brauhäuser, eine Darre, Stampfe und Mühle für das Getreide, eine Schmiede, eine Gerberei und Schusterwerkstatt, einen Obst- und Gemüsegarten, Häuser für die Handwerker, Arbeiter und Gärtner, für die Hühner- und Gänsewärter: Das Kloster konnte sich mit allem Lebensnotwendigen selbst versorgen und wurde zugleich zum wirtschaftlichen Musterbetrieb für die ganze Umgebung.

Das Kloster – aktiv in der Politik

Am äußeren Rand der Anlage, nahe der Kirche und dem Abtshaus, liegt auf dem Plan ein Gebäude für vornehme Gäste und deren Gefolge. St. Gallen unterstand, wie viele Klöster im Reich, unmittelbar dem König. Es mußte immer bereit sein, den ganzen Hof aufzunehmen, für Nachtlager und Verpflegung des Königs und seines Gefolges zu sorgen. Dazu waren die Klöster nur in der Lage, weil sie viele Schenkungen erhielten von Menschen, die in Sorge um ihr Seelenheil ein gutes Werk tun wollten. Viele Klöster wurden dadurch überaus reich. So gehörten zu St. Gallen damals etwa 2000 Hörige, die Abgaben leisten mußten. Einen solchen Machtfaktor konnte auch der König nicht übersehen. Er besuchte die großen *Reichsklöster*, ließ sich beherbergen und bewirten und beriet wichtige politische Fragen mit den Äbten. Oft machte er den Klöstern umfangreiche Schenkungen. Dafür erwartete er, daß die Reichsklöster ihn nicht nur politisch, sondern auch militärisch unterstützten und beispielsweise bei Heereszügen Truppen stellten.

So lebte die Mönchsgemeinschaft einerseits in der Stille, abgewandt von der Welt, und war andererseits doch auch wirtschaftlich mächtig und politisch einflußreich.

Kaiser Heinrich III. zieht mit zwei Äbten und Gefolge in die Kirche ein (Malerei um 1040).

1 Erstelle eine Liste, welche Handwerke im Plan von St. Gallen vertreten sind, und welche Tiere gehalten werden.
2 Welche Gefahren siehst du durch den Reichtum und den politischen Einfluß der Klöster für das Leben der Mönche?
3 Welche Einrichtungen erfüllen heute die Aufgaben, die Klöster im Mittelalter wahrnahmen?

Menschen in den Burgen

Die Burg und ihre Bewohner

Die WARTBURG bei Eisenach thront weithin sichtbar über dem thüringischen Land. Sie ist eine der berühmtesten Burgen und doch war sie im Mittelalter nur eine – wenn auch eine besonders große und wichtige – von etwa 10 000 Wehranlagen in Deutschland. Zu schützen, zu „bergen", das war die wichtigste Aufgabe jeder Burg, auch der kleinsten. Für ihren Bau brauchte man vor allem einen sicheren Platz: Im Flachland eignete sich dafür am besten ein Ort, wo ein schützender Wassergraben angelegt werden konnte *(Wasserburg)*. Im Mittelgebirge lagen die Burgen gewöhnlich auf den Kuppen steiler Berge *(Höhenburg)*. Der obere Teil des Berges wurde möglichst vollständig abgeholzt, damit sich kein Feind unbemerkt anschleichen konnte. Eine hohe Mauer schützte die Bewohner. Über einen mühsam angelegten Graben erreichte man auf einer *Zugbrücke* das Haupttor der Burg. Dies war die gefährdetste Stelle der Anlage und mußte besonders gesichert werden. Zu den schmalen Schießscharten, aus denen entferntere Gegner mit einem Pfeilhagel empfangen wurden, kamen hier deshalb *Pechnasen*. Kamen die Angreifer nahe genug heran, gossen die Verteidiger brennendes Pech oder kochendes Öl auf sie herab.

 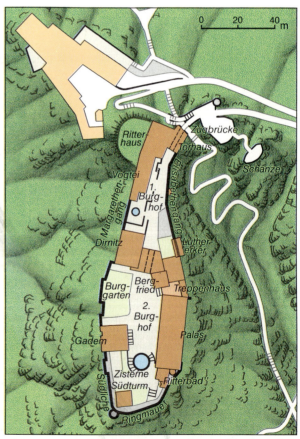

Luftbild und Grundriß der Wartburg bei Eisenach. Sie wurde 1080 erstmals urkundlich erwähnt und in der Folgezeit ausgebaut und erweitert. Der Palas entstand um 1170. Die Wartburg diente den Landgrafen von Thüringen zur Sicherung ihres Territoriums im Westen. 1211 kam die ungarische Königstochter Elisabeth auf die Burg, 1521/22 übersetzte Martin Luther hier das Neue Testament.

Die meisten Burgen hatten nur wenige Mann Besatzung, ganze Mauerstücke blieben unbesetzt. Umso wichtiger war es, daß jeder Feind schon von weitem erkannt werden konnte und dieser nie genau wußte, wie viele Verteidiger sich hinter den schmalen Schießscharten verbargen.

Durch das Haupttor, geschmückt mit dem Wappenschild des Besitzers und bewacht vom Burgwärter, betrat der Ankommende die *Vorburg*. Sie war das wirtschaftliche Herz der Burg, und hier hausten Knechte und Mägde unter armseligsten Bedingungen. Scheune und Stallungen für Pferde und Ziegen, Brennholzvorräte, Hühnerstall, Taubenschlag und Hundezwinger, Fischgrube und Gewürzbeete lagen hier eng zusammen. Dahinter ging es durchs innere Tor zum Haupthof, unter dem sich die *Zisterne* befand, ohne die keine Burg einer Belagerung lange widerstanden hätte. Als Beobachtungspunkt und vor allem als letzte Zufluchtsstätte der Burgbewohner erhob sich auf dem Hof ein Turm, der *Bergfried*. Sein Zugang lag oft erst in mehreren Metern Höhe. Nur eine einziehbare Leiter führte dorthin. Mit den Vorräten, die im Inneren lagerten, konnten die Belagerten den eindringenden Feinden noch eine ganze Weile trotzen. Der Bergfried mit seinen meterdicken Mauern war nicht nur die letzte Verteidigungsbastion, sondern diente gelegentlich auch als Verlies für Gefangene.

Im inneren Hof stand auch das Hauptgebäude der Burg, der *Palas*, wo die Familie des Burgbesitzers wohnte. In großen Anlagen wie der Wartburg war dieser Bau schon von außen der prächtigste, versehen mit Fensterreihen, Säulen und Figurenschmuck. Im ersten Stock des Palas lag der große Festsaal, zu dem oft eine breite Freitreppe hinaufführte. Von weither waren die Handwerker gerufen worden, um diesen Saal besonders schön zu gestalten. Hier empfing der Burgherr seine Gäste, hier lauschte man den Geschichten der fahrenden Spielleute, würfelte, tafelte und spielte Schach. Währenddessen vertrieben sich in der gewölbten Halle des Untergeschosses die Wächter und das Gefolge der Gäste die Zeit. In der Küche im Erdgeschoß brieten die Mägde am Spieß das Fleisch oder bereiteten im Kessel über dem offenen Feuer die Suppe, überwacht von der Burgherrin.

Doch lassen wir uns nicht täuschen: der *Palas* hatte nur in den ganz großen Burgen etwas von einem „Palast". In der Mehrzahl der kleinen Burgen war das Leben äußerst unfreundlich und kärglich. Über der Küche lag oft die einzige *Kemenate*, das heißt der einzige Raum, der mit einem „caminus", einer Feuerstelle, ausgestattet war. Nur größere Ritterburgen verfügten über mehrere heizbare Räume, darunter einen nur für Frauen und Kinder. Die Räume wirkten düster und kalt. Die Fenster waren selten mit teurem, bleigefaßten Glas, häufiger mit Fischblasen bespannt und im Winter mit Holzläden verschlossen. Durch die Ritzen blies der Wind. Die Fußböden – aus Lehm gestampft oder mit glasierten Ziegeln belegt – bedeckte man im Winter mit Matten und Fellen. Im Sommer sollten ausgestreute duftende Kräuter das Ungeziefer vertreiben. Das Mobiliar war meist sehr einfach: Bänke und Stühle, zerlegbare Tische und einige Truhen und Kästen, in denen Kleidung, Tisch- und Bettwäsche verwahrt wurden. Zum Schlafen begab man sich in hölzerne Kastenbetten, die meistens mit einem Betthimmel versehen waren – nicht aus Gründen der Romantik, sondern als Schutz vor herabfallendem Ungeziefer.

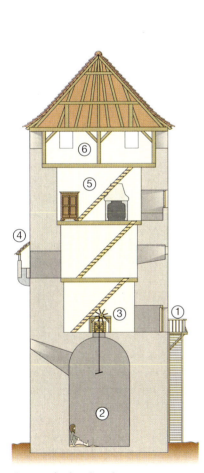

Querschnitt durch einen Bergfried
① Eingang zum Bergfried
② Verlies oder Magazin
③ „Angstloch" (Deckenluke mit Seilwinde ins Verlies)
④ Abtritt
⑤ Wohnraum
⑥ Wächterstube

Menschen in den Burgen

Vom Leben der „Hêren und Frouwen"

Der Ritterstand

Nicht jeder konnte *Ritter* werden, denn dazu brauchte man Waffen, eine Rüstung, ein gut trainiertes Schlachtroß sowie zwei weitere Pferde für den Marsch und den Transport der Ausrüstung. Ein einziges Pferd kostete schon soviel wie 5 bis 20 Ochsen, ein Kettenpanzerhemd etwa 20 bis 100 Ochsen. Voraussetzung war also ein entsprechender Reichtum, der aus Eigenbesitz, einem Lehen oder einem Amt in Königsdiensten bestehen konnte. Aus dem „Beruf" des Ritters entwickelte sich mit der Zeit ein *adeliger Stand,* dem man durch Geburt angehörte. Seit Ende des 12. Jahrhunderts konnten nur noch Söhne von Rittern wieder Ritter werden.

Mit sieben Jahren wurde der künftige Ritter an einen fremden Hof gegeben. Als *Page* war er Teil des Gefolges, bediente bei Tisch, lernte Umgangsformen und gesittete Tischmanieren. Mit 12 bis 14 Jahren begann die eigentliche Ausbildung des *Knappen* für sein künftiges Waffenhandwerk. Er lernte reiten, schießen und jagen und begleitete seinen Lehrherrn auf dessen Kriegszügen. Die Ausbildung endete mit 21 Jahren mit der *Schwertleite.*

Mit der feierlichen Schwertleite wird der Knappe in den Ritterstand aufgenommen.

> Zur Ritterschaft gehören sieben ehrenvolle Vorrechte: das erste ist, daß ein würdiger Ritter dem jungen mit einem Schlage das Schwert zuteilt, und ihn heißt, unverzagt zu sein. Dann wird das Schwert gesegnet. Ist der Ritter ein guter Christ und eifrig zum Gottesdienst, so empfängt er mit Freuden und Innigkeit das Schwert aus eines Priesters Hand. Wird er nicht in dieser Weise damit umgürtet, so trägt er es wahrlich mit Schanden, denn er soll allezeit Gott zu Ehren damit fechten für die heilige Christenheit und für die Witwen und Waisen; dafür nimmt er den Griff, der dem Kreuze gleicht, in die Hand.
> *(aus: Ritterspiegel des Johannes Rothe, nach: Geschichte in Quellen, Bd. 2, München 1978, S. 450)*

Hêren und Frouwen bei ihrer Arbeit

Jeder Ritter war zugleich Grundbesitzer und Herr über die Bauern, die auf seinem Land lebten. Er forderte von ihnen *Frondienste* auf seinen Feldern, Hilfe bei Bauarbeiten und zu festgesetzten Zeiten *Abgaben* in Form von Geld oder Naturalien. Ohne die Leistungen der von ihm abhängigen Bauern hätte kein Ritter sein tägliches Leben und seine Kriegszüge finanzieren können.

Seine wichtigste Aufgabe sah der Ritter im Kampf. Hierfür war er jahrelang ausgebildet worden. Ausgerüstet mit einem schweren Kettenhemd und einem Topfhelm, der nur schmale Sehschlitze freiließ, waren Freund und Feind kaum zu unterscheiden. Als äußere Erkennungszeichen benutzten die Ritter daher Symbole wie Löwen, Adler oder Kreuze, die sie auf ihren Schilden, Fahnen und Helmaufsätzen anbrachten. Auch die Pferde waren gepanzert, oft noch mit einer wappenbestickten Decke geschmückt und natürlich mit Steigbügeln ausgerüstet. Nur so konnte sich der schwerbewaffnete Ritter auf seinem Schlachtroß halten. Zur wichtigsten Waffe entwickelte sich neben dem Schwert die Stoßlanze. Beim Angriff wurde sie im Galopp waagerecht auf den Feind gerichtet. Fiel der Gegner durch die Wucht des Aufpralls vom Pferd, war er schon verloren. Seine Rüstung war so schwer, daß er sich nicht einmal mehr allein vom Boden erheben und aufs Pferd steigen konnte.

Vor allem in Zeiten der Abwesenheit des Burgherrn lag alle Verantwortung in den Händen der Ehefrau, die notfalls auch die Verteidigung der Burg organisieren mußte. Aber auch in Friedenszeiten war ihr Alltag arbeitsreich und wenig bequem. Unter ihrer Anleitung mußte das Gesinde Stoffe weben und Kleidung nähen, die täglichen Mahlzeiten bereiten, Vorräte für den Winter und für Belagerungszeiten anlegen. Kinder wollten versorgt und Gäste standesgemäß bewirtet werden, Kranke erwarteten den Besuch der Burgherrin und hofften auf eine stärkende Arznei.

Eine Heiligenfigur – der heilige Theodor – als Ritter am Portal der Kathedrale von Chartres in Frankreich.

Belagerung und Verteidigung einer Burg. Die gepanzerten Angreifer nahen mit Axt, Brandfackel und Armbrüsten. Von den Zinnen der Burg prasselt ein Steinhagel auf sie herab. Zu den Verteidigern gehört auch eine Frau. In voller Rüstung, mit Helmzier und Lanze, droht oben der Burgherr.

Menschen in den Burgen

Das Turnier

Als Training für den Ernstfall und als unterhaltsames Kampfspiel fanden auf den großen Burgen *Ritterturniere* statt. Hierzu strömten die Ritter oft aus weitem Umkreis herbei. Zu Beginn des Festes versammelte man sich zum Gottesdienst. Dann unterhielten Akrobaten, Zauberer und Geschichtenerzähler die Gäste. Ein üppiges Mahl, Musik und Tanz bildeten den Rahmen für den Höhepunkt des Festes: das *Turnier*.

Turniere waren Kampfspiele mit Schiedsrichtern und festen Regeln. Im *Buhurt* rannten wie in der Ritterschlacht zwei größere Gruppen mit eingelegten Lanzen gegeneinander an. In der *Tjost* kämpften zwei einzelne schwer gerüstete Ritter gegeneinander. Begleitet von Trommelwirbel, Trompetenschall und dem Kampfgeschrei der Knappen zog sich das Turnier über Stunden hin. Oft gab es Verletzte und Tote. Dem Sieger winkte ein Kranz, den eine der vornehmen Damen aus der Zuschauerloge dem Gewinner reichte.

Minnedienst und Dichtkunst

Daß der siegreiche Ritter auf dem Bild die Decke seines Rosses mit den Worten „amor" (Liebe) hat verzieren lassen, ist kein Zufall. Neben dem christlichen Glauben und dem tapferen Umgang mit dem Schwert zeichnet den idealen Ritter die *Minne* aus. Dies Wort kann man eigentlich nicht mit „Liebe" übersetzen. Die Ritter meinten damit die respektvolle, distanzierte Verehrung einer vornehmen, oft verheirateten Dame. Für seine „frouwe" kämpfte der Ritter im Turnier, sie reichte ihrem siegreichen Verehrer den Kranz. Vor allem aber wurde sie in den Dichtungen der Ritter besungen, die bei den höfischen Festen vorgetragen wurden: Darin zog der fromme Ritter für seine „hêre frouwe" in den Kampf gegen Ungerechtigkeit und Gewalt und bestand unter Einsatz seines Lebens zahllose Abenteuer. Zum ersten Mal im Mittelalter ging es in diesen Dichtungen um weltliche Themen, zum ersten Mal waren die Verfasser Weltliche und keine Geistlichen mehr. Zum ersten Mal dichtete man nicht auf Lateinisch, sondern in der eigenen Muttersprache. – Eine *weltliche Kultur* war entstanden!

Das Idealbild des ritterlichen Mannes, das diese Dichtung entworfen hat, wirkt bis heute nach, wenn wir von Ritterlichkeit sprechen, von höflichem, das heißt „höfischem" Verhalten und wenn an die Stelle des „wîbes" die adelige „frouwe" oder das „frouwelîn" getreten ist.

Tafelszene um 1320: Ein Edelknabe serviert bei Tisch.

1 Gibt es eine Burg(ruine) in eurer Gegend? Versucht, etwas über ihre Geschichte in Erfahrung zu bringen.
2 Nenne Redewendungen, die aus dem Ritterleben stammen.
3 Welche Auffassung vom Ritterberuf spricht aus dem Ritterspiegel des Johannes Rothe?
4 Betrachte das Bild auf Seite 87, und stelle dir den weiteren Kampfverlauf vor.
5 Warum wird der heilige Theodor in einer Ritterrüstung dargestellt?
6 Erkläre die Herkunft des Wortes „höflich". Von welchem sonst üblichen Verhalten sollte sich höfliches Benehmen wohl unterscheiden?
7 Schlage in deinem Buch nach, von welchem Kaiser Friedrich in der folgenden Quelle die Rede ist.

Bericht über das berühmte Mainzer Pfingstfest im Jahr 1184:
Aus dem ganzen Reiche war zu diesem Hoftag eine solche Menge von Fürsten, Bischöfen, Äbten, Herzögen, Grafen, Edelleuten und Dienstmannen erschienen, daß nach einer glaubwürdigen Schätzung siebzigtausend Ritter zugegen waren.

Am heiligen Pfingsttage trugen Herr Friedrich, Kaiser der Römer, und seine Gemahlin, die Kaiserin, mit großer Feierlichkeit Kaiserkronen und ihr Sohn, König Heinrich, die Königskrone. Am Pfingstmontag wurden König Heinrich und der Schwabenherzog Friedrich, Söhne des Herrn Kaisers Friedrich, zu Rittern geschlagen. Diese Ehrung veranlaßte sie, den Rittern, Gefangenen, Kreuzfahrern, Spielleuten, Gauklern und Gauklerinnen reiche Geschenke zu übergeben: Pferde, kostbare Kleider, Gold und Silber. Am Pfingstmontag und Pfingstdienstag begannen die Söhne des Kaisers nach dem Morgenmahl das Turnier, an dem sich schätzungsweise 20 000 oder mehr Ritter beteiligten. Die Turniere wurden ohne eigentlichen Kampf abgehalten, die Ritter ergötzten sich bloß am Schild-, Lanzen- und Fahnenschwingen sowie ihrer Reitkunst. Auch der Herr Kaiser tat mit; auch wenn er an Größe und Schnelligkeit nicht alle übertraf, so führte er doch seinen Schild am besten.
(gekürzt nach: Gislebert von Mons, Chronicon Hanoniense, 1184, in: Geschichte in Quellen, Bd. 2, München 1978, S. 446)

Kampf und Sieg im ritterlichen Turnier. Buchmalerei aus der Manessischen Liederhandschrift, die Anfang des 14. Jh. entstand. Sie enthält zahlreiche Minnelieder und ist mit 137 farbigen Bildern geschmückt.

Menschen in den Städten

Freiheit hinter Mauern

Luftbild der ehemaligen Reichsstadt Nördlingen, die 898 erstmals urkundlich erwähnt wurde. Das innere Oval markiert den Kernbereich der Stadt um 1200, damals lediglich vom „Alten Graben" umflossen. Nach 1327 errichtete die sich ausweitende Stadt einen Mauerring mit 11 Türmen.

Stadtplan von Nördlingen
① Rathaus
② Stadtkirche St. Georg
③ Brot- und Tanzhaus
④ Leihhaus
⑤ Klöster
⑥ Gerberhäuser
⑦ Spital
⑧ Pferdetränke
⑨ Kornspeicher
⑩ Münzhaus
⑪ Mühle
⑫ Salz- und Weinspeicher
⑬ Haus des Deutschen Ordens
⑭ Stadtmauer mit 5 Toren, 11 Türmen und 2 Bastionen

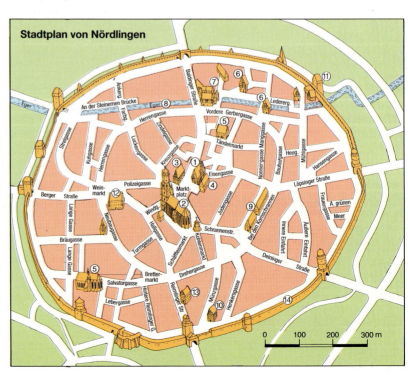

Ein Gang durch die Stadt

Auf dem Luftbild von NÖRDLINGEN sehen wir auf den ersten Blick das wichtigste Kennzeichen der mittelalterlichen Stadt: Es sind die hohen Mauern, die die Stadt wie eine riesige befestigte Burg erscheinen lassen. Zunächst aus Holz, bald jedoch aus Stein errichtet, waren die Mauern oft meterdick und mit Wehrgängen und Türmen versehen. Denn gleich einer Burg mußte auch die Stadt sich verteidigen können. Jeder *Bürger* war verpflichtet, mit der Waffe in der Hand sein Leben für seine Stadt einzusetzen.

Ließ der Torwächter jemanden ins Stadtinnere, so führte der Weg zunächst durch die Wohnviertel der ärmeren Bürger. Im Erdgeschoß der Fachwerkhäuser arbeiteten die zahllosen Handwerker in ihren Werkstätten und verkauften auf herunterklappbaren Fensterläden ihre Ware. Im ersten Stock wohnten die Familien, im Hinterhof waren die Behausungen der Handwerksgesellen und die Ställe für Schweine und Kleinvieh. Gänse, Hühner und Schweine tummelten sich auch auf den Straßen der Stadt, die meist ungepflastert waren. Bei schlechtem Wetter verwandelten sie sich in einen Morast, und man zog am besten Holzpantinen mit hohen Absätzen an, um trockenen Fußes über die Straße zu kommen. Da viele Dächer mit Holzschindeln oder Stroh gedeckt waren, fand jedes Feuer leichte Nahrung. Immer wieder brachen daher verheerende Brände aus, und das Feuerlöschen gehörte zu den wichtigsten Bürgerpflichten.

Auf dem Weg durch die Stadt stieß man immer wieder auf Gassen oder Viertel, in denen Handwerker eines Berufszweiges beieinanderlebten. Mancherorts erinnern heute noch die Straßennamen daran. So gingen die Gerber am Ende der Stadt möglichst in Flußnähe ihrer Arbeit nach, da sie Wasser zur Reinigung der Tierhäute brauchten und ihre Arbeit für die übrigen Einwohner eine arge Geruchsbelästigung war. Was an unverwertbaren Abfällen übrig blieb, landete im Fluß, denn eine Müllabfuhr gab es ebensowenig wie eine Kanalisation. Davon zeugen die vielen öffentlichen Brunnen. Zahlreiche Häuser hatten aber auch private Brunnen im Hinterhof. Diese befanden sich oft in unmittelbarer Nähe der Latrinen- und Abfallgruben, wodurch das Trinkwasser verschmutzt wurde. Das führte dazu, daß immer wieder verheerende Seuchen ausbrechen konnten.

Auf dem Weg zur Stadtmitte kam man nun an den großen steinernen Häusern der reichen Bürger vorbei. Und dann öffneten sich die schmalen Gassen zum Marktplatz, dem Herz der Stadt. Vor dem steinernen Rathaus herrschte geschäftiges Treiben. In Buden und Ständen lagen die Dinge des täglichen Bedarfs, aber auch Tuche und wertvollere Waren zum Verkauf. Über allem erhob sich die Kirche der Stadt, an der oft jahrhundertelang mit großem finanziellem Aufwand gebaut wurde. Ihre hoch aufragenden Türme sollten schon von weitem vom Ruhm Gottes, dem Reichtum der Bürger und der Kunst der Baumeister künden.

Straße einer Stadt im Mittelalter (Miniatur aus dem 15. Jh.).

Nördlinger Stadtmauer mit Wehrgang und Turm.

1 Betrachte den Stadtplan. Welche Namen von Gassen und Plätzen könnten aus dem Mittelalter stammen? Versuche, ihre Bedeutung zu erklären.

2 Erkundige dich nach dem Alter der Stadt, in der du zur Schule gehst. Erinnern noch Gebäude oder Straßennamen an das Mittelalter?

Menschen in den Städten

Die Wurzeln der mittelalterlichen Stadt

Auf Gründungen der *Römer* gehen die ältesten deutschen Städte entlang von Rhein, Mosel und Donau zurück. Dort regte sich nach den Stürmen der Völkerwanderungszeit am frühesten wieder städtisches Leben. Oft baute ein Bischof hier seine *Pfalz* und zog damit Kaufleute und Handwerker an, die sich gerne in der Nähe ihrer zahlungskräftigen Kunden niederließen. Ähnliches geschah in der Umgebung von *Burgen* oder bedeutenden *Klöstern* und Wallfahrtskirchen, besonders wenn sie verkehrsgünstig lagen. Dennoch blieben die Städte vereinzelte Inseln in einer ländlichen Welt. Als jedoch um 1200 die Bevölkerung stark anwuchs, vermehrte sich auch die Zahl der Städte rasch. Zu den alten Städten trat eine Vielzahl neuer Orte, die vom König oder von geistlichen und weltlichen Fürsten planmäßig gegründet wurden. Dazu gehören zum Beispiel Freiburg, Lübeck oder München. Wo lagen die Ursachen für diese große Zahl der Neugründungen? Warum wurden die Menschen von den aufstrebenden Städten magisch angezogen?

Die Stadt – Insel mit neuen Rechten und Freiheiten

Dem Herrn, der eine Stadt gegründet und mit *Privilegien* ausgestattet hatte, winkte dafür reicher Lohn. Er verdiente an den Gerichtsgebühren, an den Münzen, die in der Stadt geschlagen wurden, und an den Zöllen, die durchreisende Kaufleute entrichten mußten. Voraussetzung war, daß die Gründung gut geplant war: am Schnittpunkt wichtiger *Handelsstraßen*, an einem *Flußübergang* oder einem geschützten *Hafen*.

Zwar glich die Stadt von außen einer großen, befestigten Burg. Aber sie war eben keine Burg, sondern etwas völlig Neuartiges, das seinen Bewohnern bisher unbekannte *Rechte* und *Freiheiten* verhieß: Das wichtigste Recht der Stadt war es, einen *Markt* abhalten zu dürfen. Hier konnten die Bauern Eier, Fleisch und Getreide an die Städter verkaufen, die Handwerker Messer, Kannen oder Handschuhe anbieten, die Fernhändler Gewürze oder teure Tuche absetzen. Möglich war das nur, weil in der Stadt *Friede* herrschte. Auf dem Land durfte jeder Freie mit der Waffe in der Hand sein Recht erstreiten. Alle Bemühungen, dies „Fehderecht" einzuschränken, änderten daran nichts. Anders sah es in den Städten aus. Hier waren Schlägereien verboten, ebenso das Tragen von Waffen und Rüstungen. Streitigkeiten durften nur durch die Gerichte entschieden werden. In einer Welt des Unfriedens erschienen den Menschen daher die Städte wie verlockende Inseln.

Den vielen Unfreien auf dem Land verhießen sie noch etwas Neues: *Freiheit!* „Stadtluft macht frei" hieß es – wer eine bestimmte Zeit, oft ein Jahr, unbehelligt in der Stadt gelebt hatte, durfte von seinem Herrn nicht mehr zurückgefordert werden. Er war nun frei von allen bisherigen Abhängigkeiten – ein Bürger unter Bürgern. In einer Welt, in der ein Mensch in seinen Stand hineingeboren wurde und in der Regel bis zu seinem Tod darin blieb, bot die Stadt eine der wenigen Möglichkeiten, aus dieser festgefügten Ordnung auszubrechen. Ein Unfreier konnte hier zum Freien werden, konnte aus eigener Kraft zu Ansehen und einem gewissen Wohlstand kommen. Die Mauern um die Stadt waren daher weit mehr als ein äußeres Zeichen: Sie begrenzten einen neuen, freieren Lebensraum. Sie gewährten Rechte, die für die Menschen damals grundlegend neu waren.

Siegel der Stadt Braunschweig (um 1230). Es zeigt in der Mitte das Wappentier des Stadtherrn, den Löwen. Symbol der Stadt ist der Mauerkranz, der sie umgibt. Die Burg Dankwarderode und der welfische Löwe stehen noch heute im Stadtzentrum.

Die Gründung Freiburgs 1120 durch Herzog Konrad von Zähringen:

Allen lebenden und zukünftigen Geschlechtern sei bekannt, daß ich, Konrad, auf meinem eigenen Besitz Freiburg einen Markt errichtet habe im Jahre des Herrn 1120. Nachdem ich Kaufleute der Umgebung zusammengerufen habe, habe ich beschlossen, diesen Markt zu begründen und einzurichten. Jedem Kaufmann habe ich ein Grundstück zum Bau eines eigenen Hauses gegeben und bestimmt, daß von jedem dieser Hausgrundstücke jährlich am St-Martins-Tag mir und meinem Nachfolgern ein Schilling Zins gezahlt werden soll. Jedes Hausgrundstück soll eine Länge von etwa 100 Fuß und eine Breite von 50 Fuß haben. Es sei bekannt, was ich nach den Wünschen und Bitten der Kaufleute festgelegt habe:

1. Ich verspreche allen jenen, die zu meinem Markt kommen, Frieden und Schutz. Wenn einer in diesem Bereich beraubt worden ist und er nennt den Räuber, soll er den Schaden ersetzt bekommen.
2. Wenn einer meiner Bürger stirbt, soll seine Frau mit seinen Kindern alles besitzen ohne jeden Einspruch, was er hinterlassen hat.
3. Allen Kaufleuten der Stadt erlasse ich den Zoll.
4. Meinen Bürgern will ich keinen anderen Vogt und Priester geben, außer den, welchen sie selbst gewählt haben.
5. Wenn ein Streit unter den Bürgern entsteht, soll nicht von mir oder meinem Richter darüber entschieden werden, sondern nach Gewohnheit und Recht aller Kaufleute.
6. Jeder, der in diese Stadt kommt, darf sich hier frei niederlassen, wenn er nicht der Leibeigene irgendeines Herrn ist und diesen auch anerkennt als seinen Herrn. Der Herr aber kann seinen Leibeigenen in der Stadt wohnen lassen oder aus der Stadt wegholen lassen wie er will. Wenn aber ein Leibeigener seinen Herrn verleugnet, kann der Herr mit sieben Zeugen beweisen, daß der Leibeigene ihm gehört. Dann soll der Leibeigene ihm gehorchen.

Wer aber über Jahr und Tag in der Stadt gewohnt hat, ohne daß irgendein Herr ihn als Leibeigenen gefordert hat, der genießt von da an sicher die Freiheit.

(nach: H. de Buhr, Sozialgefüge und Wirtschaft des Mittelalters am Beispiel der Stadt, Frankfurt 1973, S. 17)

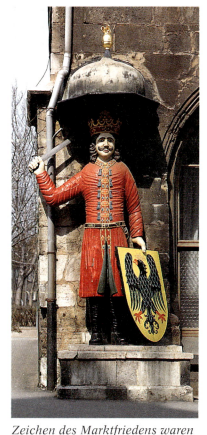

Zeichen des Marktfriedens waren das aufgestellte Gerichtsschwert, das Marktkreuz oder der Roland, jener sagenhafte Gefährte Karls des Großen, der Witwen und Kaufleute schützte. Das Bild zeigt den Roland der Reichsstadt Nordhausen.

1 Welches Interesse hat Konrad von Zähringen an der Stadtgründung?
2 Nenne die Rechte, die den Freiburger Bürgern zugesichert werden. Vergleiche sie mit der Stellung der hörigen Bauern der Umgebung und den Rechten des Bürgers von heute.
3 Wie mögen die Grundherren der Umgebung auf die Gründung reagiert haben?
4 Erkläre die große Attraktivität der mittelalterlichen Stadt.
5 Vielleicht kennst du eine Stadt mit mittelalterlichem Stadtbild. Vergleiche deine Eindrücke mit dem, was du in diesem Kapitel über die Stadt des Mittelalters gehört hast.
6 Das Leben in der mittelalterlichen Stadt bot nicht nur Annehmlichkeiten. Aber auch unser Leben in der Großstadt hat unangenehme Seiten. Vergleiche!

Menschen in den Städten

Leben und Arbeiten in der Stadt

Die Einwohnerzahl

Im 14. Jahrhundert gab es in Deutschland rund 4000 Städte, in denen etwa 20 Prozent der Bevölkerung lebte. Die meisten Orte hatten freilich weniger als 2000 Einwohner. Als Großstadt galten Städte mit mehr als 10 000 Einwohnern.

Einwohnerzahlen europäischer Städte im 15. Jahrhundert					
Florenz	95 000	London	30 000	Augsburg	18 000
Venedig	90 000	Lübeck	25 000	Braunschweig	17 000
Paris	80 000	Nürnberg	23 000	Hamburg	14 000
Brügge	50 000	Danzig	20 000	Rostock	12 000
Köln	40 000	Breslau	20 000	Frankfurt/M.	10 000

1 Vergleiche die Einwohnerzahlen mit den heutigen Daten.
2 Beschreibe, was die Marktbesucher tun und wie sie gekleidet sind.

Der Augsburger Marktplatz im Winter um 1530. Im Zentrum der Stadt, zwischen Rathaus (rechts), Perlachturm (Mitte) und Markthalle (links) pulsiert das Leben.

Die Patrizier

Zwar waren in der Stadt alle Bürger frei und vor Gericht gleich, doch im alltäglichen Zusammenleben herrschten große Unterschiede. Die städtische Oberschicht bildeten die *Patrizier*, eine Gruppe, die etwa den zehnten Teil der städtischen Bürger ausmachte. Die meisten von ihnen waren reiche Fernhandelskaufleute, und sie zählten zu den vornehmen, alteingesessenen Geschlechtern der Stadt. Das Augsburger Bild zeigt, daß sie sich mit ihren pelzverbrämten Mänteln und Kappen schon rein äußerlich von den übrigen Bürgern unterschieden. Ihre Häuser standen in der Nähe des Marktplatzes oder an den großen Verbindungsstraßen zu den Stadttoren. Unübersehbar hoben sie sich von den anderen Häusern ab. Viele waren von Giebeln gekrönt, mit Glasfenstern und Bögen verziert und innen mit einem großen Festsaal ausgestattet.

Das Herz dieser Häuser war das Kontor, die „scrivekammer". Von hier aus dirigierten reiche und mächtige *Fernhandelskaufleute* den Transport, den Kauf und Verkauf der Waren: Tuchballen und Getreide, getrockneter Fisch und Salz, Metallwaren, Gläser, seltene Gewürze und Pelze. Quer durch Europa, von England über Flandern nach Rußland, von Süddeutschland in den Vorderen Orient und über die Alpen nach Italien führten die großen Handelsstraßen.

Entscheidend für den Erfolg und Einfluß der Kaufleute war, daß sie untereinander einig waren. Zunächst schlossen sie sich zusammen, um sich gegenseitig auf ihren Handelsreisen zu helfen. Man stattete gemeinsam Schiffe aus und stellte Wagenkonvois zusammen. Mit der Zeit wurden aus diesen zeitlich begrenzten und freiwilligen Fahrtgemeinschaften dauernde Vereinigungen, die *Kaufmannsgilden*. Wer nicht als Einzelgänger auf verlorenem Posten stehen wollte, mußte der Gilde beitreten. Nur durch ihr geschlossenes Auftreten konnten die Kaufleute zu Hause und in der Fremde ihren Einfluß geltend machen.

Der Fernhandelskaufmann, der nicht mehr selbst mit seiner Ware unterwegs war, sondern von der heimischen „scrivekammer" aus die Geschäfte lenkte, brauchte besondere Kenntnisse: Er mußte Briefe an seine Handelspartner schreiben und Bilanzen aufstellen können. In den Klosterschulen, wo in erster Linie Mönche und Pfarrer ausgebildet wurden, konnte man das nicht lernen. So entstanden in den Städten *Schulen*, die den neuen Bedürfnissen entsprachen: Auf Wachstäfelchen übten die Schüler das Abfassen von Geschäftsbriefen. Bald erschienen die ersten Rechenbücher, mit deren Hilfe die Schüler lernten, Maße, Gewichte und Münzwerte der einen Stadt in die einer anderen umzurechnen. Mit den römischen Zahlen, die in den Klöstern benutzt wurden, waren solche Rechenoperationen kaum möglich; so bürgerten sich die arabischen Ziffern ein. Auch auf kunstvoll gesetzte Buchstaben kam es nun nicht mehr an – schnell sollte es gehen! Also gewöhnten sich die Kaufleute eine unkomplizierte Schreibschrift an.

Durch die städtischen Schulen wuchs die Zahl der Lese- und Schreibkundigen rasch. War das im frühen Mittelalter eine Kunst, die nur wenige beherrschten, so konnte im 15. Jahrhundert etwa jeder dritte erwachsene Bürger in den Städten lesen und schreiben. Das waren nun längst nicht mehr nur die Patrizier, sondern auch ein großer Teil der Handwerker.

Ein Frankfurter Patrizier um 1504. Zeichen seiner Stellung und seines Wohlstands sind der pelzgefütterte Mantel, das mit Goldlitzen verzierte Barett und der Rosenkranz aus Korallenperlen mit einem goldziselierten Aromabehältnis in der Mitte.

Die Handwerker

Böttcher bei der Arbeit (Gemälde um 1505).

Kettenhemdmacher.

Die meisten Bürger waren *Handwerker:* Schneider, Schuhmacher, Schmiede, Bäcker, Zimmerer, Gerber, Metzger und andere. Viele von ihnen waren ursprünglich als Unfreie in die Stadt gekommen, hatten die Freiheit erlangt und sich durch ihren Fleiß im Laufe der Zeit einen gewissen Wohlstand erworben. Als zahlenmäßig größte Gruppe trugen sie bei allen Gemeinschaftsaufgaben die Hauptlast, so etwa beim Bau der Kirchen, der Instandhaltung der Mauern, bei der Verteidigung der Stadt und beim Feuerlöschen.

Die Fachwerkhäuser der Handwerker umschlossen sowohl die Werkstatt als auch die Wohnung der Familie. Unter demselben Dach lebten auch die Gesellen und Lehrlinge. Gemeinsam arbeitete und aß man. Die Arbeit der Handwerker unterlag festen Regeln.

Jeder Handwerksmeister mußte einer *Zunft* angehören, nur dann konnte er seinen Beruf ausüben. Fremde Handwerker, aber auch einheimische, die keine Zunftbrüder waren, durften nicht in der Stadt arbeiten. Die Zünfte übten eine strenge Kontrolle über ihre Mitglieder aus: Sie bestimmten, wie viele Meister, Gesellen und Lehrlinge in einem Gewerbe tätig sein durften, um allen Zunftmitgliedern einen gleichmäßigen Wohlstand zu sichern. Deshalb setzte die Zunft auch einheitliche Verkaufspreise, Arbeitszeiten und Löhne fest und überwachte sie streng. Die Zünfte sorgten dafür, daß kein Handwerker dem anderen „ins Handwerk pfuschte" – etwa indem ein Helmschmied einen Harnisch herstellte –, sonst wurde ihm „das Handwerk gelegt". Man erreichte damit, daß keine unerwünschte Konkurrenz entstand, aber auch, daß die Ware immer die gleiche Qualität behielt, da sie ja von Spezialisten gefertigt wurde.

Die Zünfte waren jedoch noch weit mehr als Arbeitsorganisationen, sie waren Lebensgemeinschaften. Die Zunftgenossen berieten und feierten gemeinsam im Zunfthaus, dem Mittelpunkt des Zunftlebens. Sie gedachten ihrer verstorbenen Mitglieder am eigenen Zunftaltar in der Kirche. Sie verteidigten im Kriegsfall gemeinsam ein Stück der Stadtmauer und unterstützten in Not geratene Mitglieder oder deren Witwen und Waisen.

Grundbedingung für die Aufnahme in ein Handwerk war, daß der künftige Lehrling von ehelicher und „ehrlicher" Geburt war. Seine Lehrzeit, die er im Haus des Meisters verbrachte, umfaßte etwa drei bis vier Jahre. Der Lehrherr war angehalten, den Jungen zum regelmäßigen Kirchgang anzuhalten, ihn gründlich in seinem Handwerk zu unterweisen, ihm reichlich zu essen zu geben und ihn nicht über Gebühr zu schlagen. Am Ende der Lehrzeit wurde er „losgesprochen" und war nun Geselle. Für die nächsten Jahre begab er sich auf Wanderschaft, um bei anderen Handwerksmeistern zu lernen. Schwer war der Schritt, selbst Meister zu werden. Ihre Zahl war in jeder Stadt begrenzt, und die beste Möglichkeit bestand darin, die verwitwete Frau eines Meisters zu heiraten.

Entscheidend für die Aufnahme des künftigen Meisters in die Zunft war das „Meisterstück". So mußte ein Tischler in Schwerin eine Pfeffermühle, ein Faß und eine kunstvolle Schale herstellen. Ein Metzger mußte ein Schwein in vollem Lauf totschlagen, außerdem das Lebendgewicht eines Ochsen, eines Kalbs und eines Schweins genau schätzen können.

Holzschuhmacher.

Hamburger Berufsverzeichnis von 1376 (Auswahl)	
(Einwohnerzahl ca. 8000)	
Gewandschneider	19
Bierbrauer für Amsterdam	126
Metzger	57
Schuster	47
Schneider	28
Leinenweber	9
Bäcker	36
Faß- und Kistenmacher	104
Fischer	31
Heringswäscher	10
Bierbrauer für Friesland	55
Bierbrauer a. d. Rödingsmarkt	46
Bierbrauer a. d. Bäckerstr.	33
Bierbrauer bei St. Jakob	197

Nürnberger Berufsverzeichnis von 1363 (Auswahl)	
(Einwohnerzahl ca. 20 000)	
Schneider	76
Mantelschneider	30
Harnischmacher	12
Eisenhandschuhmacher	21
Kettenhemdmacher	4
Nadelmacher/Drahtzieher	22
Pfeil- und Bolzenschmiede	17
Faßmacher	34
Schuster	81
Messermacher	17
Kannengießer	14
Bäcker	75
Tuchweber	10
Metzger	71

1 Welche Handwerksberufe findest du in *beiden* Listen?
2 Welche Berufsgruppen arbeiten nicht für den innerstädtischen Bedarf, sondern für den Export? Nenne typische Wirtschaftszweige von Nürnberg und Hamburg.
3 Nenne Beispiele für die starke Spezialisierung der Handwerke.
4 Wer bestimmte im Mittelalter Arbeitszeiten und Löhne? Wer heute?
5 Vergleiche den Werdegang eines Handwerkers damals und heute.

Menschen in den Städten

Die Frauen

Über die Stellung der Frauen gab es im Mittelalter ganz unterschiedliche Vorstellungen. Nach dem Bericht der Bibel war einerseits Eva, die erste Frau der Menschheitsgeschichte, aus der Rippe Adams geschaffen worden, sie hatte die Vertreibung aus dem Paradies verschuldet. Deshalb hatte die Frau für immer unter dem Mann zu stehen. Andererseits war auch Maria, die „Gottesmutter", eine Frau. Seit dem Hochmittelalter wandte man sich im Gebet an die Madonna, die die Menschen schützend unter ihrem Mantel barg. Und auf den Ritterburgen sangen Dichter das Lob der weltlichen „frouwen", zollten ihnen Achtung und Verehrung. So änderte sich langsam das Bild der Frau.

Eine Krämerin bietet in ihrem Laden Beutel und Gewürze zum Verkauf an. Ein Gaukler begutachtet die Ware (Miniatur um 1505).

Die mittelalterliche Stadt bot den Frauen neue berufliche Möglichkeiten. Sie arbeiteten im Handwerksbetrieb des Ehemannes mit und verkauften die Ware, die der Mann herstellte. Ein großer Teil des Kleinhandels auf dem Markt mit Eiern, Honig, Kerzen, Heringen oder Hafer wurde von Frauen betrieben. Sehr viel schwieriger war es für sie, in den Zünften zugelassen zu werden. Doch gab es einige wenige Gewerbe, die allein den Frauen vorbehalten waren, so in Köln die Seiden- und Goldspinnerei. Allgemein üblich hingegen war es, daß die Handwerkerwitwe nach dem Tod des Ehemanns den Betrieb für eine bestimmte Zeit alleine weiterführen durfte und auch in der Zunft zugelassen war. Freilich sah man es gerne, wenn die Witwe sich wieder mit einem Gesellen verheiratete und dieser den Betrieb übernahm. In den reichen Kaufmannsfamilien war es nicht ungewöhnlich, daß die Ehefrau die Bücher führte, die Geschäftspost erledigte und den Ehemann in Zeiten seiner Abwesenheit vertrat. Versagt blieb den Frauen jedoch die Mitwirkung an politischen Entscheidungen.

Die Unterschichten

Am Rande der Städte, nahe den Mauern, war die Armut zu Hause. Hier lebten die städtischen *Unterschichten,* die kein Bürgerrecht genossen – durchschnittlich jeder fünfte Einwohner, in manchen Städten aber auch weit mehr. In primitiven Hütten, Kellern, Treppenverschlägen oder Mietshäusern hauste eine große Zahl von Handlangern und Tagelöhnern: die Fuhr- und Brauknechte, die Stein- und Kohlenträger, die Schiffsmannschaften, Wollarbeiter, die Abortreiniger und Hundefänger. Hier lebten die zahllosen armen Witwen, Krüppel und elternlose Kinder, die Bettler und Dirnen und all diejenigen, die „unehrliche" Berufe ausübten. Dazu zählte man die Scharfrichter und Abdecker, die Totengräber und die fahrenden Spielleute. Sie alle lebten von der Hand in den Mund, waren in Hungers- und Teuerungszeiten der Not schutzlos ausgeliefert und mußten auf die Mildtätigkeit der wohlhabenden Bürger hoffen. In Scharen durchzogen dann Bettler die Stadt und lagerten vor den Kirchen und Stadttoren.

Fürsorge für Arme und Kranke

Die Städte mußten also mit einer großen Zahl von Hilfsbedürftigen fertig werden, zu denen auch viele Kranke gehörten. Oft gaben reiche Bürger den Anstoß zur Gründung eines *Spitals*. Sie wollten damit ein gottgefälliges Werk tun und hofften, durch die Fürbitte der Armen und Kranken am Jüngsten Tag bestehen zu können. Die Spitäler waren zugleich Armenküchen, Altersheime und Krankenhäuser. Oft übernahm ein Klosterorden die Arbeit. Das Leben der Insassen verlief daher nach strengen Regeln. Das gemeinsame Gebet und der Gottesdienst spielten dabei eine wichtige Rolle. Da viele Bürger die Spitäler in ihren Testamenten bedachten, wurden diese oft sehr reich und besaßen großen Grundbesitz.

Bettler bitten um eine milde Gabe. Am Kopf des Mannes im Hintergrund sind Löffel und Muschel als Bettel- und Pilgerzeichen zu sehen (Altarbild um 1480).

Krankenpflege in einem Spital gegen Ende des Mittelalters.

Besondere Spitäler lagen am Rande der Städte. Hier wurden die Kranken betreut, die an einer ansteckenden, unheilbaren Krankheit litten, zum Beispiel an der *Lepra*. Sie ließ die Gliedmaßen eitern und verkrüppeln und führte nach jahrelangem Leiden unweigerlich zum Tod. Leprakranke mußten immer eine Rassel oder Glocke bei sich tragen, damit ihnen die Gesunden aus dem Weg gehen konnten.

Menschen in den Städten

Die Juden

Eine Sonderrolle spielten die *Juden* in den mittelalterlichen Städten. Im frühen Mittelalter waren sie als Händler unentbehrlich. Zunehmend wurden sie jedoch von christlichen Kaufleuten aus dem Warenhandel in das Geld- und Pfandleihgeschäft abgedrängt. Oft nahmen sie sehr hohe Zinsen, um ihr Risiko abzusichern und die Steuern entrichten zu können, die Könige und Fürsten zu ihrem Schutz forderten. Für viele Christen waren ihre Schulden bei den Juden erdrückend. Der Reichtum weckte Neid und Haß. Auch verstand man die religiösen Gebräuche der Juden nicht, etwa die strengen Vorschriften für die Ernährung oder das Feiern das Sabbats. Man zwang die Juden, in einem bestimmten Viertel, dem *Ghetto,* zusammenzuleben. Dies wurde durch Ketten oder Tore von der übrigen Stadt abgetrennt. Besonders in Krisenzeiten machte man die Juden, die „Christusmörder", als Sündenböcke für alles Unheil verantwortlich und verfolgte sie grausam.

Juden mußten ihre Religionszugehörigkeit durch einen hohen Hut und einen gelben Fleck an der Kleidung sichtbar machen.

> Im selben Jahr [1349] wurden die Juden in Erfurt entgegen dem Willen des Rates von der Bürgergemeinde erschlagen, hundert oder mehr. Die anderen aber haben sich, als sie sahen, daß sie den Händen der Christen nicht entkommen konnten, in ihren eigenen Häusern verbrannt. Mögen sie in der Hölle ruhn! Man sagt auch, sie hätten in Erfurt die Brunnen vergiftet und auch die Heringe, so daß niemand in den Fasten davon essen wollte. Ob sie recht haben, weiß ich nicht. Eher glaube ich, der Anfang ihres Unglücks war das unendlich viele Geld, das Ritter, Bürger und Bauern ihnen schuldeten.
> (aus: 3. Fortsetzung der Chronica St. Petri Erfordensis moderna, bearb. v. G. Möncke, Darmstadt 1982, S. 199, gekürzt)

Bürger einer Stadt schauen in dieser mittelalterlichen Illustration haßerfüllt zu, wie Juden auf dem Scheiterhaufen lebendig verbrannt werden.

1 Wie steht der Autor zu den Ereignissen in Erfurt?
2 Gibt es auch heute noch Minderheiten, deren Auftreten und Gebräuche für uns unverständlich sind? Welche Folgen hat das heute?

Politische Veränderungen in der Stadt

Der Konflikt mit dem Stadtherrn

Bei einer Stadtgründung hatte der König, Bischof oder Herzog seiner Stadt eine ganze Reihe von Rechten eingeräumt. Doch der *Stadtherr* blieb oberster Gerichtsherr, bestimmte über das Abhalten des Marktes und verdiente an den städtischen Einnahmen.

Je mächtiger die Städte wurden, um so drückender erschien ihnen das Regiment ihres Stadtherrn. Der Widerstand flammte zuerst in den großen Bischofsstädten am Rhein auf, so in Speyer, Worms und Köln. Schritt für Schritt gelang es den Bürgern im 12. Jahrhundert, das Stadtregiment zu übernehmen, und die inneren Angelegenheiten der Stadt selbst zu regeln. Eine besondere Rolle spielten die *Reichsstädte*, die keinen anderen Herrn als den König hatten, diesem oft besonders eng verbunden waren und politisch über großen Einfluß verfügten.

Der Aufstand in Köln 1074

Der Erzbischof von Köln feierte das Osterfest in der Stadt, bei ihm war der Bischof von Münster, sein vertrauter Freund. Als jener abreisen wollte, erhielten die Diener des Erzbischofs den Befehl, ein geeignetes Schiff zu beschlagnahmen. Sie entschieden sich für eines, das einem sehr reichen Kaufmann gehörte, ließen die geladenen Waren herausschaffen und befahlen, es für den Erzbischof herzurichten. Als die Knechte des Kaufmanns dies verweigerten, drohten jene mit Gewalt. Darauf rannten die Knechte zum Schiffseigner. Der hatte einen Sohn und der lief mit vielen jungen Leuten zum Schiff und verjagte die Diener des Erzbischofs. Dann zog der junge Mann in der Stadt herum und streute Reden aus über die Überheblichkeit des Erzbischofs, der oft Widerrechtliches anordne, Unschuldigen ihre Habe wegnehme und die ehrenwertesten Bürger mit unverschämten Worten anfalle. Es fiel ihm nicht schwer, die Menschen aufzuhetzen. Das Volk tobte umsturzlüstern und rief, von teuflischer Raserei hingerissen, die Stadt zu den Waffen. Als am späten Nachmittag zur Wut noch die Trunkenheit hinzukam, stürmten sie zum erzbischöflichen Palast, schleuderten Geschosse, warfen Steine und töteten einige Diener. Währenddessen haben viele den Anstifter dieses Wütens, den Teufel selber, gesehen, wie er mit feurigem Schwert vor dem Volk herlief. Das Volk plünderte die Schätze, zerschlug die Weinfässer und schleppte die Bischofsgewänder fort. [Der Erzbischof konnte nachts durch eine kleine Tür in der Stadtmauer fliehen.] Am vierten Tag nach seiner Flucht rückte der Erzbischof, umgeben von einer stattlichen Schar, vor die Stadt. Als die Kölner das sahen und erkannten, daß sie dem Angriff einer so großen Menge weder an der Mauer noch in einer Schlacht standhalten konnten, schickten sie Boten und baten um Frieden.
(Lambert von Hersfeld, Annalen, übersetzt von A. Schmidt, Darmstadt 1962, S. 237 ff., überarbeitet und gekürzt)

1 Wie beurteilst du den Anlaß für den Aufruhr?
2 Zu welcher Bevölkerungsgruppe gehört der Anführer?
3 Auf welcher Seite steht Lambert von Hersfeld? Begründe!

Menschen in den Städten

Ratsversammlung in Augsburg Anfang des 16. Jh. Vertreter der Zünfte überbringen dem Rat ihre Forderungen. Vor dem Tisch des Stadtschreibers liegen Siegel, Schlüssel und Rechtsbuch der Stadt.

Der Kampf um die Mitbestimmung in der Stadt

Die Stadt regierte sich nun selber. Doch damit hatten noch längst nicht alle Bewohner in gleicher Weise Anteil am *Stadtregiment*. Die reichen Familien, die *Patrizier,* bildeten den *Rat* der Stadt und wählten aus ihren Reihen den *Bürgermeister*. Sie entschieden im Rat über städtische Bauten, über Zolleinnahmen und über die Markt- und Zollordnung. Aber waren es nicht die zahllosen Handwerker, die die Mehrheit der Bürgerschaft stellten? *Sie* hatten die Stadt zu einem blühenden Ort gemacht, *sie* zahlten die meisten Steuern und verteidigten die Stadt. So war es nur recht und billig, wenn sie auch endlich im Rat der Stadt über deren politische und wirtschaftliche Geschicke mitentscheiden wollten. Es gärte in den Städten. 210 Bürgeraufstände in mehr als 100 Städten des Reiches haben Historiker für das 14. und 15. Jahrhundert gezählt. Betroffen waren vor allem die größeren Orte, wo wohlhabende Handwerker in ihren Zünften fest organisiert waren und so geschlossen und selbstbewußt auftreten konnten.

Die Unruhen liefen unterschiedlich ab. In manchen Städten kam es zu einem unblutigen Handstreich, in anderen zu erbitterten Straßenschlachten. Hier wurde verhandelt, dort stürmten Bürger das Rathaus und brachten Siegel, Stadtkasse, Torschlüssel und Sturmglocke in ihre Gewalt. Oft wurden Mitglieder des alten Rates aus der Stadt vertrieben, mancherorts auch hingerichtet.

Nicht überall, aber in vielen Städten erreichten die Bürger, daß die Ratssitze und städtischen Ämter zwischen den Patriziern und den Zunftbürgern nach festgelegten Zahlenschlüsseln aufgeteilt wurden. Oft stellten die Zünfte sogar die Mehrheit der Ratsmitglieder. Damit herrschte aber noch längst keine „Demokratie" in den Städten, denn nicht alle Zünfte durften gleich viel Ratsmitglieder stellen, die nicht in Zünften organisierten Frauen und die Unterschichten blieben von jeder Mitwirkung ausgeschlossen. Aber der Kreis derer, der über die Geschicke der Stadt mitbestimmen konnte, war größer geworden.

Aus der Chronik der Stadt Lübeck

Im Jahr 1384 wurde die Stadt Lübeck durch etliche Zünfte verraten. Die Hauptleute waren zwei Knochenhauer, zwei Bäcker und ein Kürschner. Diese hatten sich viele aus den Zünften herausgesucht, die ihnen behilflich sein sollten und zwar hatten sie folgendes vor: Wenn sich am St. Lambertstag [15. 9.] morgens der ganze Rat versammelte, so sollten vierzig von ihnen aufs Rathaus ziehen und den Rat erschlagen. Am Donnerstag vor St. Lambert wurde der Rat gewarnt, denn Gott wollte nicht zulassen, daß die gute Stadt verraten würde. So wappneten sich die Ratsherren und Kaufleute, ritten in ihrem Harnisch und beschirmten die Stadt. [Die Anführer des Aufstands wurden ergriffen und hingerichtet.] Danach mußten alle Zünfte einzeln vor den Rat kommen und bei allen Heiligen schwören, daß sie dem Rat und der Stadt treu sein wollten. Den Fleischhauern wurde die Zunft verboten und alle ihre Buden abgebrochen ...

Die Stadt Lübeck hatte seit vielen Jahren große Schulden. Im Sommer 1403 bat der Rat zwei von den Seinen, sie sollten mit den Bürgern sprechen, wie die Stadt aus den Schulden kommen könne. In St. Katharinen kamen die Bürger und Zünfte zusammen. Einige sagten, sie wollten lieber sterben, als sich eine Abgabe auferlegen zu lassen. Eine Woche nach St. Martin kamen sie wieder zusammen und antworteten, als viele zusammen waren, man wolle und könne überhaupt erst über Hilfe für die Stadt reden, wenn die Eide, die die Zünfte dem Rat geschworen hätten, abgetan würden, so daß sie alle gleichgestellt wären. Dagegen wehrte sich der Rat lange. Zuletzt wurden aus der Gemeinde Bürger beauftragt, zwischen dem Rat und den Bürgern zu verhandeln. Diese verlangten, die Eide müßten fort, sie wollten alle eine Art von Leuten sein. Da es nicht anders sein konnte, mußte es der Rat zulassen.
(Chroniken der deutschen Städte, Lübeck II, nach: Geschichte in Quellen, Mittelalter, München 1978, S. 748 ff., gekürzt)

1 Auf welcher Seite steht der Autor der Chronik? Warum ist der Widerstand der Bürger im Jahr 1403 erfolgreicher als der Aufruhr von 1384?

Aufständische plündern das Haus eines reichen Kaufmanns (14. Jh.).

Menschen in den Städten

Städte schließen sich zusammen: die Hanse

Die Entstehung der Hanse

Vielfältige Schwierigkeiten warteten auf den Kaufmann, der im Mittelalter Waren über größere Entfernungen transportieren wollte: Die Straßen waren schlecht. An zahllosen Stellen auf Wegen und Brücken wurden Zölle erhoben. Manche Burgherren nahmen reisende Kaufleute einfach fest und ließen sie erst nach einer Lösegeldzahlung weiterziehen. Seeräuber und Wegelagerer lauerten auf den Reisenden und bedrohten Hab und Gut, ja, das Leben. Vor diesen vielfältigen Gefahren mußte sich jeder selbst schützen! So schlossen sich am Rhein und in Schwaben Städte mit dem Ziel zusammen, den eigenen *Fernhandel* zu sichern. Der wichtigste Städtebund jedoch entstand seit dem 13. Jahrhundert im Norden Deutschlands: die *Hanse*.

„Hansa", das bedeutete im Althochdeutschen „die Kriegsschar". Dies macht deutlich, daß zunächst der gegenseitige Schutz der Kaufleute im Vordergrund stand. Mit zunehmender Bedeutung der Hanse ging es darum, im Ausland als starke Gemeinschaft Handelsvorteile zu erwirken und einen festen und sicheren Stützpunkt zu errichten, wo man Waren lagern, kaufen und verkaufen konnte.

Modellzeichnung der Stadt Stralsund im Mittelalter. Im Hintergrund der Strelasund.

Die Organisation der Hanse

Siegel der Stadt Lübeck aus dem Jahr 1256. Die zwei Schiffsinsassen auf der Kogge symbolisieren die Schwurgemeinschaft der Lübecker Bürger.

Der Bund der Hansestädte umfaßte vor allem die norddeutschen Städte und die Hafenstädte an der Ostsee. Er reichte von Köln im Westen bis Reval im Osten und zählte in der Zeit vom 13. bis zum 16. Jahrhundert etwa 200 Städte. Seine Blütezeit erlebte der Bund im 14. Jahrhundert.

Die führende Stadt der Hanse war LÜBECK. Dort trafen sich die Vertreter aller Hansestädte zu *Hansetagen* und faßten Beschlüsse über ihr gemeinsames Vorgehen. Darin ging es etwa darum, zu welchem Termin im Frühjahr die Seefahrtsaison beginnen sollte, oder welche Fracht die Schiffe laden sollten. Wer gegen die gemeinsamen Grundsätze verstieß, wurde ausgeschlossen und mit einer Handelssperre belegt („verhanst"). Die Hanse hatte an den wichtigen Handelsplätzen des nördlichen Europas – in LONDON, BRÜGGE, BERGEN und NOWGOROD – feste Niederlassungen errichtet: die *Kontore*. Das waren abgeschlossene Viertel mit Wohnungen, Büros und Versammlungsräumen, einem eigenen Hafen, Warenspeichern sowie einer Kirche. Während die Oberhäupter der Kaufmannsfamilien von den Heimatstädten aus die Geschäfte lenkten, vertraten jüngere Familienmitglieder oder Angestellte die Interessen in den Kontoren.

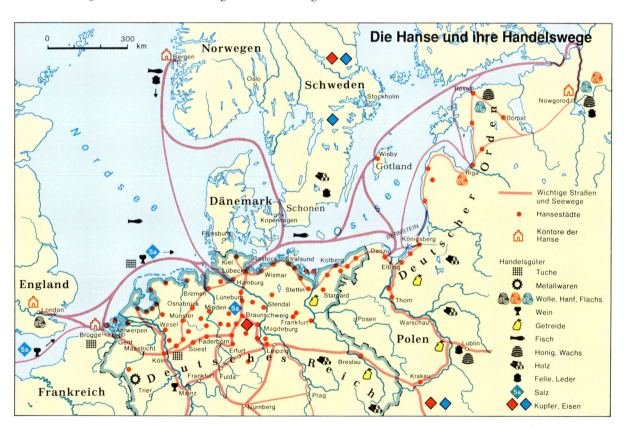

Warentransport und Handelsgüter

Das mächtige Wirtschaftsbündnis der Hanse beherrschte zeitweise den gesamten Fernhandel in Nordeuropa, wobei der Warentransport vorwiegend auf dem *Seeweg* erfolgte. Das lag nahe angesichts der günstigen Lage vieler Hansestädte zum Meer, deren Handelsschiffe seit altersher die Schiffahrtsrouten der Nord- und Ostsee befuhren. Aber es gab auch andere Gründe.

Menschen in den Städten

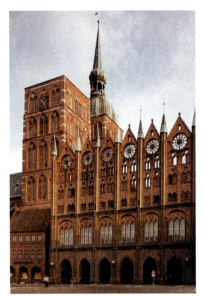

Rathaus von Stralsund.

Die Hanse als politische Macht

Die Beförderung auf dem Seeweg war erheblich schneller als auf den holprigen Landstraßen. Die zahlreichen Zölle, die die Waren verteuerten, fielen fort. Und außerdem konnten die Schiffe der Hanse über hundertmal mehr transportieren als ein Pferdefuhrwerk.

Der neue dickbauchige und hochbordige Schiffstyp der Hanse hieß *Kogge*. Die Kogge war etwa 30 m lang, 8 m breit und bot im Innern Laderaum für bis zu 300 t. Die Schiffe waren mit einer einfachen Takelung versehen und erforderten daher nur eine geringe Mannschaftsstärke. Meist taten sich mehrere Kaufleute zusammen, um ein Schiff auszurüsten und zu beladen. Dadurch war das Risiko für den einzelnen geringer, falls etwa eine Kogge durch Schiffbruch samt der Ladung verloren ging. Die Fahrten der Koggen führten in alle Richtungen. In NOWGOROD belud man die Schiffe mit Wachs und Pelzen. Aus SKANDINAVIEN kam Fisch, der mit Salz aus LÜNEBURG haltbar gemacht wurde, aus Ostdeutschland Getreide. Aus ENGLAND und FLANDERN brachten die Koggen Wolle und Tuche, aus FRANKREICH Wein. Wer seinen Teil von den Schätzen der Welt haben wollte, der lud die Kaufleute der Hanse zu sich ein und ebnete ihnen mit Gastfreundschaft und Handelsvorteilen den Weg – zu beiderseitigem Vorteil.

Trotz ihrer lockeren Organisation stieg die Hanse zu einer Großmacht in Nordeuropa auf, die Bündnisse schloß, Steuern erhob und Kriege führte. Als König WALDEMAR IV. von Dänemark die Vorrechte der Hanse beschneiden wollte, entsandte sie ein Heer und eine Flotte zur Sicherung ihrer Absatzmärkte. Im *Frieden von Stralsund* erzwang die Hanse 1370 von Waldemar die Bestätigung ihrer Privilegien und sogar ein Zustimmungsrecht bei der dänischen Königswahl.

Im 16. Jahrhundert begann der Stern der Hanse zu sinken. Ihre Gegner – besonders England und die Niederlande – erstarkten, die deutschen Landesfürsten beschnitten die Unabhängigkeit der Städte. Mit dem letzten Hansetag von 1669 hörte die Hanse auf zu bestehen.

Bildnis des Lübecker Kaufmanns Hans Sonnenschein (1534).

> Im Jahr 1345 sank vor der Maasmündung eine Hamburger Kogge, die von verschiedenen Kaufleuten beladen worden war. Hier ein Auszug aus der Schadensliste:
> Hartwich von Verden: 23 Fäßchen schwedisches Kupfer, 1 Tonne mit 2540 gemischtem Kleintierpelzwerk, 160 Hermelinfelle.
> Heinrich von Hoyginghen: 10 000 Junglämmerfelle, 2000 Schneehasenfelle, 250 Rehfelle, 40 Hirschfelle, 6 Rindshäute, 6 Elchfelle.
> Heinrich Lübbeke: 370 Otterfelle, 275 Wieselfelle, 2000 Eichhornfelle, 55 Ellen Leinwand, 1 Brustharnisch, 1 Kapuzenmantel, 1 mit Silber eingelegter Dolch, 40 Stück Leder.
> Johann von Eckernförde: 10 Tran-Fässer.
> (nach: N. Fuchs/W. Goez, Die deutsche Stadt im Mittelalter, München 1977, S. 49 f., gekürzt)

1 Beschreibe anhand der Karte die Schiffahrtsrouten der Hanse, und nenne die Handelsgüter und ihre Herkunftsländer.
2 Woher könnten die Waren der gesunkenen Kogge stammen? Warum waren Holz, Wachs, Honig, Pelze und Fisch so wichtige Handelsgüter?

Zusammenfassung

Menschen im Mittelalter – eine Bilanz

Trotz Hunger, Krankheit und frühem Tod nahm die Bevölkerung in Mitteleuropa bis ins 14. Jahrhundert stetig zu. Ermöglicht wurde dies vor allem durch verbesserte landwirtschaftliche Anbaumethoden. Der Bevölkerungszuwachs führte zu einem tiefgreifenden Wandel in allen Lebensbereichen. Auf dem Land rückten die Menschen in der Dorfgemeinschaft näher zusammen. Noch unerschlossene Räume wurden urbar gemacht. Aus der wilden Urlandschaft wuchs damit eine von Menschenhand geprägte *Kulturlandschaft,* wie wir sie kennen. Mit dem Aufblühen der *Städte,* wo Menschen sich auf engem Raum sammelten, entstanden neue Lebens- und Wirtschaftsformen.

Unter dem gemeinsamen Dach des christlichen Glaubens lebten die Menschen jahrhundertelang in einer festgefügten *ständischen Ordnung,* die man für gottgewollt hielt.

Der überwiegende Bevölkerungsteil bestand aus Bauern, die ihr karges Leben in Abhängigkeit von einem *Grundherrn* führten. Sie waren *unfrei* und mußten *Frondienste* und *Abgaben* leisten.

Mönche und Nonnen in den *Klöstern* lebten nach der Forderung „bete und arbeite". Das Kloster war so zugleich Ort der Andacht und Gelehrsamkeit, Wirtschaftsbetrieb, soziale Einrichtung und politischer Machtfaktor.

Die *Ritter,* die sich in einem eigenen *Stand* abschlossen, sahen sich nicht nur als Herren über Land und Leute. Sie setzten sich selbst das Ideal eines christlichen Kämpfers, der gegen Gewalt und Unrecht zu Felde zieht und „ritterlich" um seine frouwe wirbt – ein Ideal, das bis heute nachwirkt.

Mit dem Aufblühen der *Städte* kam Bewegung in diese festgefügte Ordnung. Die Stadt verhieß ihren Bürgern Friede und *Freiheit.* Für alle Unfreien bedeutete das die Möglichkeit zum persönlichen sozialen Aufstieg. Die Stadt selbst erreichte vom Grundherrn allmählich ihre Selbstverwaltung, neben die *Patrizier* traten die *Zünfte* beim Stadtregiment. So lassen sich hier Vorformen unserer heutigen demokratischen Ordnung erkennen.

Wichtige Begriffe

- Dreifelderwirtschaft
- Gilde
- Hanse
- Kemenate
- Klausur
- Knappe
- Kogge
- Kreuzgang
- Minne
- Palas
- Patrizier
- Refektorium
- Schwertleite
- Ständeordnung
- Turnier
- Zunft

Geschichtslabor

Mittelalter-Archäologie oder: Was fand sich im Klo?

Was die Archäologen bei Grabungen in mittelalterlichen Städten finden, ist bei weitem nicht so aufsehenerregend wie etwa sensationelle Entdeckungen im alten Ägypten. Riesige Goldschätze hat man hier nicht gefunden. Die meisten Ausgrabungen der „Spatenforscher" in den mittelalterlichen Städten scheinen auf den ersten Blick wenig aufregend, denn sie betreffen den Alltag der Menschen. Gerade hierüber können uns die archäologischen Funde viel erzählen. Denn was die Menschen früher in Urkunden oder Berichten über ihre Zeit aufschrieben, betraf meist die ungewöhnlichen Ereignisse. Das Alltägliche hielt man selten für überlieferswert. Hier helfen uns die Archäologen: Stoff- und Lederreste, die bei Grabungen gefunden werden, geben Aufschluß über die Kleidung der Menschen. Keramikscherben berichten von den täglichen Gebrauchsgegenständen auf dem Tisch. Früchte und Samen von Pflanzen ermöglichen Rückschlüsse auf Landwirtschaft und Ernährungsgewohnheiten. Auch Tierknochen geben Hinweise auf den Speiseplan der Menschen, aber auch auf Aussehen und Größe damaliger Haustiere – Tatsachen, über die kein Schriftsteller berichtete!

Mittelalterliche Kloake.

Nur wenige Grabungen der Mittelalter-Archäologen sind lange vorgeplant, viele sind Notgrabungen: Da soll in der Stadt ein Haus abgerissen und neugebaut oder eine Straße verbreitert werden; dabei stoßen die Arbeiter beim Aushub mit dem Bagger auf alte Mauerreste! Nur wenige Wochen ruhen die Arbeiten. In dieser Zeit müssen die Archäologen registrieren, fotografieren und bergen, was sie in der Erde finden können. Immer wieder stoßen sie dabei auch auf mittelalterliche Kloaken und Abfallgruben.

Halbhoher Lederstiefel mit Knöpfen und Schnürsenkeln für ein Kind (Schuhgröße 35), gefunden in einer Nürnberger Kloake.

Nachttopf aus einer Nürnberger Abortgrube beim Wirtshaus „Zum Wilden Mann".

Eßbrettchen mit eingeritzten Zeichen des Besitzers aus einer Lübecker Kloake.

Da es keine Müllabfuhr gab, warfen die Bürger unbrauchbare Dinge in die Kloake oder eigens angelegte Abfallgruben: Essensreste, zerschlagenes Geschirr, beschädigte Holzlöffel und Stoffreste, die auf der Toilette eine letzte Verwendung gefunden hatten. Auch Bauschutt, Dachziegel, Bettlatten, Lederabfälle, schadhaftes Werkzeug und zerbrochene Kinderspielsachen landeten hier. So legte sich Schicht auf Schicht, oft bis zu neun Meter tief – für die Archäologen eine wahre Fundgrube für fast alle Bereiche des Alltagslebens!

In Lübeck gefundener Griffel.

Seite aus dem Notizbuch eines Lübecker Kaufmanns, das in einer Kloake gefunden wurde. Auf Wachstäfelchen sind mit einem Griffel die Namen von Kunden eingeritzt, ebenso die Waren, die geliefert werden sollten: Schüsseln, Töpfe, Trinkschalen sowie Eisenstangen. Preise sind ebenfalls notiert. Dazwischen findet sich aber auch eine private Notiz. Einer der Kunden betrüge seine Frau! Für Geschäftsbücher oder Urkunden verwendete man als dauerhaften Beschreibstoff das teure Pergament.

Querschnitt durch einen Lübecker Abfallschacht von 8,80 Meter Tiefe, vom 14. bis 18. Jahrhundert in Gebrauch. Sichtbar sind Lagen aus Schutt, Abfall und Dung.

Archäologen haben eine Kloake in Lübeck ausgegraben. Sie stammt aus dem 14. Jh. und hat eine Holzauskleidung.

1 Stelle dir die Umstände vor, unter denen die verschiedenen Gegenstände, die du hier siehst, in die Abortgruben gekommen sind.
2 Welche Schlüsse kann man aus den Funden ziehen?
3 Welche Materialien und Gegenstände wird man wohl kaum in den Abfallgruben finden?
4 Schmuck oder Herrschaftsabzeichen aus Königsgräbern und Schatzkammern sind gewiß eindrucksvoller. Welche Bedeutung für den Historiker haben demgegenüber die Funde aus Kloaken?

Europa im späten Mittelalter

Bei Crécy fand am 26. 8. 1346 die erste große Landschlacht des Hundertjährigen Krieges (1339 bis 1453) zwischen England und Frankreich statt. Die zahlenmäßig unterlegenen Engländer errangen dank ihrer Langbogenschützen einen überwältigenden Sieg über das französische Ritterheer. Zugleich kamen erstmals Feuerwaffen zum Einsatz.

Die Miniatur aus dem 15. Jahrhundert zeigt die Endphase der Schlacht. Von rechts drängen die Engländer vor. Ihr Banner trägt den englischen Leoparden und die französische Lilie (Anspruch auf den französischen Thron). Vorn stehen die Langbogenschützen. Sie haben ihre Pfeile zurechtgelegt, welche die Panzer der Ritter glatt durchschlugen. Die Armbrustschützen aus Genua, die im französischen Heer kämpften, waren ihnen an Schnelligkeit nicht ebenbürtig (vorn links). Links fliehen die geschlagenen Franzosen mit Lilien- und Königsbanner. Sie verloren an diesem Tag 1542 Ritter – die Opfer unter dem Fußvolk wurden gar nicht gezählt! Unter den Toten befand sich auch der blinde König Johann von Böhmen, der mit seinem Sohn, dem späteren Kaiser Karl IV., seinem französischen Verwandten zu Hilfe geeilt war. Er hatte sich ins Kampfgewühl führen lassen, um als Ritter zu sterben.

Die Schlacht bei Crécy zeigt einen großen Wandel im Kriegsgeschehen an: Die militärische Überlegenheit der Ritterheere schwindet, und neue Kriegstechniken bestimmen die Zukunft. Zugleich weist die Schlacht darauf hin, daß neben Kaiser und Kirche neue Mächte in die europäische Politik eintreten.

Europa im Spätmittelalter

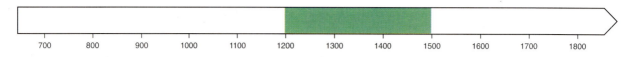

Herbst des Mittelalters

Das späte Mittelalter war eine Zeit wichtiger Veränderungen. Das Reich zerfiel seit dem 13. Jahrhundert in *Landesfürstentümer,* die Einheit der Kirche drohte verlorenzugehen, und die Könige der entstehenden *Nationalstaaten* erweiterten ihre eigene Macht. Während die Ritter ihre kriegsentscheidende Rolle verloren, wuchs die politische Bedeutung der geldmächtigen Bürger in den aufstrebenden Städten. In Dichtung, Wissenschaft und Bildung setzten sich allmählich die *Landessprachen* durch.

Einen tiefen Einschnitt bildeten die großen *Pestepidemien* zwischen 1347 und dem 15. Jahrhundert. Etwa 25 Millionen Menschen starben am „Schwarzen Tod", ganze Landstriche wurden entvölkert.

Die *Türken* dehnten in dieser Zeit ihr islamisches Großreich nach Europa aus, vernichteten das *Byzantinische Reich* und eroberten 1453 KONSTANTINOPEL. In *Spanien* hingegen drängten die christlichen Königreiche die Araber unaufhaltsam zurück. Mit der Eroberung des Königreichs Granada verloren sie 1492 ihren letzten Vorposten.

Diese Umwälzungen führten zum Auseinanderstreben der Völker. Die Einheit des abendländischen Europas begann sich aufzulösen.

Von einem Reich zu vielen Ländern 113

Die Macht im Reich verlagert sich

Königsrechte für die Fürsten

Obwohl FRIEDRICH II. seit 1215 im Reich als König unumstritten war, verließ er schon 1220 Deutschland. Noch im gleichen Jahr ließ er sich vom Papst in Rom zum Kaiser krönen, um sich dann ganz dem Aufbau seiner Herrschaft in SIZILIEN zu widmen. Um Deutschland, wo er 1220 den geistlichen Fürsten all die Königsrechte bestätigte, die sie sich im Thronstreit angeeignet hatten, kümmerte er sich kaum noch.

Im Jahre 1232 gewährte Friedrich auch den weltlichen Fürsten Markt-, Gerichts-, Geleit- und Münzrecht und beschränkte sogar die Rechte der königlichen Städte, soweit sie den Fürsten lästig waren. Der König vergab diese *Privilegien*, um von den Fürsten im Kriegsfall militärische Unterstützung zu erhalten. Er nahm dafür hin, daß die Fürsten in ihren Ländern eine nun dem König vergleichbare Stellung innehatten. Folgerichtig ließen diese sich *Landesherren* nennen.

Das Interregnum

Mit dem Tod Friedrichs II. im Jahre 1250 begann für das ganze Reich die „kaiserlose, schreckliche Zeit". Die Reichsfürsten, nur bedacht auf ihre eigene Macht, konnten sich bei kaum einer Königswahl mehr einigen. Der Papst förderte noch die allgemeine Unruhe, indem er Friedrichs II. Sohn, König KONRAD IV., durch Gegenkönige verdrängen ließ. Die Königswahl von 1257 zeigte unübersehbar den Tiefstand an. Die Fürsten, in sich uneins, wählten gleich zwei Ausländer zum deutschen König: den Spanier ALFONS VON KASTILIEN, der nie nach Deutschland kam, und den Engländer RICHARD VON CORNWALL. Sein Versuch, den allgemeinen Landfrieden bei seinen vier kurzen Deutschlandbesuchen zu erneuern, war zum Scheitern verurteilt. Nur eine starke Reichsgewalt konnte dem ausufernden *Fehdewesen* Einhalt gebieten.

Ein wahrer König braucht eine Hausmacht

Grabplatte Rudolfs I. von Habsburg (1218–1291) im Dom zu Speyer.

Dies sahen auch die Fürsten ein, doch sollte der neue König ihrer Macht nicht gefährlich werden. So wählten sie 1273 nicht den mächtigsten unter den Reichsfürsten, den Böhmenkönig OTTOKAR, sondern den elsässischen Grafen RUDOLF VON HABSBURG zum König. Dieser war mit seinen 54 Jahren schon relativ alt, nicht besonders begütert und gehörte nicht einmal dem Reichsfürstenstand an. Von ihm ließen sich die Fürsten noch bei der Wahl ihren Besitz garantieren und ein Aufsichts- und Mitspracherecht über das Reichsgut einräumen. Doch verschaffte Rudolf I. der königlichen Autorität zur allgemeinen Überraschung schnell wieder Geltung. Zunächst ließ er allein in Thüringen 80 Ritterburgen brechen und die Übeltäter hinrichten. König Ottokar, der ihm die Huldigung und die Herausgabe von Reichsgut verweigert hatte, ächtete und besiegte er im Jahre 1278. Rudolf hatte erkannt, daß auch der König über möglichst viel Eigenbesitz verfügen mußte, wenn er mächtigen Reichsfürsten zumindest ebenbürtig sein wollte. So verheiratete er mit den wichtigsten von ihnen seine Töchter, um die *Hausmacht* seiner Familie auszubauen und die Königswahl seines Sohnes zu sichern. Als Rudolf im Jahre 1282 die durch Ottokars Tod freigewordenen Reichslehen ÖSTERREICH und STEIERMARK an seine Söhne Albrecht und Rudolf geben konnte, erzielte er den größten Erfolg seiner Hausmachtpolitik: Er legte den Grundstein für die herausragende Stellung der *Habsburger* unter den deutschen Reichsfürsten.

Von einem Reich zu vielen Ländern

Die Kurfürsten

Der Kreis der Fürsten, die den König wählten (im damaligen Sprachgebrauch: *küren*), hatte sich seit Beginn des 13. Jahrhunderts auf die Erzbischöfe von Köln, Mainz und Trier sowie vier weltliche Reichsfürsten eingeengt. Auch in der Nachfolge Rudolfs von Habsburg haben sich diese *Kurfürsten* in ihrer Wahl (= Kür) weder durch Geblüts- noch durch Erbrecht beschränken lassen. Sie griffen entweder auf ihnen ungefährliche Kandidaten zurück oder nutzten die im 14. Jahrhundert aufkommende Konkurrenz zwischen den drei großen Fürstengeschlechtern: den *Habsburgern*, den bayerischen *Wittelsbachern* und den *Luxemburgern*. Am 16. Juli 1338 konzentrierten dann die Kurfürsten bei ihrem Treffen in RHENSE (dem heutigen Rhens) endgültig die Königswahl in ihrer Hand und sprachen dem Papst jedes Mitwirkungsrecht ab.

Doch war solche Einmütigkeit selten. Die beständige Uneinigkeit und Zwietracht unter den Kurfürsten veranlaßte Kaiser KARL IV. (1355–1378) am 10. Januar 1356 auf dem Reichstag zu Nürnberg zu einem Reichsgesetz, das bis 1806 Geltung behielt. Es bestimmte endgültig die Zahl der Königswähler und legte die *Kurfürstentümer* unabänderlich fest. Damit auch die weltlichen Kurfürstentümer fortan unteilbar blieben, galt für sie die Erbfolge nach dem Erstgeburtsrecht. Das *Kurfürstenkollegium* bildete den obersten Reichsrat und beriet jährlich in der Osterzeit gemeinsam mit dem König die Reichsangelegenheiten. Bei Abwesenheit des Königs sollten die Kurfürsten von der Pfalz und von Sachsen gemeinsam das Reich verwalten. Der Krönung in AACHEN ging die Wahl in FRANKFURT voran. Der Verlauf des Wahltages ist in dem Reichsgesetz, das nach seiner goldenen Siegelkapsel *Goldene Bulle* heißt, genau festgelegt.

1 Erkläre, was man unter Hausmachtpolitik versteht.
2 Nenne Gründe für die Hausmachtpolitik deutscher Könige.
3 Was versteht man unter dem Begriff „Kurfürsten" und wer zählte dazu? Wo verwendet man heute noch das Wort „Kür"?

Die Goldene Bulle

> Nachdem die Kurfürsten oder ihre Gesandten in die Stadt Frankfurt eingezogen sind, sollen sie am folgenden Tag in der Kirche des heiligen Apostels Bartholomäus in vollzähliger Anwesenheit die Messe „de Sancto Spiritu" singen lassen, damit der Heilige Geist ihre Herzen und ihren Verstand erleuchte, damit sie einen gerechten, redlichen und tüchtigen Mann zum römischen König und künftigen Kaiser wählen. Und sie werden in der Landessprache folgenden Eid leisten:
>
> „Ich schwöre, daß ich gemäß der Treue, zu der ich gegen Gott und das Heilige Römische Reich verpflichtet bin, nach all meinem Verstand und meiner Einsicht mit Gottes Beistand der Christenheit ein weltliches Oberhaupt wählen will, das hierzu geeignet ist, und daß ich meine Stimme abgeben werde ohne alle Verabredung, Entgelt oder Versprechen."
>
> Wenn nun die Kurfürsten diesen Eid geleistet haben, sollen sie zur Wahl schreiten und die Stadt Frankfurt nicht eher verlassen, bevor die Mehrzahl von ihnen der Welt oder Christenheit ein weltliches Oberhaupt gewählt hat, nämlich einen römischen König und künftigen Kaiser. Nachdem sie oder die Mehrzahl von ihnen gewählt haben, muß eine solche Wahl gleich geachtet und gehalten werden, wie wenn sie von ihnen allen ohne Gegenstimme einhellig vollzogen worden wäre.
>
> *(Lautemann/Schlenke, Geschichte in Quellen, Bd. 2, München 1975, S. 774 f.)*

1 Gib den Ablauf der Königswahl wieder.
2 Welche Verpflichtungen enthält der Eid der Kurfürsten?
3 Wie stellt das Bild aus der Weltchronik Kaiser und Kurfürsten dar, und welche Symbole und Wappenzeichen erhalten sie? Stellt die Chronik die Wirklichkeit oder ein Ideal dar?
4 Deutschland war eine Wahlmonarchie, Frankreich hingegen eine Erbmonarchie. Nenne die Vor- und Nachteile.

Eine Weltchronik von 1493 zeigt den Kaiser inmitten der Kurfürsten, die die Zeichen ihrer Ämter tragen. Die drei geistlichen Kurfürsten, die Erzbischöfe von Mainz, Köln und Trier, halten als Erzkanzler Urkunden in der Hand. Die vier weltlichen Kurfürsten üben symbolisch ihre Erzämter aus: Der König von Böhmen war als Erzschenk für die Getränke, der Pfalzgraf bei Rhein als Erztruchseß für die Speisen zuständig. Der Herzog von Sachsen überwachte als Erzmarschall Pferde und Waffen, der Markgraf von Brandenburg als Erzkämmerer die Kasse.

Von einem Reich zu vielen Ländern

Brandenburg – Beispiel einer Landesherrschaft

Fürsten schaffen ihr Land

Im Reich hatten die *Landesherren* allmählich dem König gegenüber weitgehende Selbständigkeit erlangt. Nun machten sie sich daran, ihr eigenes *Territorium* auszubauen und es zentral von einer Residenz aus zu regieren. Ein möglichst zusammenhängendes Gebiet bot dafür die besten Voraussetzungen. Im Fall der *Mark Brandenburg* begünstigte deren Lage im Grenzgebiet von Deutschen und Slawen die teils kriegerische, teils friedliche Ausdehnung. Die Markgrafen aus der Familie der *Askanier,* seit 1177 Erzkämmerer und später Kurfürsten, entwickelten zielstrebig ihr Land: durch deutsche Besiedlung noch unerschlossener Landstriche, durch Kloster- und Städtegründungen sowie durch Förderung des Handels. So erweiterten sie ihr Territorium allmählich gegenüber Pommern und Polen.

Nach 1320 hatte die Mark erst *wittelsbachische,* dann *luxemburgische* Herrscher. Sie kamen kaum in ihr Nebenland, das sie nur als Geldquelle nutzten. Dazu verpfändeten und verkauften sie landesherrliche Rechte und sogar Landesteile. Die Stände sahen sich gezwungen, selbst Aufgaben des Landesherrn wahrzunehmen (erster Landtag 1345 in Berlin). Gegen das Unwesen der Raubritter riefen die Städte schließlich den fernen Landesherrn, König SIGISMUND, zu Hilfe. Dieser schickte als „obersten Hauptmann und Verweser" 1411 den Nürnberger Burggrafen FRIEDRICH VON HOHENZOLLERN in die Mark. Die Städte unterstützten ihn, ließen sich aber vorsichtshalber zuvor ihre Rechte und Freiheiten bestätigen. Viele Ritter dagegen verweigerten die Huldigung. Sie setzten auf ihre festen Burgen. Aber Friedrich brach in einem unerwarteten Winterfeldzug die wichtigsten Festungen der Rebellen und ließ 1415 einen *Landfrieden* verkünden. Dafür erhielt Friedrich die Mark und die *Kurfürstenwürde* erblich zugesprochen und wurde 1417 feierlich vom König belehnt. Die Herrschaft der *Hohenzollern* in Brandenburg währte bis 1918.

Kurfürst Friedrich I. von Hohenzollern. Zwei Bannerträger halten die schwarz-weiße Fahne der Hohenzollern und das Adlerbanner der Mark Brandenburg.

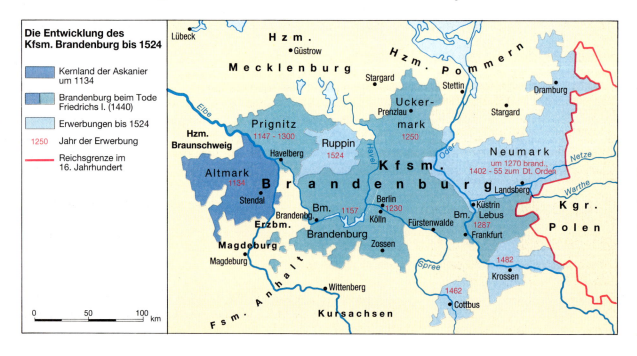

Der Fürst entmachtet die Stände

Siegel der kurfürstlich beherrschten Stadt Berlin nach 1448.

Die Herrschaft wird gesichert

Grabplatte des Kurfürsten Johann Cicero (1486–1499). Er machte Berlin zur ständigen Residenz.

Zielstrebig bauten die Hohenzollern ihre Landesherrschaft aus. FRIEDRICH I. hatte die Macht der Ritter gebrochen, sein Sohn FRIEDRICH II. machte sie zu treuen Helfern des Landesherrn. Wer sich von ihnen zum Verzicht auf Gewalt und Fehde verpflichtete, wurde ausgezeichnet und in den „Schwanenorden" erhoben.

Der Blick des Kurfürsten richtete sich nun auf die Städte. Sie hatten in den unruhigen Zeiten erhebliche Selbständigkeit erlangt. So hatte Berlin das Münzrecht und die volle Gerichtsbarkeit erworben. Es verweigerte dem Landesherrn den Zutritt, nahm an antifürstlichen Beschlüssen der Hanse teil und gehörte einem märkischen Städtebund an, der die nach altem Recht verbriefte Städtefreiheit gegenüber landesherrlicher Gewalt sichern sollte.

Berlin wurde nun zum warnenden Beispiel für die anderen Städte. Friedrich nutzte einen Streit in der Bürgerschaft, um der Stadt 1442 alle wichtigen Rechte zu nehmen. Als der Widerstand der Berliner gegen den Bau eines kurfürstlichen Schlosses 1448 in einem Aufruhr gipfelte, ließ Friedrich die Anführer durch das landständische Gericht als Rechtsbrecher verurteilen. Er selbst baute BERLIN nun zur *Residenzstadt* aus.

Die fürstliche Landeshoheit festigte sich weiter. Ein Erbgesetz verfügte 1473, daß die Mark stets ungeteilt der Linie des ältesten Sohnes vererbt werden sollte. Die Staatsfinanzen unterwarf der Kurfürst einer strengen Kontrolle durch die *Kammer*. Aber die Einnahmen hingen immer noch von der Zahlungsbereitschaft der *Stände* ab, die der Fürst bei Bedarf zu *Landtagen* zur Steuerbewilligung zusammenrief. Mit der Erhebung fester Steuern engte er nun dieses alte Mitspracherecht der Stände ein. Gegen eine 1488 verfügte Verbrauchssteuer auf Bier leisteten vor allem die Städte Widerstand und schreckten sogar vor der Ermordung der Steuereintreiber nicht zurück. Doch der Kurfürst setzte sich in diesem „Bierkrieg" durch – und erhöhte die Steuer um das Doppelte! Er sorgte auch für die Einheit der *Rechtsprechung* durch gelehrte Juristen. Dazu gründete er im Jahr 1506 die Universität FRANKFURT (Oder) und richtete als oberstes Gericht des Landes das *Berliner Kammergericht* ein.

Im 16. Jahrhundert war der Ausbau der Landesherrschaft in Brandenburg weit gediehen. An der Spitze der Landesverwaltung stand ein *Ratskollegium*, das unter Vorsitz des Kurfürsten Regierungsgeschäfte beriet. Die dort getroffenen Entscheidungen wurden in einer *Kanzlei* unter einem *Kanzler* schriftlich ausgefertigt und den Empfängern zugestellt. Um die Wirksamkeit der Verwaltung zu erhöhen, wurde das Kurfürstentum seit 1540 in *Ämter* eingeteilt, die Amtshauptleuten unterstanden.

Eine ähnliche Entwicklung gab es überall im Reich. Die Landesfürsten unterwarfen den Adel und schufen mit Hilfe einer zentralen Landesverwaltung und Gerichtsorganisation einen einheitlichen Staat – ein *Territorium*.

1 Was versteht man unter den Begriffen „Territorium" und „Landesherr"?
2 Nenne die Maßnahmen, durch die ein Landesfürst ein einheitliches Territorium schuf.

Kirche und Reich in der Krise

Die Kirche bedarf der Reform

Zwei Päpste auf dem Scheiterhaufen: Auf dem Konzil von Pisa werden Abbilder der beiden abgesetzten Päpste verbrannt.

Der Zustand der Kirche im späten Mittelalter war jammervoll. Bischöfe und Päpste residierten wie Fürsten und kümmerten sich mehr um ihren Hofstaat und die Vermehrung ihrer Einkünfte als um Glauben und Leben in der Kirche. So vernachlässigten auch die einfachen Priester oft ihre Pflichten als Seelsorger. Die unverhüllte Geldgier vieler Kirchenleute hatte die Kirche bei den Gläubigen in Mißkredit gebracht.

Im Jahre 1378 erreichte die Krise ihren Höhepunkt: Zwei Päpste standen an der Spitze der Christenheit. Jeder beanspruchte alleinige Anerkennung und bannte deshalb die Anhänger seines Gegners. Angesichts dieser Spaltung der Kirche (= *Großes Schisma*) gewannen alle die an Boden, die nicht im Papst, sondern im *Konzil* die höchste Autorität der Kirche sahen. Die Anhänger dieser konziliaren Theorie riefen mit Unterstützung des Kaisers für 1409 ein Konzil nach PISA ein, das beide Päpste absetzte und einen neuen, legitimen Papst wählte. Die Abgesetzten traten aber nicht zurück, so daß es gleichzeitig drei Päpste gab. Unter kaiserlichem Druck berief der neugewählte Papst 1414 ein neues Konzil nach KONSTANZ, um das *Schisma* zu beseitigen, die Glaubenslehre zu stärken und die Mißstände abzuschaffen.

Von seinen Aufgaben löste das Konzil in seiner vierjährigen Sitzungsperiode nur die erste: Seit dem 11. 11. 1417 gab es wieder nur einen Papst. Die Kirchenreform wurde verschoben. Auch auf dem Nachfolgekonzil, das 1431–1449 erst in Basel, dann in Ferrara und zuletzt in Florenz stattfand, gelang es nicht, die unumschränkte Macht des Papstes zu beschneiden.

Ein Reformator auf dem Scheiterhaufen

Die Verbrennung von Jan Hus (Miniatur von 1415).

In der Glaubensfrage dagegen schlug das Konzil harte Töne an. Es lud den Prager Theologen JAN HUS (um 1370–1415) als Wortführer der tschechischen Kirchenreformbewegung vor. Hus hatte den Lebenswandel und die überzogenen Einkünfte vieler hoher, dazu noch meist deutscher Geistlicher angeprangert und die Enteignung des kirchlichen Besitzes befürwortet. Mit seiner Forderung nach Bibel und Predigt in der Landessprache gab er der Reformbewegung eine durchaus nationaltschechische Stoßrichtung. Für manchen untergrub sein Vorhaben, beim Abendmahl auch den Laien nach urchristlichem Brauch den Kelch zu reichen, die besondere Stellung des Priesteramtes.

Nun sollte Hus, den die Kirche wegen seiner Lehren gebannt hatte, sich in Konstanz verteidigen. Deshalb hatte Kaiser SIGISMUND dem Gebannten sicheres Geleit versprochen. Da das Konzil Hus als *Ketzer* anklagte, fühlte sich der Kaiser an sein Wort nicht mehr gebunden und ließ Hus gefangennehmen. Weil Hus an seinen Lehren festhielt, wurde er am 6. 7. 1415 vor der Stadt verbrannt.

Daraufhin griffen Hus' Anhänger in BÖHMEN zu den Waffen und brachten unter der Führung von JAN ZISKA den kaiserlichen Heeren mehrfach schwere Niederlagen bei. Mit ihren Heereszügen nach Österreich, Sachsen, Schlesien und bis an die Ostsee verbreiteten sie Angst und Schrecken. Erst 1434 ließen sich die Gemäßigteren unter den *Hussiten* zum Frieden bewegen, als das Baseler Konzil ihnen freie Predigt und den Laienkelch zugestand.

Mißstände im Reich

Für den Kardinal und Konzilssekretär von Basel, NIKOLAUS VON KUES (1401–1464), lagen die Ursachen der Krise in Kirche und Reich auf der Hand:

> Wie eine tödliche Krankheit zersetzen Mißstände das Reich. Weltliche Herrschaft und Reichtum entfremden die Kirche ihren geistlichen Aufgaben. Im Reich regieren statt des einen Kaisers viele Landesfürsten, die ohne Rücksicht auf das Gesamtreich nur ihre Sonderinteressen verfolgen. Der Kaiser ist durch Wahlversprechen an die Kurfürsten daran gehindert, eine starke Reichsgewalt wiederherzustellen; dadurch herrscht Rechtsunsicherheit. Ohne baldige Abhilfe wird das Reich zugrunde gehen; Fremde werden es einnehmen und sich teilen. Das Heilmittel läge darin, ab sofort jährliche allgemeine Reichsversammlungen einzuberufen.
> *(gekürzt nach: Nikolaus von Kues, De concordantia catholica, 1433)*

Hussiten unter Führung des erblindeten Jan Ziska. Das Banner trägt das Symbol der Hussiten, den Kelch (Miniatur, 15. Jh.).

Ob jährliche Reichsversammlungen das Reich vor dem Zerfall hätten bewahren können, ist zweifelhaft. Selbst Könige wie MAXIMILIAN I. (1459–1519), dem an Frieden und Sicherheit im Reich gelegen war, stellten der Stärkung des Reiches ihre Hausmachtpolitik voran. In erster Linie war auch er Habsburger und in zweiter Kaiser des Heiligen Römischen Reiches Deutscher Nation.

Habsburg umrundet das Reich

Nach *Österreich* und *Kärnten* (1282) hatten die Habsburger 1363 *Tirol* gewonnen. Damit beherrschten sie die Ostalpen und versuchten nun, über die Schweiz die Landverbindung zu ihren Stammlanden am Oberrhein herzustellen. Gegen diese Territorialpolitik wehrte sich die *Schweizer Eidgenossenschaft,* zu der um die Mitte des 15. Jahrhunderts 13 freie Gemeinden zählten, in drei großen Schlachten. So ertrotzten die Eidgenossen 1499 ihre Unabhängigkeit von den Habsburgern und damit, da seit 1440 alle Kaiser aus dem Hause Habsburg kamen, praktisch sogar vom Reich.

Erfolgreicher dagegen war die Heiratspolitik der Habsburger. Kaiser MAXIMILIAN I. erbte nach dem Tod seiner ersten Frau 1482 *Burgund* und die *Niederlande* und sicherte durch seine erneute Heirat mit der Tochter des Herzogs von Mailand, BLANKA SFORZA, den Habsburgern Einfluß in Oberitalien. Sein Sohn PHILIPP erheiratete 1496 *Spanien*, und Philipps Sohn KARL wurde 1516 König von Spanien. Für ihn bedeutete die 1519 gegen die Kandidatur des französischen Königs FRANZ I. errungene Kaiserwürde nurmehr die Vollendung der habsburgischen Machtposition. Als schließlich noch *Böhmen* und *Ungarn* in den Besitz der Habsburger gelangten, war die Dynastie zu einer Weltmacht aufgestiegen. Das führte freilich zu einem dauerhaften Konflikt mit Frankreich, das sich von Habsburg umklammert sah.

Maximilian I. und seine Frauen Maria von Burgund (rechts) und Blanka Sforza (Relief vom Goldenen Dachl in Innsbruck, 1500).

1 Führe die von Nikolaus von Kues genannten Mißstände auf und benenne ihre Ursachen.
2 Sammle Informationen zu dem Begriff „Kirchenreform".
3 Erläutere die Überschrift „Habsburg umrundet das Reich". Nimm die Karte auf Seite 189 zu Hilfe.

Nationalstaaten in Westeuropa

England und Frankreich

Nationen formen sich

Anders als im Reich kam es in Westeuropa nicht zu einer Territorialisierung. In *England* und *Frankreich* setzte sich die königliche *Zentralgewalt* durch.

In *England* gehörte nach der Schlacht bei HASTINGS (1066) WILHELM DEM EROBERER, dem Herzog der Normandie, alles Land. Obwohl Wilhelm bei seiner Krönung versprochen hatte, die bestehenden Gesetze und Besitzverhältnisse zu achten, organisierte er sein Reich als königlichen Hausbesitz. Er verpflichtete sich persönlich alle Grundbesitzer durch einen Treueid. Seine Nachfolger setzten bald eine zentrale Verwaltung, einheitliches Recht, Steuer- und Heerespflicht für alle durch. Mit der Zeit gelang es dem Adel zwar, die königliche Macht zu beschränken und im „Großen Rat" auf die Regierung Einfluß zu nehmen, allerdings ohne Königsrechte zu gewinnen.

In *Frankreich* hatte sich ein starkes Königtum aus ganz bescheidenen Anfängen entwickelt. Im Jahre 987 war der Herzog der Ile-de-France und Graf von Paris, HUGO CAPET, zum König gewählt und in REIMS gesalbt und gekrönt worden. Als „Gesalbter Gottes" war er über die anderen Fürsten hinausgehoben und ihr oberster Herr. Da die Königswürde ohne Unterbrechung in der Familie der *Kapetinger* verblieb, setzte sich in Frankreich mit der *Erbmonarchie* auch die Autorität des Königs durch. Mit Hilfe königlicher Beamter bauten die Kapetinger zunächst in ihrem Kronland eine Zentralverwaltung auf. Streitigkeiten in anderen Fürstentümern nutzten sie aus, um diese Länder ihrem Hausbesitz einzuverleiben. Damit dehnte sich auch der Name des königlichen Stammlandes „La France" über weitere Gebiete aus, bis er schließlich dem Gesamtstaat den Namen gab.

Frankreich um 1430
- Grenze Frankreichs 1429
- Besitzungen Englands
- Machtbereich des französischen Königs
- Burgundische Lande
- Feldzug der Jeanne d'Arc 1429/30

Münzmonopol und allgemeine Steuerpflicht dokumentierten die Stärke des Königs ebenso wie das Recht, nach Gutdünken eine Versammlung aus Vertretern der *Geistlichkeit*, des *Adels* und der *Bürger* einzuberufen. Diese sogenannten *Generalstände* durften ihre Beschwerden oder Wünsche erst vortragen, wenn sie die vom König geforderten Steuern bewilligt hatten. Insofern sah man in der Teilnahme eher eine lästige Pflicht als eine Gelegenheit zur Mitbestimmung.

Der Hundertjährige Krieg

Erstmals seit 340 Jahren gab es im Jahre 1328 in der französischen Königsfamilie keinen männlichen Thronerben. Isabella aber, die Tochter des französischen Königs, war Mutter des englischen Königs EDUARD III. (1337–1377). Um zu verhindern, daß ein englischer König den französischen Thron bestieg, erklärten die Kronjuristen die weibliche Erbfolge für ungesetzlich. Damit war für Isabellas Cousin PHILIPP, *Graf von Valois*, der Weg zum Thron frei. Der „enterbte" Eduard III. von England erkannte den neuen König zunächst an. Erst als Philipp ihm seine französischen Gebiete streitig machte, griff er 1339 zu den Waffen. In den bis 1453 immer wieder aufflackernden Kämpfen blieben die Engländer lange Zeit siegreich. Ihre Langbogenschützen vernichteten 1346 bei CRÉCY, 1356 bei POITIERS und 1415 bei AZINCOURT die französischen Ritterheere. Im Vertrag von Troyes 1420 mußte der französische König dem englischen ein Drittel Frankreichs und den Thron überlassen.

Erkläre, warum Eduard III. auf dieser Münze die französische Königslilie in sein Banner nahm.

Jeanne d'Arc – ein Bauernmädchen als Nationalheldin

Im Jahre 1429 schien mit der Stadt ORLÉANS auch der letzte Stützpunkt des französischen Thronanwärters KARL in englische Hand zu fallen. Die Wende brachte ein 17jähriges Bauernmädchen aus dem Dorf DOMREMY in Lothringen, das sich von Gott berufen glaubte, Karl zu Krone und Sieg zu verhelfen. Im März 1429 trat sie in Männerkleidung vor Karl hin und überzeugte ihn von ihrem Auftrag. Dann wandte sie sich an die englischen Belagerer von Orléans:

> König von England und Ihr, der Ihr Euch Regent von Frankreich nennt, gebt dem König des Himmels sein Recht! Durch Ihn ist die Jungfrau gesandt, um Euch aus ganz Frankreich zu schlagen. Sie ist gern zum Frieden bereit, wenn Ihr sie als Gottgesandte anerkennt, von Frankreich ablaßt und zurückerstattet, was Ihr Euch angeeignet habt. Zieht im Namen Gottes ab in Euer Land! Glaubt nicht, daß Ihr je das Königreich Frankreich erhalten werdet. König Karl, der wahre Erbe, wird es besitzen, denn Gott will es so. Gebt Antwort, wenn Ihr in Orléans Frieden schließen wollt. Wenn nicht, so werdet Ihr es in Kürze zu Eurem großen Schaden bereuen.
> (Brief vom 22. 3. 1429, in: Ruth Schirmer-Imhoff, Der Prozeß Jeanne d'Arc 1431. Akten und Protokolle, München 1961, S. 35f., vereinf.)

Jeanne d'Arc mit dem Jesus-Banner auf einer Zeichnung im Gerichtsprotokoll 1429.

Wider Erwarten glückte JEANNE die Befreiung Orléans. Nun ermutigte die „Jungfrau von Orléans" Karl, zur Krönung nach REIMS ins englisch besetzte Gebiet zu ziehen. Bevor Jeanne zum Sturm auf Paris aufbrechen konnte, geriet sie in Gefangenschaft ihrer Gegner. Die Engländer stellten sie im Mai 1431 vor ein geistliches Gericht in ROUEN und ließen sie als Zauberin und Ketzerin verbrennen.

Ein neues Nationalbewußtsein

Entschlossen setzte KARL VII. den Kampf fort, eroberte 1436 Paris und beließ den Engländern mit CALAIS nur noch einen festländischen Brückenkopf. Seine Hochzeit mit der Erbin der Bretagne erweiterte erneut den Landbesitz der Krone. Für die innere Sicherheit, die Bürger und Bauern zum Wiederaufbau benötigten, sorgte ein stehendes Heer. Neugegründete „Oberste Gerichtshöfe" verhalfen dem königlichen Recht zur Geltung, feste Steuern deckten den Finanzbedarf der Krone. Das Erfolgsgeheimnis verriet der Wahlspruch eines königlichen Beraters: „Einem tapferen Herzen ist nichts unmöglich."

In England brachen dagegen bald nach Kriegsende Thronstreitigkeiten aus, bei denen sich die rivalisierenden Adelshäuser *Lancaster* und *York* nahezu ausrotteten. Erst 1485 konnte HEINRICH VII. die Wirren beenden.

Seit der Schlacht bei Hastings war England zweisprachig, denn die normannischen Eroberer führten *Französisch* als Amtssprache ein. Mit dem erwachenden Nationalbewußtsein setzte sich jedoch im 14. Jahrhundert erneut das *Englische* als *Nationalsprache* durch. Auch die Gebildeten benutzten nun die englische Gemeinsprache, die durch Dichtung und Bibelübersetzung rasche Verbreitung fand.

1 Nenne die Abschnitte der englischen und französischen Nationalstaatsbildung. Welche Unterschiede siehst du zum Deutschen Reich?

Nationalstaaten in Westeuropa

Spanien – Nation aus drei Kulturen

Krieg und Zusammenleben

Spaniens Geschichte ist über fast 800 Jahre durch die *Reconquista* (Rückeroberung) bestimmt. 711 hatten die Araber das *Westgotenreich* überrannt und fast ganz Spanien erobert. Von kleinen christlichen Restgebieten im Norden ging die Reconquista aus. In diesem Krieg focht man zunächst ohne religiösen Fanatismus um Herrschaft und Landbesitz. Berühmte Kämpfer wie der Nationalheld EL CID (1043 bis 1099) konnten einmal islamischen, dann wieder christlichen Herren dienen. Andersgläubige Untertanen mußten lediglich mehr Steuern zahlen. In dieser relativen Duldsamkeit kamen drei Kulturen zusammen: *Moslems, Christen* und *Juden* beeinflußten sich gegenseitig. Während die Christen die Idee des „Heiligen Krieges" übernahmen, waren Juden führend im Geldwesen und in der Wissenschaft und berieten oftmals christliche Fürsten. Die Moslems, in Spanien *Mauren* genannt, wirkten als Baumeister, Handwerker und Künstler.

Zur Zeit der Kreuzzüge entstanden auch in Spanien Ritterorden, die die Mauren mit großem Glaubenseifer bekämpften. So drangen die christlichen Königreiche trotz mancher Rückschläge unaufhaltsam gegen die „Ungläubigen" vor und hatten im 13. Jahrhundert nahezu die gesamte Iberische Halbinsel erobert. Lediglich das maurische Königreich *Granada* konnte seine Unabhängigkeit mühsam bewahren. Im Jahr 1469 vermählten sich ISABELLA VON KASTILIEN und FERDINAND VON ARAGON und begründeten mit der Vereinigung ihrer Reiche den Aufstieg Spaniens zur Weltmacht. Durch die beiden „Katholischen Majestäten" erhielt die Reconquista einen neuen Impuls, der 1492 zur Eroberung von Granada führte. Im christlichen Spanien mußten die Mauren nunmehr um ihre Existenz bangen.

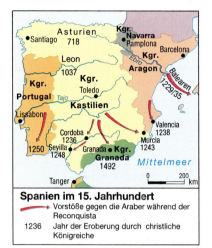

Spanien im 15. Jahrhundert
Vorstöße gegen die Araber während der Reconquista
1236 Jahr der Eroberung durch christliche Königreiche

Das Bild von Córdoba zeigt drei Wurzeln der spanischen Kultur: römisch sind die Brückenpfeiler, maurisch die Brückenbögen, die den Fluß Guadalquivir elegant überspannen; die festungsartige Große Moschee, die

Staatsziel: Glaubenseinheit

Die Einheit im Glauben sollte die Grundlage für die Verschmelzung der Königreiche Aragon und Kastilien bilden. Deshalb erneuerten Ferdinand und Isabella im Jahre 1480 die *Inquisition*. Das war eine geistliche Gerichtsbehörde, die Irrgläubige aufspüren und bekehren oder aber verurteilen sollte. Zwar gab es Protokolle der Gerichtsverhandlungen, doch wurden die Angeklagten in der „peinlichen Befragung" gefoltert. Auch war der Inquisitor zugleich Ankläger, Untersuchender und Richter. Glaubenseiferer machten die Inquisition bald zum gefürchteten Machtinstrument und zum Inbegriff abschreckender Grausamkeit im Namen der Kirche. Der Papst hatte sie 1232 den *Dominikanern* übertragen, die nach dem Willen des Ordensgründers, des Spaniers DOMINIKUS, eigentlich in Wissenschaft, Predigt und Seelsorge wirken sollten. Ihr Spitzname „Dominicanes", „Spürhunde des Herrn", spielte auf ihr neues Arbeitsfeld an.

Nun war die Zeit der Toleranz vorbei. Mauren und Juden sahen sich einer heftigen Propaganda ausgesetzt, zum Christentum überzutreten. Es kam zu Massentaufen. Die Inquisition überwachte die Gläubigen, und wer sich nicht bekehrte, mußte auswandern.

So richtete das königliche Edikt, das 1492 alle Juden und 1502 alle Mauren aus Granada vertrieb, nicht nur unendliches menschliches Leid an. Es führte auch im wirtschaftlichen und kulturellen Leben Spaniens zu einem unerhörten Einbruch.

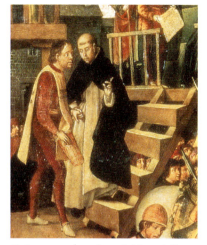

Ketzer vor dem Inquisitionstribunal. Ein Dominikaner spricht ihm zu und zeigt auf das Protokoll. Der Beklagte hat die Ketzermütze in der Hand; noch kann er abschwören (Gemälde um 1500).

1 Worin liegt das Besondere der Entwicklung Spaniens im Mittelalter?
2 Wie erlangte die Kirche in Spanien ihre beherrschende Stellung?
3 Welche Gründe hatte die Vertreibung der Mauren und Juden aus Spanien? Was war die Folge?

Mezquita, nimmt die Bildmitte ein, überragt von der in sie hineingebauten christlichen Kathedrale und dem zum Kirchturm umgebauten Minarett.

Osteuropa im späten Mittelalter

Deutsche siedeln im Osten

Von der Missionierung zur Besiedlung

Im 12. Jahrhundert schob die *Slawenmissionierung* die Grenze des Reiches über Elbe und Saale weiter in den Osten vor. Entscheidenden Anteil an der friedlichen Durchdringung des Landes hatte der um 1100 in CÎTEAUX in Frankreich gegründete *Zisterzienserorden*. Seine Mönche wollten ihren Lebensunterhalt selbst verdienen, sich gegen alles Weltliche abschließen und ganz dem Gebet und dem Gottesdienst leben. Deshalb hatten sie auch im Reich für ihre *Tochterklöster* unerschlossene Gebiete gesucht, um diese dann mit eigener Hand zu kultivieren. Mit ihrer betonten Anspruchslosigkeit fanden die Zisterzienser wie alle neuen Orden, die auf Sittenstrenge, Schlichtheit und Arbeit Wert legten, großen Zuspruch. In über 700 Klöstern unterstützten die Mönche den Landesausbau in Europa.

Roden, siedeln und bebauen

In Europa hatte sich vom 11. Jahrhundert an die Bevölkerung verdreifacht, so daß um 1300 in England etwa 4,5, in Frankreich 21 und in Deutschland 14 Millionen Menschen lebten. Zu den Gebieten, in denen es noch große Wald- und Sumpflandschaften zur Rodung oder Trockenlegung gab, gehörte der Raum östlich von Elbe und Saale. Regelrechte Wellen von Rodungen und Dorfgründungen erfaßten auch Polen, Böhmen und Ungarn, deren Könige sich von den Neusiedlern die Erschließung ihres Landes und eine Verbesserung der heimischen Agrartechnik versprachen. So folgten bis ins 14. Jahrhundert hinein rund 400 000 Siedler aus dem Rheinland, den Niederlanden und Westfalen dem Ruf von Fürsten und Grundherren nach Osten. Über die Gründung des Dorfes HALTESHAGEN bei Stettin im Jahre 1262 berichtet das *Pommersche Urkundenbuch*:

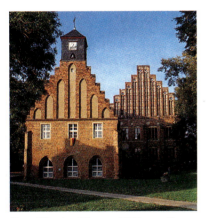

Das Kloster Zinna, 1174 gegründet, zählte zu den ersten Niederlassungen der Zisterzienser in den neuen Gebieten östlich der Elbe.

> Wir, Ritter Gerbord von Köthen, geben bekannt, daß wir mit dem Rate unserer Herren und Freunde dem Johannes Calbe, Konrad von Welpe und seinem Schwager Johannes einen Wald [Hagen] mit Namen Halteshagen zur Besiedlung als Besitz überlassen haben. Wir machen zur Bedingung, daß alle in dem Hagen Ansässigen, die dort Ackerland urbar machen und bestellen, von jeder Hufe einen Schilling und den Fruchtzehnten von den am Hagen liegenden Äckern geben. Von den Sach- und Geldeinkünften fällt die Hälfte an mich, die andere an die drei Besitzer des Hagens, die auch Hagemeister genannt werden. Als besondere Freiheit sichern wir weiter zu: Wer sich im Hagen ansiedeln will, kann dies ungehindert tun und darf für die gefreite Zeit Bier brauen und schenken, sowie zum Verkauf Brot backen und Fleisch einschlachten. Ab Martini gewähren wir den Siedlern 10 Freijahre. In diesem Zeitraum bleiben sie Dienst, Zehnt und Zins ledig. Darüber hinaus geben wir dem Rudolf die Mühle des Hagens für jährlich 4 Maß Mahlkorn, so, daß er im 1. Jahr ein Maß, im zweiten zwei, im vierten vier Maß zinst. Davon gehört die Hälfte uns, die andere den genannten Lokatoren. Dem Müller überlassen wir drei Joch Land, die man „Hegemorgen" nennt. Was das Gericht anbetrifft, so sollen sich die Häger ihr Recht an einem Ort holen, wo sie es bequem finden. Außerdem überließen Konrad von Welpe und sein Schwager für den Anteil des Johannes Kalbe eine von ihren Freihufen, und wir fügten eine hinzu, die er frei besitzen soll. Was wir den Siedlern überließen, steht unter Leiherecht. Es erstreckt sich auch auf die Ehefrauen, die männlichen Nachkommen und dann auf die übrige Verwandtschaft.
> *(Pommersches Urkundenbuch II, Nr. 720, zitiert nach: Lautemann/Schlenke, Geschichte in Quellen, Bd. 2, München 1975, S. 628 f.)*

1 Nenne Gründe für die Ostsiedlung.
2 Nenne die Vorteile für Grundherren oder Fürsten und Siedler.
3 Plane als Lokator eine Dorfgründung. Ein Lokator ist ein vom Landes- oder Grundherrn beauftragter Siedlungsunternehmer, der für die Anwerbung und Landverteilung zuständig war.
4 Beschreibe die ökologischen Auswirkungen des Landesausbaus.
5 Führe Vor- und Nachteile der Ostsiedlung an.

Osteuropa im späten Mittelalter

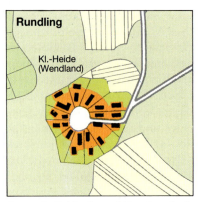
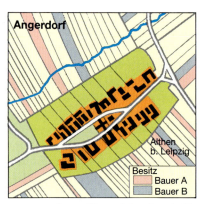

Je nach Gelände und Bewirtschaftung entstanden während der Ostsiedlung unterschiedliche Siedlungsformen. Hier fand jeder Bauer eine für den Unterhalt seiner Familie ausreichende Fläche.

Dörfer und Städte im Osten

In die planvoll angelegten Dörfer hielt bald die *Dreifelderwirtschaft* Einzug. Gerste und Hafer, Wein, Obst und Gemüse sowie die Schafzucht bereicherten die Landwirtschaft. Auch halfen *Räderpflug* und *Wassermühlen*, den Ertrag gegenüber der slawischen Landwirtschaft zu verdoppeln. Doch lockten Fürsten und Grundherren nicht nur mit wirtschaftlichen Vorteilen. Sie garantierten Zuwanderern, die oft genug vor drückenden Verhältnissen im dichter besiedelten Reichsgebiet flüchteten, ein Leben unter deutschem Recht mit persönlicher Freiheit und dauerhaftem Grundbesitz.

Deutsches Recht hat östlich der Elbe auch die Entwicklung von Städten bestimmt. Zwar gab es schon um 1000 slawische Vorformen wie DANZIG, das im Schutze einer Burg als Marktort heranwuchs. Doch fielen auch im Osten die eigentlichen Stadtgründungen erst ins 12. Jahrhundert. Neugründungen übernahmen ihr *Stadtrecht* von sogenannten *Rechtsvororten*, unter denen LÜBECK und MAGDEBURG hervorragten. So entstanden *Stadtrechtsfamilien*, deren Mitglieder das gleiche Recht hatten.

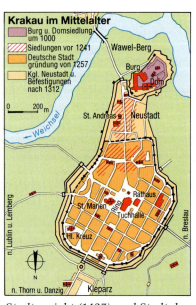

Stadtansicht (1493) und Stadtplan zeigen die Entwicklung von Krakau im Mittelalter.

Der Deutsche Ritterorden

Zu den Wegbereitern der Ostkolonisation gehörte auch der *Deutsche Ritterorden,* der 1198 im Heiligen Land zum Schutz der Pilger und zum Kampf gegen die Heiden gegründet worden war. Als Krieger und Mönche hatten sich die Ordensritter ganz ihrer Aufgabe verschrieben und besaßen nur, was zum Kampf nötig war. Nach den Kreuzzügen waren sie dem Hilferuf des Herzogs von Masowien gefolgt und gegen die heidnischen *Pruzzen* gezogen. In mühsamen, jährlich erneuerten Kreuzzügen hatten sie diesen baltischen Volksstamm zwischen 1226 und 1280 christianisiert.

Die eroberten Gebiete zwischen POMMERN und ESTLAND fügte der Orden zu einem Staat mit dem *Hochmeister* an der Spitze zusammen. Durch Zustrom von Siedlern aus dem Reichsgebiet entwickelten sich allmählich 93 Städte und etwa 1400 Dörfer. Neben großen Getreideüberschüssen setzte das Ordensland mit seinen 480 000 Einwohnern vor allem Fisch, Holz und Pelze ab. Besonders gewinnträchtig war der Handel mit Bernstein, der für die Rosenkränze der Christen ebenso begehrt war wie für die Gebetsschnüre der Moslems.

Durch seinen wirtschaftlichen Erfolg machte sich der Ordensstaat die Hansestädte und mit seiner Ostexpansion *Polen* zum Feind. In zwei Kriegen gelang polnischen Heeren das scheinbar Unmögliche. Sie brachten den Berufskriegern des Ritterordens bei TANNENBERG (1410) und ZARNOWITZ (1462) empfindliche Niederlagen bei, und der Orden mußte nun die *Lehnshoheit* des polnischen Königs anerkennen. 1525 wurde aus dem Ordensstaat ein weltliches Herzogtum.

Hermann von Salza, Hochmeister des Deutschen Ritterordens 1209 bis 1239. Er begründete die Landesherrschaft des Ordens in Preußen.

1 Die Tätigkeit des Deutschen Ordens ist unter Historikern bis heute umstritten. Kannst du dir denken warum?
2 Welche Auswirkungen hatte die Ostsiedlung auf Slawen und Deutsche?
3 Welche Folgen ergeben sich aus der Dorfanlage für die Feldbestellung?
4 Beschreibe die einzelnen Siedlungsabschnitte von Krakau.

Die Marienburg an der Nogat mit dem Hochmeisterpalast (links) und dem Hochschloß (rechts daneben). Sie wurde 1274 erbaut und war Hauptsitz des Deutschen Ordens. Auch nach der Niederlage von Tannenberg widerstand sie allen Angriffen. 1457 verkauften Söldner die ihnen verpfändete Marienburg an den polnischen König.

Osteuropa im späten Mittelalter

Die Entwicklung Polens

Polen – Land zwischen West und Ost

Der Adler im Wappen Polens ist das älteste polnische Staatssymbol.

Polen hat sich vom Beginn seiner Geschichte an zwischen Deutschland und Rußland behaupten müssen. Seine Grenzen sind dabei immer wieder und sogar noch bis in unser Jahrhundert hinein verschoben worden. Doch blieb auch in Zeiten schlimmster Unterdrückung, in denen Polen sogar von der Landkarte verschwand, das polnische Nationalbewußtsein ungebrochen. Bis in die Gegenwart hinein gab dann die Kirche dem polnischen Volk Halt und Orientierung.

Mit der Übernahme des römisch-katholischen Christentums im Jahre 966 hatte sich Polen nach Westeuropa ausgerichtet. Besonders König BOLESLAW I. CHROBRY (966–1025) führte diese Politik fort und schloß Polen eng dem Heiligen Römischen Reich an. Bis ins 14. Jahrhundert riefen polnische Fürsten deutsche Mönche, Bauern und Kaufleute in ihr noch wenig entwickeltes Land. Viele von ihnen haben dort eine neue Heimat gefunden. Familienbeziehungen zwischen deutschen und polnischen Fürstenhäusern waren nicht selten und verstärkten die Bindung Polens an die Kultur des Abendlandes.

129

Äußere Größe – innere Schwäche

Im Jahr 1386 vermählte sich die polnische Königstochter HEDWIG mit dem litauischen Fürsten JAGIELLO. Die *Union* beider Länder dehnte das Staatsgebiet im Osten gewaltig aus, so daß Polen nach dem Sieg über den Deutschen Orden von der Ostsee bis zum Schwarzen Meer reichte. Das Ziel eines großpolnischen Staates, das schon Polens König BOLESLAW um 1000 vorschwebte, schien damit erreicht zu sein.

Doch entsprach dieser gewaltigen Ausdehnung keine innere Stärke. Zunehmend mußten sich die Könige der Machtansprüche des Großadels *(Magnaten)* erwehren. Sie stützten sich dabei auf den Kleinadel, der immer mehr Rechte an sich zog. Seit 1468 bildeten seine Vertreter im polnischen Reichstag neben den Magnaten die 2. Kammer. Mit der Verfassung von 1505 beschränkte dann der Reichstag die Königsrechte auf die ausführende Gewalt und behielt sich das Recht vor, Gesetze zu geben. Die Einführung der *freien Königswahl* (1572) machte aus Polen praktisch eine „Adelsrepublik", was dem Adel die Durchsetzung privater Interessen ermöglichte. Polen war dem Einfluß ausländischer Mächte nun zunehmend ausgesetzt und büßte seine Vormachtstellung im Osten allmählich ein.

> Weil das gemeine Recht und die öffentlichen Verfassungen nicht den einzelnen, sondern das Gesamtvolk angehen, haben Wir auf diesem Reichstag zu Radom mit sämtlichen Prälaten, Räten, Baronen und Landboten Unseres Reiches für recht und vernünftig erachtet, auch verordnet, daß künftig in allen kommenden Zeiten nichts Neues (= nihil novil) von Uns und Unseren Nachfolgern bestimmt werden solle, ohne Genehmigung unserer gemeinsamen Räte und Landboten.
> *(nach: W. Günzel, Polen, Hannover 1965, S. 25)*

Der Kanzler Jan Laski überreicht 1506 König Alexander von Polen die Sammlung der Gesetze und Privilegien. Am Thron sitzen die Erzbischöfe von Gnesen und Lemberg sowie die Bischöfe von Krakau und Wloclawek. Die Wappen bezeichnen Herrschaften (u. a. das Deutschordensland).

1 Nenne die wichtigsten Etappen auf dem Weg zum polnischen Großreich. Nimm dabei die Karte zu Hilfe.
2 Welche Mächte waren an einem schwachen Polen interessiert?
3 Vergleiche das Verhältnis von König und Fürsten in Polen mit der Situation im Deutschen Reich und in Frankreich.

Osteuropa im späten Mittelalter

Der Aufstieg Rußlands

Waräger – Byzantiner – Tataren

Mit *Rußland* trat Ende des 15. Jahrhunderts eine Macht ins europäische Bewußtsein, die sich bis dahin in großer Abgeschiedenheit entwickelt hatte und nur in kriegerischer Abwehr gegen Litauen, Schweden und den Deutschen Orden hervorgetreten war.

Das Russische Reich verdankte seine Entstehung den *Warägern*. Das waren kriegerische normannische Fernhändler aus Skandinavien, die seit dem 8. Jahrhundert die großen Ströme Rußlands befuhren und Handel bis BYZANZ trieben. Die Slawen nannten sie „Rus", woraus der Name *Rußland* entstand. Einer alten Chronik zufolge soll der Waräger RURIK um 862 Fürst von NOWGOROD geworden sein und die erste mächtige Herrschaft begründet haben. Die kleine Schicht der Waräger verschmolz rasch mit der slawischen Bevölkerung und bald wurde KIEW die Hauptstadt eines großen Reiches. Seine Fürsten suchten Beziehungen zu Byzanz und nahmen 988 das *griechisch-orthodoxe Christentum* an. Damit trennten sie sich vom römisch-katholischen Abendland, denn fortan waren in Rußland das kirchliche Leben, die Kunst, die Schrift und der Kalender byzantinisch geprägt. Auch als das *Kiewer Reich* in Teilfürstentümer zerfiel, behielt die orthodoxe Kirche ihre ganz Rußland prägende Kraft.

Kurz nach 1200 hatten die *Mongolen,* aus Zentralasien kommend, ein Großreich von Westchina bis Südrußland errichtet. Die *Tataren,* wie man sie später nannte, überrannten ab 1237 auch die russischen Fürstentümer und hielten sie über 200 Jahre in ihrer Gewalt.

Kuppeln und Türme von Kathedralen im Moskauer Kreml, der befestigten Residenz russischer Zaren (erbaut seit dem 14. Jh.). Sie zeigen die Bedeutung der russischen Kirche für die Moskauer Reichsidee.

Mit ihren brutalen Herrschafts- und Strafmethoden übten sie auf die russische Bevölkerung eine nachhaltige Wirkung aus. Die von den Tataren geduldete Kirche bot dem russischen Widerstand Rückhalt. Doch verlor sie zunehmend die Kraft geistig-kultureller Entfaltung und erstarrte in rückwärtsgewandter Beharrung.

Das Moskauer Zarentum

Der Zar (Holzschnitt aus Herberstains „Moscovia", 1556).

Der „Stammbaum des Moskauer Reiches" als politische Propaganda: Aus dem Kreml wächst der Baum mit dem Erlöser, in den Medaillons Bilder von Herrschern und Kirchenfürsten (Ikone, 17. Jh.).

Die Befreiung Rußlands von der Tatarenherrschaft ging von dem zunächst unbedeutenden Teilfürstentum MOSKAU aus. Durch die „Sammlung russischer Erde" dehnte es seine Herrschaft über angrenzende Fürstentümer aus und stieg im Jahre 1328 zum Großfürstentum auf. Als das Oberhaupt der russischen Kirche seinen Sitz nach Moskau verlegte, stärkte dies die Führungsrolle der Großfürsten im erfolgreichen Kampf gegen die Tataren.

Die russische Kirche lehnte die Verständigung zwischen der griechischen und römischen Kirche aus dem Jahre 1439 ab und erklärte sich zur „Hüterin des wahren Glaubens". Sie sah in der Eroberung von Byzanz durch die Armee des Sultans MEHMED II. im Jahre 1453 die Strafe Gottes für die abtrünnige griechische Kirche.

IWAN DEM GROSSEN (1462–1505) gelang es, die tatarische Oberhoheit abzuschütteln, weitere Gebiete einzugliedern und die staatliche Einheit Rußland herzustellen. Im Jahre 1472 heiratete er die Nichte des letzten Kaisers von Byzanz und sah sich als dessen Erben an. Von nun an nannte er sich Selbstherrscher *(Autokrator)* und *Zar* (Kaiser) und übernahm von Byzanz das Hofzeremoniell und den Doppeladler im Reichswappen.

Die russische Kirche bezeichnete Moskau als den Hort des einzig rechtgläubigen (= orthodoxen) Christentums und – nach Rom und Byzanz – als das „dritte und ewige Rom", das zur Weltherrschaft berufen sei. Einen Eindruck von der kirchlich gestützten Autokratie des Zaren, die fortan Rußland prägte, vermittelt der habsburgische Gesandte SIEGMUND VON HERBERSTAIN aus dem Jahre 1549:

> Hinsichtlich der Macht, die er über seine Untertanen ausübt, übertrifft der moskowitische Fürst bei weitem alle Monarchen der Welt. Seine Macht erstreckt sich gleichermaßen auf geistliche und weltliche Personen, über deren Leben und Vermögen er schrankenlos nach Gutdünken verfügt. Selbst von seinen Ratgebern könnte keiner sich getrauen, eine von der Meinung des Zaren abweichende Ansicht zu vertreten oder ihm gar entschieden zu widersprechen. Offen sagen sie, der Wille des Zaren sei Gottes Wille, und der Zar handle nur als Vollstrecker des göttlichen Willens. Deshalb pflegt auch der Zar selbst auf wichtige Gesuche zu antworten: „Wenn Gott es befiehlt, werden Wir es tun." Und bei unsicheren und zweifelhaften Sachen pflegt man zu sagen: „Das weiß nur Gott und der großmächtige Zar." Ungewiß ist, ob dieses Volk seines groben und verstockten Wesens halber das Bedürfnis hat, sich von einem Tyrannen beherrschen zu lassen, oder ob es unter dem Einfluß der Tyrannei des Zaren so gefühllos und grausam wird.
> (Siegmund v. Herberstain, Rerum Moscoviticarum Commentarii (1549), nach: V. Gitermann, Geschichte Rußlands, Bd. 1, Hamburg 1949, S. 408f.)

1 Diskutiert den Schlußsatz der Quelle und versucht, die historischen Gründe und Auswirkungen der Autokratie zu erläutern.
2 Welche Rolle für die Ausprägung der russischen Autokratie spielten die russische Kirche und die Tatarenherrschaft?

Herbst des Mittelalters

Die Pest entvölkert Europa

Der Schwarze Tod

> Das große Sterben begann im Januar und dauerte sieben Monate. Zu unterscheiden waren zwei Krankheitsformen: Die erste zeigte sich in den ersten beiden Monaten mit anhaltendem Fieber und blutigem Auswurf. Alle starben innerhalb von drei Tagen. Die zweite Form ging ebenfalls mit ständigem Fieber einher, zeigte aber auch Geschwüre und Beulen auf der Körperoberfläche, zumal in den Achsel- und Leistengegenden. Diese Kranken starben binnen fünf Tagen. Die Krankheit war so ansteckend, daß nicht nur ein Verweilen bei den Kranken, sondern ein bloßer Anblick schon zur Ansteckung genügte. Einer empfing sie vom anderen in dem Maße, daß ganze Familien starben, ohne jede Pflege, und begraben wurden sie ohne Priester.
> (Der sog. Avignoner Brief, nach: M. Vasold, Pest, Not und schwere Plagen, München 1991, S. 43 f.)

Mit Geißeln, an deren Ende Nägel befestigt waren, zogen Menschen zu Hunderten von Stadt zu Stadt. Um die Pest als Strafgericht Gottes abzuwenden, peitschten die Geißler ihre Oberkörper.

Die todbringende Seuche, deren Verlauf der päpstliche Leibarzt GUY DE CHAULIAC im Jahre 1348 beschreibt, hatte im Herbst des Jahres 1347 die ersten Hafenstädte des Mittelmeers erreicht. Von dort breitete sie sich mit einer Geschwindigkeit von drei bis acht Kilometern pro Tag von Frankreich nach Norden aus. Über den Gotthard- und den Brenner-Paß erreichte diese erste große *Pestwelle* 1348 Deutschland. Ihr voraus eilten Nachrichten über das große Sterben. In Italien hatte die Seuche in manchen Städten die Hälfte der Bevölkerung dahingerafft, auch in Frankreich ließ sie entvölkerte Gegenden zurück. Die Angst vor dem unerklärlichen *Schwarzen Tod* führte auf der Suche nach „Sündenböcken" vor allem in deutschen Städten 1349 zu einer regelrechten Judenverfolgung.

In den Jahren 1348–1350 fielen der Pest nach vorsichtigen Schätzungen 25 Millionen Menschen zum Opfer: etwa ein Drittel der europäischen Gesamtbevölkerung. Noch heute erinnern Pestsäulen, Prozessionen und Passionsspiele an die Schrecken jener Zeit.

Ratten mit pestverseuchten Flöhen im Pelz hatten die Seuche an Bord der Handelsschiffe geschleppt. Erst sehr viel später – aber als Folge der Pest – blieben die Besatzungen aller Schiffe aus dem Orient 40 Tage (italienisch: quaranta) isoliert, bevor sie das Festland betreten durften. Sie wurden der Quarantäne unterworfen, einer heute weltweit verbreiteten Vorsichtsmaßnahme.

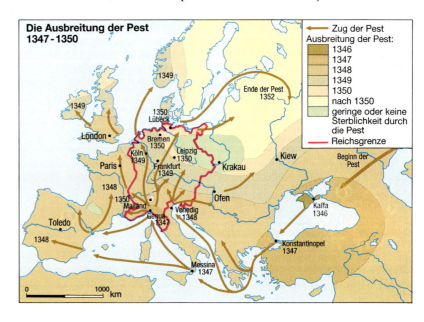

Wissen und Bildung

**Universitäten –
Zentren des Wissens**

Schon im 12. Jahrhundert hatte sich an einigen Kloster- und Kathedralschulen eine Gemeinschaft von Lehrenden und Lernenden gebildet, die oft aus ganz verschiedenen Ländern kamen. In PARIS hatte einer solchen „universitas magistrorum et scholarium", wie man damals sagte, der Domherr ROBERT DE SORBON Studienhäuser (Kollegien) gestiftet. Da sein Beispiel auch andernorts Schule machte, übertrug sich der Name *Universität* von der Lebensgemeinschaft der Lehrer und Schüler bald auch auf die Gebäude.

Die Universität von Paris, deren Name *Sorbonne* an ihren Stifter erinnert, galt im Mittelalter als Hochburg für das Studium der Philosophie und Theologie. In der Rechtswissenschaft war die Universität von BOLOGNA führend. Über die Universitäten in SALERNO und MONTPELLIER gelangte das medizinische Wissen der Antike dank der kenntnisreichen arabischen Ärzte nach Europa. Zu diesen alten Universitäten traten im 14. und 15. Jahrhundert zahlreiche Neugründungen in ganz Europa. Um 1500 gab es im Reich 16 Universitäten, unter denen PRAG (1348), WIEN (1365), HEIDELBERG (1386), KÖLN (1388), ERFURT (1392), LEIPZIG (1409) und ROSTOCK (1419) die bekanntesten waren.

Zwar regelte jede Universität Inhalt und Ablauf eines Studiums für sich, doch glichen sich die Unterrichtsformen: Die *Vorlesungen* mit ihrer Lektüre und genauen Erläuterung lateinischer Texte ergänzten *Disputationen,* bei denen der Student über ein Thema oder einen Text zu diskutieren und dabei Argument und Gegenargument abzuwägen lernte.

**„Artes liberales" –
die eines freien Mannes
würdigen Künste**

Bevor jedoch ein Student das Studium der Theologie, Jurisprudenz oder Medizin aufnehmen konnte, mußte er sich in den „Artes liberales", in den *Freien Künsten,* an einer der Universitäten ausbilden lassen. In einem ersten Lehrgang verbesserten die etwa 10- bis 16jährigen Schüler ihre lateinischen Grammatikkenntnisse, lernten im Fach Dialektik die Kunst der Diskussion und verfeinerten durch die Rhetorik ihre Rede. Arithmetik, Geometrie, Musik(theorie) und Astronomie schlossen sich im zweiten Teil der fünfjährigen Ausbildung an. Eine Abschlußprüfung öffnete dem Studenten dann den Weg zu den höheren Studien: zur Medizin, zur Jurisprudenz oder zur Theologie.

Doch schlossen längst nicht alle Studenten das Studium mit einem Examen ab. Nur etwa 15 % der Studienanfänger brachte es zum „Magister artium", zum Lehrer der Freien Künste. Allein 5 % konnten nach dem Studium den Doktor-Titel führen.

Aula einer Universität im 14. Jahrhundert.

1 Nenne die Länder, die von der Pest heimgesucht wurden.
2 Schildere die Symptome der Pesterkrankung.
3 Welche Folgen hatte eine Epidemie für Krankenpflege und Bestattung?
4 Erkläre, warum die Juden im Mittelalter in die Rolle der „Sündenböcke" gedrängt wurden.
5 Erkläre den Begriff „Universität".
6 Fertige zur Universitätsausbildung ein Schaubild an.
7 Nenne Gründe, die einen Landesfürsten zur Gründung einer Universität veranlassen konnten.

Herbst des Mittelalters

Pracht und Wohlstand in Burgund

Burgund: klein, aber fein

Philipp der Gute von Burgund (1419–1467), auf dessen Herkunft die Lilien verweisen. Der Teppich zeigt die Landeswappen von Burgund, Flandern, Limburg und Brabant.

Burgund – führend in Sachen Mode

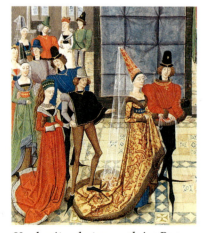

Hochzeiten boten auch im Burgund des 15. Jh. eine Gelegenheit zu besonderer Prachtentfaltung.

Scheinbar unberührt von den Kriegen und Krisen des 14. und 15. Jahrhunderts zeigte sich das anfangs nur kleine *Herzogtum Burgund*. Der hundertjährige Krieg und der Zerfall des Deutschen Reiches schienen das nur hundert Jahre selbständige Herzogtum eher zu begünstigen. Immer wieder gelang es den burgundischen Herzögen, mit unglaublicher Prachtentfaltung die Aufmerksamkeit Europas auf sich zu ziehen. Dabei stand ihr Hof in DIJON ebenso oft im Mittelpunkt wie die burgundischen Städte Flanderns und Brabants, wenn zu Messen oder Turnieren geladen war.

Burgund verdankte seinen Wohlstand in erster Linie seinen Bauern und Winzern. Burgunder Rotwein war ebenso geschätzt wie Dijoneser Schinken. Mit Pasteten und Kapaunen, mit Wildschwein und Lamm sowie zahlreichen Delikatessen aus seiner Küche wußte der Herzog seine Gäste bei Festbanketten zu verwöhnen. Und seine Freude am stilvollen Tafel- und Weingenuß bescherte Glasbläsern und Silberschmieden willkommene Aufträge.

Der Anbau von Flachs und Hanf bildete die Grundlage der Tuchherstellung, in der sich Flandern vor allen burgundischen Landesteilen hervortat. Dank der in Burgund gezüchteten Färberpflanzen *Krapp* (rot) und *Reseda* (hellgrün) waren die burgundischen Tuchhersteller der Konkurrenz im Wettbewerb um modische Kleidung eine Nasenlänge voraus.

„Wer schön sein will, muß leiden." Diese Volksweisheit bewies in Burgund einmal mehr ihre Gültigkeit. In hauteng Hosen gezwängt durchlitten hohe Herren bei öffentlichen Auftritten kaum weniger Qualen als ihre in Mieder geschnürten Damen, die mit einer Wespentaille dem Schönheitsideal der Zeit entsprechen wollten. Für den Herrn galt das kurze, oftmals geteilte Wams mit Puffärmeln und einer dazu passenden ausgefallenen Kappe als letzter Schrei. Die modebewußte Dame trug ein edelsteinbesetztes Schleppenkleid mit tiefem Ausschnitt. Ihr Kopfputz und ihre Haartracht mußten dem Schönheitsideal entsprechend die hohe, gewölbte Stirn betonen.

Die Schuhmode in Burgund hatte besonders extravagante Vorschriften. Je spitzer der Schuh, desto edler sein Träger. Nur fürstliche Zehen durften Schuhspitzen von mehr als zweieinhalbfacher Fußlänge tragen. Der Fuß des „kleinen" Mannes mußte sich mit Schuhen begnügen, deren Spitze lediglich eine halbe Fußlänge maß. Doch war solch weltliches Modebewußtsein vor allem seitens der Kirche nicht sonderlich gelitten, wie eine Chronik aus dem Jahre 1372 beweist:

> Da fast alle jungen Leute der Eitelkeit ergeben Schnabelschuhe tragen, will der allmächtige Gott, dem der Hochmut der Menschen mißfällt, zeigen, daß ihm diese Eitelkeit nicht gefalle. Und er gestattete daher, daß der Blitz, vom Himmel kommend, plötzlich die Schnabel solcher Schuhe oder die Nasen an den Füßen eines gewissen Edelmannes abschlug.
> *(Chronik des Benesch, zitiert nach: Otto Zierer, Bild der Jahrhunderte, Bd. 24, München 1953, S. 265)*

Zusammenfassung 135

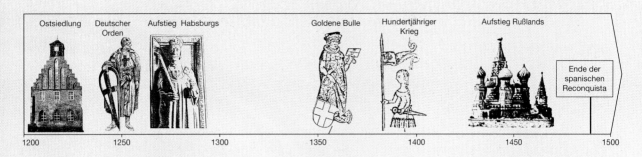

Eine Epoche klingt aus

Im Namen „Spätmittelalter" klingt das Ende eines Zeitalters an. Alte Entwicklungen versiegen, und es werden neue Ansätze sichtbar, die bis in unsere Gegenwart fortwirken.

Die beiden Universalgewalten *Kaiser* und *Papst* hatten sich in ihrer Auseinandersetzung verbraucht und verloren ihre bestimmende Rolle. Das Reich erfuhr eine *Territorialisierung* mit einer gewissen Widersprüchlichkeit: die Fürsten setzten gegenüber dem Kaiser ihre reichsständische Freiheit durch, unterwarfen jedoch die Stände ihrer eigenen Territorien der *landesherrlichen Gewalt*. Die Kurfürsten verankerten ihre Stärke in der *Goldenen Bulle*, bewirkten damit jedoch eine Schwächung des Kaisers bis zum Ende des Reiches. Durch Bildung einer *Hausmacht* suchten die Kaiser eine neue Machtbasis; dabei erheirateten sich die *Habsburger* eine europäische Großmachtstellung.

Kirche und Papsttum gerieten in eine tiefe Krise. Alle Versuche, die nötigen *Kirchenreformen* auf Konzilien durchzusetzen, scheiterten am hinhaltenden Widerstand von Papst und Kaiser. Der Boden für die Reformation war so bereitet.

In langen Kriegen entstanden im Westen *Nationalstaaten*. Mit dem Stolz auf die eigene Unabhängigkeit und Besonderheit kam es jedoch oft auch zu Vorbehalten gegenüber anderen Nationen. Andererseits bot die deutsche *Ostkolonisation* ein zumeist friedliches Beispiel fruchtbarer kultureller Durchdringung und Entwicklung.

Osteuropa hingegen erfuhr tiefgreifende Erschütterungen: einmal durch den bis Schlesien vordringenden Ansturm der *Tataren*, deren langjährige Herrschaft über Rußland dessen Isolierung von Europa bewirkte; zum anderen durch das Vordringen der *Türken*, die das *Byzantinische Reich* vernichteten und den Balkan eroberten.

Eine andere Erschütterung traf alle Völker jener Zeit: die *Große Pest* des 14. Jahrhunderts! Und dennoch erreichte die Kultur des späten Mittelalters im 15. Jahrhundert noch eine hohe Blüte.

Wichtige Begriffe

- Autokratie
- Deutscher Orden
- Drittes Rom
- Erzämter
- Goldene Bulle
- Hausmachtpolitik
- Inquisition
- Kirchenreform
- Kurfürst
- Landesherr
- Nationalstaat
- Orthodoxe Kirche
- Ostsiedlung
- Pest
- Reconquista
- Stadtrechtsfamilie
- Tataren
- Territorialisierung

Das Zeitalter des Umbruchs

Ein Globus, wie ihn jede Schule besitzt? Nein, es ist der erste Globus überhaupt, in Nürnberg von Martin Behaim hergestellt. Von seinen Zeitgenossen wurde er bestaunt wegen der Kühnheit und Modernität der Auffassung der Erde als Kugel.

Aber er ist an entscheidender Stelle falsch: Amerika und der Stille Ozean existieren überhaupt nicht. Jenseits des Atlantik, viel zu nah, liegt Ostasien. Eine ähnliche Karte mit falschen Entfernungen hat auch Kolumbus benutzt.

Als Behaim 1492 seinen Globus schuf, war Christoph Kolumbus mit 3 Schiffen nach Westen aufgebrochen, um einen neuen Seeweg nach Indien zu entdecken.

Behaim und Kolumbus lebten in einer Zeit wichtiger Entdeckungen. Zwar galt auch 1492 noch die Erde als Zentrum des Universums. Es dauerte jedoch nur noch wenige Jahre, bis Nikolaus Kopernikus mit seiner Theorie, wonach die Sonne den Mittelpunkt des Universums bildet, das jahrhundertealte Weltbild revolutionierte.

Kopernikus studierte in Krakau und in Italien. Hier hatte der Reichtum der Städte Universitäten und gelehrte Gesellschaften hervorgebracht, in denen die Ideenwelt der griechischen Philosophen und Mathematiker zu neuem Leben „wiedergeboren" schien.

Das Zeitalter des Umbruchs

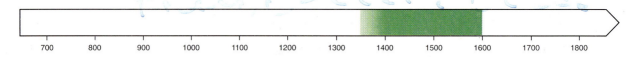

Europa im Umbruch und Aufbruch

Um 1500 gab es in Europa auf vielen Gebieten tiefgehende Veränderungen. In dieser Zeit liegt die Bruchstelle zwischen Mittelalter und Neuzeit.

In den reichen und selbständigen norditalienischen Städten wandten sich viele Menschen der römischen und griechischen Vergangenheit zu und suchten dort Vorbilder für ihr Leben. Sie lösten sich von den Denk- und Lebensweisen des Mittelalters. Der einzelne Mensch rückte in den Mittelpunkt des Interesses. Das Individuum sollte alle seine Fähigkeiten entfalten und durch eigenständiges Denken und Beobachten die Natur und die Welt erkennen. Die Erfindung des Buchdrucks führte Europa enger zusammen, denn alle neuen Ideen und Erkenntnisse konnten sich schnell verbreiten.

1492 erreichte Christoph Kolumbus die „Neue Welt". Europa durchbrach die alten Horizonte. Mit den Entdeckungs- und Eroberungsfahrten begann die „Europäisierung der Welt". Zuerst waren es Portugiesen und Spanier, dann die anderen europäischen Nationen, die ihre Sprache, ihre Religion, ihre Wirtschaft und Technik weiten Teilen der Welt aufzwangen. Bis in unser 20. Jahrhundert dauerte diese Vormachtstellung Europas an. Die Kosten mußten bis heute aber die anderen tragen.

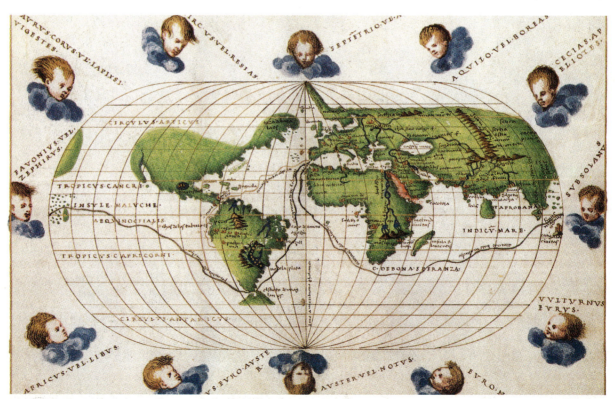

Die Weltkarte des Venezianers B. Agnese von 1542 zeigt den damals aktuellsten Kenntnisstand. Auf der Karte sind die Route der Weltumseglung Magellans von 1519–1522 sowie der Weg der spanischen Gold- und Silbertransporte aus Amerika eingetragen.

Renaissance und Humanismus 139

Mit anderen Augen

Zwei Künstler haben die MADONNA MIT DEM JESUSKIND gemalt. Das linke Bild verzierte den Altar einer Kirche. Der Künstler, der die Muttergottes um 1260 in LUCCA, ganz in der Nähe von Florenz, schuf, ist – wie im Mittelalter sehr häufig – unbekannt geblieben. Mit dem rechten Bild bedankte sich im Jahre 1465 der Maler FILIPPO LIPPI beim *Herzog von Florenz*, seinem Gönner und Förderer. In der Madonna mit dem Kind, die in einem Adelspalast in Florenz ihren Platz fand, hat Lippi seine Frau Lucrezia und seinen Sohn Filippino verewigt.

Die beiden Künstler stammen aus derselben Gegend, aber zwischen den Gemälden liegen 200 Jahre. Das spiegelt sich auch in der veränderten Darstellung wieder, die eine neue Auffassung vom Menschen und von der Natur zeigt. Sie ist ein wichtiges Kennzeichen dafür, daß das Mittelalter allmählich ausklingt, und eine neue Zeit beginnt.

1 Vergleiche die beiden Gemälde miteinander:
   a) Welche Unterschiede erkennst du bei der Darstellung der Gesichter, der Körperhaltung und der Kleidung?
   b) Wie hat sich die räumliche Darstellung geändert, wie der Hintergrund?
   c) Welche Farben haben die Maler vorwiegend eingesetzt?
   d) Was wollte ein Maler durch einen Goldgrund wohl ausdrücken?

Renaissance und Humanismus

Florenz – Wiege von Renaissance und Humanismus

Wiedergeburt der Antike

So wie Filippo Lippi arbeiteten seit etwa 1400 immer mehr Maler und Bildhauer zunächst in FLORENZ, später dann in ganz Italien und Europa. Den Schlüssel zu einer – wie man damals sagte – „dem Leben abgeformten" Darstellung des Menschen und seiner Umgebung hatte der Florentiner Architekt FILIPPO BRUNELLESCHI (1376–1445) gefunden. Er hatte nämlich entdeckt, daß hinter der Schönheit antiker Figuren und Statuen mathematische Gesetzmäßigkeiten standen. Das Geheimnis ihrer Harmonie lag in den richtigen Proportionen ihrer Körperteile. Wer Menschen und Landschaften wirklichkeitsgetreu abbilden wollte, benötigte also Kenntnisse in der Mathematik, der Geometrie und der Anatomie. So waren die Künstler darauf aus, sich über ihre handwerklichen Fähigkeiten hinaus umfassend zu bilden.

Die Werke der antiken Philosophen, Dichter, Wissenschaftler, Geschichtsschreiber und Baumeister galten als Quellen der Weisheit. In der großen Zeit Athens und Roms sahen viele Menschen ein Vorbild. Sie erklärten die vergangenen Jahrhunderte zum „finsteren Mittelalter", einer Zeit des Niedergangs und der Barbarei.

Griechische und lateinische Handschriften oder antike Kunstwerke zu sammeln und anderen zugänglich zu machen, das hatten sich viele Künstler und Gelehrte – aber auch Fürsten und Päpste – zur Aufgabe gemacht. Sie bezeichneten sich selbst nach dem lateinischen Wort „humanus" (= menschlich, gebildet) als *Humanisten*. Denn sie waren überzeugt, daß die Menschen durch das Studium der klassischen Vorbilder vollkommener, ja in gewisser Weise erst geboren werden. Der Begriff *Wiedergeburt* erschien erstmals im Jahre 1550. Heute nennt man diese Zeit, in welcher der einzelne Mensch und seine diesseitige Umgebung in den Mittelpunkt des künstlerischen und wissenschaftlichen Interesses rückte, die *Renaissance*.

Italien zur Zeit der Renaissance (um 1454)

Zwischen Kunst und Politik. Blick auf Florenz: links das Rathaus mit dem 94 m hohen Turm (Palazzo Vecchio, 1314 vollendet). Rechts der Dom, 1296 begonnen, mit der 1436 vollendeten Kuppel.

Florenz und die Medici

Treffpunkt vieler Künstler und Gelehrter waren die Paläste einer Kaufmanns- und Bankiersfamilie, deren Namen man damals in einem Atemzug mit ihrer Heimatstadt FLORENZ nannte: die MEDICI. Die Stadt hatte sich durch Wollverarbeitung und Tuchhandel zu einem europäischen Wirtschaftszentrum entwickelt, dessen Währung – der Florentiner Goldgulden – in ganz Europa begehrt war. Handel und Bankgeschäfte hatten den Medici größeren Reichtum und höheres Ansehen als anderen florentinischen Familien eingebracht. In ihren Handelskontoren und Bankfilialen in London, Brügge, Lyon, Mailand, Venedig und Rom spiegelten sich ihre europaweiten Geschäftsverbindungen wieder. Die wirtschaftliche Macht seiner Familie münzte COSIMO MEDICI (1389–1464) in politische um, als er 1434 mit List und Gewalt andere einflußreiche Kaufmannsfamilien vom Stadtregiment verdrängte.

Florenz nannte sich zwar weiterhin „Republik", aber von einer Beteiligung aller wohlhabenden Bürger an der Regierung des Stadtstaates konnte keine Rede mehr sein. Auch außerhalb ihrer Heimatstadt saßen immer wieder die Medici an den Schaltstellen der Macht: Cosimos Urenkel ließ als Papst LEO X. die *Peterskirche* in ROM neu erbauen, zwei französische Königinnen stammten ebenfalls aus dieser Familie.

Um sich selber zu verherrlichen, das Ansehen ihrer Heimatstadt Florenz zu vergrößern und damit auch die eigene Herrschaft über die Stadt zu sichern, überhäuften die Medici Architekten, Maler, Bildhauer und Dichter mit unzähligen Aufträgen. Mit prächtigen Gebäuden, aufwendiger Kleidung und prunkvollen Festen suchten sie, sich von anderen reichen und kunstinteressierten Familien in Florenz und ganz Italien abzuheben. Sie wollten die besten Künstler und Gelehrten an Florenz binden, um die Stadt zu einem „Neuen Athen" zu machen, einem vielbewunderten Zentrum von Kunst, Kultur, Bildung und Wissenschaft.

„Den Staat regiert man nicht mit dem Rosenkranz zwischen den Fingern" soll der Stadtherr von Florenz, Cosimo Medici, gesagt haben. Verstehst du seinen Ausspruch?

Die Stadt zählte um 1300 bereits über 100 000 Einwohner. Die Gesellen und Arbeiter, die diese Wahrzeichen der Stadt schufen, blieben von Wohlstand und politischem Einfluß ausgeschlossen.

Renaissance und Humanismus

Künstler, Forscher und Erfinder

Leonardo da Vinci (1452–1519)

Selbstbildnis Leonardos von 1515. Um seine Zeitgenossen zu verblüffen, schrieb er oft von rechts nach links.

Eines der größten Universalgenies wurde in dem Dorf VINCI bei Florenz als uneheliches Kind eines Notars geboren. Früh erkannte der Vater die Begabung seines Sohnes und schickte ihn in die Lehre zu dem berühmten Florentiner Maler und Bildhauer VERROCCHIO, einem Freund des Stadtherrn LORENZO DI MEDICI.

LEONARDO arbeitete für die Medici, für den Herzog von Mailand sowie für den Papst in Rom und starb hochgeehrt als Gast des französischen Königs. Er hat einige der schönsten Werke der europäischen Malerei geschaffen, am bekanntesten davon sicher seine „Mona Lisa". Wir haben über 7000 Seiten an Notizen, Zeichnungen, Plänen von Maschinen und wissenschaftlichen Abhandlungen, die uns eine genaue Vorstellung von Leonardos vielfältigen Forschungen und Tätigkeiten geben. So hat er z. B. Satellitenstädte geplant, um das übervölkerte Mailand zu entlasten. Auch wollte er die sumpfige Po-ebene entwässern und mit Kanälen, Aquädukten und Durchgangsstraßen durchziehen. Manche seiner Pläne – wie Unterseeboot, Maschinengewehr oder Hubschrauber – waren der Zeit voraus und ließen sich deshalb nicht verwirklichen.

Besonders wichtig war Leonardo die Beobachtung der Natur, denn er wollte ihre Geheimnisse verstehen lernen. Viel Zeit verbrachte er damit, den Vogelflug zu studieren, um einen Flugapparat zu entwerfen. Um die Bewegungen der Menschen in seinen Bildern naturgetreu wiedergeben zu können, untersuchte er den menschlichen Körperbau und seine Muskulatur bis ins kleinste. Über schlechte Maler, deren nackte Gestalten „eher einem Sack voller Nüsse als einem menschlichen Äußeren gleichen", machte er sich lustig.

Leonardo bezeichnete sich selbst als „Schüler der Erfahrung" und schrieb über die Arbeitsweise des Künstlers: „Wer sich der Praxis hingibt ohne Wissenschaft, ist wie der Seemann, der ein Schiff ohne Ruder und Kompaß besteigt und nie weiß, wohin er fährt."

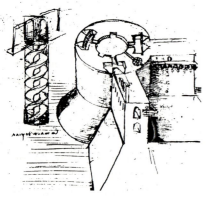

Plan um 1488 für eine Festung mit schräger Mauerbasis, an der die Geschosse abprallen. (Doppelspiralige Wendeltreppe. Die Soldaten behindern sich nicht beim Hinauf- und Hinunterlaufen.)

Bewerbungsschreiben Leonardos an den Herzog von Mailand, 1482:
1) Ich kenne Möglichkeiten, außerordentlich leichte und ohne jede Schwierigkeit transportierbare Brücken herzustellen ...
2) Ich verstehe es, bei der Belagerung eines Platzes die Wassergräben trockenzulegen ...
4) Ich habe Pläne für eine Art von Bombarden, die leicht zu transportieren sind ...
9) Und sollte man sich zur See befinden, so kann ich viele Arten von wirksamem Gerät zum Angriff und zur Verteidigung herstellen ...
10) In Friedenszeiten glaube ich, dem Vergleich mit jedem anderen in der Architektur und im Planen öffentlicher und privater Bauten aufs beste standhalten zu können ... Desgleichen will ich Skulpturen in Marmor, Bronze oder Ton machen; ebenso alles auf dem Gebiet der Malerei so gut wie jeder andere, wer er auch sein möge. ...

Ich empfehle mich Eurer Hoheit in tiefster Demut.
(Codex Atlanticus, in: L. Reti, Leonardo – Künstler, Forscher, Magier, Stuttgart 1974, S. 7)

Lernen durch Beobachten

Überall in Europa gewannen die Wissenschaftler und Forscher ihre Erkenntnisse aus eigenen Erfahrungen und Beobachtungen. Sie verließen sich – wie schon Leonardo – nicht mehr auf das, was die Bibel und das Werk des griechischen Denkers ARISTOTELES sagten. Der Brüsseler Arzt VESALIUS (1514–1564) hatte bereits als Student neue Vorstellungen über den menschlichen Körperbau entwickelt. Die Leichen, die er zum Beweis seiner Aussagen sezieren mußte, besorgte er sich auf Friedhöfen und Hinrichtungsstätten. Sein Ansehen wuchs so schnell, daß er bereits im Alter von 23 Jahren Professor für Chirurgie in Padua wurde. Kaiser und Könige nahmen ihn als Leibarzt in ihren Dienst.

Dennoch konnten sich die neuen wissenschaftlichen Methoden und Erkenntnisse nicht überall durchsetzen. GALILEO GALILEI, der große Physiker, beschreibt 100 Jahre später die Widerstände:

Bahnbrechend wirkten die präzisen anatomischen Darstellungen, die Vesalius in seinem medizinischen Werk 1543 veröffentlichte.

> Diesen Tag nun geschah es, daß man den Ursprung und den Ausgangspunkt des Nerven aufsuchte, welches eine berühmte Streitfrage zwischen den Ärzten ist. Als nun der Anatom zeigte, wie der Hauptstamm der Nerven, vom Gehirn ausgehend, den Nacken entlangzieht, sich durch das Rückgrat erstreckt und durch den ganzen Körper verzweigt, wendete er sich an einen Edelmann mit der Frage, ob er nun zufrieden sei und sich überzeugt habe, daß die Nerven im Gehirn ihren Ursprung nehmen und nicht im Herzen. Worauf dieser erwiderte: Ihr habt mir das alles so klar, so augenfällig gezeigt, – stünde nicht der Text des Aristoteles entgegen, der deutlich besagt, der Nervenursprung liege im Herzen, man sähe sich zu dem Zugeständnis gezwungen, daß Ihr recht habt.
> (G. Galilei, Dialog über die beiden hauptsächlichsten Weltsysteme, in: K. Vorländer, Philosophie d. Renaissance, Reinbek 1965, S. 251f.)

Vom Nutzen der Wissenschaft

Viele Forscher waren damals daran interessiert, ihre Erkenntnisse und Erfindungen anwendbar zu machen. In Zusammenarbeit mit erfahrenen Handwerksmeistern enstanden verbesserte oder auch ganz neue Maschinen. Vor allem technische Neuerungen für den Abbau von Edelmetallen stießen auf großes Interesse und versprachen ihren Erfindern Gewinne. Im Tiroler Silberbergbau kam 1553 eine Wasserhebemaschine zum Einsatz, die aus den tiefen Stollen das Wasser an die Erdoberfläche transportierte. Sie leistete die Arbeit von 500–600 kübelschleppenden Männern. Ihr Kaufpreis von 15 000 Gulden lag sogar noch um 5000 Gulden unter dem Jahreslohn der zuvor eingesetzten Arbeiter.

Auch im Mühlenwesen und in der Glas- und Spiegelbearbeitung fanden wissenschaftliche und technische Erkenntnisse Anwendung. Um einträgliche Erfindungen als „geistiges Eigentum" vor unliebsamen Nachahmern zu schützen, erließ Venedig 1474 als erste Stadt ein Patentschutzgesetz.

Entwurf Leonardos für leicht transportierbare Kanonen.

1 Leonardo da Vinci gilt als Universalgenie. Was meint man damit?
2 Erkläre den Widerspruch gegen die moderne Denkweise, wie er in der Quelle zum Ausdruck kommt.

Renaissance und Humanismus

Der Buchdruck – eine Erfindung mit Zukunft

Im Mittelalter war die Herstellung von Büchern langwierig und teuer. Mönche schrieben die Texte von Hand auf Pergament. Im 15. Jahrhundert druckte man mit aus Holz geschnitzten Stempeln ganze Seiten. Doch um 1455 gelang dem Mainzer Goldschmied JOHANNES GUTENBERG (1397–1468) nach langjährigen Experimenten und unter hohen Schulden eine revolutionäre Erfindung: der *Buchdruck* mit *beweglichen Buchstaben*. Die einzelnen Buchstaben wurden aus Blei gegossen und sortiert. Setzer fügten sie zu einzelnen Worten zusammen und gestalteten damit ganze Seiten. Da Papier leichter als Pergament herzustellen war, konnte man jetzt Schriften und Flugblätter in hohen Auflagen preiswert drucken. In allen europäischen Städten schossen Druckereien aus dem Boden.

Über 80 % der Bevölkerung Europas lebte als Analphabeten auf dem Land. In den Städten hingegen lernten wohlhabende Bürgersöhne nun an einer der zahlreichen Stadtschulen aus *Büchern*, was für ein erfolgreiches Berufsleben wichtig war. Immer öfter erschienen an den Universitäten, deren Zahl in ganz Europa seit dem Spätmittelalter zugenommen hatte, neue wissenschaftliche Erkenntnisse, die durch den Buchdruck verbreitet wurden.

Der Buchdruck eröffnete freilich auch Möglichkeiten, die den Herrschenden gefährlich werden konnten. Politische und religiöse Auseinandersetzungen fanden ein Echo in ganz Europa, besonders in Form von Propaganda- und Streitschriften. Doch alle Versuche, Bücher wegen ihres Inhalts zu verbieten, schlugen fehl. Der Druck mißliebiger Schriften ließ sich von Fürsten und Landesherren kaum noch kontrollieren. Auch das von der Kirche 1559 eingeführte Verzeichnis aller verbotenen Bücher, der sogenannte *Index*, verhinderte deren Verbreitung nicht.

Ein Kunde (links im Bild) bespricht mit Meister Gutenberg den Auftrag. Im Hintergrund holt ein Setzer die benötigten Buchstaben aus dem schrägstehenden Setzkasten, während ein Gehilfe neues Papier besorgt. Im Vordergrund schwärzt ein Drucker mit zwei Stempeln die Druckform; der Rahmen mit dem Papier wird dann darüber geklappt und in die Druckpresse geschoben. Die frisch gedruckten und noch feuchten Bögen trocknen an der Leine. – So könnte sich die Arbeit in Gutenbergs Werkstatt abgespielt haben.

1 Ein Humanist und ein Bischof streiten über Bedeutung und Gefahren des Buchdrucks. Suche für jede Seite Argumente.
2 Welche Bevölkerungsgruppen wurden vom Buchdruck nicht erreicht? Wer informierte sie?

Das neue Weltbild

„Schließlich wird man sich überzeugen, daß die Sonne selbst im Mittelpunkt der Welt steht." Mit diesem einen Satz, dem Ergebnis seiner Berechnungen, verwarf NIKOLAUS KOPERNIKUS (1473–1543) die Jahrhunderte gültige Ansicht von der Erde als Zentrum des Universums.

Sein 1543 gedrucktes Werk verbreitete seine Lehre *Über die Kreisbewegungen der Weltkörper* in ganz Europa. Die Einleitung des Buches, das Kopernikus dem Papst widmete, zeigt uns das moderne Denken des Naturwissenschaftlers. Ausgangspunkt seiner Forschungen waren widersprüchliche und ungenaue Berechnungen der Planetenbahnen. Kopernikus stellte eine Theorie auf, die der volkstümlichen Meinung, der traditionellen Wissenschaft und bestimmten Bibelstellen widersprach. Dann suchte er nach Beweisen und fand Hinweise in der antiken Literatur. Durch genaue Beobachtung der Gestirne erkannte er, daß alle Planeten um die Sonne kreisen. Die Erde ist eine Kugel, die sich um sich selbst dreht und die Monat für Monat vom Mond umrundet wird.

Die katholische Kirche tat das neue Bild vom Universum als bloße Spekulation ab. Erst 1616 setzte sie sein Werk auf den Index, als GALILEO GALILEI (1564–1642) die Forschungen des Kopernikus beweisen konnte. Der Mathematiker und Physiker Galilei hat das Fernrohr weiterentwickelt und damit revolutionierende Entdeckungen gemacht. Nach der alten Lehre umkreisen die Himmelskörper die Erde auf festen Bahnen, die sich nicht kreuzen konnten. Wie war es dann zu erklären, daß der Planet Venus bald vor, bald hinter der Sonne stand? Galilei konnte auch sehen, daß die Venus nicht selbst leuchtet, sondern wie Erde und Mond eine von der Sonne beleuchtete und eine dunkle Seite hat. Schließlich entdeckte er die 4 größten Jupitermonde sowie die Gestaltung der Mondoberfläche.

Der Domherr Nikolaus Kopernikus (1473–1543) stammte aus Thorn an der Weichsel. Er studierte in Krakau und in Italien Theologie, Jura, Mathematik, Medizin, Astronomie.

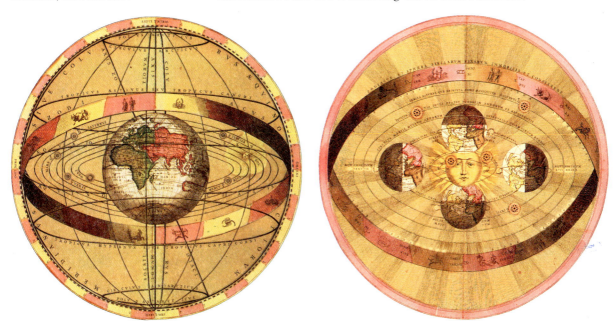

Links das geozentrische Weltbild, wie es der griechische Astronom Ptolemäus um 130 n. Chr. beschrieben hat. Rechts das heliozentrische Weltbild des Kopernikus, das auf die Sonne (Helios = griech. Sonnengott) als Mittelpunkt bezogen ist. Bereits 1506 glaubte Kopernikus, daß die Sonne unbeweglich ist und die Erde und andere Planeten um sie kreisen.

Kolumbus und die Folgen

Alte Ziele – neue Wege

Lockender Reichtum des Orients

Seit langer Zeit hatte Europa Kontakt mit den Ländern Ostasiens. Von 1271 bis 1295 führte den venezianischen Kaufmann MARCO POLO eine Reise nach INDIEN und CHINA. Viele glaubten, sein Bericht von der überwältigenden Pracht dieser Länder sei nur ein Märchen. Andere lockte die Nachricht vom unermeßlichen Reichtum, zumal seit den Kreuzzügen kostbare Damast- und Gazestoffe, aufwendig verarbeitete Baumwolle, chinesische Seide, Gewürze, Parfüme, Teppiche und Edelsteine aus dem Orient nach Westeuropa gelangten.

Wer findet den Seeweg nach Indien?

Die steigende Nachfrage an den Fürstenhöfen hatte GENUA und VENEDIG zu Zentren des Orienthandels gemacht. Sie beherrschten die Schiffahrtsrouten zu den Hafenstädten im Osten des Mittelmeers, wohin arabische Zwischenhändler die Luxuswaren brachten. Die Vormachtstellung Venedigs geriet erst in Gefahr, als die Türken 1453 BYZANZ eroberten, den gesamten Zwischenhandel in ihre Hände brachten und die Waren um ein Vielfaches verteuerten. Nur ein direkter Zugang zu den Lieferanten im Fernen Osten konnte die Probleme lösen. Wer den *Seeweg* nach INDIEN fand, sicherte sich einen uneinholbaren Vorsprung im Handel mit Luxusgütern.

Portugiesische Seefahrer hatten bereits vor 1450 begonnen, den Seeweg an der Westküste Afrikas zu erkunden. Als dann 1487 BARTOLOMÄUS DIAZ die Südspitze Afrikas umsegelte, hofften die Portugiesen, vor ihren spanischen Konkurrenten Indien zu erreichen.

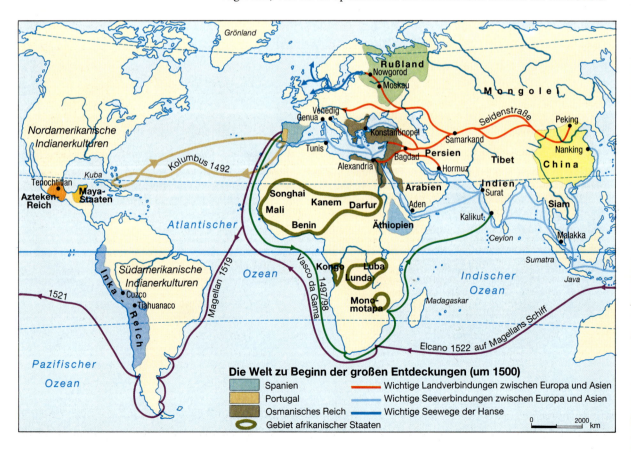

Die Welt zu Beginn der großen Entdeckungen (um 1500)

Der Plan des Kolumbus

Christoph Kolumbus (1451–1506) entstammte wahrscheinlich einer Wollweberfamilie aus Genua. Es gibt kein einziges zeitgenössisches Porträt von ihm. Dieses anonyme Bild kommt den Beschreibungen am nächsten.

Doch bevor der Portugiese VASCO DA GAMA 1498 Indien erreichte, setzte ein Mann, über den man heute wenig Genaues weiß, die ganze damalige Welt in Erstaunen.

Schon 1482 war CHRISTOPH KOLUMBUS an den König von Portugal mit dem phantastischen Plan herangetreten, nach Westen über den Ozean zu segeln, um Indien zu erreichen. Die Weltkarte des Florentiner Mathematikers TOSCANELLI verkürzte die Entfernung zwischen den Kanarischen Inseln und Japan irrtümlich um zwei Drittel auf 3000 Seemeilen. Als erfahrener Seemann glaubte Kolumbus, diese Distanz auf der Erdkugel mit Hilfe des Nordostpassatwindes bewältigen zu können. Die königlichen Berater sahen in Kolumbus einen Angeber und Schwätzer, von dem sie sich von ihrer Entscheidung für die Südroute nicht abbringen lassen wollten.

Auch in Spanien konnte Kolumbus solange niemanden für sein Abenteuer gewinnen, wie der Krieg gegen die Araber andauerte. Erst 1492, nach ihrer Vertreibung, gelang es Kolumbus, das spanische Königspaar – ISABELLA VON KASTILIEN und FERDINAND VON ARAGON – für seinen Plan einzunehmen. Kolumbus sollte für Spanien neue Rohstoff- und Goldquellen entdecken und erobern. Und er sollte die fremden Völkerschaften und ihre Fürsten zum christlichen Glauben bekehren. Dafür erhielt er drei Schiffe mit insgesamt 90 Mann Besatzung, die am 3. August 1492 den Hafen von PALOS an der Südküste Spaniens verließen.

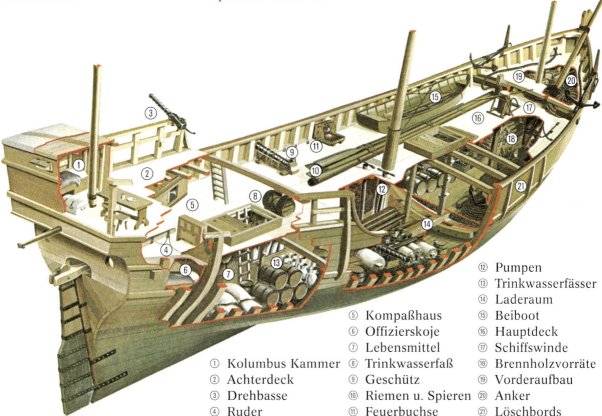

① Kolumbus Kammer
② Achterdeck
③ Drehbasse
④ Ruder
⑤ Kompaßhaus
⑥ Offizierskoje
⑦ Lebensmittel
⑧ Trinkwasserfaß
⑨ Geschütz
⑩ Riemen u. Spieren
⑪ Feuerbuchse
⑫ Pumpen
⑬ Trinkwasserfässer
⑭ Laderaum
⑮ Beiboot
⑯ Hauptdeck
⑰ Schiffswinde
⑱ Brennholzvorräte
⑲ Vorderaufbau
⑳ Anker
㉑ Löschbords

Auf der Nina kehrte Kolumbus nach Spanien zurück, nachdem die Santa Maria gestrandet war. Die Nina war 21 Meter lang und bis zu 7 Meter breit. Ihr fast 3 Meter breiter Laderaum konnte 51 Tonnen Fracht aufnehmen.

Kolumbus und die Folgen

Die Fahrt ins Ungewisse

Die Schiffe führten Lebensmittelvorräte für ein Jahr und an Gütern für den Indienhandel Glasperlen, Glocken und Flitterkram mit sich. Nach 10tägiger Fahrt erreichte Kolumbus die KANARISCHEN INSELN, wo er notwendige Reparaturarbeiten vornehmen und die Vorräte ergänzen ließ.

Am 6. September setzten sich die *Santa Maria*, die *Nina* und die *Pinta* der großen Westdrift aus, die durch die Meeresströmung und die Passatwinde alle Segler wie mit magischer Kraft hinaus aufs unbekannte Meer zog.

Mehr noch als alle Anstrengungen und Gefahren muß die Ungewißheit über das, was noch bevorstand, die Mannschaft belastet haben. Um seine Männer nicht weiter zu beunruhigen, trug Kolumbus kürzere Tagesstrecken in das offizielle Bordbuch ein. Er wollte damit verhindern, daß die Besatzung zu ungeduldig auf Land wartete. In seinem privaten Tagebuch notierte er die tatsächlich zurückgelegten Seemeilen.

Schon nach 10 Tagen, als die Schiffe den dicken Algenteppich der SARGASSOSEE mitten im Atlantik erreichten, glaubten sich alle an Bord in der Nähe einer Insel. Mehr als einmal versetzte der hoffnungsvolle Ruf „Land! Land!" die ganze Flotte in Aufregung. Einmal ließen Vogelschwärme Land vermuten, ein anderes Mal täuschten Wolken in weiter Ferne Berge vor. Die Klagen der Mannschaft über die lange Reise nahmen zu. Doch die Meuterei, die sich Anfang Oktober anbahnte, ging im Freudentaumel unter. Denn am 12. Oktober, nach 36 Tagen auf See, kam die Bahama-Insel GUANAHANI in Sicht, die Kolumbus zu Ehren Gottes SAN SALVADOR (= Heiliger Erlöser) nannte. Nach 2400 Seemeilen schien Kolumbus am Ziel seiner Wünsche zu sein, denn er war fest davon überzeugt, eine der Indien vorgelagerten Inseln vor sich zu haben.

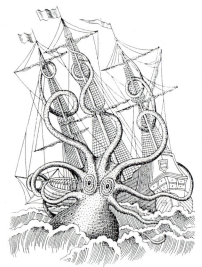

Schiffe verschlingende Monster wie auf diesem Holzschnitt von 1539 hielten Matrosen damals nicht für Seemannsgarn.

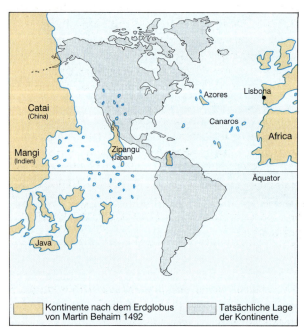

Asien und Europa nach dem Behaim-Globus 1492. In grauer Farbtönung die wirkliche Lage Amerikas.

Günstige Winde und Meeresströmungen erleichterten die Fahrten über den Atlantischen Ozean.

Der erste Schritt in die „Neue Welt"

Am 12. Oktober 1492 notierte Christoph Kolumbus in sein Bordbuch:

> Ich kniete nieder, als ich festen Boden unter den Füßen hatte und dankte Gott, indem ich die Erde küßte. Dann entfaltete ich das königliche Banner und rief die beiden Beamten der Krone zu Zeugen an, daß ich im Namen des Königs und der Königin von Spanien von der Insel Besitz ergriff.
>
> Die Eingeborenen, glaube ich, sehen mich für einen Gott und die Schiffe für Ungeheuer an. Ich überwand ihre Scheu, indem ich Halsketten und rote Kappen an sie verteilen ließ. Bald wagten sie es, heranzukommen und uns vorsichtig zu berühren. Vor allem unsere Bärte versetzten sie in maßloses Erstaunen.
>
> Ihr Anblick ist für uns überraschend, denn sie unterscheiden sich von allen Menschenrassen, die wir bisher gesehen haben. Sie gehen umher, wie Gott sie geschaffen hat, Männer sowohl als Frauen. Ihre Haut ist von rötlich-gelber Farbe, ihr Haar tiefschwarz und glatt – nicht kraus wie das der afrikanischen Völker. Über der Stirn ist es kurzgeschnitten. Auffallend ist, daß sie alle jung sind.
>
> Sie sind ohne Zweifel gutmütig und sanft. Ihre einzigen Waffen sind Lanzen mit einer Spitze aus Stein oder dem Knochen eines Fisches. Das Eisen kennen sie nicht. Auch mit unseren Schwertern wußten sie nichts anzufangen. Einer von ihnen faßte nach meinem Schwert, ehe ich ihn hindern konnte. Er faßte nach der Schneide und zog sich eine blutende Wunde zu ... Ich glaube, man könnte sie leicht zum Christentum bekehren, denn mir schien, daß sie keiner Sekte angehörten ... Auf der Heimfahrt werde ich sechs dieser Männer mitnehmen, um sie dem König und der Königin zu zeigen ...
>
> Der 13. Oktober – Verlockung des Goldes
> Die Angst der Indianer vor unseren Schiffen scheint geschwunden zu sein. An unseren Geschenken hatten sie viel Freude. Sie scheinen zu glauben, das alles, was aus unseren Händen kommt, überirdische Kraft besitzt. Ich bemerkte – und nicht nur ich! – daß manche Indianer die Nase durchlöchern und in die so entstandene Öffnung ein Stück Gold gesteckt haben. Sie tauschen das Gold, das sie offenbar für wertlos ansehen, gern gegen Glasperlen ein, doch verbot ich diesen Tauschhandel sofort. Das Gold gehört der Krone allein! Ich fragte die Eingeborenen, woher das Gold stamme und erfuhr, daß es auf ihrer Insel gefunden werde, in geringen Mengen nur, während es im Süden ein Reich gebe, wo ein König aus Gefäßen von purem Gold esse und trinke. Es gibt für mich keinen Zweifel mehr: Der König ist derselbe, dessen prächtige Stadt Marco Polo beschrieben hat.
> (Robert Grün (Hg.), Das Bordbuch des Christoph Columbus, Stuttgart 1983, S. 96–98, gekürzt)

Ein „Indianer". Der Irrtum des Kolumbus hat sich in der Bezeichnung der Einheimischen erhalten.

1 Kann man aus den Aufzeichnungen des Kolumbus schließen, worauf es ihm am meisten ankam? Zeige die Gefahren auf, die der einheimischen Bevölkerung von den Europäern drohen könnten.
2 Erkläre anhand der Behaim-Darstellung, daß Kolumbus neben seiner Tatkraft auch durch Glück und Zufall zum „Entdecker" wurde.

Kolumbus und die Folgen

Der Irrtum des Kolumbus

Der Gedanke an die greifbare Nähe Indiens und Chinas trieb Kolumbus zur Weiterfahrt. Von den BAHAMAS nach KUBA ging die Fahrt mit einheimischen Lotsen an Bord und von dort weiter nach HAITI, wo ihn nicht nur die Schönheit der Insel bezauberte. Die Goldgeschenke und die Berichte der Inselbewohner über noch größere Schätze ließen sein Herz höher schlagen. Doch zwang ihn der Verlust seiner vor Haiti gestrandeten *Santa Maria* zur Rückkehr. Auf einer zweiten Reise wollte Kolumbus von hier aus zum Festland vorstoßen. Während er am 4. Januar 1493 seinen Kurs heimwärts lenkte, blieben 39 Mann auf Haiti zurück.

Dem „Admiral des Ozeans, Vizekönig und Gouverneur der Inseln" bereitete das Königspaar nach seiner Rückkehr einen triumphalen Empfang. Das mitgebrachte Gold sprach für weitere Reisen, die ihn von Haiti bis ins heutige Venezuela führten. Wohin Kolumbus auch kam, überall pflanzte er die königliche Standarte auf und ergriff feierlich von jedem Land Besitz. Auf seiner vierten und letzten Reise erreichte Kolumbus Mittelamerika, konnte jedoch zu seiner großen Enttäuschung die „Durchfahrt" nach China nicht finden. Von seiner Überzeugung, die Westroute nach Indien entdeckt zu haben, konnte ihn bis zu seinem Tod im Jahre 1506 niemand abbringen. Erst der Florentiner Seefahrer AMERIGO VESPUCCI (1451–1512) erkannte in den entdeckten Gebieten einen neuen Erdteil. Mit seinem Namen wurde 1507 auf einer Weltkarte der Kontinent bezeichnet: AMERIKA.

Die Teilung der Welt

Schon im März 1493 hatte Spanien Anspruch auf den alleinigen Besitz der Entdeckungen beim Papst in Rom angemeldet. Die Antwort des Papstes enthielt einen Kompromiß, auf den sich Spanien und Portugal im *Vertrag von Tordesillas* im Jahre 1494 verständigten:

> Auf den von Kolumbus entdeckten Inseln finden sich Gold, Gewürze und zahlreiche andere wertvolle Naturprodukte. Ihr habt Euch vorgenommen, die genannten Inseln samt ihrer Bewohner Euch zu unterwerfen und zum katholischen Glauben zu führen. Wir begrüßen dies und ermahnen Euch, im eifrigen Dienst am rechten Glauben weiterhin die Völker zur Annahme des Christentums zu veranlassen. Und damit Ihr diese große Aufgabe umso lieber übernehmt, übergeben Wir Euch als Stellvertreter Christi auf Erden die näher bezeichneten Inseln und Festländer... Alles, was bis jetzt von dem König von Portugal im Westen bis zu der genannten Linie entdeckt ist und künftig entdeckt wird, bleibt und gehört dem König und seinen Nachfolgern für immer. Und alles andere, wenn man von der festgelegten Linie weiter nach Westen fährt, gehört dem König und der Königin von Spanien und ihren Nachfolgern für immer.
> *(W. Lautemann/M. Schlenke (Hg.), Geschichte in Quellen, Bd. 3, München 1966, S. 58–61, sprachlich vereinfacht)*

1 Erkläre die heutige Sprachenverteilung in Südamerika anhand der Sprachenkarte in einem Atlas.
2 Erläutere aus der Quelle den Machtanspruch des Papsttums. Welche Gründe für eine Unterwerfung der Gebiete nennt der Papst?

Der Lockruf des Goldes

Auf die zweite Reise, zu der am 15. September 1493 eine Flotte von 17 Schiffen mit 1200 Mann an Bord aufgebrochen war, hatte Kolumbus Saatgut und Haustiere, Baumaterial und Werkzeuge mitgenommen. Doch verdrängte das Goldfieber bald jeden Siedlungsgedanken. Als Kolumbus bei seinem dritten Aufenthalt (1498–1500) disziplinlose Kolonisten hinrichten ließ, kehrte sich die Stimmung gegen ihn. Durch Verleumdung verlor er auch das Vertrauen des Königspaares. An die Stelle des „Entdeckers" Kolumbus, der in Ketten nach Spanien zurückgebracht wurde, traten brutale Eroberer (spanisch: *conquistadores*), die in ihrer Goldgier vor nichts zurückschreckten.

Einer von ihnen war HERNANDO CORTEZ. Mit 19 Jahren war er nach Kuba gekommen und hatte in der Armee des spanischen Gouverneurs gedient. Das Leben als Plantagenbesitzer befriedigte seine Abenteuerlust allerdings nicht. So setzte er im Februar 1517 mit 500 Soldaten auf 11 Schiffen auf eigene Faust nach MEXIKO über.

In dieser Region hatten sich seit über 2000 Jahren verschiedene *Hochkulturen* entfaltet, die von indianischen Völkern getragen wurden. Im 14. Jahrhundert gelang es den kriegerischen *Azteken*, die Hochfläche von Mexiko zu erobern und hier ein mächtiges Reich zu errichten. Als Cortez an seinen Küsten landete, stieß er auf einen kulturell hochstehenden Staat mit einer festen sozialen Ordnung und einem gut entwickelten Wirtschaftssystem.

Diese goldene Göttermaske gehört zu den wenigen Edelmetallfunden, die der Raffgier der Spanier entgangen sind.

1 Erläutere die Kritikpunkte, die Theodor de Bry in seinem Gedicht (links unten) anführt.
2 Vergleiche die Bildaussage de Brys von der Landung der Spanier mit dem Bericht des Kolumbus.

Der Spanier unverdrossen war
Ein weiten Weg zu ziehen dar
Dahin ihn großer Geitz bezwang
Zum Gold und Perlin hat groß verlang
Welche das India so reich
Hat überflüssig dieses Gut
Dahin dem Spanier stundt seyn muth
Lag ihm nicht an religio
Sondern die reiche Regio.
(Theodor de Bry, 1594)

Mit dem Stich von der Landung der Spanier auf der Insel Hispaniola (= Haiti) veröffentlichte Theodor de Bry (1528–1598) im Jahre 1594 in seiner „Geschichte Amerikas" auch das nebenstehende Gedicht.

Alte Kulturen – neue Herren

Die Ankunft der Götter?

Montezuma im Gewand des aztekischen Adels trägt am Rücken die königliche Standarte aus den Schwanzfedern des Quetzal-Vogels, der dem Gott Quetzalcoatl geweiht war.

Die Nachrichten über die hellhäutigen, bärtigen Spanier, die auf schwimmenden „Bergen" gekommen waren und nun auf unbekannten großen Tieren und in harte Panzer gekleidet durch das Land zogen, verunsicherten MONTEZUMA, den Herrscher des *Aztekenreiches*. Die blitzeschleudernden Kanonen der Ankömmlinge ließen ihn an die Rückkehr des vor langer Zeit aus dem Land vertriebenen Gottes QUETZALCOATL glauben. Alten Weissagungen zufolge sollte der Gott von Osten her wiederkehren, um sein Reich, in dem mittlerweile fast 20 Millionen Menschen lebten, zurückzufordern. Montezuma (eigtl. Motecuhzoma) überlegte, ob er – wie schon oft in der Vergangenheit – sein kriegerisches Indianervolk gegen die Eindringlinge mobilisieren sollte. Da er aber nicht sicher war, ob es sich um Götter oder Menschen handelte, zögerte er. Auch hatten unheilverkündende Zeichen den Herrscher in Angst versetzt: Kometen, Überschwemmungen und Feuer in einem Tempel.

Zudem hatten einige Völker, die die Azteken in dem Gebiet zwischen den beiden Ozeanen unterworfen hatten, die geheimnisvollen Fremden als Befreier begrüßt. Ihr Unmut über die Herrschaft der Azteken, die ihnen drückende Abgaben auferlegten, führte sie an die Seite der Spanier. Zunächst versuchte Montezuma vergeblich, die Spanier durch Magier zu verzaubern. Dann schickte er ihnen Gesandte entgegen, um sie von einem weiteren Eroberungszug abzubringen und sie vor allem von seiner Hauptstadt fernzuhalten. Doch die reichen Goldgeschenke entfachten die Gier der Spanier und beflügelten ihren Vormarsch noch. Am 8. November 1519 erreichte CORTEZ mit seiner Truppe TENOCHTITLAN. Die auf einer Insel im salzigen Texcoco-See erbaute Hauptstadt des Aztekenreiches war mit über 300 000 Einwohnern eine der größten Städte der damaligen Welt.

„Malinche", die die Spanier Doña Marina nannten, übersetzt Cortez die Ansprache eines indianischen Abgesandten. Der jungen, intelligenten Adligen, die Cortez von besiegten Stämmen geschenkt bekam, verdankte er seine Kenntnisse von Land und Leuten.

Rekonstruktion von Tenochtitlan, der Hauptstadt des Aztekenreiches.

Technochtitlan – die Hauptstadt des Aztekenreiches

Der Anblick TENOCHTITLANS vor den erloschenen Vulkanen des mexikanischen Hochlandes erfüllte die Spanier mit Staunen und Bewunderung. Ein Kranz „schwimmender Gärten" aus Schilfmatten und fruchtbarem Schlamm umgab die Stadt und half, die Versorgung der Stadtbevölkerung zu verbessern. Die Gärten wurden wie die Stadt selbst durch kilometerlange Süßwasserleitungen versorgt. In die Dämme, über die allein der Weg vom Festland in die Stadt führte, waren Brücken eingelassen, die die Soldaten im Verteidigungsfall entfernten. Für Notzeiten standen Lebensmittel aus den unterworfenen Gebieten bereit. Die königlichen Provinzstatthalter ließen sie regelmäßig in einen der zahlreichen Vorratsspeicher der Stadt anliefern. Die Kanäle der Lagunenstadt wimmelten von Booten. So hatten die Azteken das Transportproblem gelöst, denn sie kannten weder das Rad noch Lasttiere.

Auf den geschäftigen Märkten wurden Waren aus ganz Mittelamerika gehandelt: Lebensmittel, Kleidung, Felle, Tiere, Gold und Edelsteine, Waffen aus Feuerstein, Tongefäße, Baumaterialien – aber auch Sklaven. Man tauschte in erster Linie Waren, da die Azteken keine eigene Währung hatten. Als eine Art Ersatzgeld benutzten sie Kakaobohnen und mit Goldstaub gefüllte Federkiele. Menschen aus allen Gesellschaftsschichten trafen sich auf dem Markt. Man konnte sie genau unterscheiden, denn strenge Kleidervorschriften legten fest, welche Stoffe und Farben oder welcher Schmuck jeder sozialen Gruppe erlaubt waren.

In Tenochtitlan gab es auch Schulen, allerdings nur für Jungen. Sie wurden ihrer Herkunft entsprechend auf den Dienst als *Krieger*, *Priester* oder königlicher *Beamter* vorbereitet. Strenge Erziehung und harte Strafen sollten sie eigenen Schmerzen gegenüber unempfindlich machen. Die Frauen hatten in der aztekischen Kriegergesellschaft wenig zu sagen. Die jungen Mädchen wurden auf ihre zukünftige Rolle als Hausfrau und Mutter vorbereitet. Mädchen aus Adelsfamilien konnten auch Priesterin werden.

Die Kinder sollten ein „steinernes Herz" und ein „steinernes Gesicht" bekommen. Ein zorniger Vater schimpft mit seinem Sohn und hält ihn über ein Feuer aus scharfen Chili-Schoten.

Kolumbus und die Folgen

Menschenopfer

Aztekisches Opfermesser mit scharfer Steinklinge.

Die Zerstörung des Aztekenreiches

Der Stufentempel des Sonnen- und Kriegsgottes HUITZILOPOCHTLI im Herzen der Stadt überragte die pyramidenförmigen Tempel der anderen aztekischen Götter. Hoch oben auf der Tempelplattform vollzogen aztekische Priester die tödliche Kulthandlung, zumeist an Kriegsgefangenen. Ihr Herzblut sollte dem Sonnengott als Nahrung dienen. Denn nur so glaubten die Azteken, der Sonne bei ihrem Gang durch die Nacht die lebensspendenden Kräfte erhalten zu können. Die zur Opferung Erwählten erwartete nach aztekischer Vorstellung „im Reich der strahlenden Sonne" ein ehrenvolles Dasein.

Die Kriegsführung der Azteken zielte darauf ab, nicht möglichst viele Gegner zu töten, sondern im Kampf Mann gegen Mann lebende Gefangene zu machen. Gefangennahme und Opfertod entsprachen auch bei anderen Völkern Mittelamerikas dem Willen der Götter. Genaue Zahlenangaben über die Opfer sind nicht möglich, aber im ganzen Reich starben Jahr um Jahr mehrere Tausend. Diese blutigen Bräuche, deren Bedeutung den Spaniern völlig unverständlich blieb, erfüllten sie mit Abscheu und Entsetzen.

Doch noch so viele Menschenopfer konnten den Untergang des mächtigen Aztekenreiches nicht verhindern.

Cortez und seine rund 500 Soldaten näherten sich der Hauptstadt mit Hilfe einheimischer Lastträger und Dolmetscher in einem mühseligen Marsch durch das wüstenähnliche, kalte Hochland. Kriegerische Zusammenstöße unterwegs gewannen sie durch rücksichtsloses Vorgehen mit Gewehren und einer Kanone, denen die Indios nur Waffen aus Feuerstein entgegensetzen konnten. Die besiegten Indios stellten den Spaniern auf ihrem Zug gegen Tenochtitlan Hilfstruppen zur Verfügung. Beim Eintreffen in der Hauptstadt begrüßte der Herrscher Montezuma mit prächtigem Gefolge die Ankömmlinge und ließ sie als Ehrengäste in einem Palast unterbringen. Doch bereits einige Tage später nahm Cortez den Aztekenherrscher als Geisel. Andere Übergriffe, insbesondere die Zerstörung von Götterbildern, schufen eine feindliche Stimmung in der Stadt. Nach einem Massaker, das Cortez Stellvertreter unter den angesehensten Würdenträgern des Landes angerichtet hatte, wurden die Spanier in ihrem Palast belagert. Montezuma wollte seine Landsleute beruhigen, doch er wurde durch Steinwürfe getötet. Die Spanier versuchten verzweifelt, aus der Stadt zu fliehen. Dabei kam die Hälfte der Mannschaft um, und ein Großteil der Waffen und der Beute ging in den Fluten des Sees unter. Doch Cortez gab nicht auf. Mit verstärkten spanischen Truppen und treuen Indiokriegern begann er im Mai 1521 die Belagerung Tenochtitlans. Er ließ Schiffe bauen, die zerlegt zum See geschafft wurden. So konnten die Spanier die Versorgung der Stadt unterbinden. Nach erbitterten Kämpfen und geschwächt durch Pocken gaben die Verteidiger am 13. August 1521 auf. Die Stadt wurde vollständig zerstört. Auf ihren Ruinen steht heute die Hauptstadt des modernen MEXIKO.

Der Kampf um Tenochtitlan.

1 Warum erschienen den Spaniern die religiösen Bräuche der Azteken fremd und abstoßend? Gab es auch im christlichen Europa Hinrichtungen aus religiösen Gründen?

2 Nenne Gründe für den Sieg der Spanier über die Azteken.

Die neuen Herren

Die Cortez-Expedition war nur der Anfang der spanischen Eroberungen. In den Jahren 1532/33 stieß FRANCISCO PIZARRO in das *Inkareich* im heutigen PERU vor. So gerieten weite Teile Mittel- und Südamerikas unter spanische Herrschaft.

Den *Konquistadoren* und ihren Soldaten folgten Glücksritter und nachgeborene Adelssöhne, die vom väterlichen Erbe ausgeschlossen waren und nun in der Ferne raschen Reichtum, Ruhm und Ehre suchten. Die schweren Arbeiten in den Gold- und Silberminen zwangen sie den unterworfenen Indios auf. Auch die meisten Siedler, die in zunehmender Zahl ins Land kamen, begegneten den Eingeborenen mit Verachtung und sahen in ihnen nur billige Arbeitskräfte für eine gewinnträchtige Plantagenwirtschaft. Schon im Jahre 1503 verpflichtete ein königliches Gesetz die einheimische Bevölkerung, die den unmenschlichen Belastungen oft zu entfliehen suchte, zur Arbeit. Von guter Behandlung und Entlohnung, die Königin Isabella den Eingeborenen zusicherte, war in Wirklichkeit keine Rede. Im Gegenteil, die Europäer benahmen sich in der Neuen Welt wie uneingeschränkte Herren. Die Indiovölker wurden nach der militärischen Unterwerfung durch Arbeitszwang, religiöse Entwurzelung und eingeschleppte Krankheiten wie Pocken und Masern nahezu ausgerottet.

Zu Sklaven geboren?

Die Spanier glaubten, zu ihrem Tun berechtigt zu sein, denn sie hatten heidnische Länder entdeckt und erobert. Mit der Heidenmission begründete der Papst, das Oberhaupt der Christenheit, im Jahre 1493 die Herrschaft der spanischen Krone in Amerika.

Vielen lieferte der Prinzenerzieher und königliche Geschichtsschreiber JUAN DE SEPULVEDA die willkommene Rechtfertigung für ihr brutales Vorgehen gegen die Indios:

> Da die Indianer ihrer Natur nach Sklaven, Barbaren, rohe und grausame Gestalten sind, lehnen sie die Herrschaft der Klugen, Mächtigen und Vortrefflichen ab, anstatt sie zu ihrem eigenen Besten zuzulassen, wie es einer natürlichen Gerechtigkeit entspricht. Denn der Körper muß der Seele, die Begierde der Vernunft, die rohen Tiere dem Menschen, das heißt also das Unvollkommene dem Vollkommenen, das Schlechtere dem Besseren unterworfen sein. Denn das ist die natürliche Ordnung.
>
> Ein weiterer Grund ist die Ausrottung des entsetzlichen Verbrechens, Menschenfleisch zu verzehren, was ganz besonders der Natur zuwider ist. Weiterhin die Vermeidung, daß anstelle Gottes Dämonen angebetet werden, was insbesondere den göttlichen Zorn hervorruft, vor allem in Verbindung mit jenem ungeheuerlichen Ritus, Menschen als Opfer darzubringen.
> *(J. de Sepulveda, Democrates segundo, 1545, in: R. Konetzke, Lateinamerika seit 1492, Stuttgart 1971, S. 8, vereinf.)*

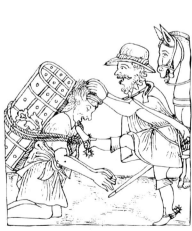

Indianer werden als Arbeitssklaven ausgebeutet.

1 Nimm Stellung zu den einzelnen Begründungen, mit denen Sepulveda die Herrschaft über die Indios beansprucht.
2 Was konnte Menschen dazu bringen, ihre Heimat zu verlassen, um in der unbekannten „Neuen Welt" zu leben?

Kolumbus und die Folgen

Der Anwalt der Indios

Allerdings regte sich in Spanien gegen die gewaltsame Missionierung und Ausbeutung auch Widerstand, vor allem in den Reihen der Priester. Der Dominikanermönch BARTOLOMÉ DE LAS CASAS (1484 bis 1566), der als junger Kaufmannssohn selbst gegen die Indios gekämpft und auch Land mit Leibeigenen erhalten hatte, machte sich als *Bischof* zu ihrem Anwalt:

> Der Missionierung und Bekehrung dieser Menschen wurde nicht mehr Aufmerksamkeit und Mühe zugewendet, als wenn die Indianer Klötze oder Steine, Katzen oder Hunde gewesen wären ... Die zweite Vorschrift, daß jeder Häuptling eine bestimmte Zahl von Leuten zu stellen habe, führte der Gouverneur so aus, daß er die zahlreiche Bevölkerung der Insel Hispaniola vernichtete.
> Die Spanier schleppten die verheirateten Männer viele Kilometer zum Goldgraben fort und ließen die Frauen in den Häusern und Farmen zurück, um dort Feldarbeit zu verrichten. Dabei hatten sie aber zum Umgraben keine Hacken oder gar ochsenbespannte Pflüge ... Sie mußten Arbeiten verrichten, die bei weitem nicht mit den schwersten Feldarbeiten unserer Landarbeiter in Kastilien vergleichbar sind ... So kam es, daß die Geburten fast aufhörten. Die neugeborenen Kinder konnten sich nicht entwickeln, weil die Mütter, vor Anstrengungen und Hunger erschöpft, keine Nahrung für sie hatten.
> Bald nach Ausfertigung dieser Königlichen Verfügung starb die Königin, ohne von dieser grausamen Vernichtung etwas zu ahnen.
> (Las Casas, Historia II, Kap. 12–14, in: Geschichte in Quellen 3, München 1966, S. 69 ff., vereinfacht)

Ein bewaffneter und bekleideter schwarzer Krieger führt einen am Hals gefesselten nackten Sklaven zum Sammelplatz einer Sklavenkarawane.

Herren und Knechte

Obwohl Las Casas den spanischen König zu Gesetzen zum Schutz der Indios bewegen konnte, besserte sich deren Lage nicht. Denn die Kolonisten im fernen Amerika entzogen sich jeder Kontrolle. So hat in nicht einmal hundert Jahren die Herrschaft der Spanier die Lebensgrundlagen der einheimischen Bevölkerung zerstört. Nach spanischem Vorbild angelegte Städte, Siedlungen und Straßen tilgten die Spuren der gewaltsam vernichteten indianischen Kulturen. Auf den Westindischen Inseln, in Mittel- und Südamerika und im Süden Nordamerikas führten die Eroberer als Plantagen- oder Minenbesitzer, als Händler oder königliche Beamte das Leben einer Herrenschicht.

Als nicht einmal zwei Generationen später fast 70 Millionen Indios ausgerottet waren, brachten Schiffe europäischer Kaufleute *Negersklaven* in die Neue Welt. Das „Schwarze Gold", wie man die Sklaven nannte, ersetzte die einheimischen Arbeitskräfte. Kein Las Casas prangerte das Los der Afrikaner an, die aus ihrer Heimat entführt und wie Vieh zusammengepfercht über den Atlantik geschafft wurden, um unterdrückt und ausgebeutet ihr Leben zu fristen.

1 Stelle die Vorwürfe von Las Casas zusammen, und formuliere mit eigenen Worten einen Brief an den König von Spanien.
2 Warum wurden afrikanische Sklaven nach Amerika transportiert?

Die Landung von Cortez in Mexiko. Gemälde von Diego Rivera, 1951. Cortez bezahlt einen Sklavenhändler, dessen „Ware" Soldaten mit einem glühenden Eisen brandmarken. Ein spanischer Schreiber notiert das Geschäft. Die Frau neben Cortez, Dona Marina, trägt ihren gemeinsamen Sohn Martin auf dem Rücken.

1492 – „Begegnung zweier Welten"?

Die Gegner der 500-Jahr-Feier haben die „Begegnung" aus der Sicht der Indios dargestellt. Heute führt – in ihren Augen – der US-Kapitalismus Unterwerfung und Ausbeutung fort.

1992 feierte Spanien die „Entdeckung" Amerikas mit großem Aufwand und stellte die offiziellen Festlichkeiten unter das Motto „Begegnung zweier Welten". Doch meldete sich starker Protest gegen die Gedenkfeiern, vor allem gegen den Begriff „Entdeckung". Denn ein besiedeltes und kultiviertes Gebiet wird nur von denjenigen entdeckt, die es vorher nicht kannten. In diesem Fall war Amerika „Neuland" für die Europäer. Für die dort lebenden Menschen handelte es sich um eine Invasion, ein gewalttätiges Eindringen in ihren Lebensraum. Den Gegnern der Erinnerungsfeiern ging es im Grunde darum, die Folgen der „Entdeckung" bewußt zu machen. Und diese Folgen waren fürchterlich: fast vollständige Ausrottung der Urbevölkerung, Zerstörung vorhandener Kulturen und Ausplünderung eines Kontinents. Für die Nachfahren der Indios gibt es auf dem südamerikanischen Kontinent nichts zu feiern. Bis heute werden sie in vielen Ländern von der weißen Herrenschicht diskriminiert.

1 Was wollen die Gegner der 500-Jahr-Feier mit ihrer Darstellung kritisieren?
2 Diskutiert das Pro und Contra einer solchen Feier.

Die Weltwirtschaft

Europa beherrscht den Welthandel

Spanien und Portugal beherrschten zu Beginn des 16. Jh. die neuen Handelsrouten nach Übersee. Von hier aus gelangten die überseeischen Produkte nach Norden und verhalfen zuerst Antwerpen und später Amsterdam zu ungeahnter Blüte. Die Kaufleute in den oberitalienischen und süddeutschen Handelsstädten bekamen diese Veränderungen zu spüren. In den Atlantikhäfen stapelten sich nun „Kolonialwaren" aus aller Welt. Darunter viele Kulturpflanzen, die in Amerika seit Jahrhunderten angebaut wurden und die heute selbstverständlich auf unserem Speiseplan stehen: Mais, Kartoffeln, Tomaten, Paprika, Kürbis, Ananas, Erdnüsse, Sonnenblumen, Kakao. Kakao kann sich heutzutage jeder leisten, aber lange Zeit galt eine Tasse gesüßter Schokolade als Luxus, nur für den Adel und das reiche Bürgertum erschwinglich. Der in Europa heißbegehrte Zukker machte die Zuckerrohrplantagen auf den Westindischen Inseln zu wahren Goldgruben.

Durch die „Ware Mensch" blühten Städte wie Liverpool, Bristol und Nantes auf, denn in die Hände der dort ansässigen Kaufleute floß der Gewinn aus dem Dreieckshandel zwischen Europa, Afrika und Amerika.

1 Ordne Kolonien oder Handelsstützpunkte den europäischen Kolonialmächten zu. Nenne die Handelswaren und ihre Herkunftsländer.

2 „Der Dreieckshandel ist ein besonders einträgliches Geschäft, denn an jeder Spitze des Dreiecks klingelt die Kasse." Erläutere diese Aussage.

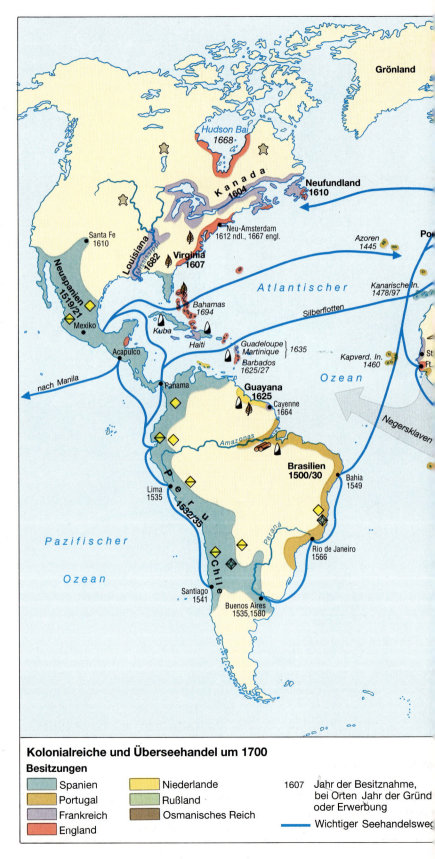

Kolonialreiche und Überseehandel um 1700

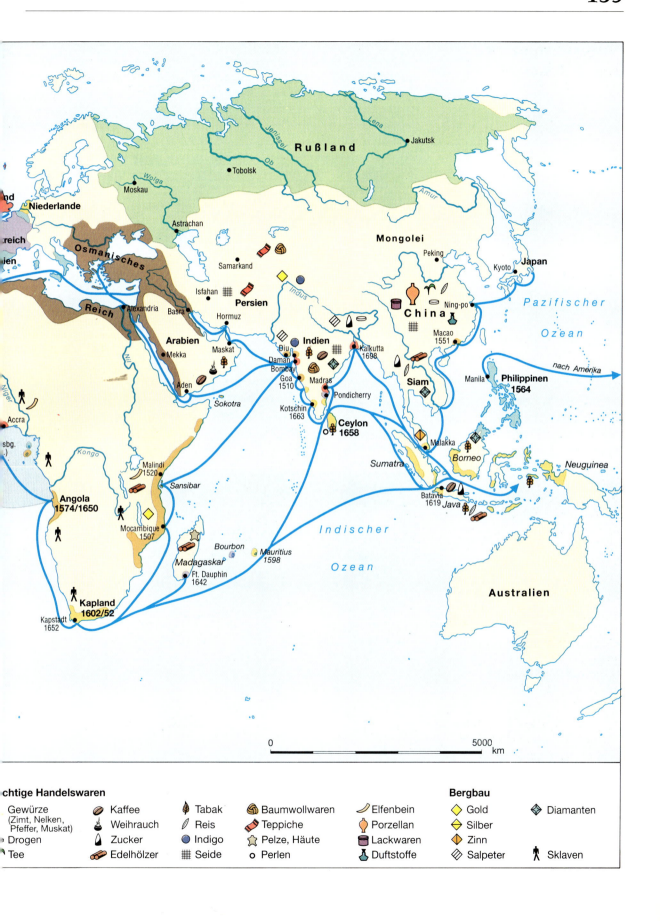

Die Weltwirtschaft

Der Kampf um die Vormacht

Modell eines holländischen Handelsschiffes. Aufgrund seines geringen Tiefgangs konnte das Schiff in den meisten Häfen anlegen.

Seit 1595 überflügelten die *Niederländer* auf der Ostseeroute die hanseatische Konkurrenz mit einem langgestreckten Frachtschiff, das an Laderaum, Schnelligkeit und Segelkomfort alles bisher Dagewesene übertraf. Mit einer nur sechsköpfigen Besatzung befuhren die holländischen „Fleuten" mehrmals im Jahr die Ostsee. Die Kaufleute machten mit Herings- und Getreidehandel ein Vermögen. Die Niederländer, die neuen „Spediteure der Meere", verdrängten bald auch die Portugiesen von den Gewürzinseln. Im Jahre 1619 eroberten sie JAVA. Zeitweilig besaßen die Niederländer, die als Welthandelskaufleute immer offener gegen die Herrschaft des spanischen Königs in ihrem Land aufbegehrten, mehr Schiffe als alle anderen Länder Europas zusammen.

Von der „Freiheit der Meere", die der niederländische Jurist GROTIUS 1609 für handeltreibende Nationen forderte, wollten auch die *Engländer* Gebrauch machen. So geriet *Spanien*, dessen Silberflotte ohnehin unter den Kaperfahrten des englischen Seeräubers FRANCIS DRAKE zu leiden hatte, zusätzlich in Bedrängnis. Im Jahre 1588 versuchte der spanische König PHILIPP II., mit Waffengewalt die Vorherrschaft seines Landes zu verteidigen. Die unerwartete Niederlage seiner *Armada*, einer gewaltigen Flotte von 130 Schiffen, veränderte die Machtverhältnisse in Europa und Amerika zugunsten *Englands*.

Auch *Frankreich* wollte die Neue Welt nicht Spanien allein überlassen. 1610 erklärte die Mutter des Königs, KATHARINA VON MEDICI, ohne Umschweife: „Wir haben den spanischen König nie als Herrn von Indien anerkannt. Wenn unsere Untertanen vor der amerikanischen Küste zusammenstoßen, ist der Stärkere der Herr."

Stolz zeigt der holländische Kaufmann auf die Schiffe der Ostindischen Handelskompanie, die im Hafen von Batavia (heute Djakarta) liegen, dem Zentrum des niederländischen Kolonialreiches in Ostasien (um 1650).

Die Fugger

Fernhändler und Verleger

„Ich will Gewinn machen, solange ich lebe", verkündete ohne Umschweife JAKOB FUGGER (1459–1525). Seine Vorfahren waren 1367 als Weber vom Land nach AUGSBURG eingewandert und hatten sich auf den Tuchhandel verlegt, der in einer Zeit rascher Bevölkerungszunahme Gewinn versprach. Als erfolgreiche *Fernhändler* heirateten sie in angesehene Familien der Stadt ein und gelangten schnell in den Stadtrat und ins Patriziat.

Standesgemäß erlernte Jakob Fugger in den beiden Handels- und Finanzzentren des 14. Jahrhunderts, in VENEDIG und ROM, den Beruf des Kaufmanns. Er eignete sich all die Kenntnisse an, die für die Leitung eines großen Handelshauses nötig waren. Um jederzeit über Gewinne und Verluste genau Bescheid zu wissen, um die Risiken abzuwägen und seine An- und Verkäufe planen zu können, führte Jakob Fugger wie die erfolgreichen Handelsherren in Norditalien seine Geschäftsbücher nach der neuen Methode der *doppelten Buchführung*.

Mit unermüdlichem Arbeitseifer und ausgeprägtem Gespür für einträgliche Geschäfte sowie durch Skrupellosigkeit gegenüber der Konkurrenz steigerte „Jakob der Reiche", wie ihn seine Zeitgenossen nannten, den Gewinn seiner Handelsgeschäfte zwischen 1512 und 1525 um 1000 %!

Mit ähnlich hohen Gewinnspannen wie ein Fernhändler konnte auch ein *Verleger* rechnen. So nannte man im 14. und 15. Jh. einen Kaufmann, der nicht nur Rohstoffe einführte, sondern sie zur Weiterverarbeitung Handwerkern auf dem Land „vorlegte". Auch im weiten Umland von Augsburg lebten solche Handwerker, die keiner Zunft angehörten und denen der Verleger die notwendigen Arbeitsmittel auslieh. Zusammen mit der ganzen Familie arbeiteten sie oft nur für einen Hungerlohn für die Fugger. Die steigende Nachfrage nach billigen Kleidungsstücken ließ durch das Verlagsgeschäft die Kasse des Fernhandelshauses noch einmal klingeln.

Jakob Fugger mit seinem Buchhalter Matthäus Schwarz. Der Aktenschrank zeigt einige wichtige Handelsniederlassungen bzw. Faktoreien (Miniatur von 1520).

Bankiers der Fürsten

So mehrte sich rasch das Vermögen der Firma „Jakob Fugger und seiner Brüder Söhne". Für alle, die Geld leihen oder verleihen wollten, war das Fuggerhaus am Augsburger Weinmarkt eine gute Adresse. Zunächst hatten die Handelsherren ganz im Stil eines Familienbetriebes das eigene Geld in ihre Unternehmungen gesteckt und mit dem Gewinn ihre Geschäfte ausgedehnt. Bald genossen die Fugger ein solches Ansehen, daß reiche Bischöfe oder kapitalkräftige Bürger ihr Geld zu einem festen Zinssatz in dem Augsburger Unternehmen wie in einer *Bank* anlegten. Damit erhielten die Fugger nun die Möglichkeit, ihrerseits im großen Stil *Kredite* zu gewähren. An das kirchliche Zinsverbot, das bis 1543 noch offiziell bestand, hielt sich schon längst kein Kaufmann mehr. Die Zeiten, in denen Geldgeschäfte ausschließlich in den Händen der Juden lagen, weil für sie das Zinsverbot des Kirchenrechts nicht galt, waren vorbei. So borgten die fürstlichen *Landesherren* die Summen, mit denen sie ihre Residenzen ausbauten und ihre Söldnerheere unterhielten, bei der Fuggerbank. Da die Fürsten oft weder ihre Schulden tilgen noch die Zinsen bezahlen konnten, ließen sich die Fugger *Landbesitz* und *Handelsmonopole* als Sicherheiten übertragen.

Die Weltwirtschaft

Bergknappenaltar der Annenkirche zu Annaberg im Erzgebirge um 1500: Gewinnung des Erzes (Mitte), Verhüttung (links), Schlagen von Münzen (rechts).

Aufschwung im Bergbau

Noch größere Vorteile versprachen sich die Fugger jedoch von *Schürfrechten* im Blei-, Kupfer- und Silberbergbau. Denn gegen Ende des 14. Jh. hatte der *Bergbau* einen ungeahnten Aufschwung genommen. Grubenentwässerung und Stollenausbau erlaubten es, auch in größeren Tiefen metallhaltiges Gestein abzubauen. Ein neues Schmelzverfahren garantierte eine erhöhte Silberausbeute. Silber ließ sich zu Münzgeld schlagen, und angesichts des steigenden Geldbedarfs waren Silbertaler bald ein begehrtes Zahlungsmittel. Die zunehmende Nachfrage nach Haushaltsgeräten, vor allem aber nach Waffen, beschleunigte den Abbau von Blei und Kupfer zusätzlich. Allerdings waren die Förder- und Verhüttungsanlagen technisch aufwendig und von daher sehr kostspielig. Nur wer schon genügend Geld besaß, konnte daran denken, Bergleute anzuwerben und Gruben zu betreiben.

Über Kontakte zum Krakauer Kaufmann Thurzo, dem Bergwerke und Hütten im Erzgebirge gehörten, stiegen die Fugger ins *Bergwerks- und Hüttengeschäft* ein. Sie übertrumpften ihre Konkurrenz, als sie in Tirol, Kärnten und Spanien Gruben übernahmen, die ihnen die *Habsburger* seit 1486 gegen immer höhere Kredite verpfändeten. Kritik an diesem Metallmonopol wies der Herrscher stets ab.

1 Beschreibe den Aufstieg der Fugger.
2 Suche auf der Karte Orte mit den Fuggerniederlassungen. Erkläre, warum sie sich gerade dort befinden.

Ein Kaiser von Gottes oder von Fuggers Gnaden?

Mit 851 985 Gulden kaufte KARL V. aus dem Hause *Habsburg* und seit 3 Jahren schon König von Spanien die Stimmen der Kurfürsten für seine Wahl zum *Kaiser* im Jahre 1519. Damit konnte er seinen Konkurrenten, König FRANZ I. von Frankreich, ausstechen. 543 585 Gulden stammten aus der *Fuggerbank*. An diese heute etwa 30 Millionen DM erinnerte JAKOB FUGGER den Kaiser in einem Brief am 24. 4. 1523:

> Eure Kaiserliche Hoheit wissen ohne Zweifel, wie ich und meine Vettern bisher dem Hause Österreich zu dessen Wohlfahrt alleruntertänigst zu dienen geneigt gewesen sind ... Es ist auch bekannt und liegt am Tage, daß Eure Kaiserliche Majestät die Römische Krone ohne meine Hilfe nicht hätte erlangen können, wie ich denn solches mit eigenhändigen Schreiben der Kommissare Eurer Majestät beweisen kann ... Denn wenn ich hätte vom Hause Habsburg abstehen und Frankreich fördern wollen, so hätte ich viel Geld und Gut erlangt ... Welcher Nachteil aber hieraus Eurer Kaiserlichen Majestät und dem Hause Österreich erwachsen wäre, das haben Eure Majestät aus hohem Verstande wohl zu erwägen.
> (in: R. Ehrenberg [Hg.], Das Zeitalter der Fugger, Jena 1912, Bd. I, S. 112, zitiert nach: Praxis Geschichte, 5/92, S. 24)

1 Welchen Nutzen, geschäftlich und privat, konnte ein Handelsherr aus der Geldnot eines Fürsten wohl ziehen?
2 Entwurf für Karl V. einen Antwortbrief.

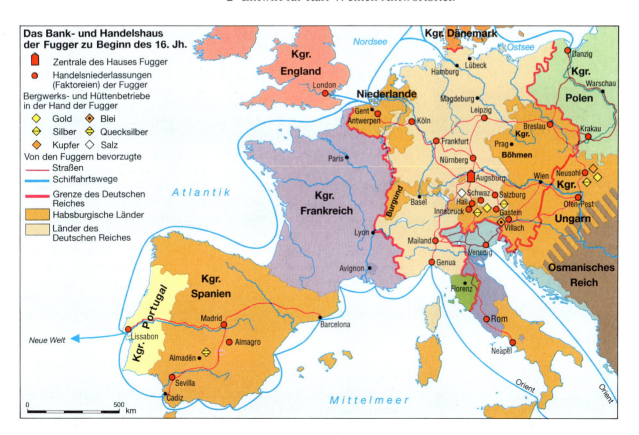

Die Weltwirtschaft

Frühe Kapitalisten – ihrer Zeit voraus?

Schautaler von 1518. Jakob Fugger wurde 1511 vom Kaiser geadelt und 1514 in den Grafenstand erhoben.

Die Bewohner der Fuggerei, mit deren Bau 1516 begonnen wurde, zahlten nur geringe Miete, beteten aber täglich für den Stifter.

Mit ihren Krediten hatten sich die Fugger 1519 auf Gedeih und Verderb an das Haus Habsburg gebunden. In einem Reich, in dem die Sonne niemals unterging, schienen sich für die Fugger weltweite Handelsverbindungen und neue Quellen des Reichtums zu eröffnen. Im Jahre 1531 machte KARL V. als Herr der Neuen Welt seine Kreditgeber zur größten privaten Kolonialmacht, als er ihnen die südamerikanische Pazifikküste von PERU bis FEUERLAND überließ.

Doch ließen sich die Fugger durch die Verlockungen der Neuen Welt nicht blenden. Zur Absicherung ihrer Handelsrisiken hatten sie umfangreichen Landbesitz erworben und dank kaiserlicher Privilegien zu einer Adelsherrschaft ausgebaut. Als 1575 der spanische König den Staatsbankrott erklärte und seine Schulden in Millionenhöhe nicht zurückzahlte, brach zwar das Handelsgeschäft der Fugger zusammen. Doch führten sie als *Grafen von Babenhausen* auf ihren Gütern in Schwaben nun ein fürstliches Leben. Das Schloß ist noch heute in ihrem Besitz und beherbergt ein *Fugger-Museum*.

Die geschickte Verbindung von Waren- und Geldgeschäft, verstärkt durch das Verlagswesen und den gewinnträchtigen Bergbau, hatte auch in anderen Städten den Fuggern ähnliche Familienunternehmen hervorgebracht: die TUCHER und IMHOF in Nürnberg, die EHINGER und SCHAD in Ulm. Glanzvolle Hochzeiten wie die von HANS PAUMGARTNER, dem Juniorchef des gleichnamigen Nürnberger Handelshauses, und REGINA FUGGER, der Nichte Jakobs des Reichen, verraten neben Selbstbewußtsein gegenüber dem Adel auch etwas vom Geschäftssinn dieser Unternehmerfamilien.

Sie alle sahen in der Vermehrung ihres Vermögens die wichtigste Aufgabe ihrer Arbeit. Deshalb investierten sie die mitunter riesigen Gewinne immer wieder in die eigene Firma. Weil sie hierin den modernen Unternehmern des 19. und 20. Jahrhunderts gleichen, bezeichnet man Männer wie Jakob Fugger als „Frühkapitalisten".

Doch besaßen nicht alle frühen Kapitalisten den kaufmännischen Weitblick eines Jakob Fugger. Manch einer wurde das Opfer seiner Risikobereitschaft. Den Augsburger Handelsherrn BARTHOLOMÄUS WELSER führte das Südamerikageschäft geradewegs in die Armut. Dem Fugger-Konkurrenten AMBROSIUS HÖCHSTETTER blieb nach dem Bankrott seines Unternehmens der Schuldturm nicht erspart.

Nicht nur das Schicksal vieler Konkurrenten in diesem internationalen Geschäft flößte manchem erfolgreichen Unternehmer Zweifel ein. Der Kölner Bürgermeister und Kaufmann JOHANNES RINCK, der aus Angst um sein Seelenheil 1511 dem Kaufmannsleben den Rücken kehrte, bedachte die Armen seiner Heimatstadt in seinem Testament mit einer ansehnlichen Stiftung. Ganz ohne Hintergedanken wird auch Jakob Fugger nicht gewesen sein, als er in Augsburg die Fuggerkapelle und die *Fuggerei*, eine Sozialsiedlung für hundert arme Familien, errichten ließ. Noch heute beherbergt die Fuggerei gegen einen geringen symbolischen Mietpreis etwa 350 Bewohner.

1 Der Herrscher und sein Kreditgeber – wer ist von wem abhängig?
2 Inwiefern verkörpert Jakob Fugger ein neues Wirtschaftsdenken?
3 Die Fuggerei – „eine menschlich-christliche Großtat Jacob Fuggers"? Nimm Stellung zu dieser Bewertung.

Zusammenfassung

Ein neues Bild von der Welt

Im Jahre 1492 landete KOLUMBUS auf der Suche eines Seewegs nach INDIEN auf der mittelamerikanischen Inselgruppe der Bahamas. Ohne es zu ahnen, hatte er damit das Weltbild der Europäer entscheidend verändert. Aber nicht nur Seefahrer wie Kolumbus, sondern auch Forscher, Künstler und Gelehrte waren im 15. Jahrhundert auf der Suche nach neuen Wegen. In den reichen und politisch unabhängigen Städten Norditaliens und dann bald in ganz Europa erlebte die Antike eine Wiedergeburt *(Renaissance)*. Mit einer neuen Sicht schienen Kunst und Wissenschaft den Menschen und seine Welt aus einem finsteren Mittelalter zu befreien. Indem alte Ängste nüchterner Überlegung wichen, faßten die Menschen größeres Zutrauen zu ihren eigenen Fähigkeiten.

Erfindungen wie der *Buchdruck* und die Uhr zeigten die neue Rastlosigkeit und Neugier. Neue Techniken in Bergbau und Schiffahrt verrieten den Willen, die Natur zu beherrschen und auszubeuten. Die Eroberung fremder Kontinente lockte nicht nur Abenteurer, sondern eröffnete auch einen weltweiten *Handel*. Mit einem bisher nie dagewesenen Gewinnstreben sprengten einige wenige *Kaufleute* den bis dahin üblichen Rahmen. Als Fernhändler, Verleger, Grubenbesitzer und Bankiers ähnelten sie modernen Unternehmern. Die klassischen Zentren des mittelalterlichen Handels traten ihre führende Stellung an die aufblühenden Hafenstädte Westeuropas ab.

Die Berechnungen des KOPERNIKUS und die Beobachtungen von GALILEI hoben das bisherige Weltbild aus den Angeln. Ihre Lehre, nach der die Sonne den Mittelpunkt unseres Universums bildet und nicht die Erde, setzte sich gegen den Widerstand der Kirche durch. Mit den neuen Erkenntnissen setzte das Zeitalter des Umbruchs gerade in einer Zeit der Seuchen, des Hungers und der Gewalt auch Ängste frei. Denn wer die gewohnten Bahnen verließ und bisherige Bedenken in den Wind schlug, büßte damit auch die vertraute Sicherheit ein.

Wichtige Begriffe

- Azteken
- Buchdruck
- Dreieckshandel
- Frühkapitalismus
- Fugger
- Heliozentrisches Weltbild
- Humanismus
- Inka
- Kolonialmacht
- Medici
- Renaissance
- Verleger

Geschichtslabor

Der Prozeß des Galileo Galilei

„Und sie bewegt sich doch!"

Wenigstens dieses wenn auch nur kurze, trotzige Bekenntnis zum kopernikanischen Weltbild mußte GALILEO GALILEI vor sich hingemurmelt haben. So stellte es sich jedenfalls der Verfasser einer 1761 veröffentlichten Geschichte vom Prozeß gegen Galilei vor. Er mochte nicht glauben, daß der zu seiner Zeit schon berühmte Mathematiker, Physiker und Astronom sich sang- und klanglos dem Willen des Inquisitionsgerichts in Rom unterworfen hatte. Mit einem Male sollte Galilei seine Beweise für die Eigenbewegung der Erde für falsch und die durchs Fernrohr entdeckten Jupitermonde für eine Täuschung halten? Das war doch kaum zu glauben. Und doch war es so. Der über die Grenzen Italiens hinaus bekannte Forscher hatte alle seine Erkenntnisse, die die vom Papst 1616 als ketzerisch verurteilte Lehre des KOPERNIKUS stützten, widerrufen.

Was war Galileo Galilei für ein Mann? Was kann den 70jährigen veranlaßt haben, sich der *Inquisition* zu unterwerfen und damit die Forschungen seines ganzen Lebens für nichtig zu erklären? Was mag er wohl selbst dabei gedacht haben? Hatte er Angst vor den Drohungen der Inquisition? War er ein Feigling? Oder war er schlauer als seine Gegner?

Macht euch selbst ein Bild von Galilei und seiner Zeit! Vielleicht mögen einige von euch in Galileis Haut oder die seiner Gegner schlüpfen und ihre Rolle spielen. Nachrichten über das Leben des Galileo Galilei und Hinweise zu den Argumenten seiner Gegner helfen euch dabei.

Im „Sternenboten" veröffentlichte Galilei 1610 die Mondphasen, wie er sie durch sein Fernrohr sah. Bahnbrechend sind die Berge und Täler, denn bislang galt der Mond als glattpolierte Kugel.

Die Erde geht über dem Mond auf. Foto aus der Mondsonde „Snoopy" vom Mai 1969.

Galileo Galilei

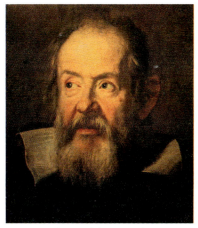

Portrait des Galilei aus der Schule des Florentiner Hofmalers J. Sustermans, 1640.

Fernrohre Galileis. Ihr Durchmesser beträgt nur 3 cm, sie sind sehr lichtschwach.

Am 15. Februar 1564 wurde GALILEO GALILEI in PISA geboren. Durch seinen Vater, einen reichen Tuchhändler aus Florenz, erhielt er eine vielseitige wissenschaftliche und künstlerische Ausbildung.

Mit 25 Jahren wurde er Professor für Mathematik in Pisa. 1592 ging er als Mathematikprofessor in das zu Venedig gehörende Padua, dessen Universität damals höchstes Ansehen genoß und als sehr freiheitlich galt. Galilei arbeitete ganz anders als seine Kollegen: er verband die reine Mathematik mit der praktisch-technischen Arbeit. Er informierte sich z. B. im Arsenal, den venezianischen Werften mit ihren Geräte- und Waffenlagern, über die Maschinen, deren Funktionsweise er erläuterte und oft verbesserte. Er wollte physikalische Gesetze experimentell beweisen. Und falls seine Experimente den Meinungen der gelehrten Autoritäten, vor allem dem Werk des griechischen Philosophen ARISTOTELES widersprachen, wagte er es, Aristoteles in Frage zu stellen. Er entwarf Maschinen zur Bewässerung der Felder, er berechnete die Geschoßbahnen von Waffen, er schrieb über Befestigungsanlagen, er erdachte und baute mathematische und physikalische Instrumente.

1609 begeisterte Galilei die Senatoren Venedigs mit seinem *Fernrohr,* das er zwar nicht erfunden, aber entscheidend verbessert hatte. Für die Politiker war der militärische Nutzen ausschlaggebend. Galilei selbst schliff neue Linsen und verstärkte das Fernrohr bis zur 30fachen Vergrößerung. Damit konnte er aufsehenerregende Entdeckungen am Sternenhimmel machen, die er 1610 in dem Buch *Der Sternenbote* veröffentlichte. Die Tatsache, daß der Planet Jupiter von 4 Trabanten umkreist wird, bestätigte die Vermutungen des NIKOLAUS KOPERNIKUS. Die Vorstellung des griechischen Gelehrten PTOLEMÄUS konnte nicht richtig sein, denn in dessen Erklärungsmodell hängen die Sterne an kristallenen Schalen, damit sie nicht herunterfallen. Die Trabanten würden aber diese Gewölbeschalen, die die Erde umschließen, zerstören.

1610 zog Galilei nach FLORENZ. Die Zahl seiner Gegner erhöhte sich, als er 1611 in einem Streit über die Frage, warum Eis schwimmt, seine sich auf Aristoteles berufenden Kollegen widerlegen konnte. Doch bei vielen europäischen Fachleuten fand Galilei Anerkennung für seine Forschungen. Auch die päpstlichen Astronomen stimmten seinen Erkenntnissen zu – nicht aber seiner Interpretation. Es gelang Galilei nicht, sie für das kopernikanische Weltbild zu gewinnen. 1616 wurde die Lehre des Kopernikus offiziell verurteilt, da sie der Heiligen Schrift und den Auslegungen der Theologen widersprach.

1632 erschien mit der Zustimmung des Papstes Galileis Hauptwerk „Dialog über die beiden hauptsächlichen Weltsysteme". Das Buch stellt in der Form eines Gesprächs die Theorien des Ptolemäus und Kopernikus als zwei mögliche Theorien vor – aber der Vertreter der kopernikanischen Lehre hat die besseren und überzeugenderen Argumente. Der Papst fühlte sich von Galilei hintergangen und lächerlich gemacht, zumal das Buch von Gelehrten in ganz Europa mit großer Begeisterung aufgenommen wurde.

Galilei geriet erneut ins Visier seiner Gegner, die ihn vor die Inquisition riefen, indem sie wissenschaftliche Fragen auf die religiöse Ebene zogen. 1633 zwangen sie ihn zum Widerruf: ein für die Freiheit von Wissenschaft und Forschung verhängnisvoller Moment.

Geschichtslabor

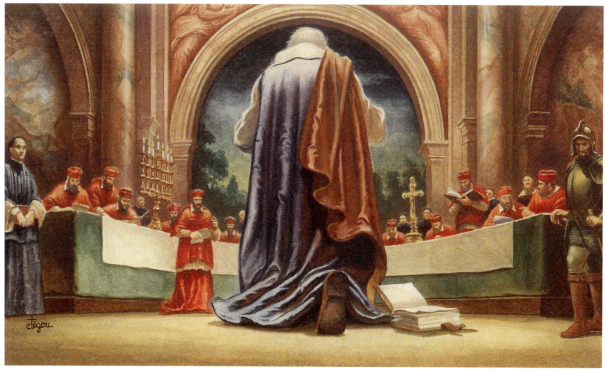

Der dramatische Moment des Schwurs, nachempfunden von einem Maler unserer Zeit.

Der Schwur des Galilei

> Ich, Galileo, Sohn des Vinzenz Galilei aus Florenz, siebzig Jahre alt, berühre die heiligen Evangelien mit der Hand und schwöre, daß ich immer geglaubt habe, auch jetzt glaube und mit Gottes Hilfe auch in Zukunft alles glauben werde, was die Heilige Katholische und Apostolische Kirche für wahr hält, predigt und lehrt.
>
> Es war mir auferlegt worden, daß ich völlig die falsche Meinung aufgeben müsse, daß die Sonne der Mittelpunkt der Welt ist, und daß sie sich nicht bewegt, und daß die Erde nicht der Mittelpunkt der Welt ist, und daß sie sich bewegt. Es war mir weiter befohlen worden, daß ich diese falsche Lehre nicht vertreten dürfe und daß ich sie in keiner Weise lehren dürfe, weder in Wort noch in Schrift. Es war mir auch erklärt worden, daß jene Lehre der Heiligen Schrift zuwider sei. Trotzdem habe ich ein Buch geschrieben und zum Druck gebracht, in dem ich jene bereits verurteilte Lehre behandele ...
>
> Daher schwöre ich mit aufrichtigem Sinn und ohne Heuchelei ab, verwünsche und verfluche jene Irrtümer und Ketzereien, die der Heiligen Kirche entgegen sind. Ich schwöre, daß ich in Zukunft weder in Wort noch in Schrift etwas verkünden werde, was mich in einen solchen Verdacht bringen könnte ...
>
> Ich, Galileo Galilei, habe abgeschworen, geschworen, versprochen und mich verpflichtet, wie ich eben näher ausführte. Zum Zeugnis der Wahrheit habe ich diese Urkunde meines Abschwörens eigenhändig unterschrieben und sie Wort für Wort verlesen, in Rom im Kloster der Minerva am 22. Juni 1633.
> *(nach: Ludwig Bieberbach, Galilei und die Inquisition, München 1938, S. 108)*

„Man zeigte mir die Instrumente"

Der Jesuit und Kardinal Bellarmin (1542–1621) war einer der ersten Gegner Galileis. 1930 wurde er heiliggesprochen.

„Man zeigte mir die Instrumente" antwortete Galilei auf die Frage seines Schülers, warum er widerrufen habe.

Viele Menschen fühlten sich durch Galileis Erkenntnisse verunsichert und in ihrem Lebensgefühl bedroht. Von jeher lebten sie in der Vorstellung, als Krone der Schöpfung im Mittelpunkt des göttlichen Interesses zu stehen. Das neue Weltverständnis, wonach die Erde nur irgend ein Planet neben vielen anderen sei, die mit ihren Bewohnern durch das Universum wirbelt, erzeugte Angst. Die Kirche als Hüterin des alten Weltbildes konnte sich bei der Verurteilung der neuen Lehre breiter Zustimmung sicher sein, weil sie mit ihrem Anspruch auf alleinigen Besitz der Wahrheit in solchen Fragen Sicherheit bot. Das war ein Grund für die große Macht der Inquisition.

1612 gab es in Florenz die ersten Predigten gegen Galilei und bald darauf die ersten Denunziationen bei der Inquisition. Seine Gegner verfügten oft nicht über das grundlegende mathematische Wissen und weigerten sich, überhaupt einen Blick durch das Fernrohr zu werfen. Da sie seinen Erkenntnissen fachlich nichts entgegensetzen konnten, führten sie die Fragen auf das religiöse Gebiet: Ist die Lehre von der Bewegung der Erde mit der Bibel in Einklang zu bringen? Als „Beweise" führten sie JOSUA an, der die Sonne stillstehen ließ (Kap. 10, Vers 12 u. 13) und DAVID, der in Psalm 19 den Lauf der Sonne am Himmel besingt. Kardinal BELLARMIN, der das Inquisitionsverfahren leitete, riet Galilei, sich mit seinen unbestreitbaren Entdeckungen zu begnügen und seine Folgerungen nur als Annahme, nicht aber als physikalische Wahrheit vorzutragen. Er warnte davor, die Grenzen der Mathematik zu überschreiten, „denn für die Theologen ist die Auslegung der Schrift ihre ureigenste Angelegenheit." Galilei wollte zwar ein treuer Sohn der Kirche bleiben, forderte aber, die Aussagen der Bibel in Übereinstimmung mit gesicherten Forschungsergebnissen zu bringen. Die Astronomen dürften sich nicht von den Theologen vorschreiben lassen, was sie am Himmel zu finden haben.

1616 ließ der Papst die neue Lehre als *ketzerisch* verurteilen, setzte das Werk des Kopernikus auf den *Index* und ließ Galilei ermahnen, die Lehre weder zu behaupten noch zu verteidigen. Der Gelehrte unterwarf sich der Weisung. Die päpstlichen Astronomen, von denen sich einige seiner Position näherten, erhielten den ausdrücklichen Befehl, sich nicht gegen die alte Lehre zu äußern.

1633 mußte sich Galilei in Rom vor dem *Inquisitionsgericht* verantworten, weil er die Lehre des Kopernikus trotz des Verbots doch weiter verteidigt hatte. Indem Galilei abschwor und sein Lebenswerk – wenigstens nach außen – verleugnete, konnte er sein Leben retten. Er durfte in sein Haus bei Florenz zurückkehren, stand aber bis zu seinem Tod im Jahre 1642 unter Hausarrest.

Die katholische Kirche brauchte lange Zeit, um ihre Haltung gegenüber Galilei zu ändern. Erst 1992 erfolgte die offizielle Rehabilitierung, d. h. die Aufhebung des Ketzerei-Vorwurfs und des Urteils. „Das schmerzliche Mißverständnis zwischen Wissenschaft und Glauben gehört der Vergangenheit an", erklärte Papst JOHANNES PAUL II. Indem die Theologen zur Zeit des Galilei darauf beharrten, daß die Erde Mittelpunkt des Weltraums ist, machten sie nach den Worten des Papstes einen Irrtum, aber in gutem Glauben. Der Papst hob hervor, daß sich die Bibel in Wirklichkeit nicht mit Details der physischen Welt beschäftigt; das Wissen darüber sei vielmehr der Erfahrung und der menschlichen Vernunft anvertraut.

Die Reformation und ihre Folgen

Vor diesem Flügelaltar in der Stadtkirche zu Wittenberg an der Elbe standen an Pfingsten 1547 spanische Offiziere des katholischen Kaisers Karl V.

Voller Haß versetzte einer von ihnen dem Prediger Martin Luther, auf dem unteren Bild rechts, zwei Degenstiche, die man noch heute deutlich sehen kann. Er wollte damit den „Erzketzer" treffen, dem er die Schuld an der unseligen Kirchenspaltung gab.

Der berühmte Maler Lucas Cranach der Ältere hat auf diesem unteren Bild des Flügelaltars den Reformator Luther dargestellt, wie er seine Gemeinde auf die Grundlagen des neuen evangelischen Glaubens verweist: Mit der einen Hand zeigt er auf den gekreuzigten Christus, mit der anderen auf die aufgeschlagene Bibel.

Die großen Bilder des Altars veranschaulichen die Sakramente der neuen Konfession: in der Mitte das Abendmahl, links die Taufe und rechts die Buße. Auch hier hat der Maler zwei Reformatoren abgebildet: Der Pfarrer, der das Kind tauft, ist Luthers Freund Philipp Melanchton. Der die Beichte abnimmt, ist Johann Bugenhagen, der Reformator Norddeutschlands und Dänemarks.

Die Reformation und ihre Folgen

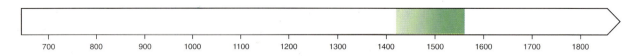

Die Reformation – Zeit religiöser Erneuerung und Glaubensspaltung

An der Wende vom Mittelalter zur Neuzeit schien die Kraft des christlichen Glaubens erschöpft zu sein. Unerträgliche Mißstände in der Papstkirche trieben viele Menschen vor allem in Deutschland in tiefe Glaubensnot. Schon seit langem gab es Bestrebungen, die Kirche an Haupt und Gliedern zu erneuern.

In Deutschland nahm die *Reformation* mit dem Auftreten von MARTIN LUTHER ihren Anfang. 1517 veröffentlichte er 95 Leitsätze gegen die Ablaßpraxis der Kirche. Dieser eigentlich geringe Anlaß hatte große Auswirkungen. Eine neue *Konfession* entstand und damit eine bis heute andauernde Spaltung des christlichen Glaubens. Luther nannte das neue Bekenntnis „evangelisch", weil er im Evangelium die alleinige Glaubensquelle sah. Es entstanden evangelische *Landeskirchen,* an deren Spitze die Landesfürsten standen.

Die Reformation war nicht nur ein religiöses Ereignis. Glaube und Kirche bestimmten damals in einem viel größeren Maße das Denken und Handeln der Menschen. Daher führte der von Luther ausgelöste Streit um den richtigen Glauben zu schweren Unruhen in Gesellschaft und Politik, ja sogar zum Krieg zwischen dem katholischen Kaiser KARL V. und den lutherischen Landesfürsten im Deutschen Reich. Dahinter stand aber auch der alte Gegensatz zwischen Kaisermacht und Selbständigkeitsstreben der Landesfürsten.

Es gab weder Sieger noch Besiegte. Der im Jahre 1555 geschlossene *Augsburger Religionsfriede* beendete diese ersten Glaubenskämpfe. Die lutherische Konfession wurde endgültig neben der katholischen anerkannt. Damit verfestigte sich die religiöse Spaltung des Reiches.

Luthers Angriff auf die Kirche 173

Ein Spottbild auf die Mönche: Hochmut, Ausschweifung und Habgier halten den Mönch am Gängelband. Ein Bauer stopft ihm die Bibel in den Mund. Die Armut droht mit der Faust (Holzschnitt 1521).

Kirche und Volksfrömmigkeit

Mißstände in der Kirche

Auf dem *Konzil von Konstanz* (1414–1418) war JAN HUS als *Ketzer* verbrannt worden. Eine Reform der Kirche an „Haupt und Gliedern" gelang dort jedoch nicht. Viele Mißstände in der Kirche blieben weiter bestehen: Die Ordnung in den Klöstern ließ zu wünschen übrig. Mönche und Nonnen führten oft ein ausschweifendes Leben. In den Städten und Dörfern besorgten ärmliche, schlecht bezahlte und mangelhaft ausgebildete Priester das Lesen der Messe und die Seelsorge. Auch ihr Lebenswandel bot häufig genug Anlaß zu Klagen. In einem Hirtenschreiben des Bischofs von Konstanz, THOMAS BÄRLOWER, aus dem Jahr 1495 heißt es:

> Trotzdem achten, was wir schweren Herzens beklagen, ziemlich viele auch unter euch Priestern die heiligen Satzungen und die in ihnen enthaltenen Strafen gering. Bar jeder Scham und Gottesfurcht verzehren sie sich in beständiger Begehrlichkeit, um verdächtige Frauenspersonen in ihren Wohnungen oder anderswo öffentlich zu unterhalten; und sie bemühen sich nicht, diese zu entlassen und wegzuschicken, noch auch in sich zu gehen und angemessene Buße zu tun. Andere wieder achten die genannten heiligen Bestimmungen der Kirche gering, lassen den Zügeln der Ausgelassenheit freien Lauf, ergeben sich dem Würfelspiel, nehmen in Kneipen und an andern Orten öffentlich und privat an Tanzanlässen teil, brechen in Lästerungen aus auf unsern erhabenen Erlöser und seine gütigste Mutter und Jungfrau Maria und die Heiligen. Sie tragen herausfordernde Waffen, legen die ihrem Stand entsprechenden Kleider ab und ziehen andere an nach Art der Laien. Sie zeigen sich schändlicherweise bei liederlichen Zechereien und anderen Eitelkeiten der Welt.
> *(nach: A. Bucher, W. Schmid [Hrsg.], Reformation und katholische Reform 1500–1712, Aarau 1958, S. 3, gekürzt)*

Luthers Angriff auf die Kirche

Papst Leo X. (1513–1521) aus dem Haus Medici mit Lupe und Handschrift. Welchen Eindruck von der Person des Papstes soll das Gemälde von Raffael erwecken?

Die jüngeren Söhne des Adels, die nicht erbten, kauften sich einträgliche Domherren- oder Abtstellen, von deren Einkünften *(Pfründen)* sie standesgemäß leben konnten. Oft hatte ein Adliger mehrere dieser gewinnbringenden hohen Kirchenämter inne. Die seelsorgerischen Pflichten, die mit den Stellen verbunden waren, ließ er von einfachen, schlecht bezahlten Priestern wahrnehmen. Einige Bischöfe waren gleichzeitig mächtige Reichsfürsten. Sie verbanden ihr geistliches Amt mit weltlicher Herrschaft und nahmen aktiv an den politischen Auseinandersetzungen teil. Mancher von ihnen mag sich in seiner Rüstung wohler gefühlt haben als in seinem Meßgewand.

Besonders augenfällig wurden die Mißstände in ROM. Unter dem Einfluß der Renaissance fühlten sich die Päpste nicht mehr so sehr als oberste Seelenhirten, sondern als weltliche Fürsten, Gelehrte oder Künstler. Als Herrscher über den *Kirchenstaat* versuchten sie auch mit kriegerischen Mitteln, ihre Macht in Italien zu vergrößern. Ihre verschwenderische Hofhaltung verschlang große Summen. 1506 begann man mit dem Neubau der *Peterskirche.* Die berühmtesten Baumeister und Künstler ihrer Zeit, unter ihnen MICHELANGELO und RAFFAEL, traten in den Dienst des Papstes, um einen Dom zu errichten, der alle anderen Bauwerke der Christenheit an Größe und Pracht übertreffen sollte. Die Päpste beschafften das notwendige Geld vor allem aus Deutschland, denn hier hatte sich der Handel mit hohen Kirchenämtern zu ihrer wichtigsten Einnahmequelle entwickelt.

1 Es heißt, die katholische Kirche sei im ausgehenden Mittelalter „verweltlicht". Was spricht für diese Meinung?
2 Wie erklärst du dir den Geldbedarf der Päpste und Bischöfe?
3 Betrachte das Bild von Stefan Lochner. Wie stellten sich die Menschen im Mittelalter das Jüngste Gericht vor?

Das Gemälde vom Jüngsten Gericht von Stefan Lochner (um 1400–1451) zeigt drastisch die Ängste und Hoffnungen der Menschen jener Zeit.

Die Volksfrömmigkeit – Ausdruck der Sorge um das Seelenheil

Umfrage des Magazins DER SPIEGEL 1994.

Teufel führen einen Papst und einen Bischof in den Rachen der Hölle. Aus diesem französischen Holzrelief (Anfang 16. Jh.) spricht deutlich der Zorn der Gläubigen über die Papstkirche.

Trotz dieser offensichtlichen Mißstände in der Kirche blieb die Frömmigkeit des Volkes ungebrochen. Vor allem das Wüten der *Großen Pest*, die Mitte des 14. Jahrhunderts fast jedem Dritten in Europa den Tod brachte, löste in den Ländern nördlich der Alpen eine gewaltige Welle der Religiosität aus. Manche sahen hierin ein Strafgericht Gottes für das sündige Leben, denn mehr noch als um ihr körperliches Wohl bangten die Menschen damals um ihr ewiges Heil. Bei sehr vielen Menschen herrschte das Gefühl vor, das Ende der Zeiten sei gekommen und die Welt bewege sich auf das Jüngste Gericht zu. Für sie war die Welt voll von dämonischen Wesen, die sich um ihre Seelen stritten. Immer wieder malten Künstler jener Zeit Bilder vom Jüngsten Gericht. Sie spiegeln eindrucksvoll die *Höllenangst* und *Todesfurcht* der Menschen, aber auch ihre Hoffnung auf *Erlösung* wieder.

Die Kirche konnte den von ihrer Sündenangst gepeinigten Menschen nicht helfen, denn sehr viele Geistliche boten längst kein Beispiel mehr für echte Frömmigkeit. Daher versuchten die Leute, sich ihres Seelenheils durch eigene religiöse Anstrengungen zu vergewissern. Mit *guten Werken* hofften sie, die Gnade und Vergebung Gottes zu erlangen. Manche Gläubige flehten Maria und die Heiligen um Fürbitte an und stifteten ihnen kostbare Altäre, Bildertafeln oder Abendmahlskelche. Andere unterstützten mit *Stiftungen* die Armen, Alten und Kranken in den Städten. Großen Anklang fanden die oft beschwerlichen Reisen zu berühmten *Wallfahrtsorten*. Dort wetteiferten die Gläubigen in der Verehrung der Jungfrau Maria und der Schutzheiligen. *Volksprediger,* also nicht geweihte Priester, zogen durch das Land und hatten großen Zulauf. Sie forderten die Gläubigen zu Buße und tätiger Nächstenliebe auf.

In der Kirche verstand kaum jemand die vom Priester lateinisch gelesene Messe. Die Menschen begannen, Bittgesänge oder geistliche Volkslieder auf deutsch zu singen. Da sie mit dem unverstandenen Kehrreim „Kyrie eleison" (griech. = Herr, erbarme dich!) endeten, nannte man sie „Leisen". Sie bilden den Anfang des deutschen Gemeindegesanges. Große Verehrung fanden *Reliquien.* So nennt man Überreste oder Gegenstände von Heiligen. Durch den Kauf von *Ablaßbriefen* versuchten viele Menschen, einen Nachlaß zeitlicher Strafen für begangene Sünden zu erwirken.

Die spätmittelalterliche Volksfrömmigkeit hatte aber auch ihre bedenkliche Seite. Weil es an Unterweisung und Führung durch die Kirche mangelte, war die Volksfrömmigkeit durchsetzt vom Glauben an Geister und Hexen. Christlicher Glaube und Aberglaube ließen sich in damaliger Zeit oft nicht trennen. Daher konnte sich auch der *Hexenwahn* ungehindert ausbreiten, der im 16. Jh. einen Höhepunkt erreichte. Ungezählte Frauen fanden bei den Hexenverfolgungen den Tod auf dem Scheiterhaufen oder starben durch das Beil.

Enttäuscht von der Kirche wandten sich daher viele Leute MARTIN LUTHER zu, als dieser Kirche und Papst heftig kritisierte und den Menschen einen Weg zu ihrem Seelenheil zeigte.

1 Wie äußerte sich im ausgehenden Mittelalter die Volksfrömmigkeit?
2 Beweise mit Hilfe der SPIEGEL-Grafik, daß nicht nur im Mittelalter die Höllenfurcht im Leben der Menschen eine große Rolle spielte.

Luthers Angriff auf die Kirche

Luthers Bruch mit der Kirche

Martin Luther

Martin Luther als Augustinermönch 1523. Ein Jahr später legte der Reformator für immer die Mönchskutte ab.

MARTIN LUTHER wurde 1483 in EISLEBEN als Sohn eines Bergmanns geboren. Ein Jahr später zog die Familie ins nahe Mansfeld. Martin und seine acht Geschwister wurden sehr fromm erzogen. Er besuchte die Lateinschulen in Magdeburg und Eisenach. Sein Vater, der es durch Anteile an den Mansfelder Kupferminen zu Wohlstand gebracht hatte, ließ ihn an der Universität Erfurt Rechtswissenschaften studieren; denn ein solches Studium bot gute Voraussetzungen für eine angesehene Stelle am fürstlichen Hof. Diese Hoffnung des Vaters erfüllte sich nicht. Im Sommer 1505 geriet der junge Student in ein schweres Gewitter. Als ein Blitz in seiner Nähe einschlug, rief er in seiner Todesangst die Schutzpatronin der Bergleute an: „Hilf, heilige Anna, ich will ein Mönch werden."

Trotz der Empörung seines Vaters hielt er das Gelübde und trat in das *Augustinerkloster* der Stadt ERFURT ein. Vor seiner Weihe zum Priester im Jahre 1507 studierte Luther auf Wunsch seines Ordens an der dortigen Universität Theologie. Im Auftrag des Augustinerordens unternahm er 1510 eine Fahrt nach Rom. Beunruhigt über die weltliche Pracht des Papsttums und den Mangel an Frömmigkeit unter den Geistlichen kehrte Luther zurück. 1512 erwarb er an der Universität in WITTENBERG die Doktorwürde in Theologie. Damit war damals die Berechtigung zur Professur verbunden. Luther hielt fortan Vorlesungen zur Auslegung des Alten und Neuen Testaments.

Luthers Rechtfertigungslehre

Bereits als junger Mensch quälte Luther das Gefühl, ein hoffnungsloser Sünder zu sein. Er fürchtete sich vor Gottes Zorn und den Höllenstrafen. Selbstquälerisch stellte er sich immer wieder die eine Frage: Wie finde ich Gnade vor Gott? Als Mönch versuchte Luther, sich das Seelenheil zu sichern, indem er die Regeln seines Ordens besonders streng einhielt, betete, beichtete, fastete und sich sogar bis zur völligen Erschöpfung geißelte. Das alles konnte ihn aber nicht von seiner Angst befreien, ein von Gott Verworfener zu sein. Bei der Beschäftigung mit dem *Römerbrief* des Apostels PAULUS in der kleinen Turmstube des Wittenberger Augustinerklosters fand er im Frühjahr 1513 plötzlich Antwort auf die ihn quälende Frage nach der Sündenvergebung. Paulus sagt darin, daß der sündige Mensch sich nicht durch gute Werke vor Gott rechtfertigen könne, sondern nur durch den Glauben an Gottes Barmherzigkeit. Der Glaube allein macht selig, nicht die guten Werke!

Der Ablaßstreit

Im Jahr 1515 übernahm Luther neben seiner Professur das Amt eines Predigers und Seelsorgers an der Wittenberger Stadtkirche. In jener Zeit hatte Papst LEO X. für den Bau der Peterskirche in Rom einen *Ablaß* ausgeschrieben. Darunter verstand die Kirche nicht die Vergebung der Sünden, sondern nur den Erlaß von Sündenstrafen, die nach kirchlicher Lehre auf Erden oder im Jenseits abzubüßen waren. Der Ablaß war wirksam, wenn der Sünder Reue zeigte und gute Werke vollbrachte. Im späten Mittelalter wurde es jedoch üblich, daß Gläubige den Ablaß in Form eines *Ablaßbriefes* kaufen konnten. Die Gelder, die Papst Leo X. durch diesen *Ablaßhandel* zuflossen, gingen zur Hälfte an den Erzbischof ALBRECHT VON MAINZ.

Tetzel mit seinem „Ablaß-Kram": Oben Papst Leo X. sowie ein Behälter (eine „Bulle") mit Ablaßbestätigungen für die gewährten Nachlaßjahre, unten links eine Geldtruhe und rechts ein Ablaßbrief (zeitgenössisches Flugblatt).

Dieser finanzierte damit seine Einsetzung in die Bistümer Magdeburg, Halberstadt und Mainz. In Norddeutschland verkaufte der Dominikanermönch JOHANNES TETZEL den Ablaß. Schamlos war die Art, in der er die Gläubigen zum Kauf der Ablaßbriefe überredete. Er bestärkte sie in der Ansicht, seine Sünden brauche man nicht mehr zu bereuen, wenn man dafür Ablaßgeld bezahlt habe, ja man könne auch für Verstorbene Ablaß erwerben und damit ihre Seelen aus dem Fegefeuer in den Himmel befördern.

Der Kurfürst von Sachsen hatte den Verkauf des Ablasses in seinem Lande untersagt. Als Tetzel aber im nahen brandenburgischen Jüterbog sein Quartier aufschlug, begaben sich auch viele Gläubige aus Luthers Gemeinde dorthin, um Ablaßbriefe zu kaufen. Im Beichtstuhl redete er ihnen ins Gewissen und hielt ihnen ihre Sünden vor. Sie zeigten ihm ihre Ablaßbriefe und erklärten, dadurch hätten sie sich von allen Sünden und aller Reue losgekauft. Aus Sorge um ihr Seelenheil schrieb Luther an den Erzbischof von Mainz:

> Es wird im Land umhergeführt der päpstliche Ablaß unter Euer Gnaden Namen zum Bau von Sankt Peter. Ich will dabei gar nicht über der Ablaßprediger großes Geschrei Klage führen. Aber ich beklage die falsche Auffassung, die das arme, einfältige, grobe Volk daraus entnimmt und die jene Prediger allenthalben marktschreierisch rühmen. Denn die unglücklichen Seelen glauben infolgedessen, wenn sie nur Ablaßbriefe lösen, seien sie ihrer Seligkeit sicher; weiter glauben sie, daß die Seelen ohne Verzug aus dem Fegefeuer fahren, sobald man für sie in den Kasten [Geld] einlege; diese Ablaßgnade sei ferner so kräftig, daß keine Sünde so groß sein könne, daß sie nicht erlassen und vergeben werden könnte. Ach, lieber Gott, so werden die Eurer Sorge anvertrauten Seelen, teurer Vater, zum Tode unterwiesen …!
> (K. Steck [Hrsg.], Luther, Frankfurt/M. 1955, S. 30 f.)

Als immer häufiger Ablaßkäufer bei Luther nicht mehr beichten wollten, veröffentlichte er am 31. Oktober 1517 95 lateinische *Thesen* gegen die Ablaßpraxis der Kirche. Über diese „Lehrsätze" wollte er mit gelehrten Theologen diskutieren. So zum Beispiel:

> 1. Wenn unser Herr und Meister Jesus Christus sagt: „Tut Buße!", so will er, daß das ganze Leben der Gläubigen Buße sei.
> 21. Es irren die Ablaßprediger, die sagen, daß durch des Papstes Ablässe der Mensch von allen Sündenstrafen losgesprochen und erlöst werde.
> 27. Die predigen Menschentand, die vorgeben, daß, sobald der Groschen im Kasten klingt, die Seele … aus dem Fegefeuer fahre.
> 36. Jeder Christ ohne Ausnahme, der wahrhaft Reue empfindet, hat völlige Vergebung von Strafe und Schuld, die ihm auch ohne Ablaßbrief gebührt.

An die Tür der Schloßkirche in Wittenberg schlug Luther vermutlich ein Plakat mit seinen Thesen. Die ursprüngliche Holztür wurde im 7jährigen Krieg zerstört. Dieses Bronzeportal stiftete der preußische König 1858.

1 Wie erhält ein Christ nach Luthers Rechtfertigungslehre Vergebung?
2 Warum stimmt die Kirche Luthers Ablaßthesen nicht zu?

Luthers Angriff auf die Kirche

Der Bruch mit Rom

Zwei Spottbilder aus der Zeit der Reformation. Oben: „Der Papstesel" von einem unbekannten Künstler (1523). Unten: „Luther – des Teufels Dudelsack" von Erhard Schoen, 1521.
Was halten beide Künstler von der Reformation und wie spiegelt sich ihre Auffassung in den Bildern wieder?

Auf *Flugblätter* gedruckt, verbreiteten sich die 95 Thesen in zwei Wochen über ganz Deutschland. Sie fanden überall begeisterte Zustimmung. Der *Nuntius,* also der Botschafter des Papstes in Deutschland, hatte schon ein Jahr vorher gewarnt: „Viele, viele warten hier nur auf den richtigen Mann, um das Maul gegen Rom aufzutun." Luther schien der Wortführer der vielen Menschen zu sein, die ihre aufgestaute Unzufriedenheit mit der Kirche endlich einmal frei äußern wollten. Auch bedeutende Persönlichkeiten wie der berühmte Humanist PHILIPP MELANCHTHON (1497–1560) stellten sich offen auf seine Seite. Er wurde Luthers treuer Freund und Berater.

Der Papst schätzte die „Luthersache" zunächst als ein lästiges „Mönchsgezänk" ein. Bald erkannte er jedoch, daß mehr auf dem Spiel stand als der Ablaßmißbrauch. In einem Streitgespräch mit dem berühmten Ingolstädter Theologen JOHANNES ECK im Juli 1519 in Leipzig behauptete Luther, daß Päpste und Konzilien irren könnten und die Heilige Schrift die einzige Quelle des Glaubens sei. Er vertrat auch die Ansicht, die Kirche bedürfe keines irdischen Hauptes, da ihr Haupt Christus sei.

Nach diesen Äußerungen mußte er als *Ketzer* mit dem Kirchenbann rechnen. Er forderte die Exkommunikation geradezu heraus, als er 1520 mit seinen Studenten in Wittenberg die Bannandrohungsbulle des Papstes öffentlich verbrannte.

Im gleichen Jahr 1520 legte Luther in drei großen Programmschriften die Grundsätze seiner Reform nieder. In der ersten „An den christlichen Adel deutscher Nation von des christlichen Standes Besserung" ruft er den Adel dazu auf, die Kirche zu reformieren und von Rom zu lösen. Er begründet diesen Auftrag damit, daß nach dem Evangelium nicht nur die Geistlichen, sondern alle Gläubigen Priester seien. Die zweite Schrift „Von der babylonischen Gefangenschaft der Kirche" befaßt sich mit den Sieben Sakramenten. Nur drei von ihnen fand Luther in der Bibel bestätigt: das Abendmahl, die Taufe und die Buße. Die vier übrigen, nämlich Firmung, Eheschließung, Priesterweihe und Letzte Ölung wollte er abschaffen. In der dritten Schrift „Von der Freiheit eines Christenmenschen" erklärte Luther den neuen evangelischen Glauben. Der Text war eine Zusammenfassung seiner Rechtfertigungslehre und für den Papst bestimmt.

Der Bruch mit Rom war vollzogen, obwohl es Luther zunächst gar nicht um eine neue Kirche, sondern um deren Erneuerung ging! Die römische Kirche antwortete auf die Reformbestrebungen mit altbekannten Mitteln. Anfang Januar 1521 wurde Luther vom Papst wegen der Verbreitung von Irrlehren *gebannt.*

Nach alter Rechtsauffassung mußte daraufhin der weltliche Herrscher über den Reformator unverzüglich die Reichsacht verhängen, das heißt ihn für rechtlos und vogelfrei erklären. Doch die nach dem Tod von Kaiser MAXIMILIAN I. im Jahre 1519 eingetretene politische Entwicklung verhinderte das.

1 Stelle in einer Tabelle Luthers Lebensstationen bis 1520 zusammen.
2 Berichte über die Ereignisse, die zu Luthers 95 Thesen führten.
3 Welche reformatorischen Lehren Luthers trafen die römische Kirche besonders hart?

Reformation und Politik 179

Luther vor Kaiser und Reich

Die Kaiserwahl von 1519

Kaiser Maximilian I. war im Januar 1519 verstorben. Sein Enkel Karl, der schon mit 16 Jahren Herzog von Burgund und König von Spanien geworden war, bewarb sich um die Kaiserkrone. Obwohl er als Fremder galt und nicht einmal die deutsche Sprache beherrschte, wurde der Neunzehnjährige im Juni 1519 von den sieben Kurfürsten einstimmig als KARL V. zum Kaiser gewählt.

Karl V. hatte sich seine Wahl mit hohen Bestechungsgeldern erkauft und den Reichsfürsten wichtige *Mitspracherechte* zugestanden. So mußte er die Regierung in die Hände der Fürsten legen, wenn er nicht im Reich war. Er versprach auch, keinen Deutschen ohne Verhör vor dem Reichstag zu verurteilen und zu ächten.

Wie stark die Macht der Reichsfürsten gewachsen war, erfuhr der neue Kaiser, als er für 1521 seinen ersten Reichstag nach WORMS einberief. Den Streit um Luther konnte er nicht mit einem Machtwort aus der Welt schaffen. Im Gegenteil! Viele Reichsfürsten standen auf der Seite Luthers. Sie setzten es durch, daß auch der vom Papst gebannte Ketzer auf diesen Reichstag geladen wurde. Dort sollte geprüft werden, ob dessen Lehre wirklich ketzerisch sei. Dann erst sollte dem Kirchenbann die *Reichsacht* folgen.

1415 war in Konstanz JAN HUS als Ketzer verbrannt worden. Voller Angst, es könnte Luther genauso ergehen, erwirkte dessen Landesherr, Kurfürst FRIEDRICH DER WEISE, beim Kaiser freies Geleit für ihn hin und zurück. Der Jubel der Bevölkerung begleitete Luther auf seiner Reise von Wittenberg nach Worms. Am 16. April traf er dort ein und wurde mit einem Trompetensignal vom Domturm begrüßt. Der päpstliche Gesandte ALEANDER war Augenzeuge bei Luthers Ankunft:

> Schon hatte ich meinen letzten Brief geschlossen, als ich aus dem hastigen Rennen des Volkes entnahm, daß der große Ketzermeister seinen Einzug hielt. Mit drei Genossen in einem Wagen sitzend zog er in die Stadt ein, umgeben von etwa acht Berittenen, und nahm seine Herberge in der Nähe seines sächsischen Fürsten; beim Verlassen des Wagens schloß ihn ein Priester in seine Arme, rührte dreimal sein Gewand an und berühmte sich im Weggehen, als hätte er eine Reliquie des größten Heiligen in Händen gehabt: Ich vermute, es wird bald von ihm heißen, er tue Wunder. Dieser Luther, als er vom Wagen stieg, blickte mit seinen dämonischen Augen im Kreis umher und sagte: „Gott wird mit mir sein." Dann trat er in eine Stube, wo ihn viele Herrn aufsuchten, mit deren zehn oder zwölf er auch speiste, und nach der Mahlzeit lief alle Welt hin, ihn zu sehen.
> (Depeschen des Nuntius Aleander vom Wormser Reichstage 1521, hrsg. von P. Kalkhoff, Halle 1897; Brief 18, S. 166 ff., gekürzt)

Karl V. (1500–1558). Das Gemälde zeigt den Kaiser etwa zur Zeit des Wormser Reichstags von 1521.

1 Was könnten die Menschen in Worms Luther zugerufen haben?
2 Warum berichtet eigentlich der päpstliche Gesandte die Nebensächlichkeit nach Rom, mit wem Luther gespeist hat?
3 Warum sympathisierten viele Reichsfürsten mit Luther?

Reformation und Politik

Luthers Verhör auf dem Wormser Reichstag (Buchtitel von 1521).

Der Reichstag von Worms

Schon am Tag nach seiner Ankunft wurde Luther vor die Versammlung der *Reichsstände* geladen. Der Vertreter des Erzbischofs von Trier legte zwei Packen Bücher auf eine Bank vor Luther und forderte ihn auf, seine Lehren zu widerrufen. Luther erbat Bedenkzeit. Bereits am folgenden Tag gab er die Antwort. Sie endete mit den Worten:

> Weil denn Eure allergnädigste Majestät und fürstliche Gnaden eine einfache Antwort verlangen, will ich sie ohne Spitzfindigkeiten und unverfänglich erteilen, nämlich so: Wenn ich nicht mit Zeugnissen der Heiligen Schrift oder mit offenbaren Vernunftgründen besiegt werde, so bleibe ich von den Bibelstellen besiegt, die ich angeführt habe... Denn ich glaube weder dem Papst noch den Konzilien allein, weil es offenkundig ist, daß sie öfters geirrt haben. Widerrufen kann und will ich nichts, weil es weder sicher noch geraten ist, etwas gegen sein Gewissen zu tun. Gott helfe mir, Amen.
> *(nach: Luther, Hrsg. K. Steck, Frankfurt/M. 1955, S. 101)*

> *Am Tag darauf gab Kaiser Karl V. die folgende Erklärung ab:*
> Ihr wißt, daß ich abstamme von den allerchristlichsten Kaisern der edlen deutschen Nation, die alle bis zum Tod getreue Könige der römischen Kirche gewesen sind, Verteidiger des katholischen Glaubens. Ein einfacher Mönch hat sich erhoben gegen den Glauben, den alle Christen seit mehr als 1000 Jahren bewahrten, und er behauptet dreist, daß alle Christen sich bis heute geirrt hätten. Und ich erkläre auch, daß es mich gereut, daß ich es so lange aufschob, gegen Luther und seine falsche Lehre vorzugehen. Ich werde ihn nie wieder hören. Er habe sein Geleit; aber ich werde ihn fortan als Ketzer betrachten.
> *(nach: Geschichte in Quellen, Bd. 3, hrsg. von W. Lautemann und M. Schlenke, München 1976, S. 126, gekürzt)*

Das Wormser Edikt

Am Ende des Verhörs breitete sich Unruhe aus. Jeder spürte, daß die Weigerung Luthers, seine reformatorische Lehre selbst vor Kaiser und Reich nicht zu widerrufen, weitreichende Folgen haben würde. Unmittelbar nach dem Verhör fiel noch keine Entscheidung. Der Kaiser wartete, bis die lutherisch eingestellten Fürsten abgereist waren. Erst Ende Mai 1521 erließ er das *Wormser Edikt*. Es verkündete die *Reichsacht* gegen Luther. Er wurde für vogelfrei erklärt, und die Verbreitung sowie der Besitz seiner Schriften wurden verboten.

Luther auf der Wartburg

Diese gefährliche Entwicklung hatte Friedrich der Weise vorhergesehen. Er ließ den Reformator auf dessen Rückreise nach Wittenberg im Thüringer Wald zum Schein überfallen und auf die WARTBURG bei Eisenach bringen. Als junger Adliger verkleidet und in einem Turmstübchen versteckt, begann Luther damit, die Bibel ins Deutsche zu übersetzen. Das war keine leichte Aufgabe, denn eine einheitliche deutsche Sprache gab es noch nicht. Er bemühte sich um eine Sprachform, die jedermann verstehen konnte. Dazu benutzte er die sächsische Amtssprache und anschauliche Ausdrücke aus den deutschen Mundarten. Die Sprache der *Lutherbibel* entwickelte sich allmählich zu unserer hochdeutschen Schriftsprache.

Als „Junker Jörg" lebte Luther ein Jahr auf der Wartburg (Gemälde von Lucas Cranach d. Ä., 1522).

1 Karl V. und Luther zeigten sich unnachgiebig in Worms. Worauf beriefen sie sich in ihren gegensätzlichen Standpunkten?
2 Was gab Luther die Sicherheit, in Worms nicht zu widerrufen?
3 Das Edikt von Worms ließ Karl V. auf den 8. Mai 1521 zurückdatieren. Welchen Anschein wollte er damit wohl erwecken?
4 Die Reformation ist ohne die Erfindung der Buchdruckkunst nicht denkbar. Erläutere diese Aussage.

Die Wartburg bei Eisenach – heute durch das Lutherzimmer ein beliebtes Ausflugsziel.

1523 erschien der erste Teil von Luthers deutscher Übersetzung des Alten Testaments. Es enthielt die fünf Bücher Moses. Worum geht es beim hier abgedruckten Bibelauszug?

Reformation und Politik

Soziale Unruhen

Der Aufstand der Reichsritter

Auf der *Ebernburg* des Reichsritters FRANZ VON SICKINGEN wurde seit 1521 lutherischer Gottesdienst gehalten. Manchmal war auch Sickingens Freund, der berühmte dichtende Ritter ULRICH VON HUTTEN dabei. Ihre Gespräche werden sich nicht nur um die Religion gedreht haben. Viel bedrängender war für diese kleinen Adligen die Frage, wie sie ohne Räuberei mit den knappen Einkünften aus ihren paar Dörfern ein standesgemäßes Leben auf ihren Burgen führen konnten. Wie sollten sie ihre Unabhängigkeit gegenüber den immer mächtiger werdenden Fürsten wahren, die bereits begehrliche Blicke auf die ritterlichen Besitzungen warfen?

Sickingen war durch Militärdienste beim König von Frankreich und beim Kaiser zu Geld und Einfluß gekommen. Daher glaubte er, sich selbst helfen zu können: 1523 begann der gefürchtete Heerführer den „Pfaffenkrieg" gegen den Erzbischof von Trier. Damit wollte er der ritterlichen Freiheit und dem Evangelium zum Sieg verhelfen. Von der Reformation erhoffte er sich die Enteignung der geistlichen Gebiete zugunsten der Ritter und damit einen neuen Aufstieg seines Standes. Aber der Pfaffenkrieg mißlang. Der Trierer Erzbischof erschien mit seinen Verbündeten, dem Kurfürsten von der Pfalz und dem Landgrafen von Hessen, vor Sickingens Burg *Landstuhl*. Der Belagerte starb, als eine Kanonenkugel ihm das Bein abriß. Mit seinem Untergang verloren die *Reichsritter* für immer ihre politische Bedeutung.

Der Reichsritter Franz von Sickingen (1481–1523).

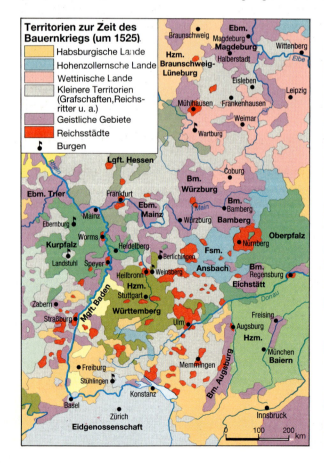

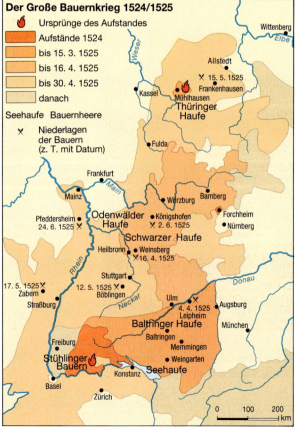

Die Lage der Bauern

> Der letzte Stand ist derer, die auf dem Lande in Dörfern und Gehöften wohnen und dasselbe bebauen. Hütten aus Lehm und Holz, wenig über die Erde emporragend und mit Stroh gedeckt, sind ihre Häuser. Geringes Brot, Haferbrei oder gekochtes Gemüse ist ihre Speise, Wasser und Molken ihr Getränk. Ein leinener Rock, ein paar Stiefel, ein brauner Hut ist ihre Kleidung. Das Volk ist jederzeit ohne Ruhe, arbeitsam, unsauber. Die einzelnen Dörfer wählen aus sich zwei oder vier Männer, die sie Bauermeister nennen; das sind die Vermittler bei Streitigkeiten und Verträgen und die Rechnungsführer der Gemeinde. Die Verwaltung aber haben sie nicht, sondern die Herren. Den Herren fronen sie oftmals im Jahr. Es gibt nichts, was dieses sklavische und elende Volk ihnen nicht schuldig sein soll.
> *(gekürzt nach: G. Franz, Quellen zur Geschichte des deutschen Bauernstandes in der Neuzeit, Darmstadt 1963, S. 3)*

So schilderte 1520 aus der Sicht eines Städters der Chronist JOHANNES BOEMUS die Lage der Bauern, zu denen damals rund vier Fünftel der deutschen Bevölkerung zählte.

Manche Bauern hatten es aber auch zu bescheidenem Wohlstand gebracht, denn auf den Märkten der wachsenden Städte konnten sie ihre Erzeugnisse gut verkaufen. Und doch fühlten sie sich seit langem rechtlos und wenig geachtet. Seit eh und je lebten sie in mancherlei Abhängigkeit von ihrem Grundherrn und mußten unwürdige Behandlung erdulden. Das Fronen und die Abgaben hielten sich meist in annehmbaren Grenzen. Arme Reichsritter und kleine Klosterherrschaften aber preßten das letzte an Abgaben und Dienstleistungen aus ihren Bauern heraus.

Ungünstig wirkte sich auch eine neue politische Entwicklung auf die Lage der Bauern aus. Die immer mächtiger werdenden Fürsten meldeten ihre Ansprüche an! Sie versuchten, alle Bewohner ihrer Länder zu *Untertanen* zu machen. Sie duldeten es nicht mehr, daß die Bauern ihr Leben im Dorf selbst regelten. Alles sollte nach dem Willen der Landesherrn gehen.

Die *Amtleute* der Fürsten erschienen in den Dörfern und erhoben neue Steuern. Sie ersetzten auch die vertrauten Dorfgerichte durch gelehrte Richter. Diese urteilten nicht mehr nach dem vertrauten alten Gewohnheitsrecht, sondern nach neuem *römischen Recht,* dessen Latein die Bauern nicht verstanden. Besondere Verbitterung lösten die Bestrebungen der Landesfürsten und adligen Grundherren aus, den von alters her freien Gemeinbesitz an der Dorfweide, den Gewässern, Wäldern und Jagden einzuschränken. Dieser Besitz bildete für die Bauern und ihre Familien eine wichtige Lebensgrundlage, auf die sie angewiesen waren.

Die Wissenschaftler streiten darüber, ob das Bauernpaar Abgaben leistet oder zum Markt in die Stadt geht. Wofür würdest du dich entscheiden? (Kupferstich von Albrecht Dürer, 1512).

1 Franz von Sickingen erklärt einem anderen Reichsritter seine Pläne vom „Pfaffenkrieg". Erzähle!
2 Liste auf, was die Bauern an ihrem Dasein besonders beklagen.
3 Versetze dich in die Lage eines Bauern, dem der Grundherr den Wald und das Weideland weggenommen hat. Welche Folgen hatte das?
4 Beschreibe das Leben der Bauern anhand der Quelle.

Reformation und Politik

Von Bauernaufständen zum Bauernkrieg

Schon seit dem 14. Jahrhundert gab es in England, Frankreich und im Südwesten Deutschlands Bauernaufstände. Am Oberrhein kam es um 1450 unter dem Zeichen des bäuerlichen *Bundschuhs* zu Verschwörungen gegen die Willkür der Herren. Im Jahr 1514 ergriff ein anderer größerer Bauernaufstand, der *Arme Konrad*, ganz Württemberg. Die Fürsten warfen beide nieder.

Neuen Auftrieb erhielt die anhaltende Unzufriedenheit der Bauern durch die Reformation. Luthers Schrift von der „Freiheit eines Christenmenschen" zündete besonders bei den Bauern und wurde von ihnen sehr wörtlich auf die eigene Lage bezogen.

In der zweiten Hälfte des Jahres 1524 flackerten in der Herrschaft STÜHLINGEN am Hochrhein die Bauernunruhen wieder auf. Sie weiteten sich im Frühjahr 1525 zum großen deutschen *Bauernkrieg* aus. Eigentlich ist dieser Ausdruck etwas irreführend, denn es bildeten sich im oberen Schwarzwald, am Bodensee, im Elsaß, Odenwald und Allgäu sowie in Franken und Thüringen einzelne Bauernheere, die sogenannten *Haufen*. Diese führten aber keinen gemeinsamen und planmäßigen Feldzug. Nur über die Ziele ihres Aufstands bestand Einigkeit. In der Reichsstadt MEMMINGEN verfaßte der Kürschnergeselle SEBASTIAN LOTZER eine Flugschrift mit zwölf Artikeln ihrer Forderungen.

Die zwölf Artikel der Bauernschaft

> 1. Art. Die Gemeinden sollen ihre Pfarrer frei wählen dürfen; die Predigt des Evangeliums soll erlaubt sein.
> 2. Art. Der Kornzehnt soll für die Bezahlung des Pfarrers und für die Armen verwendet werden. Der Viehzehnt soll abgeschafft werden, weil davon nichts in der Bibel steht.
> 3. Art. Die Bauern wollen der Obrigkeit zwar gehorchen, aber die Leibeigenschaft soll abgeschafft werden.
> 4. Art. Das Recht der Jagd und des Fischfangs soll den Gemeinden wieder zurückgegeben werden.
> 5. Art. Das Recht der Holznutzung soll den Gemeinden zurückgegeben werden.
> 6. Art. Die Frondienste sollen auf das frühere Maß zurückgenommen werden.
> 7. Art. Neu auferlegte Dienste sollen bezahlt werden.
> 8. Art. Überhöhter Pachtzins soll neu festgesetzt werden.
> 9. Art. Das alte Strafrecht soll wieder in Kraft gesetzt werden.
> 10. Art. Gemeindewiesen (Allmende) sollen zurückgegeben werden.
> 11. Art. Abgaben der Witwe beim Tod eines Bauern („Todfall") sollen abgeschafft werden.
> 12. Art. Wenn einer oder mehr Artikel hier aufgestellt sein sollten, die dem Wort Gottes nicht gemäß sind, dann wollen wir davon Abstand nehmen, wenn man uns das aus der Heiligen Schrift nachweist.
> *(Geschichte in Quellen, Bd. 3, München 1976, S. 145 ff.)*

Bauern schwören auf die Bundschuh-Fahne. Sie zeigt das Kreuz Christi auf einem Bundschuh stehend. Er galt als Symbol der Bauern im Gegensatz zum gespornten Ritterstiefel (1514).

1 Gegen welche Mißstände wenden sich die einzelnen Artikel?
2 Wie begründen die Bauern ihre Forderungen? Welche Zusammenhänge bestehen zwischen Bauernaufstand und Reformation?
3 In welchen Artikeln werden radikale Neuerungen, in welchen wird die Wiederherstellung alter Rechte gefordert?

Thomas Müntzer und das „Gottesreich auf Erden"

In Thüringen ist der Bauernkrieg eng mit dem Namen eines Mannes verbunden: THOMAS MÜNTZER. Er war Theologe und zunächst Luthers Anhänger. Luther empfahl ihn als Prediger nach Zwickau in Sachsen. Dort schloß er sich den „Zwickauer Propheten" an. Diese frommen Leute glaubten, Gott offenbare sich nicht nur in der Bibel, sondern auch in Ahnungen und Träumen. Als Müntzer dies schwärmerische Christentum predigte, mußte er aus der Stadt weichen.

Nach einer Wanderzeit bekam Müntzer 1523 wieder eine Pfarrstelle in Allstedt. In der kleinen thüringischen Stadt gründete er aus Bürgern, Bauern und Bergleuten den „Bund der Erwählten". Er rief sie auf, in Armut, Gleichheit und Gütergemeinschaft das „Gottesreich auf Erden" zu errichten. Als der Herzog ihn bei der Ausrottung der Gottlosen nicht unterstützen wollte, drohte Müntzer mit dem Aufstand der kleinen Leute. Wieder mußte er fliehen!

Zunächst begab er sich in die Reichsstadt MÜHLHAUSEN. Aber im September 1524 verfügte der Rat Müntzers Ausweisung, weil dessen Predigten immer radikaler wurden. Schon im Februar 1525 kehrte er nach Mühlhausen zurück. Müntzer stürzte mit seinen Anhängern den alten Rat und ersetzte ihn im Namen Gottes durch einen „Ewigen Rat", der Armen und Reichen gleiches Recht gewähren sollte.

Als sich im nahen Fulda die Bauern erhoben, sah Müntzer die Möglichkeit gekommen, mit den Gottlosen und den Fürsten abzurechnen. Mit 300 „Erwählten" stellte er sich an die Spitze eines Heeres, das bei FRANKENHAUSEN sein Lager aufschlug. Die anrückenden Fürsten unter Landgraf PHILIPP VON HESSEN brachten ihre Kanonen rings um die Wagenburg, die das Bauernheer gebildet hatte, in Stellung. Da Müntzer den Bauern versprochen hatte, er werde die Kanonenkugeln der Fürsten „in seinem Ärmel auffangen", gerieten sie in Panik, als die ersten Kugeln Opfer forderten. Die Bauern flohen, und die Fürsten hatten leichtes Spiel. Sie schonten niemand. 5000 Bauern wurden niedergemetzelt, nur 600 gefangen. Müntzer selbst wurde enthauptet.

Thomas Müntzer (1490–1525) – Pfarrer, Prophet und Umstürzler.

Kurfürst Johann von Sachsen, einer der Sieger von Frankenhausen. In der Bildmitte das Bauernheer mit der von Müntzer entworfenen Regenbogenfahne. Das fürstliche Heer verlor nur 6 Mann.

Reformation und Politik

So stellte sich ein Zeichner im 19. Jh. einen Bauernhaufen vor.

Luther und der Bauernkrieg

Das Spottbild aus der Zeit um 1525 zeigt Luther als Mitglied des Bundschuhs. Es klagt den Reformator an, die Bauern betrogen zu haben.

Große Hoffnungen hatten die Bauern in Süddeutschland auf Luther gesetzt. Der zögerte lange. Erst als die Bauern sich in ihrem Programm auf das Evangelium beriefen und ihre Gegner Luther die Schuld an den Unruhen gaben, veröffentlichte er Anfang Mai 1525 eine *Ermahnung zum Frieden*.

> An die Fürsten und Herren!
> Solchen Unrat und Aufruhr verdanken wir niemand anderem auf Erden als euch Fürsten und Herren, besonders euch blinden Bischöfen und tollen Pfaffen und Mönchen, die ihr im weltlichen Regiment nicht mehr tut, als daß ihr schindet und schatzt, um eure Pracht und Hochmut zu führen, bis es der arme gemeine Mann nicht kann noch mag länger ertragen.
>
> An die Bauernschaft!
> Wenn ihr sprecht: Die Obrigkeit ist böse und unleidlich; denn sie wollen uns das Evangelium nicht lassen und drücken uns allzu hart und verderben uns also an Leib und Seele. So antworte ich: Daß die Obrigkeit böse ist, entschuldigt keine Rotterei noch Aufruhr.
> *(Geschichte in Quellen, Bd. 3, München 1976, S. 149f.)*

Die Fürsten dachten nicht daran, nachzugeben; sie brauchten aber einige Wochen, um sich gegen die Bauernheere zu rüsten. In dieser Zeit konnten die aufständischen Bauern militärische Erfolge erzielen, wurden erstmals Schlösser und Klöster in Brand gesteckt. Ein Bauernhaufe eroberte die *Burg Weinsberg* bei Heilbronn, wobei es zur einzigen schweren Bluttat kam, die uns überliefert ist: Die Bauern ergriffen Graf LUDWIG VON HELFENSTEIN und jagten ihn zusammen mit der ritterlichen Besatzung „durch die Spieße" – eine besonders demütigende Form der Hinrichtung.

Als Luther von den Verwüstungen der Bauern hörte, fürchtete er um die christliche Ordnung und um seine Lehre. Er verfaßte einen zweiten, diesmal an die Fürsten gerichteten Aufruf mit dem Titel „Wider die räuberischen und mörderischen Rotten der Bauern".

> Aufruhr ist nicht schlichter Mord, sondern wie ein großes Feuer, das ein Land anzündet und verwüstet; also bringt Aufruhr mit sich ein Land voll Mords, Blutvergießen und macht Witwen und Waisen und verstöret alles, wie das allergrößte Unglück. Drum soll hier zuschmeißen, würgen und stechen, wer da kann, und gedenken, daß nichts Giftigeres, Schädlicheres, Teuflischeres sein kann als ein aufrührerischer Mensch. Ein Fürst und Herr muß hier denken, daß er Gottes Amtmann und seines Zornes Diener ist, dem das Schwert über solche Buben befohlen ist. Drum, liebe Herren, erbarmet euch der armen Leute, steche, schlage, würge hie, wer da kann!
> *(Geschichte in Quellen, Bd. 3, München 1976, S. 154 f.)*

Das Ende des Bauernkrieges

Ähnlich wie in Frankenhausen sind alle Kämpfe der Bauern ausgegangen. Das Strafgericht der siegreichen Herren über die Bauern, die dem Gemetzel entkamen, war von abschreckender Grausamkeit. In Franken und Thüringen gab es Massenenthauptungen. Den Dörfern wurden hohe Strafgelder auferlegt und die Bauern zum Wiederaufbau der zerstörten Burgen, Schlösser und Klöster verpflichtet.

Die Bauern scheiterten, weil sie in ihren Reihen keine erfahrenen militärischen Führer fanden, die ihre Aktionen planen und aufeinander abstimmen konnten. Außerdem mangelte es ihnen an Kanonen und Reiterei, um die erste Überrumpelung der Fürsten auszunutzen. In den Städten fanden sie keine Partner, weil deren Bürger die Ausdehnung des Aufstands auf ihre Gebiete befürchteten. Zudem wurde ihr Vertrauen in Luther und in den Kaiser bitter enttäuscht.

Im Herbst 1525 war das Land wieder „befriedet". Viele einst blühende Dörfer und kleine Städte hatten ihren Wohlstand und ihre letzten Freiheiten verloren. 300 Jahre lang waren die Bauern weiter zu einem harten Leben in Unfreiheit verurteilt. Sie hatten keine Kraft, sich noch einmal zu erheben.

Bis in unsere Zeit blieb der Bundschuh ein Symbol des Widerstands.

1 Was erhoffte sich Thomas Müntzer vom Bauernaufstand?
2 Warum hat Müntzer Luther als „Bruder Leisetritt" verspottet? Vergleiche beide in ihrer Haltung gegenüber Fürsten und Bauern.
3 Warum änderte Luther seine Haltung gegenüber den Bauern? Welche politischen, welche religiösen Gründe sind erkennbar?

Das Ende des Aufstands: Gefangene Bauern werden abgeführt (zeitgenössischer Holzschnitt).

Das Ende der Glaubenseinheit

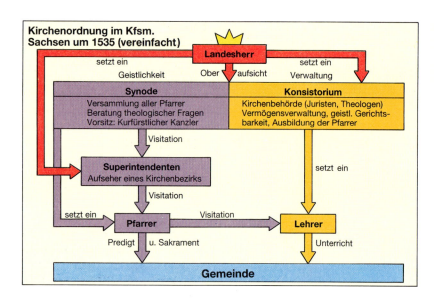

Die lutherischen Landeskirchen

Der Landesherr als „Notbischof"

> Die Pfarreien liegen überall elend; da gibt niemand, da bezahlt niemand. So achtet der gemeine Mann weder Predigt noch Pfarrer. Wenn hier nicht eine tapfere Ordnung und staatliche Erhaltung der Pfarrer vorgenommen wird, gibt es in kurzer Zeit weder Pfarrhöfe, noch Schulen, noch Schüler, und so wird das Wort Gottes zugrunde gehen. Eure Kurfürstliche Gnaden wird wohl Mittel finden. Es sind Klöster, Stifte, Kirchengüter und dergleichen Dinge genug vorhanden, wenn nur Eure Gnaden Befehle erteilt, diese zu besichtigen, zu berechnen und zu ordnen.
> *(Luthers Werke, Weimarer Ausg. 1883, Briefwechsel, Bd. 3, S. 595)*

Im Bauernkrieg hatte sich Luther auf die Seite der Fürsten geschlagen. So wendet er sich auch in diesem Brief aus dem Jahr 1525 an seinen Landesherrn. In ihm als der von Gott eingesetzten Obrigkeit sieht er den geeigneten Leiter der neuen Kirche oder den „Notbischof".

Luthers Aufforderung bedeutete für Kurfürst JOHANN DEN BESTÄNDIGEN (1525–1532) eine günstige Gelegenheit, endlich das Regiment des Papstes über die sächsische Kirche loszuwerden, deren Leitung selbst in die Hand zu nehmen und sich vor allem die reichen Besitzungen der katholischen Kirche anzueignen. So floß das Geld nicht mehr nach Rom, sondern blieb im eigenen Land. Andere Fürsten dachten ähnlich, bekannten sich zur lutherischen Lehre und setzten sich an die Spitze einer eigenen *Landeskirche*.

Da Luther in der Bibel die einzige Quelle des Glaubens sah, mußte sich der Landesherr nun darum kümmern, daß ausgebildete Pfarrer das Evangelium in den Kirchen verkündigten, und er mußte dafür sorgen, daß jeder lesen lernte. Deswegen bemühte sich vor allem PHILIPP MELANCHTHON, Luthers Freund und engster Berater, um den Aufbau eines Schulwesens in den lutherischen Ländern. Seine Freunde nannten ihn bald „praeceptor Germaniae", den Lehrmeister Deutschlands.

Kurfürst Johann Friedrich von Sachsen (1532–1554) mit den Reformatoren. Wie kommt in dem Bild zum Ausdruck, daß der Fürst ein wichtiger Träger der Reformation ist? (Gemälde von 1535).

Die Glaubensspaltung im Deutschen Reich

„Ein Reich, in dem die Sonne nicht untergeht"

> Römischer König, künftiger Kaiser, immer Augustus, König von Spanien, Sizilien, Jerusalem, der Balearen, der Kanarischen und Indianischen Inseln, sowie des Festlandes jenseits des Ozeans, Erzherzog von Österreich, Herzog von Burgund, Brabant, Steiermark, Kärnten, Krain, Luxemburg, Limburg, Athen und Patras, Graf von Habsburg, Flandern, Tirol, Pfalzgraf von Burgund, Hennegau, Pfirt, Roussillon, Landgraf im Elsaß, Fürst in Schwaben, Herr in Asien und Afrika.
> (K. Brandi, Kaiser Karl V., 3. Auflage, München 1941, S. 97)

So lautete der Titel KARLS V. nach seiner Wahl zum Kaiser. Der junge Herrscher besaß ein Reich, in dem „die Sonne nicht unterging". Es reichte von Ungarn im Osten bis zu den spanischen Kolonien im fernen Amerika. In Europa bildete es kein zusammenhängendes Gebiet, sondern bestand aus vielen unterschiedlich großen Teilen. Allein die verschiedenen Sprachen und die großen Entfernungen machten es schwer, ein solches Land zu regieren.

Als Vertreter der Idee eines *universalen,* das heißt weltumspannenden Kaisertums wollte Karl V. ein christliches Weltreich schaffen, in dem er sich als weltliches Oberhaupt der Kirche sah. Dabei stieß er auf den erbitterten Widerstand des französischen Königs FRANZ I. Der zweite gefährliche Feind waren die *Türken,* die im 15. Jahrhundert den Balkan sowie große Teile Vorderasiens erobert hatten. Unter Sultan SULEIMAN II. bedrohten sie das Reich im Osten und stießen 1529 sogar bis WIEN vor. Aber auch die lutherischen Reichsfürsten waren nicht bereit, sich dem universalen Herrschaftsanspruch des Kaisers unterzuordnen.

Das Ende der Glaubenseinheit

Die Protestanten

Karl V. hatte 1521 in Worms geschworen, den katholischen Glauben und die Einheit der Kirche zu verteidigen. Sein Plan, die Reformation gewaltsam zu zerschlagen, scheiterte daran, daß er ständig auf Kriegsschauplätzen in Frankreich, Italien und Ungarn gebunden war. Der Kaiser mußte den Fürsten in Religionsfragen sogar nachgeben, da er ihre Unterstützung für seine Kriege um die Vorherrschaft in Europa brauchte. Auf dem ersten *Reichstag zu Speyer* wurde 1526 beschlossen, daß bis zu einem Konzil „jeder es mit der lutherischen Sache so halte, wie er es vor Gott und dem Kaiser verantworten könne".

Angesichts militärischer Erfolge des Kaisers beschloß jedoch die katholische Mehrheit auf dem zweiten Speyerer Reichstag 1529, das *Wormser Edikt* auszuführen. Dagegen protestierten sechs Fürsten und vierzehn Reichsstädte: „In Glaubens- und Gewissensfragen entscheidet kein Mehrheitsbeschluß!" Für diese evangelische Minderheit bürgerte sich fortan der Ausdruck *Protestanten* ein. Er wurde später auf alle übertragen, die sich vom alten Glauben abwandten.

Das Augsburger Bekenntnis

Erst 1530 kehrte der Kaiser nach Deutschland zurück und bat auf dem *Reichstag von Augsburg* um militärische Hilfe gegen die Türken. Diese waren 1529 vor WIEN zurückgedrängt, aber nicht geschlagen worden. Die protestantischen Fürsten stellten für eine solche Türkenhilfe die Bedingung, die Reformation weiterführen zu dürfen.

Karl V. wollte auf diesem Reichstag auch einen Ausgleich im Religionsstreit anbahnen. Für die protestantischen Reichsstände faßte MELANCHTHON die lutherische Glaubenslehre in einer Bekenntnisschrift zusammen. Die katholischen Theologen lehnten diese in einem versöhnlichen Geist verfaßte *Confessio Augustana* ab. Der Kaiser verlangte daraufhin die Unterwerfung der Protestanten.

Am 25. Juni 1530 verliest der Kanzler vor dem Kaiser und den versammelten Reichsständen das Augsburger Bekenntnis. Das Gemälde zeigt rechts die Besonderheiten des neuen Glaubens. Welche erkennst du?

Der Bund von Schmalkalden und die Niederlage der Protestanten

Nach der Zurückweisung des evangelischen Bekenntnisses auf dem Reichstag von Augsburg drängte der Kaiser auf die Durchführung des Wormser Ediktes. Um der ihnen drohenden Gefahr wirksam begegnen zu können, schlossen sich die protestantischen Fürsten und Reichsstädte zum *Schmalkaldischen Bund* zusammen.

Doch Karl V. mußte noch jahrelang warten, bevor er gegen die Protestanten militärisch vorgehen konnte. Erst nach dem Friedensschluß mit Frankreich und dem Waffenstillstand mit den Türken im Jahr 1545 hatte der Kaiser die Hände frei. Eindringlich forderte er die protestantischen Reichsstände auf, das im gleichen Jahr beginnende *Konzil von Trient* zu besuchen. Die Versammlung war vom Papst zur Sicherung der Einheit von Glauben und Kirche einberufen worden. Als die Protestanten sich weigerten, entschloß sich der Kaiser, den Religionsstreit mit Waffengewalt zu lösen.

Im *Schmalkaldischen Krieg* fand er dabei unerwartete Hilfe beim protestantischen Herzog MORITZ VON SACHSEN. Heimlich war dieser ehrgeizige junge Fürst auf die Seite des Kaisers getreten. Er hatte es auf die Kurwürde seines Vetters in Wittenberg, des Kurfürsten JOHANN FRIEDRICH VON SACHSEN, abgesehen! Die Protestanten verloren den Krieg, nachdem sie 1547 bei MÜHLBERG an der Elbe eine schwere Niederlage erlitten hatten. Kurfürst Johann Friedrich von Sachsen, einer der beiden Anführer des Schmalkaldischen Bundesheers, wurde gefangengenommen. Eine zeitgenössische Quelle berichtet, wie der Kaiser mit dem Kurfürsten verfuhr:

> Der Kaiser ließ ihn vor sich bringen. Er kam ganz mit Blut aus der am linken Backen empfangenen Hiebwunde bedeckt, auf einem friesländischen Pferd. Johann Friedrich entblößte das Haupt und sagte: Großmächtigster und gnädigster Kaiser, ich bin Euer Gefangener. Dieser erwiderte: Jetzt nennt Ihr mich Kaiser, das ist eine Bezeichnung sehr verschieden von derjenigen, die Ihr mir früher beizulegen pflegtet.
>
> So begannen denn Verhandlungen, wie man den Kurfürsten strafen und doch der kaiserlichen Gnade Raum geben könnte. Hinsichtlich des Todesurteils über Johann Friedrich gab es verschiedene Meinungen. Eines wie das andere erwägend, beschloß der Kaiser seiner Gemütsart gemäß, Johann Friedrich das Leben unter Bedingungen zu schenken, die ziemlich der Todesstrafe entsprächen, deren ihn viele wert erachteten.
>
> *(Avila, in: Geschichte in Quellen, Bd. 3, München 1976, S. 186 f., gekürzt)*

In kurzer Zeit hatte Karl V. die Protestanten militärisch besiegt und stand auf dem Höhepunkt seiner Macht. Jetzt konnte er darangehen, die religiöse Einheit in Deutschland wiederherzustellen und die Selbständigkeit der Reichsfürsten einzuschränken.

Karl V. – der Sieger in der Schlacht von Mühlberg. Das Bild bringt den Triumph des Kaisers zum Ausdruck (Gemälde von Tizian, 1548).

1 Welche Ziele verfolgten die Mitglieder des Schmalkaldischen Bundes?
2 Diskutiert, ob Moritz von Sachsen Politiker oder Verräter war.
3 Wie mag der Kaiser wohl den sächsischen Kurfürsten bestraft haben?

Das Ende der Glaubenseinheit

Der Augsburger Religionsfriede

Der Augsburger Religionsfriede hatte weitreichende Folgen. Noch 1731 wurden protestantische Bauern aus Salzburg vertrieben und fanden als Glaubensflüchtlinge eine neue Heimat in Brandenburg-Preußen.

Als der Kaiser 1551 die protestantischen Stände endgültig unterwerfen wollte, wechselte Moritz erneut die Seite. Er verbündete sich mit den protestantischen Fürsten und suchte Unterstützung beim französischen König. Moritz lieferte ihm dafür die Reichsstädte METZ, TOUL und VERDUN aus. 1552 rückten französische Truppen in Lothringen und die aufständischen deutschen Fürsten in Tirol ein. Der Kaiser entkam nur knapp der Gefangennahme. Er war endgültig gescheitert und dankte 1556 resigniert ab. Nur zwei Jahre später starb Karl V. im spanischen Kloster SAN YUSTE. FERDINAND, sein Bruder und Nachfolger, willigte 1555 in den *Augsburger Religionsfrieden* ein:

– Das lutherische Bekenntnis wird neben dem katholischen anerkannt. Andere Bekenntnisse sind ausgeschlossen.
– Nur die Fürsten und Reichsstände haben freie Wahl zwischen den beiden Bekenntnissen. Reichsstädte können beide Konfessionen nebeneinander zulassen.
– Wenn ein geistlicher Fürst zum Luthertum übertritt, verliert er sein Amt, sein Land bleibt katholisch.
– Wenn ein Fürst die Konfession wechselt, müssen ihm alle Untertanen darin folgen. Wollen sie das nicht, können sie in ein anderes Land ihrer Konfession auswandern, müssen aber ihren Haus- und Grundbesitz verkaufen.

1 Warum wurde Karl V. mit den protestantischen Fürsten nicht fertig?
2 Erkundige dich, welche Konfession an deinem Heimatort nach 1555 allein zugelassen war. Seit wann sind Angehörige der anderen Konfession bei euch ansässig?
3 Zu welcher Landeskirche gehören die Protestanten deiner Heimat?

Zusammenfassung

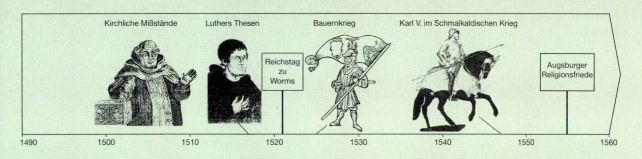

Die Reformation in Deutschland – eine Bilanz

Höllenangst und Todesfurcht prägten im ausgehenden Mittelalter das Lebensgefühl der Menschen. Trost und Beistand suchten sie bei der Kirche vergebens, denn viele Geistliche kümmerten sich vornehmlich um ihr eigenes Wohlbefinden und boten längst kein Beispiel mehr für eine echte Frömmigkeit. So wurde der Ruf nach einer Erneuerung der Kirche immer dringender.

Mit seinen 95 *Thesen* zum *Ablaßhandel* leitete MARTIN LUTHER 1517 die *Reformation* ein. In der Auseinandersetzung mit der Kirche, die sich auf seine Reformvorschläge nicht einließ, entwickelte er in drei großen Programmschriften seine neue reformatorische Lehre. Wegen der Verbreitung von Irrlehren belegte ihn der Papst zu Beginn des Jahres 1521 mit dem Kirchenbann. Im gleichen Jahr verhängte der Kaiser auf dem *Reichstag zu Worms* über den Reformator die *Reichsacht*. Dennoch breitete sich Luthers Lehre rasch in Deutschland aus. Beschützt von seinem Landesherrn, übersetzte Luther auf der Wartburg das NEUE TESTAMENT und förderte damit entscheidend die Entstehung unserer heutigen hochdeutschen Schriftsprache.

Luthers Lehre ermunterte *Ritter* (1522/23) und *Bauern* (1524/25), für bessere Lebensbedingungen zu kämpfen. Beide Aufstandsbewegungen scheiterten an der militärischen Macht der Landesfürsten. Im Gegensatz zu THOMAS MÜNTZER hatte sich Luther dabei ganz auf die Seite der Fürsten geschlagen. Von ihnen erhoffte er die Wiederherstellung der kirchlichen Zucht und Ordnung, die im *Bauernkrieg* verloren gegangen war. Er ermunterte sie, *Landeskirchen* zu gründen und als „Notbischof" an deren Spitze zu treten. Das verschaffte den Fürsten, die die Reformation unterstützten, reichen Gewinn an Kirchengut und einen weiteren Zuwachs an Macht und Ansehen.

Kaiser KARL V. war ein Gegner der Reformation. Seine Absicht, die sich ausbreitende reformatorische Bewegung in Deutschland mit militärischer Gewalt zu zerschlagen, scheiterte, weil er mit seinen Truppen ständig an ausländische Kriegsschauplätze gebunden war. Auf dem *Reichstag von Augsburg* wurde 1555 das gleichberechtigte Nebeneinander des katholischen und des lutherischen Bekenntnisses beschlossen und damit die *religiöse Spaltung* Deutschlands festgeschrieben. Sie dauert an bis in unsere Tage.

Wichtige Begriffe

- Ablaß
- Augsburger Religionsfriede
- Bauernkrieg
- Konfession
- Landeskirche
- Protestanten
- Reichsacht
- Schmalkaldischer Bund
- Thesen
- Wormser Edikt

Das Gemälde von Jan Asselyn aus dem Jahr 1634 führt uns mitten in die Glaubenskriege des 16. und 17. Jahrhunderts. Die dramatische Szene aus dem Dreißigjährigen Krieg ist Teil der berühmten Schlacht in der Nähe des sächsischen Dorfes Lützen im Jahr 1632. Sie zeigt den Schwedenkönig Gustav Adolf, den Führer der Protestanten, wie er hoch zu Roß in auffallend vornehmen Kleidern in die feindlichen Linien des kaiserlichen Heeres sprengt. Links hinter ihm zielt ein Musketier auf ihn, während ihm die kaiserlichen Reiter die tödlichen Wunden beibringen.

Den Tod des Schwedenkönigs bei Lützen haben viele Maler im Bild festgehalten. Über das ungeheure Elend der Bevölkerung, die unter der Mordbrennerei der Soldateska, unter Seuchen und Hungersnöten jahrzehntelang zu leiden hatte, stehen uns so anschauliche Dokumente kaum zur Verfügung.

Der 30jährige Krieg war aus dem Streit um den neuen reformatorischen Glauben entstanden. Nach dem Augsburger Religionsfrieden von 1555 hatte es den Anschein gehabt, als sei der Streit beendet. Tatsächlich steigerte er sich nach einzelnen europäischen Kriegen im Vorfeld zu einem Ausbruch von Gewalt und Grausamkeit: Der Glaubenskrieg endete in Mord und Totschlag.

Europa im Glaubensstreit

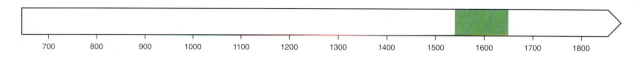

Glaube und Macht

Wer heute Europa bereist, stellt fest, daß er sowohl durch katholische als auch durch evangelische Länder kommt. Bei den *Katholiken* findet er prachtvoll ausgestaltete Kirchen und viele religiöse Bräuche, bei den *Protestanten* wenig Kirchenschmuck und kaum sichtbare Religiosität in der Öffentlichkeit. Frankreich, Spanien und Italien gehören beispielsweise zu den katholischen Ländern, England, die Niederlande und die skandinavischen Staaten zu den evangelischen. Nur die deutschsprachigen Länder weisen einen etwa gleich starken Anteil beider Konfessionen auf. Wie ist es dazu gekommen?

Die alte Kirche konnte die Herausforderung der Reformation nicht auf sich beruhen lassen und mußte sich selbst reformieren. Das war umso dringender, als sich die Anhänger eines weiteren Reformators ausbreiteten, die *Calvinisten,* so genannt nach dem Genfer Reformator JOHANNES CALVIN. Verlorenes Gebiet von den protestantischen Landesherren zurückzugewinnen war nicht leicht. Gewalt erzeugte Gegengewalt, so daß es in allen Ländern Europas zu *Kriegen* kam. Auf dem Boden des Reiches tobte er dreißig Jahre. Für die Bevölkerung hatte dieser Krieg verheerende Folgen, denn er führte in Deutschland zum wirtschaftlichen Zusammenbruch. Etwa jeder Dritte verlor durch Kriegswirren, Hungersnöte und Seuchen das Leben.

Die Kriege machten deutlich, daß die Verteilung der Konfessionen in Europa auch eine Frage der *politischen Macht* war. In vielen Gegenden wollten Landesherren oder Städte eine politische oder kirchliche Vorherrschaft abschütteln, z. B. in England oder in deutschen Fürstentümern, in den Niederlanden oder in der Schweiz.

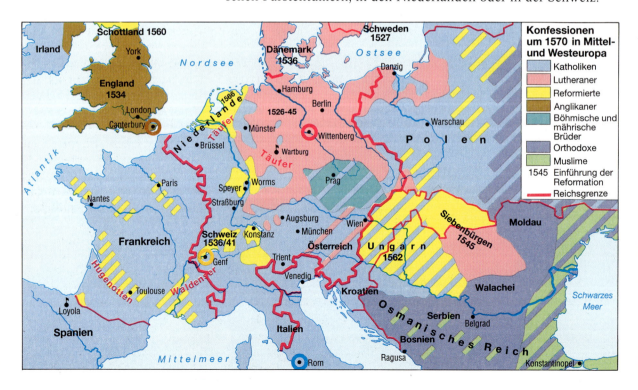

Das Erstarken der alten Kirche 197

Der Jesuit und Maler Andrea Pozzo (1642–1709) hat von 1684–1694 die Kirche S. Ignatio in Rom mit einem Deckengemälde ausgestattet. Es zeigt die „Aufnahme des heiligen Ignatius in das Paradies" und feiert dessen Sieg über die Ketzer, die an den Bildrändern in die Tiefe stürzen.

Die Jesuiten

Spanien als katholische Vormacht

Die stärkste Bastion der alten Kirche war *Spanien*. Hier hatten die Könige im 15. Jahrhundert die Leitung der Kirche praktisch selbst übernommen und Staat und Kirche eng miteinander verbunden. Nun setzte nicht mehr der Papst die Bischöfe ein, sondern der König. PHILIPP II., Sohn Karls V. und seit 1556 spanischer Herrscher, wachte streng darüber, daß niemand vom katholischen Glauben abfiel. Ketzer ließ er unerbittlich durch die Inquisition verfolgen. Er förderte alle inneren Reformen der Kirche; besonders kümmerte er sich um die vielfältigen Formen der Volksfrömmigkeit wie Wallfahrten, Prozessionen und Reliquienverehrung. Größte Sorgfalt galt der Erziehung der Kinder.

Ignatius von Loyola

Aus Spanien kam auch der Mann, der besonderen Anteil an der Erneuerung der alten Kirche hatte: IGNATIUS VON LOYOLA (um 1491–1556). Dieser Sohn eines Edelmannes war erst 26 Jahre alt, als ihm bei einem Kriegseinsatz eine Kugel das Bein zerschmetterte. Auf dem Krankenlager festigte sich seine Überzeugung, zum Kampf für die katholische Kirche berufen zu sein. Er wurde Priester und gründete 1534 mit einigen Gleichgesinnten die *Gesellschaft Jesu* (lat. societas Jesu), die der Papst schon 6 Jahre später als *Orden* anerkannte.

Aus der kleinen „Gesellschaft Jesu", die beim Tod des Ignatius schon 1000 Mitglieder zählte, entwickelte sich in den nächsten fünfzig Jahren die „Elitetruppe" des Papstes. Fast 16 000 *Jesuiten*, die aus verschiedenen Ländern stammten, verwendeten ihre ganze Energie darauf, überall in Europa die Menschen, die zum protestantischen Glauben übergetreten waren, für die katholische Kirche zurückzugewinnen. Darüber hinaus sorgten sie durch *Mission* in Asien und Südamerika für die Ausbreitung des katholischen Glaubens in der Welt.

Das Erstarken der alten Kirche

Der Jesuitenorden

Wie eine Glaubensarmee hatten sich die Jesuiten dem Befehl des Papstes unterstellt. An ihrer Spitze stand ein Ordensgeneral. Ihm waren die Vorsteher der Ordensprovinzen untergeordnet, denen wiederum die Rektoren der einzelnen Ordenshäuser (Kollegien). Ihren Vorgesetzten gegenüber waren die Jesuiten wie Soldaten zu bedingungslosem Gehorsam verpflichtet. Regelmäßige 30tägige „geistliche Übungen" *(Exerzitien)* schulten die Willens- und Glaubenskräfte der Ordensbrüder.

Anders als die Mönchsorden des Mittelalters lebten die Jesuiten nicht in klösterlicher Abgeschiedenheit, sondern suchten vielmehr den Kontakt zu Menschen. Auch deshalb verzichteten sie auf die für Mönche typische Ordenstracht. In Deutschland ließen sie sich bewußt in den Residenzstädten katholischer Fürsten nieder, um als Beichtväter und Prinzenerzieher Einfluß auf die Politik nehmen zu können. Zu jedem Jesuitenkolleg gehörten eine Kirche und eine Lateinschule, die auch Söhnen aus evangelischen Familien offenstanden. Mit anschaulichen Mitteln, z. B. Theaterstücken über den Glaubenskampf der Heiligen, unterwiesen die Jesuiten das einfache Volk im Glauben. So wurden die in ganz Europa verbreiteten Jesuitenkollegien zu Zentren der *Gegenreformation*.

1 Nenne die Unterschiede zwischen mittelalterlichen Orden und dem Jesuitenorden
2 Erläutere die Absicht der Schulgründungen durch die Jesuiten.
3 In verschiedenen Staaten stießen die Jesuiten auf den Widerstand der Landesherren oder wurden sogar ausgewiesen. Warum wohl?

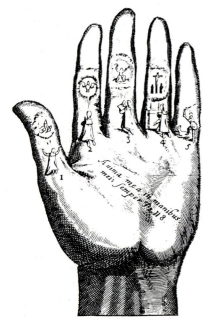

Meditationshilfe aus den „Geistlichen Übungen" (Diagramm zur schrittweisen Gewissenserforschung): 1. Sage Gott Dank; 2. Bitte um Erleuchtung; 3. Prüfe dich selbst; 4. Bereue; 5. Fasse einen Vorsatz.

Die Jesuitenschule St. Salvator in Augsburg, erbaut 1581/84: Im Vordergrund das Gymnasium, die Kirche und das Lyzeum, dahinter das Kolleggebäude mit den beiden Türmen, ganz hinten Garten und Wirtschaftsgebäude.

Das Konzil von Trient

Kaiser und Konzilsidee

Die Herrscher des 16. Jahrhunderts waren überzeugt, daß ein einheitlicher Glaube unerläßliche Voraussetzung der politischen Einheit ihrer Länder sei.

Anders als sein Sohn PHILIPP II. von Spanien beschritt KARL V., der zugleich deutscher Kaiser war, vorerst einen friedlichen Weg, um den Ausgleich zwischen Katholiken und Protestanten zu erreichen: Er ließ Religionsgespräche veranstalten. Es war sein Ziel, die Glaubensspaltung durch ein *Konzil* endgültig zu beenden, an dem auch die Protestanten teilnehmen sollten. Es war also an ein Religionsgespräch auf höchster Ebene gedacht.

Verlauf und Ergebnis des Konzils

Da das Konzil unter päpstlicher Leitung stand, lehnten die Protestanten es entgegen den Wünschen des Kaisers ab. So versammelten sich nur katholische Bischöfe, als das Konzil 1545 in TRIENT zusammentrat und es verfehlte damit seinen ursprünglichen Zweck.

Das Konzil legte fest, daß als Grundlage des Glaubens nicht die Bibel allein, wie Luther sagte, sondern auch die *Überlieferung*, z. B. die Schriften der Kirchenväter, zu gelten habe. Auch stellten die Bischöfe anders als Luther heraus, daß nicht der Glaube allein, sondern zusätzlich die *guten Werke* des Christen zu dessen Seligkeit notwendig seien. Konzilsbeschlüsse und Entscheidungen des Papstes in Glaubensfragen waren fortan für die ganze Kirche gültig. Die Verehrung der *Heiligen* und *Reliquien* wurde ausdrücklich empfohlen, *Latein* zur *Kirchensprache* erklärt. Damit entfielen Bibellektüre und Gottesdienst in der Volkssprache. Ausbildung und sittliche Lebensführung der Geistlichkeit sollten verbessert werden. Zu den zentralen Beschlüssen gehörten auch die *Sieben Sakramente*:

> Von den Sakramenten im allgemeinen: Wollte jemand sagen, die Sakramente des Neuen Bundes seien nicht alle von Christus, unserm Herrn, eingesetzt, und es gebe mehr oder weniger als sieben, nämlich Taufe, Firmung, Eucharistie, Buße, Letzte Ölung, Priesterweihe und Ehe, oder auch eines von diesen sei nicht in Wahrheit und wirklich ein Sakrament, der sei verflucht.
>
> Von dem heiligen Sakrament der Eucharistie: Sagt jemand, bei dem ehrwürdigen Sakrament der Eucharistie sei nicht in jeder Gestalt und nach vollzogener Trennung nicht in jedem einzelnen Teile der ganze Christus enthalten, der sei verflucht.
>
> Von der Priesterweihe: Sagt jemand, in der katholischen Kirche sei die Hierarchie, die aus Bischöfen, Priestern und Dienern besteht, nicht nach göttlicher Anordnung eingesetzt, der sei verflucht.
> (nach: H. Rinn, J. Jüngst (Hg.), Kirchengeschichtliches Lesebuch, Tübingen/Leipzig 1904, S. 219 f.)

Die Konzilsväter von Trient tagten mit zwei mehrjährigen Unterbrechungen 18 Jahre. Sie sitzen hier im Halbrund, vor dem Kreuz der Protokollführer und der Abgesandte des Kaisers.

1 Stelle die Konzilbeschlüsse zusammen, die für einen Lutheraner unannehmbar waren.
2 Welche Konzilbeschlüsse trugen besonders zur Stärkung der katholischen Kirche bei?

Konfessionen in Europa

Calvin und die Reformierten

Calvins Lehre

Während sich im Reich der Gegensatz zwischen Katholiken und Protestanten verhärtete, trat in Frankreich ein junger Rechtsgelehrter und Humanist auf: JOHANNES CALVIN (1509–1564). Ursprünglich sollte er Priester werden und bereitete sich in Paris auf sein kirchliches Amt vor. Da verlangte plötzlich der Vater, der mit der Geistlichkeit in Konflikt geraten war, daß sein Sohn die Rechte studierte. Doch wegen einer reformatorisch gestimmten Rede seines Freundes mußte Calvin aus Paris fliehen.

Längst war er Luthers Schriften begegnet und bewunderte den großen Reformator. So kam er als „Lutherischer" 1534 nach BASEL und veröffentlichte dort seine erste theologische Schrift: die „Unterweisung in der christlichen Religion". Von Luther unterschied sich Calvin vor allem dadurch, daß er von jedem Christen „gute Werke" unmittelbar einforderte. Doch achtete er strikt darauf, daß niemand diese „guten Werke" etwa als Verdienste vor Gott betrachtete. In seiner „Unterweisung" schrieb er:

> In der Tat sind die guten Werke ein Geschenk Gottes. Dennoch will er sie als „unsere guten Werke" bezeichnen. Er akzeptiert sie also, ja, mehr noch, er belohnt sie. Das hat er verheißen. Diese Verheißung soll uns anregen und ermutigen, nicht darin nachzulassen, Gutes zu tun. Unsere Antwort darauf muß die Dankbarkeit sein. Allein Gottes Gnade gebührt die Ehre. Nichts, aber auch gar nichts finden wir an uns, das den Dank auf uns selbst lenken könnte. Alles Vertrauen auf Verdienste schmilzt dahin, ja, selbst von dem Wahn bleibt nichts mehr übrig.
> *(Calvin, Institutio, III, zit. nach: Marijn de Kroon, Martin Bucer und Johannes Calvin, Göttingen 1991, S. 67)*

Calvin, 1509 in Noyon (Picardie) geboren, veröffentlichte nach seiner Flucht aus Frankreich 1536 in Basel seine Glaubenslehre, die „Unterweisung", in der er hier liest (zeitgenössischer Kupferstich).

Für Calvin war die Kirche die Gemeinde der von Gott Erwählten. Als Dank für die Gnade der Erwählung sollten sie Gott im täglichen Leben verherrlichen.

Der Genfer Gottesstaat

In GENF machte sich Calvin auf Bitten des Stadtrates daran, das kirchliche Leben in der Stadt nach seinen Vorstellungen zu ordnen. Das bedeutete, daß die Zehn Gebote in einer sehr strengen Auslegung auf alle Bereiche des privaten und öffentlichen Lebens angewandt wurden. Ausschweifende Vergnügungen wie Glücksspiel, üppiges Essen und jede Art von Verschwendung paßten nach Calvin nicht zu einer Gemeinde der von Gott Auserwählten. Wer dem Gebot, Gott durch sein Leben zu verherrlichen, dienen wollte, mußte sich fügen. Eine Gruppe von Gemeindeältesten übte die Kontrolle aus, und schon kleinere Vergehen ahndeten die Ältesten unerbittlich. So bekam ein Mädchen, das seine Mutter beschimpft hatte, drei Tage Arrest bei Wasser und Brot und mußte öffentlich Reue zeigen.

1 Nenne die Textaussagen, die ein Katholik nicht akzeptieren würde.
2 Welche zentralen Aussagen bestimmen Calvins Lehre?

In der *Genfer Kirchenordnung* von 1561 heißt es über den Dienst der Ältesten, die vom Rat zum Kirchengericht abgeordnet waren:

> Ihre Aufgabe ist, über den Lebenswandel jedes einzelnen zu wachen und die in Liebe zu ermahnen, die sie straucheln und ein ungeordnetes Leben führen sehen. Entsprechend der Lage der hiesigen Kirche soll man dafür zwei aus dem Kleinen, vier aus dem Mittleren und sechs aus dem Großen Rat wählen, Leute von ehrbarem Lebenswandel, untadelige Männer von gutem Ruf, die vor allem gottesfürchtig und mit Klugheit in geistlichen Dingen ausgerüstet sein müssen. Und bei ihrer Wahl wird man darauf achten müssen, daß jedes Stadtviertel berücksichtigt wird, damit sie überall ihre Augen haben können.
> (nach: H. J. Hillerbrand, Brennpunkte der Reformation, Göttingen 1967, S. 212, gekürzt)

Dieser „Temple de Charenton" bei Paris war vor seiner Zerstörung 1685 das Gotteshaus französischer Calvinisten. Welche Unterschiede siehst du im Vergleich zu katholischen Kirchen?

Die Bürger waren überzeugt, daß eine Stadt, die das göttliche Gesetz mißachte, früher oder später die Strafe Gottes spüren würde. Glaube und Leben der Kirchengemeinde sollten den Alltag in der Stadt durchdringen. Wenn sich die Regierenden gegen das göttliche Gebot vergingen, mußte dies für eine Stadt oder ein Land folgenschwer sein. Daher hielt Calvin – anders als Luther – den Widerstand gegen ungerechte Herren für geboten. Wilden Aufruhr lehnte er ab.

Calvin wollte die Bürger zu einem arbeitsreichen Leben erziehen, und es galt ihm als heiliger Auftrag Gottes, für Arbeit und Wohlstand zu sorgen. Es prägte den Charakter des *Calvinismus,* daß er in einer Stadt wie Genf entstand. Handel und Gewerbe galten als Wege, auf denen Christen zur Ehre Gottes wirken konnten. Calvin erlaubte das Zinsnehmen bis zu 6 %, während Luther dies als Wucher ablehnte. Er bewegte den Genfer Rat, Handel und Industrie zu fördern. Gerade die französischen Glaubensflüchtlinge in Genf waren vor allem Kaufleute und Handwerker und gelangten bald zu Wohlstand.

Konfessionen in Europa

Die „Reformierte Kirche" Calvins

Im Jahr 1549 verband sich das von Calvin reformierte Genf mit den protestantischen Kantonen der Schweiz zu einer kirchlichen Einheit. Sie verständigten sich über die wichtigsten Punkte der Lehre: die Bedeutung des Abendmahls, die vom Menschen nicht zu beeinflussende Gnadenerwählung Gottes und über den Aufbau und die Aufgabenverteilung in der Gemeinde. Im Gegensatz zu den lutherischen Landeskirchen waren die calvinistischen Einzelgemeinden letztlich selbständig und niemandem unterstellt. Hier arbeiteten *Laien* und *Geistliche* gleichberechtigt zusammen. Die Hausväter einer jeden Gemeinde bestimmten in einer Versammlung die Mitglieder des *Presbyteriums*. Dieser Rat der Ältesten leitete die Gemeinde und war ihr geistiges und politisches Zentrum. Den *Presbytern* zur Seite standen die *Prediger*, die im Gottesdienst der Gemeinde das Wort Gottes verkündeten, und die *Diakone*, die sich um die Armenpflege kümmerten. Niemand – auch nicht der Inhaber eines Amtes in der Kirchengemeinde – sollte über einem anderen stehen. So verwaltete sich jede Gemeinde selbst und bildete eine Kirche im Kleinen. Kontakte zu Nachbargemeinden stellte man auf *Synoden* her, zu denen der Ältestenrat jeder Gemeinde gewählte Abgeordnete entsandte.

Die schweizerischen Kirchen meinten, nur für ihre eigene kirchliche Erneuerung sei der Name „reformiert" angemessen, während die lutherischen Kirchen nicht ganz zum Ziel gelangt seien. Gegen Ende des 16. Jahrhunderts verwendeten deshalb die von Calvin ausgehenden Kirchen für sich die Bezeichnung „Reformierte Kirche".

Die Ausbreitung des Calvinismus

Schon zu Calvins Lebzeiten trugen Kaufleute, Handwerker und Studenten aus Genf die neue Lehre in viele Länder Europas. Auch Calvins reger Briefwechsel mit Königen und Fürsten, Bischöfen und Ratsherren von Schweden bis nach Italien, von Litauen bis nach Schottland läßt den internationalen Zuschnitt dieser zweiten protestantischen Konfession erkennen. Zudem entsandte Calvin in missionarischem Eifer in Genf ausgebildete Prediger nach Polen, Böhmen und Ungarn. Vor allem aber in den Niederlanden, in Schottland und Teilen Englands sowie in Süd- und Westfrankreich fand Calvins Lehre Verbreitung. Überall stand beim Aufbau der Gemeinden das Genfer Vorbild Pate und prägte die strengen calvinistischen Lebensformen. Umgekehrt entwickelte sich Genf zum Sammelpunkt für Glaubensflüchtlinge aus ganz Europa.

Auch im Reichsgebiet konnte der Calvinismus, wenn auch nur bescheiden, Fuß fassen: im Fürstentum Hessen-Kassel, in der Kurpfalz und einigen kleineren Territorien im Westen des Reiches zwischen der kurpfälzischen Residenz Heidelberg und den Niederlanden. Der brandenburgische Kurfürst aus dem Hause der Hohenzollern wandte sich zwar selbst dem Calvinismus zu, zwang aber seinen Untertanen eine „zweite Reformation" nicht auf.

1 Erkläre, warum der Calvinismus in vielen Handelszentren Westeuropas so großen Zuspruch fand. Verfolge seine Verbreitung anhand der Karte auf der Einführungsseite.
2 Vergleiche den Gemeindeaufbau in den lutherischen Landeskirchen mit dem der calvinistischen Kirchen.

Protestanten in Westeuropa

Reformation von oben: England

Zur Zeit Luthers regierte in *England* König HEINRICH VIII. (1509–1547). Als Heinrich eine neue Ehe schließen wollte, lehnte der Papst die Auflösung der bestehenden ab. Der König berief daraufhin einen ihm treu ergebenen Mann zum Erzbischof von Canterbury, der seine Ehe sofort aufzuheben bereit war. Der Papst verurteilte diesen Schritt und exkommunizierte den englischen König, d. h. er schloß ihn aus der Kirche aus.

Nicht nur Heinrich reagierte erbost auf dieses Eingreifen des Papstes; auch die englische Bevölkerung unterstützte ihren König gegen Rom. So konnte Heinrich das Parlament 1534 dazu bewegen, ihn und seine Nachfolger als Oberhaupt der englischen Kirche einzusetzen und damit die Loslösung von Rom zu vollziehen.

Vergeblich versuchte seine Nachfolgerin auf dem englischen Thron, MARIA I. „die Katholische", diese Entwicklung rückgängig zu machen. Ihre Halbschwester ELISABETH I., Königin von 1558 bis 1603, entschied sich – gestützt auf Landadel und städtisches Bürgertum – für die Kirchenpolitik ihres Vaters Heinrichs VIII. Als Oberhaupt der *anglikanischen Staatskirche* gab sie 1559 ihrer Kirche eine Gestalt, die bis heute gültig ist: die äußeren Formen blieben der katholischen Kirche ähnlich; in der Lehre näherten sich die *Anglikaner* der reformierten Kirche an.

In der *Uniformitätsakte* von 1559 legte die Königin gemeinsam mit dem Parlament fest:

Die Londoner St. Pauls Kathedrale, erbaut im 17. Jh., ist Sitz des Bischofs von London. Mit ihrer prunkvollen Ausstattung gleicht sie katholischen Kirchenräumen.

> II. Es wird durch Ihre Königliche Hoheit mit Zustimmung der Lords und Gemeinen ... zum Gesetz erhoben, daß alle Geistlichen in sämtlichen Kathedralen oder Pfarrkirchen oder sonstwo im Königreich England, Wales oder den übrigen Herrschaftsgebieten der Königin ... verpflichtet sein sollen, die Morgen- und Abendgebete, die Abendmahlsfeiern und die Verwaltung jeglichen Sakraments sowie alle gemeinsamen und öffentlichen Gebete in derjenigen Ordnung und Form zu halten, wie sie im Jahre 1552 unter König Eduard VI. im allgemeinen Gebetbuch [= Common Prayer Book] festgelegt sind. [Das Common Prayer Book enthält neben der Gottesdienstordnung, den Sakramenten und Gebeten den Katechismus und das Glaubensbekenntnis.]
>
> XIII. Es ist angeordnet und zum Gesetz erhoben, daß Kirchenschmuck und Priestergewänder beibehalten und gebraucht werden sollen, wie sie in der Kirche von England 1549 unter König Eduard VI. eingeführt worden sind, und zwar solange, bis kraft Autorität Ihrer Königlichen Majestät mit Beirat der Mitglieder ihrer Kommission für kirchliche Angelegenheiten oder des Metropolitans dieses Königreichs [= Erzbischof von Canterbury] eine andere Ordnung erlassen wird.
>
> (Uniformitätsakte, 1559, übers. von F. Dickmann)

1 Welche Vorteile hatte der englische König durch die Trennung der anglikanischen von der römischen Kirche?

Konfessionen in Europa

Die Puritaner in England und Schottland

Den Kompromiß zwischen Reformation und alter Kirche mochten die Calvinisten in England nicht hinnehmen. Sie wollten die „reine" Kirche und wurden deshalb abschätzig *Puritaner* (lat. purus = rein) genannt.

Im Gottesdienst sollte allein die Predigt wichtig sein; festliche Gewänder der Geistlichen, Orgelspiel und mehrstimmiger Gesang galten bereits als Ablenkung vom wahren Gottesdienst. Als Calvinisten bestanden die Puritaner darauf, daß die Kirchenverfassung auf der Selbstverwaltung der Gemeinde aufbaute; daß Geistliche oder gar Bischöfe die Leitung der Kirche übernahmen, lehnten sie strikt ab. Deshalb bekämpften Königin Elisabeth I. und ihre Nachfolger die Puritaner, so daß viele von ihnen in die *Niederlande* oder sogar nach *Nordamerika* auswanderten.

Links: Puritanische Familie bei der Hausandacht (1563). Rechts: Puritanische Strenge: Frauen, die am Sonntag Flachs trocknen und spinnen, sterben den Feuertod (aus „Heilige Beispiele für die strengen Strafen Gottes", 1671).

In Schottland jedoch, wo der Reformator JOHN KNOX den Calvinismus tief in der Bevölkerung verwurzelt hatte, blieben die Puritaner unbehelligt. Auch als 1561 mit MARIA STUART eine katholische Königin den schottischen Thron bestieg, wagte diese es nicht, die Reformierten zu behindern.

Eine Katholikin auf Englands Thron?

Ihr Anspruch auf den englischen Thron fand bei PHILIPP II., dem katholischen König Spaniens, große Unterstützung. Als Elisabeth I. ihre Konkurrentin im Thronstreit gefangennehmen und 1587 nach langer Kerkerhaft hinrichten ließ, erklärte Philipp England sogar den Krieg. Mit einer riesigen Schiffsarmada von 130 Schiffen und 22000 Mann Besatzung wollte er das protestantische England niederkämpfen. Ein Sieg zur See sollte die uneingeschränkte Weltgeltung Spaniens als See- und Handelsmacht bestätigen. Doch blieben die Engländer, die zur See immer mächtiger geworden waren, Sieger.

Der Freiheitskampf der Niederlande

Handel und Schiffbau hatten die *Niederlande,* die dem spanischen König unterstanden, reich gemacht. Schon lange regte sich in der niederländischen Bevölkerung Widerstand gegen die als ungerecht und hart empfundenen Steuern der spanischen Herren. Als sich zudem immer mehr Niederländer nach 1550 der calvinistischen Reformation zuwandten, griff Spanien mit Gewalt ein.

Kannst du erklären, warum die Calvinisten diese katholische Kirche ausräumen? Beschreibe, was der Zeichner im einzelnen dargestellt hat (niederländischer Stich um 1605).

Erkennst du die Symbole des Geusenbundes? Der hebräische Gottesname „Jahwe" zeigt den religiösen Hintergrund des Freiheitskampfes der Niederlande an (Stich von 1622).

PHILIPP, der einmal gesagt hatte, er wolle lieber hundert Tode sterben, als König von Ketzern sein, wollte die neuen religiösen Ideen in seinem Herrschaftsbereich auf keinen Fall dulden. Die Niederländer wehrten sich nun leidenschaftlich gegen jede Unterdrückung. Als sichtbare Zeichen der spanischen Herrschaft griffen sie katholische Kirchen an und verwüsteten sie.

Zur selben Zeit erhoben mächtige niederländische Adlige Einspruch gegen den Ausschluß von politischer Mitsprache in ihrem eigenen Land. Die spanischen Herren taten die Forderungen als die eines Haufens von „Bettlern" (frz. gueux) ab, denn für sie galten nur Grundbesitzer, nicht Kaufleute als reich. Fortan nannten sich die Niederländer trotzig *Geusen,* Bettler, und machten Bettelzeichen zu ihren Symbolen.

Der offene Krieg begann, als der spanische König den Herzog ALBA 1567 mit diktatorischen Vollmachten ausstattete und ihn beauftragte, die Rebellen militärisch niederzuwerfen. Über 100 000 Calvinisten flohen, mehr als 18 000 wurden hingerichtet. Der langjährige Freiheitskampf verwüstete das Land und vernichtete den Wohlstand. Als 1609 die Waffen schwiegen, waren die Niederlande geteilt. Die nördlichen Niederlande hatten die spanische Herrschaft abgeschüttelt; der Süden, das heutige *Belgien* und *Luxemburg,* blieb spanisch und wurde wieder vollständig katholisch.

Konfessionen in Europa

„Massaker der Bartholomäusnacht", zeitgenössisches Gemälde von François Dubois. Es zeigt im Bildausschnitt neben Plünderung und Mord, wie der Führer der Katholiken, der Herzog von Guise, den abgeschlagenen Kopf seines verhaßten Gegners, Admiral von Coligny, betrachtet.

Die Hugenotten in Frankreich

Auch in *Frankreich* hatte die Lehre Calvins Anhänger gefunden. Die Katholiken nannten sie *Hugenotten*, vermutlich abgeleitet von „Eidgenossen" (= Iguenots). Zu ihnen gehörte eine Gruppe von Adligen, die eine weitere Ausdehnung königlicher Macht verhindern wollte. In den heftigen Verfolgungen festigten sich die Hugenotten zu einer gut organisierten Minderheit.

1572 fand die Hochzeit des hugenottisch gesinnten HEINRICH VON NAVARRA mit einer katholischen Prinzessin aus der königlichen Familie in PARIS statt. Die Vornehmsten der Hugenotten waren als Gäste nach Paris geladen, denn es sollte eine Versöhnungsfeier werden. Doch man traute einander nicht und trug insgeheim Waffen bei sich. Als bereits vereinzelt Blut geflossen war, nutzte die katholische Hofpartei die Gelegenheit. Gerüchte über einen geplanten Anschlag verbreiteten sich in der katholischen Pariser Bevölkerung, die zu den Waffen griff. In der „Pariser Blutnacht" vom 23./24. August 1572 und in den folgenden Wochen wurden tausende von Hugenotten ermordet.

Die Glaubenskämpfe setzten sich fort, bis 1594 Heinrich von Navarra den französischen Thron bestieg. Zwar trat Heinrich, um seine Thronrechte zu retten, zum katholischen Glauben über, doch sorgte er trotz großer Widerstände mit dem *Edikt von Nantes* 1598 dafür, daß die Hugenotten in Frankreich geduldet wurden und politische Gleichberechtigung erhielten. Aus Sicherheitsgründen blieb es ihnen aber verwehrt, Gottesdienst in Paris und der näheren Umgebung zu halten.

Der Dreißigjährige Krieg 207

Hintergründe und Kriegsursachen

Spannungen zwischen den Konfessionen

Im Deutschen Reich hatte der Religionsfriede von 1555 keinen wirklichen Frieden zwischen Katholiken und Protestanten bewirkt. Der Streit um Einflußbereiche schwelte weiter. Einige Territorien, wie z. B. die Pfalz, hatten den Calvinismus übernommen, der im Religionsfrieden überhaupt nicht anerkannt war.

Lutheraner konnten ihren Glauben nur unter einem lutherischen Fürsten ungehindert ausüben. Unter der Herrschaft eines katholischen Fürsten versuchten die Jesuiten, die verbliebenen Protestanten systematisch, vor allem mit Mitteln der Erziehung, zum katholischen Glauben zurückzuführen. Landstriche, die vormals mehrheitlich evangelisch gewesen waren, wie z. B. das Erzbistum Köln oder die Bistümer Münster, Paderborn, Würzburg, Bamberg und Salzburg, waren um 1600 wieder ganz katholisch. Derartige Erfolge der *Gegenreformation* steigerten die Spannungen zwischen den Konfessionen.

Als es in der Reichsstadt DONAUWÖRTH zu Streitigkeiten zwischen katholischer Minderheit und protestantischer Mehrheit um die Durchführung katholischer Prozessionen kam, griff der Kaiser ein und verhängte die Reichsacht. Herzog MAXIMILIAN VON BAYERN, ein Zögling der Jesuiten, sollte die Zwangsmaßnahmen durchführen. Er ließ die Stadt besetzen und den evangelischen Gottesdienst verbieten. Daraufhin fürchteten die evangelischen Fürsten um ihre Sicherheit. Sie schlossen 1608 ein Verteidigungsbündnis, die *Union*. Jetzt fühlten sich die katholischen Fürsten herausgefordert und verbanden sich 1609 zur *Liga*. Während sich die Union auf *England* und die *Niederlande* stützte, suchte die Liga Rückhalt bei *Spanien* und dem *Papst*.

Der Prager Fenstersturz

Im Jahr 1618 revoltierte der protestantische Adel in BÖHMEN gegen die Einschränkung seiner Vorrechte durch FERDINAND II., seit 1617 böhmischer König und kurz darauf deutscher Kaiser (1619–1637). Vor allem warf der Adel dem strenggläubigen katholischen König vor, daß er die verbürgte Religionsfreiheit für Protestanten mißachten würde. Die harte Linie der Gegenreformation, welche die Kaiser in ihren habsburgischen Ländern verfolgten, hatte auch in Böhmen den konfessionellen Gegensatz ständig verschärft. Im Mai 1618 warfen aufgebrachte böhmische Adelige zwei kaiserliche Räte samt ihrem Sekretär kurzerhand aus dem Fenster der Prager Burg. Sie überlebten den Sturz, da sie nur auf einem Misthaufen landeten. Dieser *Prager Fenstersturz* löste den *Dreißigjährigen Krieg* aus.

Der protestantische Adel setzte Ferdinand II. ab und wählte den Führer der protestantischen Union und Kurfürsten von der Pfalz, FRIEDRICH V., zum neuen böhmischen König. Er war Calvinist und Schwiegersohn des englischen Königs. Um sich gegen den Kaiser zu wappnen, versuchten die Böhmen, bei den protestantischen Mächten Europas Schutz zu finden.

Der „Prager Fenstersturz" ging für die kaiserlichen Räte glimpflich aus, wurde jedoch zum zündenden Funken für den Krieg.

1 Überlege, welche Bündnispartner die Böhmen in Aussicht nehmen konnten.
2 Nenne Gründe, weshalb der Kaiser den Verlust Böhmens nicht hinnehmen konnte.

Der Dreißigjährige Krieg

Der Krieg und die europäischen Mächte

Der böhmisch-pfälzische Krieg (1618–1623)

Werbetrommler – Lockvögel für die Armen.

Nach seiner Absetzung als König von Böhmen erbat FERDINAND II. von der *Liga* Unterstützung, für die sich ihr Führer, der Bayernherzog, vom Kaiser die Erstattung der Kriegskosten und die pfälzische Kurwürde zusagen ließ. Nun zog der bayrische Feldherr TILLY mit den Truppen der Liga und des Kaisers gegen das böhmische Heer zu Felde. In der Schlacht am *Weißen Berge* in der Nähe von PRAG erlitt FRIEDRICH V. am 18.11.1620 eine vernichtende Niederlage. Der Kaiser nahm nun Rache an den Protestanten in Böhmen und ließ viele hinrichten. Dem evangelischen Adel nahm er seine Güter und zwang ihn, zum katholischen Glauben zurückzukehren. Viele Adlige flüchteten und suchten Hilfe bei den protestantischen Fürsten im Reich. Damit kam der Krieg erst richtig in Gang. Tilly verfolgte Friedrich V. bis in die Pfalz und brachte nach langer Belagerung am 16.9.1622 dessen Residenzstadt HEIDELBERG, das Zentrum des deutschen Calvinismus, in seine Hand.

Der dänische Krieg (1625–1629)

Nach der Flucht des „Winterkönigs", wie Spötter Friedrich von der Pfalz nannten, in die Niederlande, stellte sich König CHRISTIAN IV. von Dänemark an die Spitze der Protestanten. Er sicherte der Union zwar die Unterstützung Englands und der Niederlande, konnte aber Tillys Vordringen nach Norddeutschland und Dänemark nicht verhindern. Allein die Angst vor einem Eingreifen der protestantischen Schweden veranlaßte den Kaiser zum Abzug aus Dänemark.

Wallenstein

Den Frieden mit Dänemark schloß der neue Feldherr des Kaisers, ALBRECHT VON WALLENSTEIN. Dieser böhmische Adlige hatte sich bereit erklärt, eine Armee aus eigenen Mitteln zu finanzieren, denn er war durch den Ankauf enteigneter Güter böhmischer Protestanten reich geworden. Wallenstein hatte sich in den Krieg gegen Dänemark im Stil eines Unternehmers eingeschaltet. Nur der Erfolg zählte, Glaubensunterschiede waren ihm weniger wichtig. Er hatte sein Heer aus angeworbenen *Söldnern* aufgebaut, wie es in Europa seit langem üblich war. Diese Soldaten aus aller Herren Länder kämpften unterschiedslos für jeden, der sie bezahlte. In solchen Heeren Disziplin zu halten, galt als besonders schwer. Die Söldner durften während der Feldzüge zur eigenen Versorgung plündern und machten dabei keinen Unterschied zwischen befreundeten oder feindlichen Gebieten. Städte, die verschont bleiben wollten, mußten Tribute zahlen. So war die Kriegskasse stets gefüllt. Während der Feldzugspausen ließ Wallenstein die bis zu 100 000 Soldaten zählende Armee aus eigenen Beständen versorgen. Seine Truppen verzehrten in wenigen Tagen ganze Viehherden.

Über Wallensteins Kriegführung klagten sogar die katholischen Kurfürsten, die allerdings noch mehr als die Verwüstung des Reiches den Verlust ihrer eigenen Macht fürchteten. Denn seit 1625 hatte Wallenstein mit seinen Siegen seine Macht und die des Kaisers im Reich beständig vermehrt. Der Druck der Fürsten und das Mißtrauen gegenüber dem kleinen böhmischen Adligen, dem er das Herzogtum Mecklenburg übertragen hatte, brachten den Kaiser dazu, seinen erfolgreichen Feldherrn am 13. August 1630 zu entlassen.

Zwei Jungen nehmen Werbegeld aus der Hand eines Offiziers.

Der schwedische Krieg (1630–1635)

Jetzt sah der evangelische Schwedenkönig GUSTAV II. ADOLF die Möglichkeit, die Protestanten im Reich zu unterstützen und dabei zugleich seine schwedische Ostseeherrschaft militärisch zu sichern. Er landete im Sommer 1630 mit seinem schwedischen Bauernheer an der Odermündung. Wenn auch zögernd schlossen sich ihm evangelische Reichsfürsten an. Mit diesen Bündnissen erlaubten die Reichsfürsten erstmals einer auswärtigen Macht, sich in die inneren Angelegenheiten des Reiches einzumischen. Die Schlacht bei BREITENFELD in der Nähe von Leipzig (17. 9. 1631) begründete Gustav Adolfs Ruf von der Unbesiegbarkeit der Schweden. Der großen Beweglichkeit ihrer Truppen und deren Feuerkraft hatte Tilly wenig entgegenzusetzen. Nur ein halbes Jahr später fiel der kaiserliche Feldherr in der Schlacht bei RAIN am Lech in Süddeutschland (15. 4. 1632), wo Gustav Adolf das Heer der Liga völlig aufrieb. Nach diesem Sieg zog der Schwedenkönig Seite an Seite mit dem „Winterkönig" in München ein, der Residenz des bayerischen Kurfürsten.

> Das „Schwedenlied"
> Die Schweden sind gekommen,
> Haben alles mitgenommen,
> Haben's Fenster eingeschlagen,
> Haben's Blei davongetragen,
> Haben Kugeln daraus gegossen
> und die Bauern erschossen.

Zeitgenössisches Kinderlied.

In dieser Situation rief Kaiser Ferdinand II. Wallenstein zurück, dessen rasch angeworbenes Heer im November 1632 in der Nähe Leipzigs einem schwedischen Angriff nicht standhalten konnte. Im Schlachtgetümmel jedoch war der Schwedenkönig gefallen. Anstatt diese Schwächung des Gegners auszunutzen und die führerlosen Schweden niederzuwerfen, zog Wallenstein den Krieg hin und begann sogar, auf eigene Faust mit den Schweden zu verhandeln. Daraufhin setzte der Kaiser seinen ehrgeizigen Feldherrn, der sich gern „Herzog von Friedland" nannte, ab. Bei seiner Verhaftung, die seine Flucht zu den Schweden vereiteln sollte, wurde er im Februar 1634 in EGER ermordet.

Der französische Krieg (1635–1648)

Die weiteren Erfolge der kaiserlichen Truppen auch nach Wallensteins Tod führten 1635 zum offenen Kriegseintritt *Frankreichs*. Zwar waren schon seit 1624 das protestantische Schweden und das katholische Frankreich heimlich miteinander gegen Habsburg verbündet, doch hatte Frankreich bisher nur die Kriegskasse des Bündnispartners unterstützt. Kardinal RICHELIEU, der leitende Minister des französischen Königs, wollte nach der katastrophalen Niederlage der Schweden bei NÖRDLINGEN (6. Sept. 1634) einer Festigung der kaiserlichen Stellung im Reich nicht tatenlos zusehen. So tobte der Krieg, den der Kaiser und die protestantische Partei im *Frieden von Prag* (30. Mai 1635) schon beilegen wollten, noch weitere 13 Jahre. Für die geschwächten Schweden focht nun das katholische Frankreich gegen den katholischen Kaiser. Diesen Krieg, der damit vollends den Charakter eines Glaubenskrieges verloren hatte, bestimmten nur noch die rivalisierenden Machtinteressen europäischer Großmächte.

Lagerszene im 30jährigen Krieg.

1 Von Anfang an hatten die Kriegsparteien nicht nur religiös-konfessionelle, sondern auch politische Ziele. Weise diese für den Kurfürsten von der Pfalz und die Könige von Dänemark, Schweden und Frankreich nach.
2 Überlege, warum der Glaubenskrieg sich seit seinem Beginn zu einem europäischen Krieg auszuweiten drohte.
3 Wo wurde in diesem Buch über andere Glaubenskriege berichtet?

Der Dreißigjährige Krieg

Die Zerstörung von Magdeburg 1631 (Kupferstich von M. Merian).

Leiden des Krieges

Die Bevölkerung hatte unsäglich unter den dauernden Kriegshandlungen zu leiden. Ein besonders bekanntes Beispiel für die Ungeheuerlichkeiten des Krieges ist die Belagerung von Magdeburg, einer lutherischen Stadt mit 40 000 Einwohnern. Gustav Adolf hatte 1631 eine kleine Besatzung zur Verteidigung in die Stadt gelegt, aber Tillys Truppen gelang die Eroberung dennoch, und es begann eine Mord- und Plünderungsorgie ohnegleichen. Wer schließlich die Stadt auch noch anzündete, ist ungeklärt: Zurück blieb ein Trümmerfeld mit 30 000 Toten.

> *Im Jahr 1634 schreibt der Fähnrich Christian Schneiden aus dem Feldlager an seine Frau:*
>
> Ach, meine tausend herzallerliebste Agatha. Von Deiner Gesundheit einmal zu hören, wäre mir eine überaus große Freude wie auch ein tröstliches Schreiben zu empfangen. Mich belangend bin ich halb gesund, voller Läuse, nackend, die armseligste Kreatur und verlassen... Ob einer krank, gesund, stehend oder liegend sei, gilt alles gleich.
>
> Der Feind hat uns verfolgt und umgeben, gejagt bis nach Münster in Westfalen, liegen in Leibes- und Lebensgefahr, sind täglich am Feind. Wir liegen vor der Stadt unter freiem Himmel. Seit drei Monaten bin in nicht aus den Kleidern gekommen... Hätte ich nur Stroh unter mir. Meine Sachen, mein Knecht und Pferd, wohl 400 Reichstaler Schaden, alles fort. In summa: kein Glück ist auf dieser Seiten; bleibt nichts als das ich mein junges Leben verliere, wie es anderen täglich geschieht. Wir liegen auf der Straße wie das tote Vieh und leiden großen Mangel. In vier Tagen bekomme ich ein Pfund Brot und nicht mehr. Oh es ist nicht auszusprechen, wie wir leiden.
>
> (aus: H. Frevert, M. Christadler (Hrsg.), *Masken des Krieges*, Baden-Baden 1979, S. 21)

Der jahrelange Krieg zerstörte nicht nur unzählige Städte. Noch wehrloser als die Städte waren die Dörfer den plündernden und mordenden Söldnern ausgeliefert. Wenn die Soldaten die Bauern nicht totschlugen, setzten sie sie dem Hungertod aus, weil sie das reife Getreide auf den Feldern anzündeten. So brach auch die Versorgung vieler Städte zusammen, deren entkräftete Bewohner vielerorts Opfer von Seuchen wurden. In manchen Gebieten des Reiches, z. B. in Mecklenburg und der Pfalz, ging die Bevölkerungszahl um 70 % zurück. Es dauerte fast hundert Jahre, bis dieser ungeheure Menschenverlust ausgeglichen werden konnte.

Der Dichter ANDREAS GRYPHIUS schrieb in seinem Gedicht „Tränen des Vaterlandes" (1636) über die Folgen des Krieges:

> Wir sind doch nunmehr ganz, ja mehr denn ganz verheeret!
> Der frechen Völker Schar, die rasende Posaun,
> Das von Blut fette Schwert, die donnernden Kartaun
> Hat aller Schweiß und Fleiß und Vorrat aufgezehrt.
>   Die Türme stehn in Glut, die Kirch ist umgekehrt,
> Das Rathaus liegt im Graus, die Starken sind zerhaun,
> Die Jungfern sind geschändt, und wo wir hin nur schaun,
> Ist Feuer, Pest und Tod, der Herz und Geist durchfähret.
>   Hier durch die Schanz und Stadt, rinnt allzeit frisches Blut.
> Dreimal sind schon sechs Jahr, daß unser Ströme Flut,
> Von Leichen fast verstopft, sich langsam fort gedrungen.
>   Doch schweig ich noch von dem, war ärger als der Tod,
> Was grimmer denn die Pest und Glut und Hungersnot:
> Daß auch der Seelen Schatz so vielen abgezwungen.

Plünderung auf einem Bauernhof. Die Bildunterschrift lautet: Die Schurken tun sich noch mit ihren Streichen groß/verheeren alles rings und lassen nichts mehr los/der eine foltert, bis sie ihm das Gold verraten/der andere stachelt auf zu tausend Missetaten/und insgeheim vergehn sie sich an alt und jung/mit Diebstahl, Raub, Mord, Vergewaltigung.

Der Dreißigjährige Krieg

Der Westfälische Friede

Es war in den letzten Kriegsjahren keiner Seite mehr gelungen, die andere zu besiegen. Nach mehrjähriger Vorbereitung schloß der Kaiser schließlich 1648 *Frieden:* in MÜNSTER mit den Franzosen und ihren Alliierten, in OSNABRÜCK mit den Schweden.

Der Friedensschluß hatte den Charakter eines Vergleichs. In der Religionsfrage bestätigte er den *Augsburger Religionsfrieden* von 1555 weitgehend, schloß jetzt aber auch die Calvinisten mit ein. Für die Reichspolitik war wichtig, daß die *Niederlande* und die *Schweiz* endgültig aus dem Reichsverband ausschieden. Dagegen wurden Frankreich und Schweden mit einzelnen Territorien Mitglieder des Reichsverbandes. Frankreich erhielt Gebiete im Ober- und Unterelsaß und näherte sich so der Rheingrenze. Schweden bekam Vorpommern und die Bistümer Bremen und Verden. Auch Brandenburg, seit 1618 mit dem Herzogtum Preußen in Personalunion verbunden, konnte sich vergrößern. In Deutschland erhielten alle Reichsstände die fast vollständige Landeshoheit in ihren Gebieten auf Kosten der Macht des Kaisers. Sie konnten jetzt auch Bündnisse mit auswärtigen Mächten abschließen. Die kaiserliche Reichspolitik hing gänzlich von der Zustimmung der Landesfürsten ab.

Der „freudenreiche Postillion von Münster" verkündet den Frieden (Holzschnitt auf einem zeitgenössischen Flugblatt).

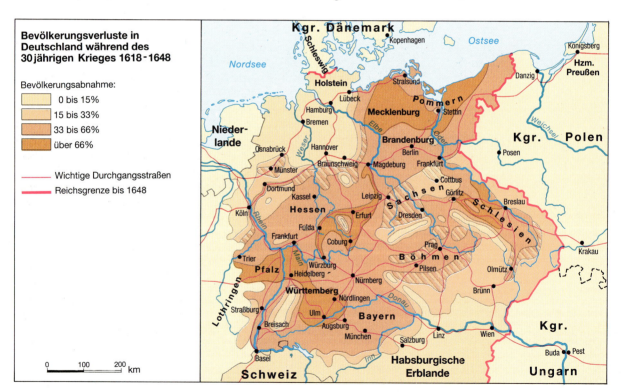

Bevölkerungsverluste in Deutschland während des 30jährigen Krieges 1618-1648

Bevölkerungsabnahme:
- 0 bis 15%
- 15 bis 33%
- 33 bis 66%
- über 66%

— Wichtige Durchgangsstraßen
— Reichsgrenze bis 1648

1. Stelle die Ergebnisse des Westfälischen Friedens zusammen. Welche Auswirkungen hatte er auf die politischen und konfessionellen Verhältnisse im Reich und in Europa
2. Welche Gebiete waren vom Krieg am stärksten betroffen?
3. Wie wirkte sich der 30jährige Krieg auf deinen Wohnort aus?

Zusammenfassung

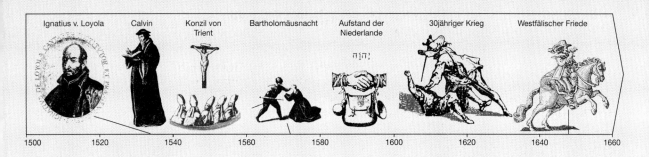

Die Glaubenskämpfe – eine Bilanz

Die katholische Kirche antwortete auf die Reformation mit einer *Reform* nach innen und dem Versuch, dort, wo es möglich war, Evangelische zum katholischen Glauben zurückzuführen *(Gegenreformation)*. Das wichtigste Instrument für die Rückgewinnung der Glaubensabtrünnigen war der *Jesuitenorden*.

In Westeuropa breitete sich die Reformation dennoch weiter aus. JOHANNES CALVIN gründete den streng nach religiösen Grundsätzen organisierten *Genfer Gottesstaat*. In Frankreich, den Niederlanden und Britannien folgten viele seiner neuen reformatorischen Lehre. In allen diesen Ländern verband sich der religiöse Konflikt mit schon bestehenden politischen Gegensätzen.

Die spanischen und die deutschen Habsburger waren als katholische Mächte eng verbunden. So konnte sich der jesuitisch erzogene Kaiser FERDINAND II. eine strikt antiprotestantische Politik im Reich erlauben. Sie führte in den *Dreißigjährigen Krieg*, dessen religiöse und politische Ziele am Ende kaum noch auseinanderzuhalten waren.

Eine klare Entscheidung ließ sich nicht erzwingen. Daher blieb die Konfessionskarte Europas nach 30 Jahren Krieg fast identisch, wenn auch charakteristische Unterschiede gegenüber der Zeit hundert Jahre zuvor festzustellen sind. Neben der Tatsache, daß mit dem *Westfälischen Frieden* die Calvinisten öffentlich anerkannt wurden, ergaben sich 1648 auch politische Weichenstellungen für die Zukunft: Frankreich näherte sich der Rheingrenze. Die Gebietsgewinne Brandenburgs legten den Grundstein für seinen künftigen Aufstieg. Schweden konnte trotz seiner Gewinne in Norddeutschland seine Position im Ostseeraum nicht dauerhaft behaupten. Dafür bedeutete die Unabhängigkeit der Niederlande den Anfang ihrer weltweiten Kolonialpolitik. Das Kaisertum blieb zwar den Habsburgern erhalten und ihre Machtgrundlage in Österreich wurde gestärkt, aber im Reich entscheidend geschwächt: Die deutschen Fürsten waren seit 1648 praktisch souverän, d. h. jeder von ihnen besaß nach innen und außen die oberste und unabhängige Gewalt in seinem Land.

Wichtige Begriffe

Anglikaner
Bartholomäusnacht
Calvinisten
Dreißigjähriger Krieg
Gegenreformation
Geusen
Hugenotten
Jesuiten

Konzil von Trient
Liga
Puritaner
Reformierte
Söldner
Synode
Union
Westfälischer Friede

Der Absolutismus in Europa

Eine prächtige Karosse, die von weißen Pferden gezogen wird, fährt vorüber. Menschen drängen sich herbei, knien – ehrfürchtig und furchtsam zugleich – am Wegesrand nieder oder klettern neugierig auf Bäume, um einen Blick auf die vornehme Gesellschaft zu werfen. Ihr Interesse gilt dabei weniger der Karosse als dem Mann, der unmittelbar hinter ihr auf einem Schimmel reitet. Es ist Ludwig XIV., der König von Frankreich, der 1667 in die von seinen Soldaten eroberte Grenzfestung Arras im Norden Frankreichs einzieht. Zu seinem Gefolge gehören zahlreiche Adlige und Bedienstete. Für diejenigen, die nicht dabei sein konnten, wurde im Auftrag des Königs dieses Bild gemalt.

Ludwig XIV. erlangte in ganz Europa als „Sonnenkönig" Berühmtheit. In seiner langen Regierungszeit hat er nicht nur sein eigenes Land verändert, er wurde auch zum Vorbild der ganzen Epoche des Absolutismus.

Der Absolutismus in Europa

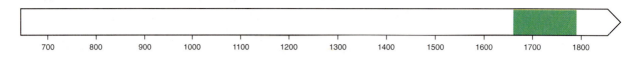

Absolutismus – auf dem Weg zum modernen Staat

Bisher konnten die Könige ihre Herrschaft nur mit Unterstützung mächtiger Adliger und geistlicher Würdenträger ausüben. Im 17. und 18. Jahrhundert gelang es LUDWIG XIV., dem französischen König, sich von jeglicher Bindung zu lösen. So schuf er einen für die damalige Zeit modernen Staat, der zum Vorbild für die meisten Monarchen Europas wurde.

Ludwig XIV. hatte es als erster geschafft, sich von jeder Kontrolle seiner Person zu befreien, indem er aus den Adligen Untertanen mit besonderen Rechten machte. An deren Stelle berief der König ihm verpflichtete *Beamte*, die seine Vorstellungen in allen Winkeln des Landes umsetzen sollten. Dabei hatten Adlige, Priester, Soldaten, Kaufleute und Bauern dem Monarchen als *Untertanen* zu gehorchen und zu dienen. Die absolute Gewalt benutzte Ludwig XIV., um zentral von VERSAILLES aus die Verwaltung, Wirtschaft und Religion seines Staates neu zu ordnen und zu vereinheitlichen.

In vielen Gebieten Europas versuchten kleine und große Herrscher, diese *absolutistische Regierungsweise* unter den besonderen Bedingungen ihrer Länder zu verwirklichen. Doch gewann eine Gruppe kritischer Denker immer mehr Einfluß, die *Aufklärer*. Sie bezweifelten, daß der König allein alle Gewalt im Staat besitzen dürfe. Unter ihrem Einfluß entstand der *aufgeklärte Absolutismus*.

Frankreich unter Ludwig XIV. 217

Ludwig XIV. und der Hof des Sonnenkönigs

Ein König in Pose

„Ich bin der Staat!" – L'Etat c'est moi

Dieses Bild des französischen Königs LUDWIG XIV. hat eine Höhe von 2,80 Meter. Es hängt im Thronsaal des Schlosses von VERSAILLES so hoch, daß die Füße des Königs in Augenhöhe des Betrachters stehen. Ludwig XIV. hat seinen Hofmaler RIGAUD genau angewiesen, wie er gemalt werden wollte: Von oben blickt der König überlebensgroß auf die Besucher herab und „übersieht" dabei seine Umgebung. Voller Stolz zeigt er sich in dem mit kostbarem Hermelinpelz ausgeschlagenen Krönungsmantel, der mit dem Wahrzeichen seiner Königsfamilie *(Dynastie)*, der Lilie der *Bourbonen,* bestickt ist. Die Krone als Symbol seiner Herrschaft trägt er aber nicht auf dem Kopf, sondern hat sie zur Seite gelegt, um seine Person in den Mittelpunkt zu rücken. Denn das war seine Hauptabsicht: Er wollte selbst regieren, alle wichtigen Entscheidungen selbst treffen, wirklich Herr in Frankreich sein. „L'Etat c'est moi", diesen Ausspruch haben ihm die Zeitgenossen in den Mund gelegt, um seine Herrschaftsauffassung zu charakterisieren. Von 1661 bis 1715 stand er an der Spitze des mächtigsten Staates in Europa und wurde zum Vorbild für viele Monarchen seiner Zeit.

Frankreich unter Ludwig XIV.

Absolutismus – Herrscher ohne Kontrolle

Ludwig XIV. hielt sich für absolut (lat. absolutus = losgelöst) frei von der Bindung an die menschlichen Gesetze, da er sie selbst erlassen und aufheben konnte. Er wollte losgelöst von jeder Kontrolle durch die Vertreter der drei *Stände* (Geistlichkeit, Adel und Bürger) regieren. Obwohl diese bisher die Politik mitbestimmt hatten, betrachtete er sie als seine Untertanen. Dennoch konnte Ludwig XIV. nicht wie ein Tyrann herrschen, denn sein Wille blieb durch die Verantwortung gegenüber Gott eingeschränkt. Der König verstand sich nämlich als Stellvertreter Gottes, durch dessen Gnade er als Monarch eingesetzt worden war *(Gottesgnadentum)*. Um diesen Anspruch dem einfachen Volk, das weder schreiben noch lesen konnte, ständig vor Augen zu führen, wählte Ludwig XIV. als Symbol seiner Herrschaft ein Bild, dessen Bedeutung allen bekannt war:

Ludwigs Sinnbild: Die Sonne

Sonnensymbol am Gitter vor dem Hof des Schlosses von Versailles.

Als Sinnbild wählte ich die Sonne. Sie ist ohne Zweifel das lebendigste und schönste Sinnbild eines großen Fürsten, sowohl deshalb, weil sie einzig in ihrer Art ist, als auch durch den Glanz, der sie umgibt, durch das Licht, das sie den anderen Gestirnen spendet, die gleichsam ihren Hofstaat bilden, durch die gerechte Verteilung des Lichtes über die verschiedenen Himmelsgegenden der Welt, durch die Wohltaten, die sie überall spendet, durch ihre unaufhörliche Bewegung, bei der sie trotzdem stets in ständiger Ruhe zu schweben scheint, durch ihren unveränderlichen Lauf, von dem sie niemals abweicht.
(Ludwig XIV., Memoiren, S. 137, übers. von Leopold Steinfeld, Basel/Leipzig 1931)

Dieses Symbol ließ Ludwig XIV. an zahlreichen öffentlichen Plätzen anbringen. Wie die Planeten um die Sonne kreisen, sollten sich die Adligen um den König bewegen. Gegenüber dem Glanz, in dem der König stand, sollten sie verblassen. Dies zeigte Ludwig XIV. den Adligen bereits im ersten Jahr seiner Alleinherrschaft auf vielen Medaillen aus Gold, von denen eine hier abgebildet ist. Mit der Aufschrift verkündete er 1661, daß er die „Fürsorge für Frankreich übernahm" (Curas Imper[ii] capessente). Er ließ sich in Gestalt des römischen Sonnengottes Apoll abbilden und verkündete „Ordo et Felicitas" als Programm. Damit stellte er seinen Untertanen glückliche Zeiten in Aussicht, wenn diese sich an die Ordnung hielten, die der König als von Gott gegeben hinstellte.

Der König zieht um

Die dem Volk entrückte Stellung wollte Ludwig auch durch eine räumliche Entfernung sichtbar machen. Er hatte seine *Residenz,* den Wohnsitz, von dem aus er regierte, in PARIS. Nun ließ er ein neues Schloß 18 km von der Hauptstadt Paris entfernt bei VERSAILLES errichten. Mit mehreren Baumeistern entwarf der König das, was inmitten der engen und volkreichen Gassen von Paris nicht möglich war: eine gewaltige Schloß- und Gartenanlage, an der bis zu 36 000 Menschen 28 Jahre arbeiteten.

1 Warum wählte Ludwig XIV. die Sonne als Symbol seiner Stellung?
2 Erläutere, was Ludwig unter „Ordnung und Glück" verstand.

Pierre-Denis Martin malte um 1722 das Schloß Versailles.

Versailles – ein Schloß mit 2000 Räumen

Alle Flügel des Schlosses waren streng geometrisch angeordnet und auf die königlichen Gemächer hin ausgerichtet. Nur die Schloßkapelle durchbricht die Symmetrie und überragt alle anderen Gebäude. Kein Tag verging, ohne daß der König dort an der feierlichen Messe teilnahm. Im Mittelpunkt des Schlosses lag das Schlafzimmer Ludwigs. Hier versammelten sich jeden Morgen alle, die Rang und Namen hatten, um dabei zu sein, wenn der König sich erhob.

Die Pracht wurde von den riesigen Ausmaßen des Komplexes unterstrichen. Er besaß eine 580 m lange Gartenseite mit 1000 Fenstern. In den rund 2000 Räumen herrschte qualvolle Enge, da nach dem Umzug im Jahre 1682 der gesamte Hofstaat dort untergebracht war. Zu den etwa 20 000 Personen zählten Minister, Beamte und adlige Herren mit ihren Familien. Allein 338 Köche versorgten sie.

Im großen Park des Schlosses ließ der König auch die Natur gewaltsam umformen: Alleen und Wasserstraßen durchliefen gerade oder strahlenförmig die symmetrisch angelegten Beete; verschiedenartig beschnittene Hecken und Bäume säumten die Wege; unzählige Brunnen und Wasserspiele mußten von einem eigens entwickelten Wasserpumpwerk gespeist werden. Für die Besichtigung des Gartens hatte Ludwig Anweisungen verfaßt. Denn die Untertanen sollten den König als Gestalter von Natur und Architektur erleben und verherrlichen.

1 Wie haben wohl Handwerker oder Marktfrauen das Schloß Versailles beurteilt? Berücksichtige, daß der Hof auch Kunde war.

Ein Volk von Untertanen

Aus Adligen werden Höflinge

Die Gesamtanlage von Versailles verfehlte ihre beabsichtigte Wirkung nicht. Den vielen staunenden Besuchern, die zum Teil von weit her angereist kamen, wurde die Pracht des Königs vor Augen geführt. Wie in einem Theater boten Schloß und Garten eine einzigartige Kulisse für Turniere, Feuerwerke, Opern und andere festliche Aufführungen.

Mit diesen prächtigen Veranstaltungen wollte der König die einflußreichen Adligen an den Hof binden, um sie dort zu kontrollieren. Viele verließen auch bereitwillig ihre Güter und Schlösser, um in Versailles, dem neuen Mittelpunkt Frankreichs, anwesend zu sein. Sie hofften dadurch, weiterhin an den politischen Entscheidungen des Landes beteiligt zu werden. Dazu mußten die Adligen nun die Gunst des Königs gewinnen, indem sie ihm durch ihre luxuriöse Lebensweise mit hohen Ausgaben für Kleidung, Kutschen, Unterhaltung in Spiel und Tanz sowie durch erlesene Speisen zu gefallen suchten.

Ludwig XIV. liebte es, als Schauspieler aufzutreten; besonders gerne setzte er sich – hier in dem Ballett „Die Nacht" – als Sonne in Szene.

Während sich die vornehme Gesellschaft mit Perücke, Puder und kostbaren Gewändern für das feine Speisen herausgeputzt hat, waren Kleidung und Mahl der Bauernfamilie mit sechs Kindern oft noch ärmlicher als auf dem Bild von Louis le Nain (rechte Seite).

Doch ohne Rücksicht auf alte Standesunterschiede entschied Ludwig XIV., wem er die Ehre, in seiner Nähe sein zu dürfen, gewährte oder entzog. Um die besondere Auszeichnung, bei der Abendtoilette des Königs für einige Sekunden den Leuchter halten zu dürfen, buhlten nun die ehemals mächtigen Adligen. Bereitwillig ließen sie ihr Leben am Hof durch ein starres Zeremoniell der „Höf"lichkeit *(Etikette)* reglementieren.

Peinlich genau war vorgeschrieben, wie man Gespräche zu führen, welche Kleidung man zu tragen und wie man sich – etwa beim Tanz – zu bewegen hatte.

Bürger, Bauern, Bettler

Während sich die Adligen am Hof darauf beschränkten, den König in seiner Pracht nachzuahmen, lebte die Mehrzahl der Bevölkerung in großer Armut auf dem Land. Trotz harter körperlicher Arbeit auf den Feldern reichten Getreide und Früchte kaum aus, um den täglichen Hunger zu stillen, denn etwa ein Drittel der Erträge mußte an den Herrn, dem der Ackerboden gehörte, abgegeben werden. Zählt man den Kirchenzehnten und die Steuern an den König hinzu, blieb den Bauern selbst in den besten Jahren kaum die Hälfte dessen, was sie erwirtschaftet hatten.

Wenn Trockenheit, Kälte oder der Krieg die Ernte vernichteten, drohte den Menschen der Hungertod. Auch Seuchen und Krankheiten waren sie zumeist schutzlos ausgeliefert. Obendrein wurden die Bauern wegen ihrer körperlichen Arbeit auch noch verachtet. Der französische Schriftsteller DE LA BRUYÈRE verglich sie mit Tieren, „die man da und dort auf den Feldern sieht, dunkel, fahl und ganz von Sonne verbrannt, über die Erde gebeugt, die sie mit zäher Beharrlichkeit durchwühlen und umgraben".

Zeitgenössische Darstellung eines Bettlers.

Nicht viel besser ging es den Menschen in den Städten. Wenigen reichen Kaufleuten, Händlern und Bankiers stand die Masse der Tagelöhner, Vagabunden und Bettler gegenüber. Über bescheidene Einkommen verfügten nur Handwerker und Besitzer kleinerer Läden.

Die Familien hatten viele Kinder, welche helfen mußten, die Einnahmen zu erhöhen und die alten oder nicht mehr arbeitsfähigen Angehörigen zu versorgen. Schon mit elf und zwölf Jahren mußten die Jungen und Mädchen bis zu vierzehn Stunden am Tag arbeiten, als Hirten und Mägde, in Bergwerken oder Spinnstuben.

1 Welche Folgen hatte der ständige Aufenthalt am Hof für den Adel?
2 Vergleiche die beiden Bilder oben. Achte auf die Ausstattung des Raumes, die Mahlzeit, Tischsitten und Kleidung der Personen.

Frankreich unter Ludwig XIV.

Die Stützen des absolutistischen Staates

Neuordnung der Verwaltung

Die Untertanen in den *Provinzen* des Königreichs hatten alle ihre eigenen Alltagssorgen. Da Versailles weit entfernt war und sie den Herrscher normalerweise niemals in ihrem Leben sahen, fühlten sie sich den Anordnungen Ludwigs XIV. kaum verpflichtet. Auch die adligen Gouverneure regierten selbstherrlich ihre Provinzen. Vor allem die Steuerpächter, die im königlichen Auftrag die Steuern eintrieben, wirtschafteten oft in die eigene Tasche. Daher mußte der König dafür sorgen, daß der Staat nach seinen Vorstellungen geordnet und von Versailles aus kontrolliert wurde. Er brauchte zuverlässige Männer, die auf neuen Wegen seine Wünsche zu erfüllen suchten.

Zuerst wurden die hohen, ehemals einflußreichen Adligen aus dem „Königlichen Rat" ausgeschlossen; sie konnten an der Regierung nicht mehr mitwirken. Aus dem Kreis seiner Minister wählte sich der König nun einige Vertraute aus, die ihm als persönliche Ratgeber dienen durften. Ludwigs wichtigste Stütze war JEAN BAPTISTE COLBERT, Sohn eines Tuchhändlers, der über zwanzig Jahre für Finanzen, Handel, Marine, Kolonien, Bauwesen, Verkehr, Kultur und Wissenschaften gleichzeitig zuständig war. Um den unumschränkten Machtanspruch des absoluten Monarchen in den Provinzen durchzusetzen, entsandte Colbert königstreue *Intendanten*. Sie erhielten die Amtsbefugnisse der Adligen, die Provinzleitung und das Recht der Steuereintreibung. Dadurch wurden die Adligen in ihren Ämtern entmachtet.

Jean Baptiste Colbert war von 1661 bis 1683 Erster Minister Ludwigs XIV.

Intendanten – der verlängerte Arm des Königs

Der Generalkontrolleur Colbert wählte mit Vorliebe gut ausgebildete Personen aus dem Bürgertum, die für einige Jahre in ihnen unbekannte Bezirke geschickt und nach Belieben wieder abberufen wurden. Die Intendanten besaßen umfassende Vollmachten: die Aufsicht über die Einnahmen und Ausgaben, die Polizei, die Gerichtsprozesse, den Straßenbau, die Soldaten, die Versorgung der Bevölkerung mit Getreide und die Religion der Untertanen. Die gesamte *Verwaltung* war ihnen also übertragen. Dabei stießen sie oft auf den Widerstand der Ständevertreter vor Ort. Auch wenn die zahlreichen Beamten, die ihr Amt noch bei den Provinzbehörden gekauft hatten, die Arbeit der Intendanten behinderten, wurden diese doch die wichtigsten Instrumente, um den Willen des Königs in allen Regionen Frankreichs durchzusetzen. Wie der König reagierte, als die Ständevertreter der *Provence* die Zahlung einer hohen Kriegssteuer verweigerten, zeigt der Brief Colberts an den Intendanten Grignan vom 25. 12. 1671:

> Ich habe dem König über das fortgesetzt schlechte Betragen der Ständeversammlung der Provence berichtet, und da Seine Majestät nicht länger geneigt ist, dies zu dulden, hat er die nötigen Befehle gegeben, sie nach Hause zu schicken, und zugleich zehn Lettres de cachet (königliche Verhaftungsbefehle) zu erlassen, um die zehn am übelsten Gesinnten [in die Normandie und Bretagne] zu verschicken. Sie erhalten diese Erlasse und Befehle mit der nächsten Post, und ich brauche Ihnen wohl nicht zu empfehlen, sie pünktlich und genau auszuführen.
> (nach: Geschichte in Quellen, Bd. 3, München 1975, S. 435)

Un roi, une foi, une loi – Ein König, ein Glaube, ein Gesetz

Die Vereinheitlichung des gesamten Königreichs traf eine Gruppe innerhalb der Bevölkerung besonders hart. Den *Hugenotten,* der reformierten Minderheit, hatte der Großvater Ludwigs XIV. 1598 im *Edikt von Nantes* erlaubt, den Gottesdienst in ihren Kirchen so zu feiern, wie sie es wünschten. Nun wollte der König den *Calvinismus* beseitigen. Katholische Pfarrer wurden immer häufiger beauftragt, die Protestanten zu bekehren. Die reformierten Schulen mußten schließen, Kinder ab sieben Jahre, die zum katholischen Glauben übertreten wollten, durften ihren Eltern weggenommen werden, und protestantische Frauen mußten zur Entbindung katholische Hebammen rufen. Soldaten wurden in Wohnungen der Hugenotten einquartiert, wo sie ungestraft plündern und vergewaltigen konnten.

Da diese Zwangsmaßnahmen nicht zu den gewünschten Bekehrungen führten, widerrief Ludwig XIV. 1685 das Edikt von Nantes. Als König von Gottes Gnaden wollte er in Frankreich die religiöse Einheit wiederherstellen. Deshalb verlangte er von den Hugenotten, die jetzt als *Ketzer* galten, den Übertritt zum katholischen Glauben. Daß die reformierten Pastoren ausgewiesen und die Gotteshäuser der Hugenotten zerstört wurden, sahen viele Katholiken gern, weil sie die oft wohlhabenden und einflußreichen Protestanten beneideten. Für diese gab es nur zwei Möglichkeiten: Die meisten legten zum Schein ein Lippenbekenntnis ab. Etwa 250 000 aber wagten die verbotene Flucht und riskierten dabei Galeerenstrafe oder Einkerkerung.

Durch die Massenauswanderung verlor Frankreich gut ausgebildete Fachleute, die England, die Niederlande und Preußen gerne aufnahmen. Denn sie brachten nicht nur ihre Sprache und Kultur mit, sondern auch ihr Wissen und ihre Arbeitskraft.

Medaille Ludwigs XIV. aus dem Jahr der Aufhebung des Edikts von Nantes. Die Umschrift lautet: „Die Tempel der Calvinisten sind zerstört. Die echte Religion ist Siegerin." Was soll das heißen?

Der Zeichner hat „Sichere und ehrenwerte Mittel (moyens), um die hugenottischen Ketzer zum katholischen Glauben zurückzuführen" dargestellt. Am rechten Bildrand siehst du einen „Bekehrungsort". Welche „Bekehrungsmittel" kannst du noch auf dem Bild erkennen?

Frankreich unter Ludwig XIV.

Stehendes Heer statt Söldnerhaufen

Gegenüber allen Untertanen im eigenen Land, die seinen Befehlen nicht gehorchten, mußte Ludwig XIV. sich wirksam durchsetzen können. Vor allem wollte er Frankreich vergrößern und zum mächtigsten Staat in Europa machen. Dazu brauchte er eine schlagkräftige Armee.

Bisher hatten Werber Söldnerheere für jeden Krieg zusammengetrommelt, die danach wieder entlassen wurden. Nun ließ der Kriegsminister LOUVOIS Truppen für ein *Stehendes Heer* ausheben. Jeder Soldat mußte einen Treueid auf den König als Oberbefehlshaber ablegen, der so die alleinige Verfügungsgewalt über die Armee gewann. Ausgerüstet mit neuen Waffen und gleichen Uniformen war dieses Heer stets einsatzbereit. Drill und tägliches Exerzieren sorgten für Disziplin und Kampfkraft. Statt schwerer Musketen erhielten immer mehr *Infanteristen* (Fußsoldaten) leichte Steinschloßgewehre, mit denen sie besser marschieren und schneller schießen konnten. Eine Art Dolch, das *Bajonett*, konnte man vorne auf das Gewehr setzen, so daß es auch als Stichwaffe verwendbar war. Besonders wegen des regelmäßigen Soldes drängten in einer Zeit großer Armut immer mehr Bauern und Bürger in die Armee. Frankreich hatte 1664 etwa 45 000, 1703 aber schon fast 400 000 Soldaten ständig einsatzbereit. Für die zahlreichen Invaliden, die nach einem Kriege als Bettler vagabundierten, ließ Ludwig XIV. bei Paris ein riesiges Invalidenhaus errichten, in dem bis zu 7000 Versehrte Aufnahme fanden.

Gleichzeitig mit dem Aufbau des stärksten Heeres in Europa wurden die Landesgrenzen gesichert. Da gegen die neuen weitreichenden Kanonen die mittelalterlichen Stadtmauern keinen Schutz mehr boten, entwickelte der Ingenieur VAUBAN sternförmige Verteidigungsanlagen, die einem Beschuß standhielten. Einen Gürtel von rund 300 Festungen legte er um die gefährdeten Grenzen Frankreichs.

Die 1706 fertiggestellte Festung Neu-Breisach ist Gestaltung der Natur und Kunstwerk zugleich:
① *Exerzierplatz*
② *Ludwigskirche*
③ *Rathaus*
④ *Offizierswohnungen*
⑤ *Zivilverwaltung*
⑥ *Zeughaus*
⑦ *Markt u. Markthalle*
⑧ *Festungsanlagen*

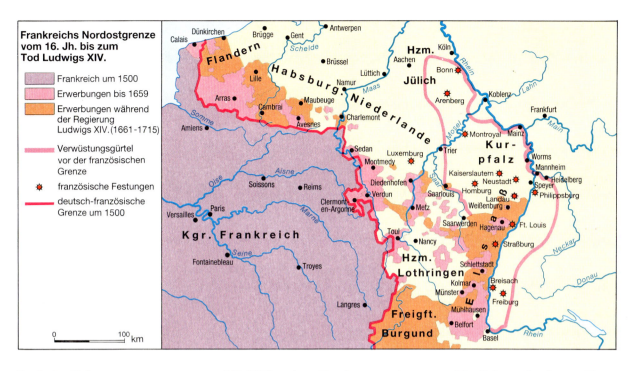

Frankreichs Nordostgrenze vom 16. Jh. bis zum Tod Ludwigs XIV.	
	Frankreich um 1500
	Erwerbungen bis 1659
	Erwerbungen während der Regierung Ludwigs XIV. (1661–1715)
	Verwüstungsgürtel vor der französischen Grenze
✹	französische Festungen
	deutsch-französische Grenze um 1500

Ludwigs Kriege

Das Pulver der Muskete entzündete der Musketier mit einer glimmenden Lunte. Die schwere Muskete mußte er beim Schießen auf ein Gestell (links) legen.

Ein Infanterist mit Gewehr und aufgepflanztem Bajonett.

Mit Hilfe seiner überlegenen Armee und im Schutz des fast unüberwindlichen Festungsgürtels versuchte Ludwig XIV., seine Eroberungspläne in die Tat umzusetzen. Er führte Kriege zur Eroberung der spanischen Niederlande (1667–1668), einen langen Krieg um die spanische Thronfolge (1701–1713/14) und einen Krieg (1672–1678), um die wirtschaftliche Konkurrenz der Holländer auszuschalten. Ab 1679 dehnte er sein Herrschaftsgebiet in das *Elsaß* aus.

Besonders das Deutsche Reich litt durch den *Pfälzischen Erbfolgekrieg* (1688–1697), den Ludwig XIV. wegen angeblicher Erbansprüche seiner Schwägerin LISELOTTE VON DER PFALZ begonnen hatte. Als sich darauf mehrere europäische Staaten gegen ihn zusammenschlossen, empfahl ein französischer Offizier dem König „an der Zerstörung mehrerer Plätze zu arbeiten, damit sie ihm niemals in einem anderen Krieg zur Last fallen können". So wie jede Festung durch breite Gräben geschützt wurde, sollte auch Frankreich insgesamt als uneinnehmbares Bollwerk von öden Gebieten umgeben sein. Daher verwüsteten die französischen Truppen weite Landstriche entlang des Rheins, brannten Burgen und Schlösser nieder und legten viele Städte wie Bingen, Worms, Mannheim, Heidelberg und Speyer in Schutt und Asche. Viele Menschen verloren ihr Hab und Gut in den Flammen.

Die Aufrüstung des Landes und die von Ludwig XIV. geführten Kriege verschlangen weit mehr Geld, als der König einnahm. Zwar vergrößerte er das Staatsgebiet, aber sein Ziel der Vorherrschaft in Europa erreichte er nicht: Die anderen Herrscher hatten ihren Grundsatz verwirklicht, keinen Staat zu mächtig werden zu lassen.

1 Beschreibe die Form der Festung Neu-Breisach. Wie war sie gesichert?
2 Stelle die Gebietsgewinne Frankreichs anhand der Karte zusammen.
3 Was bedeutete Ludwigs Politik für die anderen europäischen Mächte?

Frankreich unter Ludwig XIV.

Wirtschafts- und Finanzpolitik – woher bekommt der König sein Geld?

Mit den Sorgen, wie die Kriege, die kostspielige Unterhaltung der Residenzen und die Beamten zu bezahlen seien, belastete Ludwig XIV. sich nicht. Sparen kam für den Sonnenkönig nicht in Frage. Weil viele Menschen aber keine höheren Steuern zahlen konnten, mußte Finanzminister COLBERT auf andere Weise Geld beschaffen.

Für Colbert bestand der Reichtum eines Staates aus den Gold- und Silbermünzen, die im Land vorhanden waren. Gold- und Silberbergwerke gab es nicht. Also sollte Geld aus dem Ausland nach Frankreich fließen, indem Ausländer möglichst viele und teure französische Waren einkauften. Gleichzeitig mußte man verhindern, daß Franzosen in anderen Ländern kauften und die Goldstücke dorthin verschwanden. Diese Gedanken hatte Colbert 1664 niedergeschrieben:

> Ich glaube, man wird ohne weiteres in dem Grundsatz einig sein, daß es einzig und allein der Reichtum an Geld ist, der die Unterschiede an Größe und Macht zwischen den Staaten begründet. Was dies betrifft, so ist es sicher, daß jährlich aus dem Königreich einheimische Erzeugnisse [Wein, Branntwein, Weinessig, Eisen, Obst, Papier, Leinwand, Eisenwaren, Seide, Kurzwaren] für den Verbrauch im Ausland im Wert von 12 bis 18 Millionen Livres [Pfund] hinausgehen. Das sind die Goldminen unseres Königreiches, um deren Erhaltung wir uns sorgfältig bemühen müssen.
> *(nach: Geschichte in Quellen, Bd. 3, München 1975, S. 448)*

In dieser Pariser Rasiermessermanufaktur um 1790 siehst du Schmiede, Schlosser, Schleifer, Polierer und Packer.

Die Manufakturen

Die Betriebe, die begehrte, hochwertige Dinge in großen Mengen *(Massenproduktion)* preiswert erzeugten, waren die *Manufakturen* (lat. manu facere = von Hand herstellen). Diese großen Betriebe unterstützte Colbert mit Geld und befreite sie von Steuern, damit sie kostengünstig einen Warenüberschuß produzierten. Fachleute, die man oft im Ausland anwarb, leiteten die Arbeiter an. Diese führten bei der Herstellung der Produkte nur noch kleine, sich ständig wiederholende Arbeitsschritte aus *(Arbeitsteilung)*. Verbreitet waren besonders Textil-, Seiden-, Metallwaren- und Spiegelmanufakturen.

Merkantilismus – die neue Wirtschafts- und Finanzpolitik

Die Rohstoffe, die in den Manufakturen verarbeitet wurden, beschafften die fanzösischen Kaufleute meist aus den eigenen *Kolonien* (an der westafrikanischen Küste, in Indien und Nordamerika), wo sie besonders preisgünstig waren. Um *Rohstoffe* ein- und *Fertigwaren* auszuführen, wurde ein Netz von Handelswegen über das Land gelegt. So arbeiteten zum Beispiel vierzehn Jahre lang 12 000 Bauarbeiter an dem 241 km langen CANAL DU MIDI, der das Mittelmeer mit dem Atlantik verband. Ausländische Waren wurden ferngehalten, indem der fremde Händler bei der Einreise nach Frankreich einen hohen Geldbetrag auf seine Waren *(Schutzzoll)* bezahlen mußte. Viele Binnenzölle, die beim Übertritt von einer Provinz in die andere zu entrichten waren, schaffte Colbert ab oder verringerte sie. Dieses System staatlicher Eingriffe, die der Förderung des Handels dienten, nennt man *Merkantilismus* (lat. mercator = Kaufmann).

In Schwierigkeiten gerieten Handwerksbetriebe, die der Konkurrenz der Manufakturen nicht gewachsen waren. Bauern verarmten, weil sie ihr Getreide zu niedrigen Festpreisen verkaufen mußten. Tatsächlich wurden jedoch mehr Waren hergestellt und verbraucht als zuvor, von dem Erlös kassierte der Staat einen Teil als Verbrauchssteuer *(Akzise)*. Dennoch reichten die zusätzlichen Einnahmen wegen der ständigen Kriege nicht.

Als Ludwig XIV. 1715 starb, hinterließ er ein Reich, das zwar für viele Staaten Europas Vorbild war, hinter der glänzenden Fassade aber am Rande des Ruins stand.

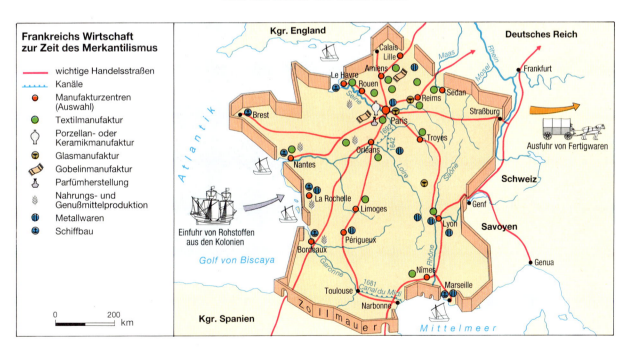

1 Was meint Colbert mit den „Goldminen des Königreiches"?
2 Beschreibe die Arbeitsvorgänge in der Rasiermessermanufaktur.
3 Warum produzieren Manufakturen günstiger als Handwerksbetriebe?
4 Stelle mit Hilfe der Karte alle staatlichen Maßnahmen zur Förderung des Handels zusammen und erläutere deren Zweck.

Frankreich als Vorbild für Europa

Französisch wird Mode

Neue Residenzen entstehen

Wer heute mit dem Flugzeug über KARLSRUHE fliegt, sieht die Stadt wie auf diesem Luftbild: Alle Straßen der alten Stadt führen wie Strahlen auf das Schloß zu. So wie hier der *Markgraf von Baden* ahmten viele Könige, Herzöge, Grafen und geistliche Herrscher in großen Teilen Europas LUDWIG XIV. nach. Ihre alten und engen Schlösser genügten ihnen nicht mehr; auch sie wollten ihre herausgehobene Position in Prachtbauten und neuen Residenzstädten zur Schau stellen.

Der Markgraf KARL WILHELM von Baden-Durlach hatte bisher in der Enge des kleinen Städtchens Durlach residiert. 1715 legte er den Grundstein für ein neues Schloß mitten im Hardtwald in der Rheinebene. Da er dort keine Rücksicht auf vorhandene Dörfer nehmen mußte, konnte er nach seinen Ideen ein dreistöckiges Schloß und eine neue Stadt anlegen lassen. Wer dort wohnen wollte, mußte sich den strengen Bauvorschriften fügen: Die Angehörigen des Hofstaates hatten zweistöckig zu bauen. In gehörigem Abstand durften schließlich die Handwerker und Kaufleute einstöckige Häuser errichten.

Auch der *pfälzische Kurfürst* verlegte seine Residenz, er zog von Heidelberg in die Festung MANNHEIM. Noch heute spiegelt die schachbrettartige Stadtanlage mit ihrem sternförmigen Festungskranz, der kaum Platz für einen Schloßpark ließ, die absolutistische Herrschaftsvorstellung wider: Auf dem Stadtplan krönt das Schloß die gleichförmigen Wohnblocks der Bevölkerung, die nach dem Willen des Fürsten alle in gleicher Weise Untertanen sein sollten.

Stadtplan von Mannheim aus dem Jahr 1794 mit schachbrettartiger Bürgerstadt, gekrönt vom Schloß.

Noch heute wird Karlsruhe vom Bauplan des absoluten Fürsten geprägt.

Jedem Fürsten sein Versailles

Wie in Mannheim und Karlsruhe entstanden in vielen Ländern Europas prachtvolle Schloßanlagen nach dem Vorbild von VERSAILLES. Unerläßlicher Bestandteil war ein französischer Park, dessen kunstvolle Ausgestaltung den Regenten verherrlichen sollte.

In WIEN ließ sich der Kaiser die Sommerresidenz *Schönbrunn* anlegen; über fünfzig Jahre dauerte der Bau. In Rußland gab Zar PETER I. 1703 den Auftrag, eine Festung zu errichten, um die herum die Residenzstadt ST. PETERSBURG erbaut wurde. Das allgemeine Baufieber erfaßte aber auch die Herrscher kleinerer Länder. 1702 begann Kurfürst MAX EMANUEL von Bayern mit dem Ausbau des Schlosses *Nymphenburg* in MÜNCHEN. Der sächsische Kurfürst AUGUST DER STARKE gestaltete DRESDEN zur glanzvollen Metropole aus, die Erzbischöfe von Köln errichteten in BRÜHL Schloß *Augustusburg* als Sommerresidenz. Das aufstrebende Preußen schmückte sich mit dem nach Königin Sophie Charlotte benannten Schloß *Charlottenburg* in der Nähe von BERLIN. Über den kostspieligen „Bauwurm" klagte der Kurfürst LOTHAR FRANZ VON SCHÖNBORN: „Das Bauen ist ein Teufelsding, wenn man einmal angefangen, kann man danach nicht aufhören."

Um die enormen Geldsummen für den Bau von Schlössern und Residenzstädten aufzubringen, förderten die Fürsten den Handel durch den Bau von Straßen und Manufakturen sowie die Ansiedlung ausländischer Fachkräfte nach dem Beispiel des französischen Merkantilismus. Ferner mußten die Untertanen immer neue Steuern zahlen. Doch brachte die Bautätigkeit der Fürsten vielen Architekten, Künstlern und Handwerkern Arbeit.

Die Gartenseite des Wiener Lustschlosses Schönbrunn hat Bernardo Bellotto um 1760 gemalt.

1 Beschreibe, woran man erkennt, daß die neuen Residenzen nach dem Vorbild von Versailles gebaut sind.
2 Wie haben die Fürsten den Anspruch auf die absolute Herrschaft in der Anlage ihrer Residenzstädte sichtbar gemacht?
3 Kennst du eine solche Schloß- oder Festungsanlage in der Nähe deines Wohnortes? Besuche sie einmal, und beschreibe das Bauwerk.

Frankreich als Vorbild für Europa

**Das Barock –
eine neue Kunstrichtung
setzt sich durch**

Heere von Baumeistern, Bildhauern, Schnitzern, Schreinern und Malern orientierten sich bei der prächtigen Ausstattung der Schlösser an einem neuen Stil, dem *Barock*. Wie im Jagdschloß Moritzburg bevorzugten sie nun geschwungene Linien, die an eine unregelmäßige Perle (portugiesisch: barocco) erinnern. Tisch und Stühle, Kronleuchter und Verzierungen von Wänden und Decken zeigen runde und ovale Formen, die auch bei Treppenaufgängen, Türen und Fenstern wiederkehren. Alle Räume ihrer Schlösser ließen die Fürsten mit kostbaren Materialien wie edlen Hölzern, Gold, Silber und Marmor sowie farbenprächtigen Gemälden zu einem großen Kunstwerk gestalten. Damit konnten sie den Gästen ihre Freude am Prunk, vor allem aber ihren Reichtum und ihre Macht vorführen.

Im Monströsensaal des Jagdschlosses Moritzburg bei Dresden zeigen Ledertapeten Gemälde mit Erlebnissen der römischen Jagdgöttin Diana.

Der barocke Lebensstil

Einer der berühmtesten Baumeister des Barock war Balthasar Neumann, dessen Bild dir seit einiger Zeit häufiger begegnet. Weißt du wo?

Das Schloß war die würdige Kulisse für die vielen Veranstaltungen am Hof. Gewöhnlich besaßen die Fürsten sogar mehrere Lustschlösser und ein Jagdschloß. Denn die Jagd, die nur dem Adel erlaubt war, betrieben vornehme Männer und Frauen gern als Zeitvertreib. Da oft der gesamte Hofstaat die Jagdgesellschaft begleitete, war der Aufwand enorm: KARL EUGEN, der als Herzog von Württemberg über 500 000 Untertanen herrschte und sich einen Hofstaat von 2000 Personen hielt, ließ für eine einzige Treibjagd einen künstlichen See anlegen.

Die höfischen Feste feierte man in ausschweifendem Luxus. Zum Programm gehörten üppige Bankette, Turniere, Maskenbälle, Ballettaufführungen, Schiffspartien und Feuerwerke. Besonders die in Italien geschaffene *Oper*, ein Bühnenstück mit Musik und Gesang, erhöhte den festlichen Glanz. Deshalb ließen viele Fürsten ein Theater erbauen und unterhielten ein eigenes Ensemble. Der berühmteste deutsche Opernkomponist war GEORG FRIEDRICH HÄNDEL aus Halle, der Festmusiken und Opern vor allem für den englischen König schrieb, in dessen Auftrag er in LONDON ein königliches Opernhaus gründete.

Leben à la mode

Wer im ausgehenden 17. und 18. Jahrhundert mit der Zeit gehen wollte, der orientierte sich am französischen Lebensstil. Daher wurde es unumgänglich, die Sprache dieses Landes zu beherrschen, um als „modern" zu gelten.

So schrieb und sprach der preußische König FRIEDRICH II. fast nur Französisch, sein Deutsch war kaum zu verstehen. Bis heute haben sich viele Begriffe, die aus Frankreich übernommen wurden, in der deutschen Sprache erhalten:

> adrett – Allemande – Amüsement – apart – Artillerie – Attaché – Bajonett – Bastion – brilliant – Brosche – Café – charmant – Corps – Dekolleté – Diplomat – Etikette – Fort – Gaillarde – galant – Garde – Infanterie – Kabinett – Kavalier – Kavallerie – Klosett – kokett – Kompliment – Korsett – Kuvert – Manschette – Marschall – Menuett – Mode – Negligé – Noblesse – Parade – Parfum – Perücke – Puder – Rendezvous – Schärpe – Taille – Teint – Toilette – Trottoir.
>
> Schlage dir unbekannte Wörter im Lexikon nach, und ordne alle Begriffe den Bereichen zu, aus denen sie stammen.

Die französische Mode setzte sich auch bei der Kleidung durch. Kokett gaben die Damen den Blick auf ihre bis zu zwölf Unterröcke und auf das Dekolleté frei, so daß der sittenstrenge Braunschweiger Rat 1662 den Frauen die „ärgerlich und schändlich entblößten Brüste" untersagte. Auf ihren Turmfrisuren trugen Frauen Hüte und Hauben in allen Formen, modebewußte Männer dagegen eine Perücke. Als vornehm galt darüber hinaus die Blässe im Gesicht und an den Händen, da eine braune Haut das Kennzeichen körperlicher Arbeit an der frischen Luft war. Daher schützten sich wohlhabende Männer und Frauen mit Schirmen sowie Handschuhen vor der Sonne und gaben sich mit Puder einen weißen Teint. Überall hielt die französische Lebensweise Einzug, wie ein damals entstandenes Spottgedicht zeigt:

> Was immer zu Paris die edle Schneiderzunft
> hat neulich aufgebracht, auch wider die Vernunft,
> das macht ein Deutscher nach. Sollt ein Franzos es wagen
> die Sporen auf dem Hut, Schuh an der Hand zu tragen,
> die Stiefel auf dem Kopf, ja Schellen vor dem Bauch
> anstatt des Nestelwerks, der Deutsche tät es auch.
> (zeitgenössisches Spottgedicht von Lauremberg und Rachel, in: Pleticha, H. (Hrsg.), Deutsche Geschichte, Bd. 7, Gütersloh 1983, S. 372)

Ein vornehmes deutsches Paar flaniert in der französisch geprägten Mode des 18. Jahrhunderts. Als „letzter Schrei" galt der „französische Steiß", ein unter dem Rock umgebundenes ausgestopftes Kissen.

1 Wie gefällt dir die Bauweise des Barock? Begründe deine Antwort. Kannst du dir erklären, warum man heute nicht mehr so baut?
2 Viele deutsche Schlösser haben französische Namen, z. B. Bellevue, Favorite, Monrepos, Sanssouci, Solitude. Erkläre ihre Bedeutung.
3 Im 18. Jh. war Französisch „à la mode", heute ist für viele Jugendliche und Erwachsene eine andere Kultur „up to date". Zähle Beispiele auf und ordne sie nach Gruppen (Sprache, Musik, Kleidung, Essen).

Frankreich als Vorbild für Europa

Der Absolutismus in Preußen

Der Aufstieg Brandenburg-Preußens

So ließ sich Friedrich Wilhelm im Jahre 1667 malen. Seinen Kurhut hat er wie eine Krone neben sich gelegt. Die Rangerhöhung vom Kurfürsten zum König erreichte erst sein Sohn, der sich mit Zustimmung des Kaisers am 18. Januar 1701 in Königsberg als Friedrich I. zum „König in Preußen" krönte.

Eines der ärmsten Gebiete im Deutschen Reich war das *Kurfürstentum Brandenburg,* das zusammen mit dem *Herzogtum Preußen* von der Dynastie der *Hohenzollern* regiert wurde. Auf den sandigen oder sumpfigen Böden konnten die Bauern nur wenig ernten; die weit verstreut liegenden Ländereien ließen sich schwer verteidigen und regieren. Vor allem die Verwüstungen während des Dreißigjährigen Krieges hatten dem jungen Kurfürsten FRIEDRICH WILHELM (1640 bis 1688) gezeigt, daß nur ein starkes Heer die Selbständigkeit Brandenburg-Preußens erhalten konnte. Daher entließ er nach Kriegsende seine Soldaten nicht mehr, sondern quartierte sie in Privathäuser ein. So schuf er sich ein *Stehendes Heer,* das ausgerüstet, verpflegt und entlohnt werden mußte. Diese Kosten sollte die Bevölkerung durch eine zusätzliche Abgabe tragen. Den langjährigen Widerstand des Adels, dessen Recht es war, die Steuern zu bewilligen, beseitigte er, indem er ihm Steuerfreiheit einräumte.

Nun galt es, Verbrauchsgüter herzustellen, auf die der Kurfürst eine *Akzise* (Verbrauchssteuer) erhob, und den Handel auszubauen: Friedrich Wilhelm ließ *Manufakturen* errichten, in denen die reichlich vorhandene einheimische Wolle zu Tuchen und Uniformen für die Soldaten verarbeitet wurde. Der Bau des ODER-SPREE-KANALS verband Ost- und Nordsee und führte zum Wachstum des kleinen Warenumschlagplatzes BERLIN. Die für die Tuchmanufakturen und den Kanalbau nötigen Kenntnisse brachten Fachleute aus den Niederlanden mit. Unter den vielen Einwanderern, die der Kurfürst zur Besiedlung der durch den Dreißigjährigen Krieg entvölkerten Gebiete ins Land rief, waren auch etwa 20 000 *Hugenotten* aus Frankreich, die nach der Aufhebung des Edikts von Nantes flohen.

Unter Friedrich Wilhelm, den seine Zeitgenossen bereits den „Großen Kurfürsten" nannten, wandelte sich Brandenburg-Preußen zu einem absolutistischen Staat nach französischem Vorbild.

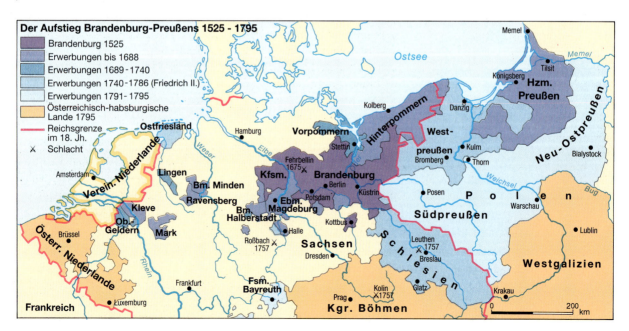

Preußen wird Militärstaat

Die Nachfolger des *Großen Kurfürsten* vergrößerten das Heer gewaltig. Hatte der Kurfürst noch 4000 Soldaten unter Waffen, so vermehrte dessen Enkel FRIEDRICH WILHELM I., den man daraufhin *Soldatenkönig* nannte, das Heer auf 80 000, sein Sohn FRIEDRICH II. erhöhte die Zahl auf 195 000 Mann.

Da Preußen ein armes Land war und kaum Söldner kaufen konnte, sollten an deren Stelle Landeskinder im Heer Dienst leisten. Sah man früher nur vereinzelt Werber, die in Schankhäusern und auf Marktplätzen nach kräftigen Männern suchten, so wurden nun in fest abgegrenzten Bezirken alle Jungen systematisch in Listen eingetragen und so vom Militär erfaßt. Schon mit zehn Jahren mußten die erfaßten Burschen stets eine rote Halsbinde oder ein Uniformstück tragen, um sich als Angehörige der Armee auszuweisen.

Vor allem das einfache Volk mußte für das Heer vielfältige Aufgaben übernehmen. Es stellte die Soldaten, die in Friedenszeiten jährlich zwei bis drei Monate exerzierten und danach in die Städte und Dörfer zurückkehrten. Dort sorgten sie zusammen mit der übrigen Bevölkerung dafür, daß Uniformen geschneidert, Kanonen und Gewehre hergestellt, Kartoffeln und Getreide für immer mehr Soldaten angebaut wurden. Wie in allen absolutistischen Staaten zahlte das Volk hohe Steuern, von denen allein das Heer zwei Drittel verschlang. So war der ganze Staat auf das Militär ausgerichtet.

Der Dienst in des Königs Rock war gefürchtet, weil er lebenslänglich, hart und zudem schlecht bezahlt war. Scharfe Strafen, eiserne Disziplin und harter Drill flößten den Soldaten mehr Angst vor ihren eigenen Offizieren als vor den gegnerischen Heeren ein. Da während der Schlacht viele zu fliehen versuchten, mußten sie in langen Linien kämpfen, in denen jeder seinen Nebenmann kontrollierte. Trotzdem versuchten viele Soldaten zu fliehen. Was den desertierten und wieder eingefangenen Soldaten blühte, schilderte ein Söldner:

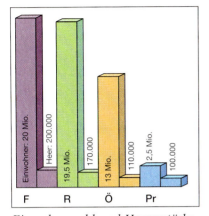

Einwohnerzahl und Heeresstärke um 1740. Wie ist ihr Verhältnis zueinander in diesen europäischen Staaten?

Das Regiment der „Langen Kerls", zu denen dieser 2,12 m große Soldat gehörte, war der ganze Stolz des Soldatenkönigs.

> Bald alle Wochen hörten wir nämlich neue ängstigende Geschichten von eingebrachten Deserteurs, die, wenn sie noch so viele List gebraucht, sich in Schiffer und andre Handwerksleute, oder gar in Weibsbilder verkleidet in Tonnen und Fässer versteckt, dennoch ertappt wurden. Da mußten wir zusehen, wie man sie durch 200 Mann achtmal die lange Gasse auf und ab Spießruten laufen ließ, bis sie atemlos hinsanken – und des folgenden Tags aufs neue dran mußten; die Kleider ihnen vom zerhackten Rücken heruntergerissen, und wieder frisch drauflosgehauen wurde.
>
> Was hernächst auch auf dem Exerzierplatz vorging, gab uns zu ähnlichen Betrachtungen Anlaß. Oft ganzer fünf Stunden lang in unsrer Montur eingeschnürt wie geschraubt stehn, die Kreuz und Quere pfahlgerad marschieren, und ununterbrochen blitzschnelle Handgriffe machen zu müssen; und das auf Geheiß eines Offiziers.
> (U. Bräker, *Der arme Mann im Tockenburg*, München 1965, S. 101 f.)

1 Vergleiche das Gemälde des Großen Kurfürsten mit dem Ludwigs XIV. am Kapitelanfang. Was fällt dir auf?
2 Preußen wurde ein Militärstaat. Beschreibe seine Kennzeichen.

Frankreich als Vorbild für Europa

Sachsen und Polen unter August dem Starken

August – der Starke?

Von den vielfältigen Veränderungen in Frankreich und Preußen wurde auch das kleine *Kurfürstentum Sachsen* angesteckt. Dort gelangte 1694 ein Mann auf den Thron, von dem es heißt, er habe eigenhändig Hufeisen zerbrechen können. Daher nannte man ihn AUGUST DEN STARKEN.

Kraftstrotzend soll der Kurfürst von Sachsen gewesen sein, doch war ihm dies nicht genug, er wollte auch Einfluß gewinnen. Nach dem Tod des polnischen Königs bewarb sich August der Starke um dessen Nachfolge. Da die polnischen Adeligen nur einen katholischen Kandidaten wählen würden, wechselte er zum Entsetzen seiner Untertanen sogar seine Konfession und trat zum katholischen Glauben über. Die Rechnung ging auf: 1697 wurde der Kurfürst von Sachsen zum *König von Polen* gewählt. Er herrschte nun über zwei Staaten gleichzeitig *(Personalunion)*.

Als junger Prinz hatte August der Starke eine lange Reise durch mehrere europäische Länder unternommen und dabei auch das Hofleben in Versailles kennengelernt. Das prächtige Schloß des Sonnenkönigs und die prunkvollen Feste hatten ihn sehr beeindruckt; einen so glänzenden Hof mußte der König nun auch haben. Daher ließ August der Starke die Hauptstädte DRESDEN und WARSCHAU als Residenzen ausbauen, denn im Glanz des Hofes sollte sich der Wohlstand des Landes spiegeln.

Aufzug der Wagen und Reiter für ein Ringrennen der Damen, das am 6. Juni 1709 in Dresden ausgetragen wurde. Das Rennen fand in einem hölzernen Amphitheater statt, das später von August dem Starken durch den barocken Zwinger ersetzt wurde. Das Bild vermittelt einen guten Eindruck von den höfischen Vergnügungen jener Zeit.

In Dresden fanden die Feste, die sich oft über mehrere Tage hinzogen, im Hof des *Zwingers* statt. Besonders beliebt waren Reiterspiele und das Ringstechen, an dem auch vornehme Damen teilnehmen durften. Dabei mußten die Damen, die auf besonderen Pferdegespannen saßen, im Vorbeireiten einen aufgehängten Ring mit einer hölzernen Lanze treffen. Überhaupt spielten die Frauen im Leben Augusts des Starken eine große Rolle. Neben seiner Ehefrau hatte der Kurfürst stets wechselnde *Maitressen*, also Geliebte, die am Hof lebten und auch an den Festen teilnahmen. Alle Veranstaltungen, die stets durch ein Feuerwerk beendet wurden, ließ der Herrscher von Malern festhalten.

Porzellan – das weiße Gold Sachsens

Wenn August der Starke Könige und Fürsten empfing, trugen die Diener zur Bewirtung der Gäste kostbares Tafelgeschirr wie diese Terrine auf. Sie ist aus feinem sächsischen *Porzellan*, das damals schwer herzustellen war und daher als besonders wertvoll galt. Lange hatte man an den europäischen Höfen vergeblich experimentiert, um das Geheimnis der Porzellanherstellung zu entdecken. Wer Porzellan besitzen wollte, mußte es über den weiten Seeweg aus dem fernen China kommen lassen. Da gelang es JOHANN FRIEDRICH BÖTTGER (1682–1719), der eigentlich im Auftrag des Kurfürsten Gold machen sollte, die richtigen Zutaten zu finden.

Böttger hatte in Berlin den Apothekerberuf erlernt und brüstete sich, Gold herstellen zu können. Als der preußische König seine Kenntnisse überprüfen wollte, floh er aus Furcht nach Sachsen. August der Starke brachte ihn nach Dresden, doch stellte sich bald heraus, daß Böttgers Goldsuche mißlang. Statt dessen gelang es ihm, aus einem Ton der Meißener Umgebung ein qualitätvolles Porzellan herzustellen, wie man es damals nur aus China kannte. Böttger, der bis zu seinem Tod Gefangener blieb, wurde nun „Porzellanmacher".

1710 ließ August der Starke eine Porzellanmanufaktur in MEISSEN errichten, die erste ihrer Art in Europa. Unter der Leitung Böttgers entstanden immer feinere Gegenstände aus Porzellan, die der König auf der Leipziger Messe verkaufen ließ. Die schönsten Exemplare erwarb der Kurfürst selbst, dessen Sammelleidenschaft keine Grenzen kannte. Sogar 600 Reiter seines Heeres tauschte er mit dem preußischen König gegen wertvolles Porzellan ein. Die Schätze, die August in Dresden gesammelt hat, vor allem Edelsteine von sagenhaftem Wert, kann man heute noch dort bewundern. Auch viele prächtige Bauten, die zum großen Teil im Zweiten Weltkrieg in Schutt und Asche sanken, verdankte Dresden seinem König; man rühmte die Hauptstadt als das „Elbflorenz". Doch blieb trotz aller Anstrengungen die politische Bedeutung Sachsens weit hinter der Preußens zurück.

Der Schöpfer dieser Porzellanfigur hat versucht, Augusts Wesen auszudrücken.

Meißener Porzellanterrine.

1 Wieso konnte sich August der Starke zum König von Polen „wählen" lassen? Lies hierzu noch einmal im Kapitel „Europa im späten Mittelalter" unter Polen nach.
2 Wie beurteilst du die Auswirkungen barocker Prachtentfaltung auf die Bevölkerung des Landes? Wäge wirtschaftliche, finanzielle und künstlerische Argumente gegeneinander ab.

Der aufgeklärte Absolutismus

Die Aufklärung

Woher haben die Fürsten ihre Herrschaft?

Je länger die Menschen in Europa unter der absolutistischen Herrschaft lebten, desto häufiger dachten einige Gebildete *(Philosophen)* darüber nach, ob die Fürsten zu Recht alle Gewalt im Staat besäßen, während die Untertanen nur Pflichten, aber keinerlei Mitspracherechte hatten. Die absoluten Monarchen behaupteten, von Gott eingesetzt zu sein und deshalb über allen menschlichen Gesetzen zu stehen. Dies bezweifelten die kritischen Denker. Der Franzose DIDEROT stellte Fragen, die früher niemand auszusprechen gewagt hatte:

> Jeder Obere hat seine Stellung nicht um seiner selbst willen, nicht zu seiner eigenen Ergötzung oder persönlichen Erhöhung, sondern zum Glück und Frieden der anderen. Ist er denn als Mensch, nach der natürlichen Ordnung der Dinge, mehr als sie? Hat er einen höheren Verstand? Woher sollte er jenes Recht haben? Von seiner Eigenschaft als Mensch? Die teilt er mit anderen. Von seiner Lust, sie zu beherrschen? Darin werden ihm die anderen gewiß nicht nachstehen. Er denke daran, von wem er seine Herrschaft hat, in welcher Absicht und unter welchen Bedingungen man sie ihm übertragen hat!
> (Encyclopédie, Bd. 15, S. 253 f. zit. nach: Geschichte in Quellen Bd. 3, München 1975, S. 720)

Denis Diderot (1713–1784) wollte das gesamte Wissen der damaligen Zeit in einer „Enzyklopädie" sammeln.

Diderot sagte wie andere Philosophen, daß die Fürsten ihre Herrschaft vom Volke erhalten hätten. Dies erklärten sie so: Von Natur aus seien alle Menschen gleich, weil alle die gleichen Rechte besäßen *(Naturrecht)*. Da aber nicht alle zugleich regieren könnten, hätten sie freiwillig einen beauftragt, stellvertretend für die anderen den Staat zu lenken. So versuchten die Denker nachzuweisen, daß der Monarch nicht von Gott, sondern vom *Volk* eingesetzt und deshalb nicht Gott, sondern den Menschen verantwortlich sei. Es sei daher seine Pflicht, für „Glück und Frieden" der Untertanen auf der Erde zu sorgen.

Vernunft statt Glaube

Auch die Glaubenslehren der Kirche stellten die Philosophen in Frage: Manche bezweifelten sogar, daß es einen Gott gebe, weil dessen Existenz nur geglaubt, nicht aber überprüft und bewiesen werden könne.

Die Philosophen waren fest davon überzeugt, die ganze Welt ausschließlich mit ihrer Vernunft (lat. ratio) erklären zu können *(Rationalismus)*. Die Vernunft sollte der Maßstab des Denkens und Handelns eines jeden Menschen sein. Daher rief der Philosoph IMMANUEL KANT (1724–1804) dazu auf, „sich seines Verstandes ohne Leitung eines anderen zu bedienen". Er und die andern Vordenker sahen ihre Aufgabe in der *Aufklärung* der Menschen. Mit dem Licht der Vernunft wollten sie das Dunkel alter Überlieferungen erhellen und neue Erkenntnisse gewinnen.

Der deutsche Philosoph Immanuel Kant (1724–1804) ermutigte die Menschen, selbst zu denken.

1 Welche Aufgaben weist Diderot dem Herrscher zu? Warum?
2 Wie begründen die Aufklärer ihre neuen Gedanken?
3 Was hat wohl ein Fürst zu den Ideen der Aufklärer gesagt?

Die Akademie der Wissenschaften und der schönen Künste in Paris war eine der ersten in Europa. Welche Instrumente und Tätigkeiten der Forscher kannst du erkennen?

Beweisen statt glauben – Akademien entstehen

In diesem Gebäude gingen zahlreiche Gelehrte eifrig daran, mit neuen Methoden das Wissen der Zeit zu erweitern. Immer mehr Fürsten schmückten ihr Land mit solchen *Akademien*. Dort trafen sich Wissenschaftler, forschten gemeinsam und tauschten ihre Erkenntnisse aus. Sie folgten damit der Forderung der Aufklärer, selbst zu untersuchen und nicht mehr zu glauben, was andere behaupteten.

Um exakte Beobachtungen und Messungen vornehmen zu können, entwickelten die Forscher neue praktische Instrumente: das *Mikroskop* (1590), das *astronomische Fernrohr* (1611), das *Quecksilberbarometer* und *-thermometer* (1643, 1718). Aus der Fülle ihrer Entdeckungen, die sich auf das Weltall, die Erde und den Menschen selbst erstreckten, ragt vor allem das 1666 von dem englischen Mathematiker und Physiker ISAAC NEWTON (1643–1727) aufgestellte *Gesetz der Schwerkraft* heraus. Die Ergebnisse der Forschung wurden diskutiert, in Nachschlagewerken zusammengefaßt und in Bibliotheken den gebildeten Kreisen zugänglich gemacht. Da aber die meisten Leute nicht lesen konnten, verlangten die Aufklärer die Schulpflicht für alle Kinder.

Der aufgeklärte Absolutismus

Um 1770 malte Georg Melchior Kraus (1737–1806) diese „Schulstunde".

Aufklärung und Erziehung

Dieses Bild von Georg Melchior Kraus zeigt, wie sich die Aufklärer den Unterricht wünschten. Das Lernen scheint den Jungen Spaß zu machen. Wie man Kinder für das Lernen begeistern sollte, beschrieb der Pädagoge JEAN-JACQUES ROUSSEAU (1712–1778) 1762 für die Lehrer so:

> Nie aber darf Zwang, sondern immer nur die Lust oder das Verlangen [am Lernen] die Aufmerksamkeit [des Schülers] hervorbringen. Seid also stets auf der Hut, und hört auf, bevor die Langeweile eintritt; denn es ist bei weitem nicht so wichtig, daß das Kind etwas lerne, als es wichtig ist, daß es nichts ungern tue.
>
> Dringt das Kind selbst mit Fragen in euch, so antwortet ihm so viel, als nötig ist, seine Wißbegier zu unterhalten, nicht aber, daß sie befriedigt wird. Stellt die Fragen seiner Fähigkeit gemäß! Es soll nicht dadurch Kenntnisse besitzen, daß ihr sie mitgeteilt habt, sondern dadurch, daß es sie selbst aufgefunden hat.
> (J.-J. Rousseau, Emil oder über die Erziehung, übers. von K. Große, Leipzig 1845, S. 287, 279)

Der Lehrer in dieser Dorfschule (um 1800) läßt einen faulen Schüler auf dem Esel sitzen. Welche weiteren Strafmittel hat er zur Hand?

Da die Aufklärer denkende Bürger wünschten, verlangten sie eine allgemeine Volksbildung. Ihren Forderungen kamen immer mehr Landesfürsten nach, jedoch mit dem Ziel, gut ausgebildete Beamte, Kaufleute und Soldaten zu erhalten. So führten sie eine mehrjährige Schulpflicht ein; gewöhnlich mußten die Kinder im Winter täglich, im Sommer einmal wöchentlich die *Volksschulen* besuchen, um Lesen, Schreiben, manchmal Rechnen zu lernen. In Wirklichkeit jedoch blieben die Kinder armer Leute der Schule oft fern; die Söhne und Töchter vornehmer Familien erzog dagegen ein strenger Hauslehrer.

1 Welcher Lehrer unterrichtet so, wie Rousseau es forderte? Begründe!

Preußen unter Friedrich II.

Die Erziehung des Kronprinzen

Ist es möglich, daß ein Vater seinen eigenen Sohn hinrichten läßt? In Preußen wäre es 1730 fast dazu gekommen. Dort regierte FRIEDRICH WILHELM I., der Soldatenkönig. Er war sparsam und verachtete jede Form von Luxus, sein ganzes Interesse galt der Armee.

Unzufrieden war der König mit den Neigungen seines Sohnes FRIEDRICH (1712–1786), der sein Nachfolger werden sollte. Der Kronprinz besaß wenig von dem, was der Vater schätzte. Friedrich komponierte oder schrieb lieber Gedichte, als endlos zu exerzieren. Vor allem bewunderte er die französische Kultur und studierte die Bücher der Aufklärer. Sollte dieser Weichling den Militärstaat regieren?

Als Friedrich den Spott seines Vaters nicht mehr ertragen konnte, versuchte er, mit seinem Freund Hans von Katte zu fliehen. Doch die Flucht scheiterte. Zuerst wollte der Soldatenkönig seinen Sohn als Deserteur hinrichten, begnügte sich dann aber damit, den Freund vor den Augen des Kronprinzen enthaupten zu lassen.

Ein Philosoph auf den Thron?

Friedrichs Widerstand war nun gebrochen, doch gab er seine Interessen für Kunst und Philosophie nicht auf. 1736 begann er einen Briefwechsel mit dem berühmten französischen Aufklärer VOLTAIRE (1694–1778):

> Mein Herr, obwohl ich nicht das Glück habe, Sie persönlich zu kennen, so sind Sie mir nicht weniger bekannt durch Ihre Werke. Die Unterstützung, die Sie allen zukommen lassen, die sich den Künsten und Wissenschaften widmen, lassen mich hoffen, daß Sie mich nicht aus der Zahl derer ausschließen werden, die Sie Ihrer Belehrung würdig finden. Ich wage sogar zu behaupten, daß es in der ganzen Welt niemand gibt, dessen Lehrmeister Sie nicht sein könnten. Daher habe ich ein glühendes Verlangen, alle Ihre Werke zu besitzen. Diese sind eine Schule der Moral, in der man denken und handeln lernt.
>
> *Voltaire antwortete dem Kronprinzen:*
> Es bereitet mir ein tausendmal reineres Vergnügen, einen Fürsten zu finden, der wie ein Mensch denkt, einen Philosophenfürsten, der die Menschen glücklich machen wird. Die wirklich guten Könige sind nur die, welche wie Sie damit beginnen, sich zu bilden, ihre Mitmenschen kennenzulernen, die Wahrheit zu lieben, Verfolgung und Aberglauben zu verabscheuen. Ein Fürst, der so denkt, kann seinem Staat das Goldene Zeitalter zurückbringen.
> (Otto Bardong [Hrsg.], Friedrich d. Große, Darmstadt 1982, S. 60–63)

Wie Voltaire waren auch andere von dem Prinzen beeindruckt, den man nun „die aufgehende Sonne" nannte. Als FRIEDRICH II. 1740 den Thron bestieg, schienen für Preußen bessere Zeiten anzubrechen.

Selbst bei einer Bootspartie im Jahre 1739 ließ der Kronprinz seinen Neigungen freien Lauf. Der Maler empfand die Szene 1858 nach.

1 Warum beginnt Friedrich II. den Briefwechsel mit Voltaire?
2 Welche neuen Aufgaben überträgt Voltaire einem „guten König"?
3 Wie hättest du anstelle des Philosophen geantwortet?

Der aufgeklärte Absolutismus

Der König überall

Gleich nach der Regierungsübernahme begann FRIEDRICH II. damit, sein kleines, armes und sehr rückständiges Land zu modernisieren. Modern im Sinne der Aufklärer war seine Religionspolitik. Er tolerierte alle Religionen und achtete nur darauf, „daß keine der andern Abbruch tue, denn hier muß ein jeder nach seiner Fasson selig werden". Sein Ziel war es, dadurch die Einwanderung von Bauern aus dem Ausland in das immer noch dünn besiedelte Preußen zu fördern.

Um neues Ackerland zu gewinnen, ließ der König Sumpfgebiete an der Oder trockenlegen; so entstanden über 900 neue Dörfer. Die Wirtschaft ordnete Friedrich nach den Regeln des Merkantilismus. Er förderte vor allem den Kartoffelanbau, denn hungernde Untertanen waren als Soldaten nicht zu gebrauchen. Wertvolle Rohstoffe, wie die Seide für die Kleider der Adligen, sollten nicht mehr importiert, sondern in Preußen erzeugt werden. Um das Geld im Land zu behalten, wurden die Untertanen aufgefordert, statt des eingeführten Kaffees mehr einheimisches Bier zu trinken. Bei seinen Reformen zog der König zwar Berater heran, die Entscheidung aber traf er allein.

Wichtige Reformen betrafen auch das Rechtswesen. Von Gelehrten ließ der König die Gesetze in den verschiedenen Provinzen Preußens in einer verständlichen Weise aufschreiben *(kodifizieren)*. Er schaffte die Folter, mit der man Verdächtige zu Geständnissen zwang, weitgehend ab. Friedrichs Grundsatz war es, „niemals in den Lauf des gerichtlichen Verfahrens einzugreifen; denn in den Gerichtshöfen sollen die Gesetze sprechen, und der Herrscher soll schweigen". Doch nicht immer hielt er sich daran:

Ein Lehrbuch aus dem Jahre 1751 trug den Titel: „Deutliche Anweisung wie mit Säung des Maulbeersamens, Pflanzung und Wartung der Maulbeerbäume desgleichen Wartung und Fütterung der Seiden-Würmer auch Haspelung der feinen Seide, Zubereitung der Flock-Seide und dem wahren Gebrauch beider Arten Seide vernünftig und mit Vortheil zu verfahren sey".

> Ein Müller verklagte einen Adligen, weil dessen Karpfenteich angeblich Wassermangel im Mühlbach verursache und er deswegen seine Pacht nicht bezahlen könne. Das oberste Berliner Gericht wies diese Klage als sichtlich unbegründet zurück. Der Müller wandte sich daraufhin an den König. Da Friedrich II. annahm, die Richter hätten dem Adligen mit dem Urteil einen Gefallen getan, ließ er die Richter kurzerhand einsperren und änderte das Urteil zugunsten des Müllers.

Das Gemälde „Der König überall" (1886) zeigt, wie Friedrich II. kontrollierte, ob seine Anweisungen zum Kartoffelanbau befolgt wurden.

Friedrichs Kriege – Programm ...

> Von allen Kriegen sind diejenigen die gerechtesten und unvermeidlichsten, welche der Verteidigung dienen. Es gibt auch Angriffskriege, die ebenso gerecht sind wie die genannten. Sie sollen vorbeugen, und ein Fürst handelt klug, wenn er sie unternimmt. Die Vorsicht verlangt, dem kleineren Übel vor dem größeren den Vorzug zu geben und zu handeln, solange man noch Herr der Sachlage ist. Wenn ein Fürst solche Kriege unternimmt, ist er an dem vergossenen Blute nicht schuld, weil er hierzu gezwungen war und unter den gegebenen Umständen der Krieg ein geringeres Unheil darstellte als der Friede.
> *(Albert Ritter [Hrsg.], Die Werke Friedrichs des Großen, Bd. 2, Berlin o. J., S. 342–344)*

... und Verwirklichung – die Schlesischen Kriege

So hatte sich Friedrich II. als Kronprinz geäußert. Als er 1740 König wurde, besetzte er wenige Monate später unter dem Vorwand alter ungerechtfertigter Rechtsansprüche *Schlesien*. Diese fruchtbare Landschaft an der Oder grenzte an Preußen und gehörte zu *Österreich*. Dort hatte 1740 die Habsburgerin MARIA THERESIA (1717–1780) den Thron bestiegen. Friedrich sah darin eine günstige Gelegenheit, deren Erbe zu bestreiten. Bis 1745 führte Maria Theresia zwei Kriege, um Schlesien zurückzuerobern, konnte aber die militärisch überlegenen Preußen nicht mehr aus Schlesien vertreiben. Mit seinen Siegen über Österreich verschaffte sich Friedrich II. in Europa Respekt, nun wurde er „der Große" genannt.

Um das verlorene Gebiet wiederzugewinnen, verbündete sich Maria Theresia mit Rußland und mit Frankreich, dem alten Gegner. Jetzt fühlte sich Friedrich der Große eingekreist. Um einem Angriff der verbündeten Gegner zuvorzukommen, begann er 1756 selbst den Krieg *(Präventivkrieg)*. Als die Preußen drei Jahre später bei KUNERSDORF geschlagen wurden, schien ihr Schicksal besiegelt. Da kam dem König das Glück zu Hilfe: Die Uneinigkeit seiner Gegner verschaffte Friedrich die Zeit, sein Heer neu zu formieren. Noch mehr Glück hatte er dadurch, daß die russische Zarin starb und ihr Sohn Frieden schloß. Friedrich war gerettet! Mit dem *Frieden von Hubertusburg* wurde 1763 dieser *Siebenjährige Krieg* beendet. Preußen behielt Schlesien und zählte nun neben Frankreich, Österreich, Rußland und England zu den europäischen Großmächten.

Während des Siebenjährigen Krieges wurde nicht nur in Europa gekämpft. Gleichzeitig standen sich England, das Preußen mit Geld unterstützt hatte, und Frankreich in Nordamerika, Indien und Westafrika gegenüber. In den erbitterten Auseinandersetzungen war England siegreich und gewann nahezu den gesamten französischen Kolonialbesitz. Insbesondere aus Nordamerika wurde Frankreich völlig verdrängt und mußte Kanada sowie Louisiana abtreten.

1 Kannst du dir Ludwig XIV. auf einem Kartoffelacker vorstellen? Erkläre, warum Friedrich II. sich anders verhält.
2 Wie ist das Handeln Friedrichs im Falle des Müllers zu begründen? Wie hätte wohl Ludwig XIV. gehandelt? Begründe.
3 Entspricht Friedrichs Vorgehen in den Schlesischen Kriegen seinem Programm? Wie würden wir diese Politik heute beurteilen?

Der aufgeklärte Absolutismus

Friedrich II. über sich selbst

Neben all dem, was Friedrich II. unternahm, war er stets bemüht, seine Taten zu rechtfertigen. Über sein Handeln innerhalb und außerhalb Preußens hat der König in mehreren Büchern geschrieben. Seinen Regierungsstil begründete er in seinem Testament 1752 so:

> In einem Staate wie Preußen ist es notwendig, daß der Herrscher seine Geschäfte selbst führt. Alle Maßnahmen müssen gut durchdacht sein, Finanzen, Politik und Heerwesen auf ein gemeinsames Ziel steuern: nämlich die Stärkung des Staates und das Wachstum seiner Macht. Ein System kann aber nur aus einem Kopfe entspringen; also muß es aus dem des Herrschers hervorgehen.
>
> Trägheit, Vergnügungssucht und Dummheit: Diese drei Ursachen hindern die Fürsten an ihrem edlen Berufe, für das Glück ihrer Völker zu wirken. Der Herrscher ist nicht zu seinem hohen Rang erhoben, man hat ihm nicht die höchste Macht anvertraut, damit er in Verweichlichung dahinlebe, sich vom Mark des Volkes mäste und glücklich sei, während alles darbt. Der Herrscher ist der erste Diener des Staates. Man fordert von ihm, daß er werktätig für das Wohl des Staates arbeite und wenigstens die Hauptgeschäfte mit Sorgfalt leite.
> (Friedrich der Große, Das Politische Testament von 1752, übers. von F. von Oppeln-Bronikowski, Stuttgart 1974, S. 52–54, gekürzt)

Urteile der Zeitgenossen ...

Als „erster Diener des Staates" – so wollte Friedrich II. regieren, und so wollte er auch beurteilt werden. Doch bereits die Zeitgenossen kamen zu ganz unterschiedlichen Bewertungen. Ein Teil der Bevölkerung verehrte den König als strengen, aber gerechten Landesvater, zu dem jeder einfache Untertan mit seinen Bittgesuchen kommen durfte. Das Bild des „Alten Fritz", wie Friedrich II. fast liebevoll genannt wurde, schmückte etliche Gebrauchsgegenstände, wie Schnupftabakdosen, Krüge und Medaillons. Nach dem Tod des Königs im Jahre 1786 verkündete ein preußisches Flugblatt, „Friedrich der Einzige", der „von allen Nationen bewunderte Monarch", sei gestorben.

Neben tiefer Trauer wurden aber auch Stimmen der Freude laut: „Gott sei Dank, das Ekel ist tot", war in den Straßen Berlins zu hören. Nicht wenige zeigten sich erleichtert, daß die lange Regierung des gefühlskalten „bösen Mannes", wie ihn seine Gegnerin Maria Theresia bezeichnet hatte, vorüber war. Ein anderer Zeitgenosse charakterisierte das Wesen Friedrichs II. mit diesen Worten:

> Der König hat Freundschaft nie gekannt, er ist dieses Gefühles unfähig. Er sonnt sich in dem Bewußtsein des Abstandes zwischen dem, was er bei seinem Regierungsantritt war und was er heute ist. Seine Untertanen sind für ihn nur eine gemeine Herde, bestimmt, das Land nach seinem Befehl fruchtbar zu machen oder es zu verschönern. Der Machtwille und die Eitelkeit sind seine heftigsten Leidenschaften. Musik, bildende Künste, Literatur, Philosophie, Freundschaft – all das bedeutet für ihn eine bloße Erholung, Zeitvertreib und Firlefanz.
> (Pierre Gaxotte, Friedrich der Große, Frankfurt/Main, Berlin 1986, S. 435)

Friedrich II., Gemälde von Friedrich Weitsch aus dem Jahre 1780.

... und der Nachwelt: Friedrich „der Große"?

Während der Diktatur Hitlers wurde Friedrich II. von den Nationalsozialisten aus folgenden Gründen verehrt:

Ein Rückblick auf die Geschichte Brandenburg-Preußens lehrt, wie entscheidend der Führer, in diesem Fall der Herrscher, für die historische Entwicklung ist. Doch nur, wo es gelingt, in der Gefolgschaft hingebende Treue und Staatsgesinnung zu erwecken, führt der Führer zu vollen Siegen. Friedrich hat seinen Staat zu einer europäischen Großmacht, zu der deutschen Großmacht erhoben.
(Hermann Kretzschmann, Bausteine zum Dritten Reich. Lehr- und Lesebuch des Reichsarbeitsdienstes, Leipzig ⁴1937, S. 345 und 481)

Ein Historiker unserer Zeit beurteilt Friedrich II. so:

Es sind drei Grundsätze von Friedrich II. aufgestellt worden, nach denen er seine Außenpolitik ausrichtete. Er hielt so gut wie keinen mit auswärtigen Mächten geschlossenen Vertrag ein. Sein Überfall auf Schlesien und 1756 auf Sachsen erfolgte ohne vorherige Warnung und war durch keinen noch so unbedeutenden Rechtsanspruch gedeckt. Seine Art, alles auf eine Karte zu setzen und das Schicksal des ihm anvertrauten Staates von dem Ausgang einer Schlacht abhängig zu machen, zeugte von einer bedrängenden Verantwortungslosigkeit. Es sei zugegeben, daß sich mit den normalen Mitteln der Politik im 18. Jahrhundert kaum eine Großmacht schaffen ließ.
(Karl O. von Aretin, Friedrich der Große, Freiburg 1985, S. 150)

1 Untersuche das Testament Friedrichs II. Wo denkt er noch wie Ludwig XIV., wo ist er von den Forderungen der Aufklärer beeinflußt?
2 Versuche zu erklären, warum die Urteile über Friedrich II. seit dessen Tod so unterschiedlich ausgefallen sind.
3 Überdenkt noch einmal Friedrichs Ziele und Maßnahmen, und bildet euch selbst ein Urteil: War der Preußenkönig wirklich „groß"?

Christian Rauch schuf das 1851 in Berlin enthüllte Reiterstandbild des Königs. Adolph von Menzel malte 1852 Friedrich II. als Musizierenden im Schloß Sanssouci. Etwa 120 Flötensonaten hatte der König selbst komponiert. Welche Eigenschaften Friedrichs wollten die Künstler zum Ausdruck bringen?

Der aufgeklärte Absolutismus in Österreich

Maria Theresia – eine absolutistische Herrscherin

Das Bild aus dem Jahre 1754 zeigt eine Frau mit ihrer Familie auf der Terrasse des Wiener Schlosses *Schönbrunn.* Es ist kaum zu glauben, daß die Mutter von insgesamt 16 Kindern, Kaiserin MARIA THERESIA, von 1740 bis 1780 *Österreich* regierte, einen der mächtigsten Staaten Europas. Dies war nur deshalb möglich geworden, weil ihr Vater, der keine Söhne besaß, die Thronfolge auch für weibliche Nachkommen durchgesetzt hatte *(Pragmatische Sanktion).* Eingerahmt von den Eltern steht im Zentrum eines Sterns der älteste Sohn und künftige Thronfolger JOSEPH, der nach dem Tod seines Vaters im Jahre 1765 Kaiser und Mitregent seiner Mutter wurde.

Die ersten Regierungsjahre Maria Theresias hatten keineswegs glücklich begonnen. Im Alter von 23 Jahren bestieg die politisch unerfahrene Frau aus der Dynastie der *Habsburger* den Thron. Österreich war in den vergangenen Jahrzehnten zu einem großen Vielvölkerstaat angewachsen, in dem Menschen unterschiedlicher Herkunft wie Deutsche, Ungarn, Slawen und Italiener lebten. Ihrer Hauptaufgabe, den uneinheitlichen Staat zusammenzuhalten, konnte sich Maria Theresia zunächst kaum widmen. Denn sie mußte gegen das preußische „Ungeheuer", wie sie Friedrich II. nannte, drei Kriege um Schlesien führen.

Die Kämpfe gegen Preußen erforderten ein starkes Heer. Um die angestrebten 100 000 Soldaten aufstellen zu können, wurde die männliche Bevölkerung für den lebenslänglichen Militärdienst erfaßt. Dafür mußten die Staatseinnahmen mehr als verdoppelt werden. Maria Theresia ließ die Steuerfreiheit für den Adel und die Geistlichkeit aufheben und führte neue Steuern in allen Provinzen ein. Alle Maßnahmen wurden von WIEN aus angeordnet und kontrolliert. Um die Bildung der Untertanen zu verbessern, sollten alle Kinder vom sechsten Lebensjahr an die Trivialschule (Volksschule) besuchen. Mit ihren *Reformen* gelang es der Kaiserin, die Grundlage für die Modernisierung Österreichs zu legen.

Familienbild aus Schloß Schönbrunn: Maria Theresia, ihr Mann Franz I., Kronprinz Joseph (Mitte) sowie die übrigen Kinder (um 1754).

Joseph II. – Reformen im Übereifer

Ab 1765 trieb Joseph II. das Reformprogramm seiner Mutter stark voran. Er war ein Bewunderer Friedrichs II., mit dem seine Mutter mehrere Kriege geführt hatte, und ein glühender Anhänger der Aufklärung, wie die folgenden Äußerungen erkennen lassen:

> Wer dem Staat dient oder dienen will, muß ganz auf sich selbst verzichten. Da das Wohl nur eines sein kann, nämlich das der Allgemeinheit, und die Provinzen der Monarchie, da sie nur einen Körper bilden, auch nur ein Ziel haben können, müssen unbedingt alle Eifersüchteleien aufhören. Darum darf es keinen Streit von Nation zu Nation, von Religion zu Religion geben, und alle Bürger der Monarchie sollen sich bemühen, als Brüder einander nützlich zu sein.
>
> Dies sind meine Grundsätze; sie sind, wie meine Worte und Taten beweisen, eine Folge meiner Pflicht und Überzeugung; man kann infolgedessen überzeugt sein, daß ich sie in die Tat umsetzen werde.
> *(Anordnung Josephs II. an die Verwaltungschefs, 1784, Geschichte in Quellen, Bd. 3, München 1975, S. 650f., gekürzt)*

Eine der wichtigsten Maßnahmen war die Fürsorge für die Bauern, die in völliger Abhängigkeit von einem Leibherrn lebten, für den sie unentgeltlich zu arbeiten hatten. Da Joseph II. die Staatskasse füllen wollte, mußte er zuerst dafür sorgen, daß die Bauern Geld verdienten, von dem sie Steuern zahlen sollten. Nach Aufhebung der *Leibeigenschaft* konnten die nun freien Bauern Äcker selbst pachten und nach ihrem Willen bebauen. Doch die neuen Freiheiten, wie das Recht, den Wohnort frei zu wählen, konnten die Bauern selten wahrnehmen, weil sie ihre alten Pflichten mit Geldleistungen ablösen mußten. Joseph II. sorgte auch dafür, daß durch staatliche Berater die Anbaumethoden verbessert und die Ernteerträge gesteigert wurden. Deshalb nannte ihn der Volksmund gerne „Bauernkaiser".

Großes Aufsehen erregte im katholischen Österreich die Verkündung der Glaubensfreiheit. Das Toleranzedikt von 1781 gestattete den Nichtkatholiken private Gottesdienste und den Zugang zu öffentlichen Ämtern. Jene katholischen Klöster hingegen, die sich nur dem Gebet widmeten und Arme nicht kostenlos versorgten, ließ Joseph II. schließen. So konnte er von 738 Klöstern das Vermögen einziehen. Weiterhin begrenzte der Kaiser die Zahl der kostbaren Wachskerzen, die in einer Messe abgebrannt werden durften. Bei Begräbnissen sollten die Totengräber Särge mit einem nach unten klappbaren Boden benutzen. Denn nur der in einen billigen Sack eingenähte Leichnam sollte bestattet, der teure Holzsarg dagegen weiter verwendet werden. Alles wollte er regeln: Junge Mädchen durften kein Mieder tragen, das Jodeln erlaubte er nur an bestimmten Tagen.

In seinem übergroßen Eifer erließ der Kaiser etwa 6000 Reformedikte, von denen viele nie verwirklicht oder zurückgenommen wurden. So blieb sein Reformwerk unvollendet, weil es vielen Zeitgenossen zu weit gegangen war.

1 Zeige Gemeinsamkeiten in den Äußerungen und im Handeln zwischen Friedrich II. und Joseph II. auf.

Die Europäisierung Rußlands

Rußlands Aufstieg zur europäischen Großmacht

Im alten Zarenreich

Russischer Winter vor 300 Jahren: Händler und Bauern in dicken Mänteln ziehen ihre Schlitten von weit her durch Eis und Schnee. Auf einem Jahrmarkt wollen sie ihre Waren tauschen. Die klirrende Kälte erschwert jede Arbeit, nur die Kinder lassen sich ihren Spaß am Spielen nicht nehmen. Das Leben dieser Menschen war einfach und hart. Das Land, in dem sie wohnten, regierte ein absolutistischer Herrscher, der sich *Zar* nannte. In der fernen Hauptstadt MOSKAU bewohnte er einen prächtigen Palast. Dieser *Kreml* war wie die mit goldenen Kuppeln bedeckten griechisch-orthodoxen Kirchen aus Stein gebaut. Die Untertanen des Zaren lebten in einfachen Holzhütten. Über das Leben der Bauern haben die wenigen Ausländer, die Rußland damals bereisten, berichtet. Ihre Erzählungen reizten die Leser kaum, mehr über Rußland zu erfahren, da sie es für sehr rückständig hielten.

> Die geringsten Wohnhäuser bestehen nur aus einer einzigen freistehenden Stube. In derselben ist ein Ofen, der fast den vierten Teil des Raumes einnimmt und oben platt ist. Ofen und Boden sind die Schlafstellen. Licht fällt durch einige kleine Wandlöcher mit Schiebern. Solche Stuben lassen sich, weil alle häuslichen Verrichtungen wie Bakken, Kochen etc. darin geschehen, nicht füglich rein halten. Am allerübelsten aber ist es in diesen Bauernstuben des Morgens früh, wenn Feuer im Ofen gemacht wird: Denn weil sie keine Schornsteine haben, so steht der Rauch rund herum in der Stube, bis an die Fensterlöcher, wo er hinaus zieht, und man muß fast darin ersticken, wenn man sich nicht bei Zeiten hinaus begibt. Sie heißen mit Recht Schwarzstuben.
> *(Reiseberichte nach J. G. Georgie und P. v. Haven, in: Übersee-Museum Bremen, Peter d. Gr. in Westeuropa, Bremen 1991, S. 12–14)*

Russische Winterszene mit Bauern aus dem 18. Jahrhundert.

Ein Zar auf Bildungsreise

Im März 1697 verließ eine Gruppe russischer Adliger Moskau. Über 250 Personen gehörten dieser „Großen Gesandtschaft" an. Darunter auch einige vornehme Männer, die sich im Ausland Kenntnisse und Fähigkeiten auf den verschiedensten Gebieten erwerben wollten.

Die Reisegruppe erregte schnell Aufsehen, denn schon bald stellte sich heraus, daß PETER I. (1689–1725), der russische Zar selbst, unter falschem Namen mitreiste. Ein unerhörter Vorgang! Noch niemals in der Geschichte des Russischen Reiches hatte ein Zar in Friedenszeiten sein Land verlassen. Was mochte ihn dazu veranlaßt haben?

Die fremden Gesandten, die nach Moskau kamen, hatten Peter von den atemberaubenden Veränderungen in Westeuropa berichtet. Nun wollte der Zar sich selbst ein Bild davon machen. Zuerst unterrichtete er sich im preußischen KÖNIGSBERG über das Artilleriewesen. Dann reiste er weiter nach *Holland* und *England,* wo er beim Bau von großen Segelschiffen mitarbeitete und die Navigation erlernte. In seinem Drang, alles Wissenswerte zu erfahren und selbst auszuprobieren, war Peter unersättlich. Auf einem Markt beobachtete er einen Zahnchirurgen und gab sich nicht eher zufrieden, bis er gelernt hatte, Zähne zu ziehen. Der Zar schaute sich Waisen- und Krankenhäuser, Feuerwachen und Besserungsanstalten an. Gleichzeitig genoß er die prächtigsten Feste, die ihm zu Ehren an den Höfen veranstaltet wurden.

Als Peter 1698 nach Moskau zurückkehrte, hatte er sich sehr gewandelt. Er trug europäische Kleidung und war fest entschlossen, Rußland nach dem Vorbild der westeuropäischen Staaten zu verändern.

1 Beschreibe die Rückständigkeit Rußlands anhand des Bildes und der Reiseberichte.
2 Schreibe auf, was ein Pferdeknecht des Zaren nach der Rückkehr zu Hause erzählt haben könnte.

In England besichtigt Peter der Große die königlichen Werften von Deptford. Sein Siegel trug die Inschrift: Lernender bin ich und Lehrer suche ich.

Die Europäisierung Rußlands

Peter I. will Rußland modernisieren

Auf diesem zeitgenössischen Bild sagt der altgläubige Russe: „Hör mal, Barbier, ich will meinen Bart nicht abschneiden lassen!" Der antwortet: „Paß auf, ich rufe gleich die Wache!"

Ein Adliger in der altrussischen Tracht. Was müßte er verändern, wenn er an den Hof Peters I. gehen wollte?

Die russischen Adligen, die den Zar nach seiner langen Abwesenheit begrüßten, bekamen seinen Reformeifer sofort zu spüren. Wie ein österreichischer Beobachter berichtet, zog Peter ein langes Barbiermesser hervor, trat auf die Würdenträger zu, und „in fröhlicher Laune riß er ihnen die Barthaare mit der Wurzel aus". Für die strenggläubigen Russen galten Bärte als unantastbare Zierde, die Gott verliehen hatte. Für den Zaren dagegen waren sie nur noch ein Zeichen der Rückständigkeit seines Volkes. Daher verordnete er, daß sich Männer von nun an rasieren mußten. Wer seinen Bart aber behalten wollte, hatte jährlich eine Bartsteuer zu entrichten.

Dann folgten die eigentlichen Reformen Schlag auf Schlag. Dabei waren die 1000 ausländischen Fachleute besonders nützlich, die Peter während seiner Reise durch Westeuropa angeworben hatte. Mit Hilfe französischer Spezialisten versuchte er, z. B. in eigenen Manufakturen kostbare Stoffe herstellen zu lassen. Um die Waren innerhalb des riesigen Landes schneller befördern zu können, sollten holländische Experten die Flüsse Rußlands durch Kanäle miteinander verbinden.

Vieles veränderte sich in kurzer Zeit, und selbst vor der Zeit machte der Zar nicht Halt. Von alters her begann für die Russen die Jahreszählung mit der „Erschaffung der Welt" am 1. September 5508 vor Christi Geburt. Nach dieser Rechnung war Peter nicht 1698, sondern 7206 von seiner Reise zurückgekehrt. Ein Erlaß des Zaren paßte den Neujahrstag und die Jahreszählung dem westlichen Vorbild an. Niemand konnte übersehen, daß für das alte Rußland eine neue Zeit angebrochen war.

In seiner Begeisterung für alles Westliche verwarf Peter aber auch alte Gewohnheiten, die sinnvoll waren. So befahl er, die Untertanen sollten die bodenlangen Gewänder ablegen und statt dessen westliche Kleidung tragen. In den Augen des Zaren waren die traditionellen Hosen und Mäntel unförmig und bei jeder Bewegung hinderlich. Sie schützten aber wesentlich besser vor der strengen Kälte des russischen Winters. So überrascht es nicht, daß manche Neuerung Widerstand hervorrief. Peter mußte daher seine Reformen immer wieder verteidigen. Im Jahre 1714 sagte er beim Stapellauf eines Kriegsschiffes an der Ostsee zu dem versammeltem russischen Adel:

> Brüder, ist wohl ein einziger unter Euch, der sich vor dreißig Jahren hätte vorstellen können, daß er das baltische Meer, nach der Weise der gesittetsten fremden Nationen, mit russischen Flotten bedeckt sehn und Land-Armeen, die nach der genauesten Mannszucht in Europa gebildet sind, finden würde, durch welche uns Gott in den Stand gesetzt hat, solche erstaunliche Eroberungen zu machen, daß unsre Nation gegenwärtig von der ganzen übrigen Welt mit Bewunderung angesehen wird? Daß er Schulen der Wissenschaften, Manufakturen und alle Gewerbe in dem Grade würde blühen sehen, daß uns die entferntesten Nationen ehren und sich um unsre Freundschaft bewerben?
>
> Die Reihe ist an uns gekommen, sofern Ihr nur meinen Bemühungen gern und willig beitreten wollet, das ist, wenn Ihr einen sorgfältigen Fleiß mit Eurem blinden Gehorsam verbinden und Euch selbst bestreben wollet, das Gute anzunehmen und das Böse zu vermeiden.
> *(nach: Geschichte in Quellen, Bd. 3, München 1975, S. 565f.)*

Der Nordische Krieg

Während der Reise in den Westen hatte Peter auch Militärberater, Schiffsbau- und Geschützmeister in seine Dienste gestellt. Sie alle sollten bei der Durchführung der wichtigsten Reform helfen: für Rußland ein Stehendes Heer und eine schlagkräftige Kriegsflotte aufzubauen. Aber noch fehlten dem Zarenreich eisfreie Häfen.

Seit dem Dreißigjährigen Krieg waren die Schweden Herren der Ostsee und versperrten Rußland den Zugang zum Meer. Daher trat Peter I. im Jahre 1700 in einen Krieg gegen den erst fünfzehnjährigen schwedischen König KARL XII. ein. Es gelang dem Zaren, im *Nordischen Krieg* (1700–1721) das schwedische Heer in Rußland vernichtend zu schlagen, so daß Karl XII. schwedische Gebiete an der Ostsee abtreten mußte. Damit war der Weg zum Meer endlich frei. Peter I. erhielt den Beinamen „der Große".

St. Petersburg – Rußlands „Fenster nach Europa"

Noch bevor der Krieg gegen Schweden beendet war, gründete der Zar 1703 in den Sümpfen der NEWA-Mündung eine befestigte Hafen- und Residenzstadt und gab ihr den Namen seines Schutzheiligen. Hunderttausende von Erdarbeitern und Handwerkern mußten Baumstämme in den Boden schlagen, um nach dem Vorbild von Amsterdam einen festen Untergrund zu schaffen. Viele Tausende Menschen erfroren, verhungerten oder starben an Seuchen. Alle Adligen und Hofbeamten erhielten ihrem Rang nach einen Bauplatz zugewiesen. Um alle Maurer und Steinmetze Rußlands nach St. Petersburg zu zwingen, befahl der Zar, daß im ganzen Reich nur noch Holzhäuser errichtet werden durften.

1712 zog der Hof von Moskau nach ST. PETERSBURG um, das rasch wuchs. Als Peter der Große 1725 starb, lebten dort bereits 70 000 Einwohner. Innerhalb weniger Jahrzehnte entwickelte sich St. Petersburg zu einer der bedeutendsten und modernsten Residenzen Europas.

1 Auf welche Errungenschaften war Peter besonders stolz? Was hätte ein altgläubiger Adliger auf die Rede des Zaren antworten können?
2 Welche Gebäude mußte der Bauplan von Petersburg enthalten?

Eine Residenz- und Hafenstadt entstand aus dem Sumpf: St. Petersburg, 1703 von Zar Peter I. gegründet.

Die Europäisierung Rußlands

Katharina II. – eine aufgeklärte Zarin?

Eine ausländische Prinzessin wird Zarin von Rußland

Unter den Nachfolgern Peters des Großen erlangte eine deutsche Prinzessin als Zarin KATHARINA II. große Berühmtheit. Sie kam als Tochter eines verarmten und einflußlosen deutschen Fürsten in Stettin zur Welt. Der Lebensweg der Prinzessin Sophie Friederike Auguste veränderte sich völlig, als sie mit dem russischen Thronfolger Peter, einem Enkel Peters des Großen, verlobt wurde. Im Alter von vierzehn Jahren reiste die junge Prinzessin mit ihrer Mutter nach St. Petersburg. Vom ersten Tag ihrer Ankunft in Rußland an, das sie nie mehr verließ, setzte sie alles daran, den Russen zu gefallen: Sie lernte die Sprache, achtete die einheimischen Sitten und trat schon bald zur *russisch-orthodoxen Kirche* über. Dabei nahm sie den Namen Katharina an. Zu einem ihrer Ärzte soll sie sogar gesagt haben: „Zapfen Sie mir jeden Tropfen deutschen Blutes ab, ich will nur noch russisches Blut in meinen Adern haben."

Ihre Ehe mit Peter, der seiner Frau wenig Zuneigung entgegenbrachte, war glücklos. Katharina lebte meist allein mit ihrer Dienerschaft. In ihren Erinnerungen berichtet sie, daß sie ihre Langeweile mit Ausritten, Festen und Lesen vertrieb. Besonders die damals modernen Werke der Aufklärer las sie begeistert. Mit dem Franzosen VOLTAIRE stand sie in ständigem Briefkontakt. Sie gewann viele Sympathien am Hof, während ihr Ehemann Peter zunehmend unbeliebter wurde, weil er Rußland verachtete. Statt dessen verehrte er Preußen und dessen Armee. Als Peter daher wenige Monate nach seiner Thronbesteigung gestürzt, auf Initiative seiner Frau in einem Landgut eingesperrt und dort im Juli 1762 umgebracht wurde, handelte Katharina zielstrebig und schnell: Sie ließ sich sofort von allen Garden, hohen Offizieren und Beamten den Treueid schwören und als Zarin ausrufen. Kurz nach ihrer Krönung erklärte sie:

Reiterbild mit Katharina II. (*1729, von 1762 bis 1796 Zarin von Rußland).

Katharinas II. Worte …

> Wir können, ohne Uns zu loben, vor Gott und der ganzen Welt sagen, daß Wir den russischen Thron aus der Hand Gottes nicht zu Unserem eigenen Vergnügen empfangen haben, sondern um den Ruhm Rußlands zu vergrößern, gute Ordnung einzuführen und die Gerechtigkeit in Unserem lieben Vaterland zu befestigen. Diese lobenswerte Absicht verfolgen Wir nicht bloß mit Worten, sondern mit der Tat. Wir sorgen täglich für das allgemeine Wohl, haben nur das eine im Sinn: das Glück, die Zufriedenheit und den geordneten Zustand Unserer Untertanen; die innere Ruhe und Wohlfahrt des Reiches zu sehen, ist Uns Belohnung.
> *An anderer Stelle hatte Katharina II. auch erklärt:*
> Der Zar muß ein Selbstherrscher sein, weil nur die in seiner Person vereinigte Macht so wirken kann, wie es die Ausdehnung eines so großen Reiches erfordert. Jede andere Regierungsform wäre für Rußland nicht nur schädlich, sondern ruinös.
> *(nach: H. Jessen, Katharina II. von Rußland, Düsseldorf 1970, S. 119–124)*

1 Zeige, daß Katharina von den Schriften der Aufklärer beeinflußt ist. Warum denkt sie nicht in jeder Hinsicht aufklärerisch?

... und Taten

Sofort nach ihrem Regierungsantritt unternahm Katharina II. ausgedehnte Reisen, um sich Einblick in die Regierung Rußlands zu verschaffen. Da ihr die Gesetze veraltet erschienen, entschloß sie sich, „für alle im Reich Lebenden für alle Angelegenheiten Regeln" aufzustellen. Den französischen Aufklärern schrieb sie stolz, was sie alles für ihr Land geleistet habe: Sie habe Spitäler gegründet, die Pockenimpfung eingeführt, Oberschulen für die Kinder des Adels und des Bürgertums in den großen Städten eingerichtet, in neuen Druckereien russische Bücher drucken und die Folter einschränken lassen.

Die Zarin ließ Bauern aus anderen Staaten Europas anwerben. Vor allem *Deutsche* siedelte sie im kaum bewohnten WOLGAGEBIET an, wo sie gutes Ackerland, zinslose Darlehen und eine Befreiung von Steuern für dreißig Jahre erhielten. Von solchen Vergünstigungen konnten die russischen Bauern nur träumen! Als *Leibeigene* eines *Gutsherrn* blieben sie doppelt belastet: Sie mußten Steuern an den Staat zahlen und Frondienste oder Naturalabgaben für ihren Gutsherrn leisten. Diesen gestattete Katharina nun, unliebsame Bauern zur Zwangsarbeit nach SIBIRIEN zu schicken und unnütze Personen zu verkaufen. Bauernrevolten ließ sie durch die Armee blutig niederschlagen. Die Zarin selbst verschenkte rund eine Million freier Bauern an Höflinge und verdiente Adlige. Zugleich bestätigte sie die Befreiung des Adels von Militärdienst und Steuerzahlungen.

Durch Kriege gegen das *Osmanische Reich* gewann Katharina II. Zugang zum Schwarzen Meer. Auch im Süden und Westen erweiterte sie das Zarenreich, das nun an *Preußen* und *Österreich* grenzte. Sie und Peter I. ließen Rußland zur europäischen Großmacht aufsteigen.

1 Vergleiche Ziele und Maßnahmen von Katharina II.
2 Benenne anhand der Karte die Gebietserweiterungen Rußlands.

Die Europäisierung Rußlands

Polen – ein Staat verschwindet von der Landkarte

Nach dem Sieg über die Türken konzentrierte sich Katharinas Erweiterungspolitik auf das im Westen angrenzende *Polen*. Dieses Land war zwar groß, aber die polnischen Könige besaßen wenig Macht weil sie gewählt wurden und sich die Zustimmung des mächtigen Adels durch Zugeständnisse erkaufen mußten. 1764 gelang es Katharina, ihren Günstling STANISLAUS PONIATOWSKI als König von Polen einzusetzen. Dieser widersetzte sich nur wenig, als die Zarin ihr Reich auf Kosten Polens vergrößern wollte. Aber die absolutistischen Monarchen FRIEDRICH II. und JOSEPH II. wollten Katharina den Kuchen nicht allein lassen. Daher teilten *Rußland, Preußen* und *Österreich* den polnischen Staat bis 1795 völlig unter sich auf.

Friedrich II. schrieb 1771:
Stellt man die Frage richtig, so handelt es sich nicht mehr darum, Polen unversehrt zu erhalten, da ja die Österreicher davon ein Stück abtrennen wollen, sondern zu verhindern, daß diese Abtrennung nicht das Gleichgewicht zwischen der Macht des Hauses Österreich und der meinen berührt, dessen Aufrechterhaltung für mich so bedeutsam und für den russischen Hof selber so wichtig ist.
(Geschichte in Quellen, München 1966, Bd. 3, S. 694)

Katharina II. erklärte die Lage Anfang 1792 so:
Wenn die anderen von Rußland nichts wissen wollen, ist das ein Grund für Rußland, seine eigenen Interessen hintanzusetzen? Ich tue den Herren kund, daß wir in Polen alles tun können, was uns beliebt, weil der widerspruchsvolle Halbwille des Wiener und des Berliner Hofes uns nur einen Haufen beschriebenen Papiers entgegenstellt, und daß wir unsere Sache jetzt zu Ende führen werden.
(Hans Jessen, Katharina II. von Rußland, Düsseldorf 1970, S. 387)

1 Wie begründen Friedrich und Katharina die polnischen Teilungen?

Zeitgenössische Karikatur zu den Teilungen Polens: die Herrscher von Preußen, Österreich und Rußland reißen Stücke aus Polen heraus.

Zusammenfassung

Das Zeitalter des Absolutismus – eine Bilanz

Dem französischen König LUDWIG XIV. gelang es in der zweiten Hälfte des 17. Jahrhunderts, die politische Mitbestimmung des mächtigen Adels und der Stände auszuschalten. Er regierte sein Land so, wie er es für richtig hielt. Die Adligen wurden zu bedeutungslosen Höflingen, die ohne politischen Einfluß in VERSAILLES lebten. Alle Bereiche seines Staates versuchte Ludwig XIV. zu vereinheitlichen und mit Hilfe von königstreuen Beamten *zentral* zu lenken.

Die Regierungsform des *Absolutismus* prägte die ganze Epoche: Viele Herrscher in Europa ahmten das französische Vorbild nach. Sie ließen sich neue prächtige Residenzschlösser errichten, von denen aus sie ihre Staaten ordneten. Als besonders erfolgreich erwiesen sich dabei die Kurfürsten von *Brandenburg-Preußen*, die ihr kleines, unbedeutendes Land durch eine geschickte Politik und erfolgreiche Feldzüge ständig vergrößerten. Am Ende des *Siebenjährigen Krieges* zählte Preußen zu den europäischen Großmächten.

Je mehr sich der Absolutismus in Europa durchsetzte, desto lauter wurde die Kritik der *Aufklärer* an dieser Herrschaftsform. Im Gegensatz zum absolutistischen Herrscher, der von seinen Untertanen Gehorsam verlangte, erklärten sie, jeder Mensch besitze grundsätzliche *Freiheitsrechte*. Unter ihrem Einfluß wandelte sich die Regierungsweise vieler Fürsten. Sie betrachteten sich – wie FRIEDRICH II. von Preußen oder JOSEPH II. von Österreich – als „erste Diener des Staates". Dies galt auch für den russischen Zaren PETER I., der sein rückständiges Land nach europäischem Vorbild zu modernisieren versuchte.

Indem die absolutistischen Monarchen ihre Länder neu ordneten, legten sie die Grundlagen für die moderne Staatsverwaltung. Die Könige forderten von allen Untertanen in gleicher Weise Pflichterfüllung. Damit ebneten sie, ohne es zu wollen, den Weg für die heutige *Demokratie*, in der alle Staatsbürger gleiche Rechte besitzen.

Wichtige Begriffe

- Absolutismus
- Akademie
- Aufgeklärter Absolutismus
- Aufklärung
- Barock
- Beamte
- Enzyklopädie
- Etikette
- Gottesgnadentum
- Hofadel
- Intendanten
- Manufaktur
- Merkantilismus
- Naturrecht
- Rationalismus
- Residenz
- Schutzzoll
- Stehendes Heer
- Versailles
- Zar

Geschichtslabor

Ruine der Frauenkirche, alter Zustand graphisch ergänzt.

1749 malte der Italiener Bernardo Bellotto, genannt Canaletto, dieses Bild von der Frauenkirche, einem Wahrzeichen Dresdens.

Die Rekonstruktion der Frauenkirche in Dresden

> Wir rufen auf zu einer weltweiten Aktion des Wiederaufbaus der Dresdner Frauenkirche zu einem christlichen Weltfriedenszentrum im neuen Europa. In diesem Gotteshaus soll in Wort und Ton das Evangelium des Friedens verkündet, sollen Bilder des Friedens gezeigt, Friedensforschung und Friedenserziehung ermöglicht werden. Damit würde der Weltkultur ein architektonisches Kunstwerk von einzigartiger Bedeutung wiedergeschenkt.

Die Frauenkirche – der bedeutendste Bau des protestantischen Barocks

Mit diesem Aufruf wandte sich im Februar 1990 eine *Bürgerinitiative* aus DRESDEN an die Öffentlichkeit. Ihr Ziel war es, die einst berühmte *Frauenkirche* wiederaufbauen zu lassen.

1722 hatte der prostestantische Rat der Stadt Dresden den Ratszimmermeister George Bähr beauftragt, eine neue Kirche im damals modernen *Barockstil* zu entwerfen. Bähr brauchte bei seinen Planungen an nichts zu sparen, denn der Bau sollte dem Prunk des katholischen Hofs, den AUGUST DER STARKE in Dresden entfaltete, ebenbürtig sein. Sogar der bekannte Instrumentenbauer GOTTFRIED SILBERMANN wurde in die Stadt geholt, um das Innere der Kirche mit einer prachtvollen Orgel zu schmücken. Die aufwendige Gestaltung hatte aber ihren Preis. Als die Frauenkirche 1743 vollendet war, hatte sie statt der veranschlagten 82 000 Taler nicht weniger als 288 000 Taler verschlungen. Ein Grund für die Explosion der Kosten war die riesige glockenförmige Kuppel, die den Baumeistern ihr ganzes Können abverlangte. Diese Kuppel war so stark, daß im *Siebenjährigen Krieg* annähernd einhundert Kanonenkugeln fast wirkungslos an ihr abprallten.

Die Ruine der Frauenkirche – ein Mahnmal des Friedens

Die Schicksalsstunde der Frauenkirche schlug in der Nacht vom 13. auf den 14. Februar 1945. Keine drei Monate vor dem Ende des Zweiten Weltkriegs legten britische und amerikanische Bomber Dresden in Schutt und Asche. 35 000 Tote kostete dieser Angriff! Anfangs schien es, als habe die Frauenkirche das Inferno wieder einmal unversehrt überstanden. Doch einen Tag später stürzte der Bau mit einem ungeheuren Knall in sich zusammen. Der stundenlange Brand im Innern hatte die Kuppel ausgeglüht und das Sandsteinmauerwerk zermürbt. Der Zusammenbruch der mächtigen Kuppel symbolisierte den Untergang des alten Dresden. Die Ruine der Frauenkirche wurde zum Mahnmal sinnloser Zerstörung und Symbol für die Schrecken des Krieges.

Probleme des Wiederaufbaus

Der Krieg war kaum vorüber, da entstanden auch schon Pläne, die Frauenkirche originalgetreu wieder aufzubauen. Doch andere Bauvorhaben hatten Vorrang. Während der *Zwinger* und die *Hofkirche* wiedererstanden, blieb für eine Kirche, von der ja kaum noch etwas zu sehen war, kein Geld. Man schlug sogar vor, den Trümmerberg ganz zu beseitigen. Doch die Ruine der Frauenkirche blieb stehen.

Wenn du diese Zeilen liest, hat der Wiederaufbau der Frauenkirche wahrscheinlich schon begonnen. Der Schutt ist abgeräumt, die alten Steine wurden numeriert und sollen wieder verwendet werden. Die Architekten, die die Pläne für das Bauvorhaben entwerfen, bedienen sich modernster Technik, von der George Bähr nicht einmal zu träumen gewagt hätte. Mit Hilfe spezieller *Computerprogramme* lassen sie schon heute die Frauenkirche auferstehen. Du selbst hast die Gelegenheit zu beobachten und zu beurteilen, wie wir Menschen mit den Zeugnissen unserer Geschichte umgehen.

1 Gegner des Wiederaufbaus meinen, daß die Kosten von etwa 250 Millionen DM besser notleidenden Menschen zugute kommen sollten. Diskutiert das Für und Wider.

In alter Pracht: Die Frauenkirche als Computersimulation.

Nach Einspeicherung Tausender Informationen läßt der Computer das Innere der Frauenkirche wiedererstehen.

Am 9. Juli 1776 stießen Bürger in New York, der Hauptstadt der gleichnamigen englischen Kolonie, das Standbild ihres Königs Georg III. vom Sockel und hackten ihm den Kopf ab. Die abertausend Teile der völlig zerstörten Statue, die 42 088 Bleikugeln als Kerne dienen sollten, wurden bei Marschmusik wie in nächtlicher Prozession durch die Stadt getragen.

Anlaß für dieses Volksfest war die Verlesung der Unabhängigkeitserklärung aller 13 englischen Kolonien in Nordamerika. Die Nachkommen der Siedler, die seit 1620 vor der Unterdrückung ihres Glaubens aus dem Mutterland geflohen waren, hatten ihrem Staatsoberhaupt den Gehorsam aufgekündigt. Mit seinen Versuchen, ihre Freiheiten zu beschneiden, hatte Georg III. den Widerspruchsgeist angestachelt, den englische Könige auch im eigenen Land in der Vergangenheit immer wieder verspürt hatten, wenn sie verbriefte Rechte anzutasten wagten. Zu lange schon hatten sich in England die Untertanen daran gewöhnt mitzureden. Was alle anging, wollten auch alle entscheiden. Diese Tradition hatte sich unter den Siedlern, die ihr Leben jenseits des Atlantiks unter eigenen Gesetzen begonnen hatten, im Laufe von 150 Jahren noch verstärkt. Was im Mutterland keinem König gelungen war, sollte ihm in der Neuen Welt erst recht versagt bleiben. Wer sich zum absoluten Monarchen aufschwingen oder sich als Herrscher aufspielen wollte, mußte mit geschlossenem Widerstand rechnen.

England und der Aufstieg der USA

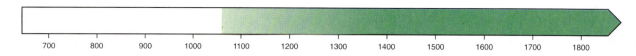

„My home is my castle"

„Mein Heim ist meine Burg" – sagten in England zunächst Adlige und dann immer mehr freie Bürger voller Stolz, denn sie waren schon lange nicht mehr der Willkür ihres Königs ausgesetzt. Seit 1215 ist es in England dem Adel und den reichen Londoner Bürgern gelungen, sich von ihren Königen Rechte verbriefen zu lassen. Was erst nur zum Schutze für Leib und Leben und zur Sicherung des Eigentums gedacht war, wußten sie zu einem politischen Mitspracherecht zu erweitern. Schon im 14. Jahrhundert lud sie der König regelmäßig zu gemeinsamen Beratungen, wenn er Steuern erheben oder Kriege erklären wollte. Gegen die wenigen Versuche englischer Könige im 16. Jh., es den Herrschern auf dem Kontinent gleichzutun und sich zu absoluten Monarchen aufzuschwingen, erhob sich sofort erbitterter Widerstand.

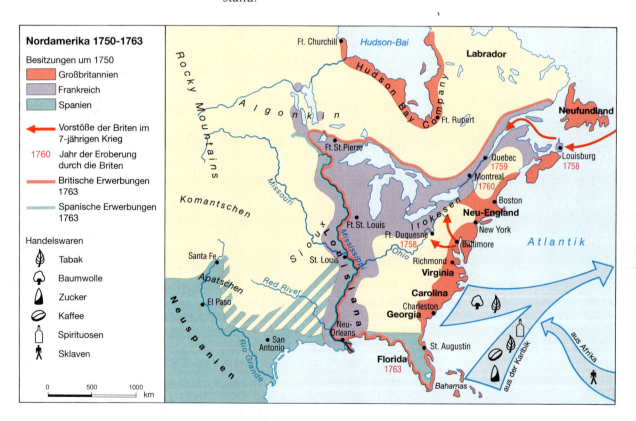

„Amerika den Amerikanern"

Der gleiche Freiheitsdrang beseelte die englischen Siedler, die von 1607 an nach Nordamerika auswanderten. Obwohl viele von ihnen um ihres Glaubens willen die Heimat verlassen hatten, blieben die neu gegründeten Kolonien mit dem Mutterland durch die gemeinsame Sprache und Kultur sowie durch vielfältige Handelsbeziehungen zunächst eng verbunden. Zunehmender wirtschaftlicher Erfolg ließ die Kolonien im 18. Jh. gegen den englischen König aufbegehren. Aus einem Bund des Widerstandes entstanden die *Vereinigten Staaten von Amerika* – der erste Staat ohne einen König an seiner Spitze.

Die Anfänge des Parlaments

König und Adel

Wilhelm der Eroberer (1027–1087)

Im Jahr 1066 landete WILHELM, Herzog der Normandie, mit einem Normannenheer an der englischen Küste. In einer blutigen Schlacht besiegte er die *Angelsachsen* und eroberte ganz England. Nach seiner Krönung in der Londoner Westminster Abtei machte sich Wilhelm daran, seine Herrschaft zu festigen. Die bislang herrschenden angelsächsischen Fürsten mußten dem König den Treueid leisten. Andernfalls verloren sie ihren Landbesitz. Im gesamten Königreich ließ Wilhelm das Land vermessen, Menschen und Vieh, Äcker und Wiesen, Höfe und Mühlen zählen. Diese Übersicht *(Domesday Book)* diente auch seinen Nachfolgern als Grundlage für die Steuererhebung. Streitigkeiten unter den Adligen des Landes schlichteten oder entschieden Beamte im Auftrag des Königs, wo möglich vor Ort.

Da Wilhelm auch an seine Ritter aus der *Normandie* nur kleine und dazu noch verstreute Lehen ausgegeben hatte, konnte niemand die königliche Machtstellung gefährden.

Die Miniatur zeigt den englischen König, umgeben von Mitgliedern seines Kronrates. Zu sehen sind hohe Adlige und zwei Bischöfe.

Der Wandteppich von Bayeux stammt aus dem 11. Jh. und ist 70 m lang und 50 cm hoch. Seine Bilder berichten von der Überfahrt Wilhelms des Eroberers nach England und dem siegreichen Kampf der Normannen gegen die Angelsachsen in der Schlacht bei Hastings (1066).

Die Magna Charta

Etwa 150 Jahre regierten die Könige nahezu unumschränkt. Erst 1215, als die Macht des Königs nach einer Niederlage in Frankreich geschwächt war, gelang es den Baronen und Bischöfen, dem König eine Urkunde abzutrotzen. Wegen ihres ungewöhnlich großen Formates hieß diese in lateinischer Sprache abgefaßte Urkunde *Magna Charta* (= Große Urkunde). In ihr bestätigte der König ausdrücklich die alten Rechte und Freiheiten der Kirche. Er versprach, Steuern nicht ohne die Zustimmung eines Allgemeinen Rates zu erheben, in den er Erzbischöfe, Bischöfe, Äbte, Grafen und bedeutende Barone berief. Auch sollte kein freier Mann ohne ein gesetzliches Urteil verhaftet, gefangengehalten, enteignet, geächtet oder verbannt werden. Die insgesamt 63 Bestimmungen der Magna Charta wurden zwar im ganzen Land bekannt gemacht, galten aber nur für die Adligen, die Bürger von London und die wenigen Freien.

Die Anfänge des Parlaments

Der König und sein Parlament

„Was alle berührt, sollen alle bewilligen"

Im Jahre 1295, als König EDWARD I. mit den Bischöfen und Baronen über neue Steuern reden wollte, riefen diese: „Dafür sind wir nicht zuständig." So ganz Unrecht hatten die Kronvasallen nicht, denn ohne den Landadel (= *gentry*) und die Städte ließen sich keine Steuern für den König eintreiben. So schickte König Edward I. an den königlichen Oberbeamten (*sheriff*) in jeder Grafschaft folgenden Befehl:

> Da wir mit den Grafen, Baronen und anderen Großen unseres Reiches Beratung und Diskussion zu halten wünschen, um Mittel gegen die Gefahren sicherzustellen, die in diesen Tagen unser Königreich bedrohen, so haben wir ihnen hiermit befohlen, nach Westminster zu kommen. Wir befehlen Dir ausdrücklich, daß Du in Deiner Grafschaft zwei Ritter auswählst, ferner zwei Bürger jeder Stadt und zwei Bürger in jedem städtischen Bezirk; sie sollen entsprechend umsichtig und zu dieser Aufgabe befähigt sein. Du sollst sicherstellen, daß sie volle und ausreichende Vollmacht haben, um tun zu können, was immer in den obengenannten Angelegenheiten durch gemeinsamen Ratschlag beschlossen werden könnte.
> *(nach: Kurt Kluxen, Die Entstehung des englischen Parlamentarismus, Stuttgart 1972, S. 8–9, gekürzt und vereinfacht)*

Dieser Einladung folgten 8 Grafen, 41 Barone, die beiden Erzbischöfe Englands, 18 Bischöfe und 67 Äbte sowie weitere kirchliche Würdenträger. Dazu kamen zwei Ritter aus jeder Grafschaft als Vertreter des niederen Adels und je zwei Bürger aus den verschiedenen Städten. So eine Gesprächskonferenz bezeichneten die Engländer damals als „Parliament". Wie lange das *Parlament* tagte, hing davon ab, wie schnell man sich einigen konnte. Gerade wenn es um neue Steuern oder Zahlungen für den König ging, konnte sich das Treffen schon einmal Monate hinziehen. Denn meist stimmte das Parlament nur zu, wenn der König bereit war, dem Adel und den Städten weitere Rechte und Freiheiten zu gewähren. Auf diesem Wege gelang es dem Parlament, seinen Einfluß auf die königliche Gesetzgebung zu vergrößern.

Seit dem Ende des 14. Jahrhunderts teilte sich das Parlament bei seinen jährlichen Treffen zur Beratung auf: Bischöfe, Erzbischöfe, Grafen und Barone berieten im *House of Lords* (Oberhaus); die Ritter, reichen Bauern und Bürger versuchten, sich im *House of Commons* (Unterhaus) auf einen gemeinsamen Standpunkt zu einigen, den dann ein gewählter *Speaker* (= Sprecher) dem König und dem Hochadel vortrug.

Mit der Zeit wuchs zwar die Macht des Unterhauses, doch darf sein Einfluß zunächst nicht überschätzt werden, denn die Sitzungsperioden waren meist nur kurz. Und ohne den König, der allein das Recht zur Einberufung des Parlaments hatte, war das Parlament nicht beschlußfähig.

Rechte Seite:
Der minderjährige König Heinrich VI. (1422–1461) eröffnet vor den Mitgliedern des Oberhauses das Parlament. Links von ihm die Erzbischöfe von Canterbury und York sowie Kardinal Heinrich Beaufort, rechts die beiden Brüder seines Vaters, die für ihn die Regierung führten. In der Bildmitte auf Wollsäcken, dem Zeichen für den englischen Wohlstand, sitzen die Mitglieder des königlichen Rates und zwei Parlamentsschreiber. Rechts hinten drängen sich Angehörige des königlichen Haushalts, vor der Schranke warten die Commons mit ihrem Sprecher, die während des Parlaments Rede- und Straffreiheit genießen.

1 Liste auf, wer im Parlament vertreten ist.
2 Erläutere anhand des Bildes die Machtverteilung im Parlament.

Das Parlament besiegt den König

Der Konflikt zwischen König und Parlament

Absolutismus auch in England?

Gleich zu Beginn seiner Regierungszeit wollte JAKOB I. (1603–1625) dem Parlament gegenüber keinen Zweifel daran lassen, wer in England die Macht habe:

> Könige sind in Wahrheit Götter. Sie üben eine Art göttlicher Macht auf Erden aus. Wenn ihr die Eigenschaften Gottes betrachtet, werdet ihr sehen, wie sie mit denen des Königs übereinstimmen. Gott hat die Macht, zu schaffen oder zu zerstören, hervorzubringen oder aufzuheben, Leben zu gewähren oder den Tod zu senden. Und die gleiche Macht besitzen Könige: sie schaffen und vernichten ihre Untertanen, sie haben Gewalt, sie zu erhöhen und zu erniedrigen, sie haben Gewalt über Leben und Tod. Die Könige sind Richter über alle ihre Untertanen und in allen Fällen. Sie selbst sind Gott allein verantwortlich. Sie können mit ihren Untertanen handeln wie mit Schachpuppen, aus Bauern Bischöfe oder Ritter machen, das Volk wie eine Münze erhöhen oder herabsetzen; ihnen gebührt die Zuneigung der Seele und der Dienst des Leibes.
>
> So wie jemand Gott lästert, wenn er mit ihm streitet, so begehen die Untertanen Aufruhr, wenn sie das Gebot königlicher Machtvollkommenheit bestreiten.
> (nach: Kortüm, Geschichte der englischen Revolution, Zürich 1827, S. 66f.)

Das Parlament jedoch war nicht gewillt, Jakob I. wie einen absoluten König unumschränkt in England regieren zu lassen. Die wirtschaftlichen Erfolge, vor allem bei der Schafzucht und im Baumwollhandel, ließen den Adel und die Kaufmannschaft nun auch im Parlament noch selbstbewußter auftreten.

Dem Versuch des Königs, die Zölle zu erhöhen, nur um seine Einkünfte zu verbessern, stellte sich im Jahre 1610 das Unterhaus nachdrücklich entgegen:

> Wir halten es für ein altes, allgemeines und unzweifelhaftes Recht des Parlaments, über alle Angelegenheiten, die den Untertan, sein Recht und seine tatsächliche Lage betreffen, frei debattieren zu dürfen. Daher bitten wir, Euer Hoheit ergebene und pflichttreue Gemeinen, die wir nicht abweichen wollen von den erprobten Wegen unserer Vorfahren, Eure Majestät untertänigst und inständig, daß wir ohne Kränkung derselben gemäß dem unzweifelhaften Recht und Freiheitsanspruch des Parlamentes, auf dem eingeschlagenen Weg einer umfassenden Prüfung der neuen Abgaben fortschreiten dürfen.
> (nach: F. Dickmann, Renaissance, Glaubenskämpfe, Absolutismus, Geschichte in Quellen, Bd. 3, München 1966, S. 357)

Jakob I. von England (1603–1625) aus einem um 1610 angefertigten Stammbaum des Königs.

1 Erkläre die Absichten von Jakob I. Auf wen führt er sein königliches Recht zurück?
2 Wie begründet das Unterhaus seinen Widerstand?

Karl I. und das Parlament

Im Jahre 1625 folgte KARL I. seinem Vater als König und setzte dessen absolutistische Politik fort. Elf Jahre regierte er ohne Parlament. Erst ein Aufstand in Schottland zwang ihn, im November 1640 das Parlament einzuberufen, um zusätzliche Mittel für die Kriegsführung zu erhalten. Der König erkaufte die Zustimmung des Unterhauses mit Zugeständnissen. Er versprach, die Abgeordneten regelmäßig alle drei Jahre für mindestens 50 Tage einzuberufen, erlaubte ihnen, sich im Notfall ohne königliche Einberufung zu versammeln, und räumte ihnen das Recht ein, die königlichen Ratgeber zu ernennen.

Ein König wird geköpft

Als das Parlament dem König auch noch den militärischen Oberbefehl verweigerte, ließ es Karl I. auf eine Kraftprobe ankommen. Er klagte fünf Oppositionsführer des Hochverrates an und verlangte vom Parlament deren Auslieferung. Als die Abgeordneten dies verweigerten, stürmte der König persönlich an der Spitze eines Soldatentrupps ins Unterhaus, um die Abgeordneten zu verhaften. Doch waren „die Vögel schon ausgeflogen", wie der König feststellen mußte. Das Unterhaus sah darin einen Angriff auf seine Freiheit und Unabhängigkeit. Was als Streit um Steuern begonnen hatte, endete in einem blutigen Bürgerkrieg (1642–1648). Die Anhänger des Parlaments siegten schließlich über das Heer des Königs, der 1647 selbst in Gefangenschaft geriet. In einem zweifelhaften Gerichtsverfahren wurde Karl I. zum Tode verurteilt und am 30. Januar 1649 in London öffentlich hingerichtet.

1 Prüfe die königlichen Zugeständnisse dem Parlament gegenüber.
2 Stelle dar, wie der Kupferstecher in Wort und Bild gegen die Hinrichtung des Königs Karl I. zu Felde zieht.

Über diesem Kupferstich von 1649 steht geschrieben: „Abscheulichste unerhörte Exekution an weyland dem Durchleutig und Großmächtigsten Carl Stuart, König in Großbritannien, Frankreich und Irland etc. vorgegangen in London vor der Residentz Whitehall dienstag den 30. janua Anno 1649. Nachmittag zwischen 2 und 3 uhren." Das Medaillon des Königs wird von denen seiner Gegner, General Fairfax und Generalleutnant Cromwell, umrahmt. In der Wolke zwei Engel mit Palmwedel und Lorbeerkrone, den Siegeszeichen über den Tod. Auf dem Podest der Leichnam des Königs, der Henker mit einem Gehilfen, zwei Offiziere und der Bischof von London als geistlicher Beistand.

Das Parlament besiegt den König

Nur ein Zwischenspiel – Cromwells Diktatur

„Wir werden den Kopf des Königs mit der Krone abschlagen" hatte OLIVER CROMWELL, der Führer der Parlamentsanhänger, im Prozeß gegen Karl I. erklärt. Daß Cromwell, gestützt auf das Heer, sich an die Spitze des Staates stellen wollte, durchschauten nur wenige. Zunächst schien die Auflösung des Oberhauses das Unterhaus zu stärken. Und die reichen Londoner Bürger waren zufrieden, denn hier gaben sie den Ton an. Doch ließ Cromwell schon im April 1653 die Maske fallen. „Ich werde Eurem Geschwätz ein Ende machen" soll er den Abgeordneten des Unterhauses zugerufen haben, bevor seine Soldaten sie auseinandertrieben. Bis zu seinem Tod im Jahre 1658 behielt Cromwell die Macht in der Hand.

Erst dann machte sich die Unzufriedenheit mit dessen Militärdiktatur Luft. Ein neugewähltes Parlament beschloß, die Monarchie wieder einzuführen, und rief den Sohn des hingerichteten Königs aus seinem Exil in Frankreich zurück. Obwohl KARL II. versprach, die alten Rechte des Parlaments zu achten, zeigten sich schon bald die bekannten Gegensätze zwischen König und Parlament. Hinzu kam, daß sich die französische Lebensart des jungen Königs und die strenge puritanische Gesinnung mancher Abgeordneter nicht vertrugen.

Die „Glorious Revolution"

Der Einfluß Ludwigs XIV., des französischen Sonnenkönigs, wurde noch spürbarer, als JAKOB II. seinem Bruder Karl II. 1685 auf dem Thron folgte. Wie sein französisches Vorbild wollte der neue König über den Gesetzen stehen und ohne das Parlament regieren. Mit dem Versuch, wichtige Ämter oder Offiziersstellen mit *Katholiken* zu besetzen, brachte er die Anhänger der *anglikanischen Staatskirche* gegen sich auf. So traten religiöse Spannungen zwischen dem katholischen König und dem protestantischen Parlament zu den politischen hinzu.

Nach der Geburt des Thronfolgers am 10. Juni 1688 faßten führende Parlamentarier den Plan, die katholische Königsfamilie zu vertreiben. In einem geheimen Brief riefen sie aus den Niederlanden den protestantischen Schwager ihres Königs, WILHELM VON ORANIEN (1650–1702), zu Hilfe. Anfang November 1688 landete Wilhelm von Oranien mit seinem Heer in England. Mit dem geschickten Wahlspruch „Für die protestantische Religion und ein freies Parlament", den er auf seine Fahnen geschrieben hatte, sicherte er sich breite Unterstützung gegen Jakob II., dem nur noch das Exil in Frankreich blieb.

Bevor Wihelm von Oranien jedoch König von England werden konnte, mußte er erst eine Art Staatsvertrag (= *Konstitution*) unterzeichnen, in dem die Rechte des Parlaments festgehalten waren. Diese *Bill of Rights* brachte England zwar noch keine demokratisch gewählte Regierung, sie teilte aber die Macht zwischen Parlament und König und verhinderte dessen Alleinherrschaft. England war von nun an eine *konstitutionelle Monarchie*.

Der englische Landadelige Oliver Cromwell (1599–1658) unterdrückte die Aufstände der katholischen Iren (1649) und Schotten (1650) mit Waffengewalt.

1 Erkläre, warum die Menschen den Ereignissen von 1688 den Namen „Glorious Revolution" gaben?

2 Lies die rechts abgedruckte „Bill of Rights" durch, und zähle die Rechte des Parlaments auf, die Wilhelm von Oranien ausdrücklich anerkannte.

Wilhelm von Oranien (1650–1702) und seine Gemahlin Maria, die Tochter Jakobs II., nehmen aus den Händen der Vertreter des Parlaments die englische Krone entgegen. Welche Hinweise liefert das Bild für das veränderte Verständnis vom Königtum?

Die Bill of Rights

Das Siegel von 1651 zeigt eine Parlamentssitzung ohne den König, dessen Platz der Speaker eingenommen hat. Woran erinnert die Umschrift „IN THE THIRD YEAR OF FREEDOM BY GODS BLESSING RESTORED"?

> Die in Westminster versammelten geistlichen und weltlichen Lords und Commons, die gesetzmäßige, vollständige und freie Vertretung aller Stände des Volkes in diesem Königreich, legten ... Wilhelm und Maria, Prinz und Prinzessin von Oranien, die in eigener Person anwesend waren, eine geschriebene Erklärung vor, welche von oben angeführten Lords und Commons in folgenden Worten ausgestellt wurde:
>
> Die angemaßte Befugnis, Gesetze oder die Ausführung von Gesetzen durch königliche Autorität ohne Zustimmung des Parlaments aufzuheben, ist gesetzwidrig. ...
>
> Steuern für die Krone ... ohne Erlaubnis des Parlaments für längere Zeit oder in anderer Weise, als erlaubt und bewilligt wurde, zu erheben, ist gesetzwidrig.
>
> Es ist das Recht des Untertans, dem König Bittschriften einzureichen, und jede Untersuchungshaft sowie Verfolgung wegen solch einer Petition ist gesetzwidrig.
>
> Es ist gegen das Gesetz, es sei denn mit Zustimmung des Parlaments, eine stehende Armee im Königreich in Friedenszeiten aufzustellen oder zu halten.
>
> Die Wahl von Parlamentsmitgliedern soll frei sein.
>
> Die Freiheit der Rede und der Debatten und Verhandlungen im Parlament darf von keinem Gerichtshof ... angefochten oder in Frage gestellt werden.
>
> (nach: Geschichte in Quellen, Bd. 3, München 1976, S. 495)

Englands Untertanen in Amerika

Auf dem Weg in ein neues England

Um des Glaubens willen?

Am 11. November 1620 ging, durch den Sturm weit nach Norden abgetrieben, am nordamerikanischen Kap Cod die *Mayflower* mit 28 Frauen und 74 Männern an Bord vor Anker. Eine Londoner Handelsgesellschaft hatte den *Pilgervätern*, die sich als strenggläubige Calvinisten *(Puritaner)* nicht der anglikanischen Kirche unterwerfen und lieber auswandern wollten, die Kosten für die Überfahrt vorgeschossen. Noch vor der Landung unterzeichneten die Ankömmlinge eine feierliche Abmachung:

> In Gottes Namen, Amen. Wir haben zu Gottes Ruhm, zur Ausbreitung des christlichen Glaubens und zur Ehre unseres Königs und Landes eine Fahrt unternommen, um die erste Kolonie im nördlichen Teil von Virginia zu gründen; wir verabreden dies hiermit feierlich vor Gottes Angesicht und voreinander und schließen uns auch als Bürger zu einer Gemeinde zusammen. Und so beschließen wir, richten ein und setzen fest diejenigen gerechten und gleichen Gesetze, Verordnungen, Erlasse, Verfassungen und Ämter, die für das Gesamtwohl der Kolonie zur jeweiligen Zeit als tauglichste und zweckmäßigste erscheinen. Diesen geloben wir allen gehörigen Gehorsam und Achtung. Anno Domini 1620.
> (Mayflower Compact, nach: Thomas V. DiBacco, Lorna C. Mason, Christian G. Appy, History of the United States, Boston 1991, R 16)

Die Schiffe der Pilgerväter verlassen die Alte Welt und stechen mit Richtung Nordamerika in See. Das Gemälde von 1713 zeigt, wie sich die Szene abgespielt haben könnte.

1 Beschreibe anhand des Bildes die Abfahrt der Auswanderer. Versetze dich in ihre Lage.
2 Nenne die Abmachungen der Pilgerväter, und überdenke den Sinn eines solchen Vertrages.

Aller Anfang ist schwer

WILLIAM BRADFORD, der erste Gouverneur der Siedlung, die die Pilgerväter nach der englischen Hafenstadt PLYMOUTH benannten, erinnerte sich noch Jahre später an die Aufgaben und Gefahren für die Siedler:

> Nachdem sie also den weiten Ozean passiert hatten, hatten sie jetzt keine Freunde, die sie willkommen hießen, keine Herbergen, wo sie ihren Leib stärken oder erfrischen konnten, keine Häuser und noch viel weniger Städte, wohin sie sich wenden konnten, um Zuflucht zu finden. Was anderes konnten sie sehen als eine abstoßende, verlassene Wildnis voll wilder Tiere und wilder Menschen? Wohin auch immer sie ihre Augen wandten – es sei denn himmelwärts –, gab es für sie wenig Trost oder Freude aus irgenwelchen äußeren Umständen.
> (Bradford's History of Plymouth Plantation 1606–1649, New York 1906, nach: Urs Bitterli, Die Entdeckung Amerikas, München 1992, S. 384)

Den strengen Winter überlebte nur die Hälfte der Ankömmlinge. Der Glaube, Gottes auserwähltes Volk zu sein, machte die Pilgerväter Andersgläubigen gegenüber intolerant, ließ sie aber mit Fleiß und Zähigkeit alle Schwierigkeiten meistern. Nach der guten Ernte des Jahres 1621 feierten die Pilgerväter ein dreitägiges Dankfest: „Thanksgiving". Ohne Hilfe der Indianer, die den Siedlern auch den Maisanbau zeigten, hätten die Kolonisten freilich nicht überlebt.

Das „Dankfest" (Thanksgiving) der Pilgerväter 1621 in der neuen Siedlungsgründung Portsmouth. Die Szene zeigt das damals noch gute Einvernehmen mit den Indianern.

Englands Untertanen in Amerika

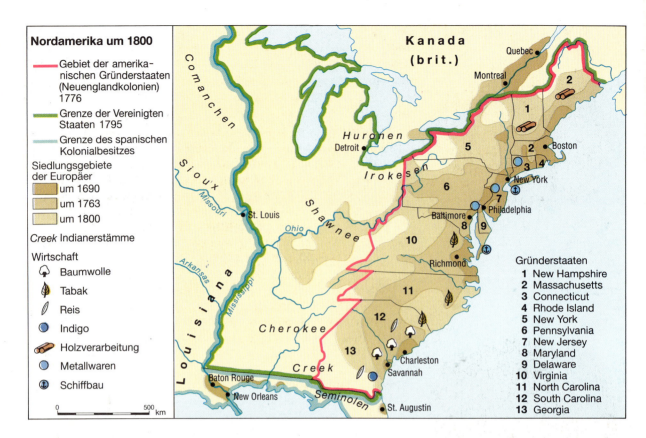

Das Land der unbegrenzten Möglichkeiten?

Doch schreckten die Gefahren und Anstrengungen des Siedlerlebens längst nicht jeden. Denn die meisten Auswanderer waren keine gescheiterten Existenzen, sondern nur Menschen, die zu Hause oft wegen ihres Glaubens benachteiligt wurden. So ließ die Religionspolitik Karls I. den Strom puritanischer Glaubensflüchtlinge zwischen 1630 und 1640 auf über 60 000 anschwellen. Ebenso verließen irische Katholiken ihre Heimat. Aber auch Schweden, Deutsche und Holländer zog es aus oft ganz unterschiedlichen Beweggründen nach Amerika.

Sie alle hofften, mit Fleiß und Sparsamkeit für sich und ihre Familien ein besseres Leben aufzubauen. Und vielleicht beseitigte mancher Reisebericht die letzten Zweifel:

> New York ist vorwiegend aus Stein erbaut und überdacht mit roten und schwarzen Ziegeln. Die Bewohner sind größtenteils Engländer und Holländer und unterhalten einen beträchtlichen Handel mit Biber-, Otter-, und Waschbären- sowie anderen Pelzen; ebenso mit Bären-, Hirsch- und Elchfellen; ferner werden sie im Winter von den Indianern mit Wildbret und Geflügel, im Sommer mit Fischen versorgt, was alles günstig zu bekommen ist. Aus der umliegenden Landschaft wird ständig alles geliefert, was der Mensch zum Leben braucht, nicht nur in der eigenen Kolonie, sondern auch für die benachbarten.
> (Daniel Denton, March of America (1670), XXVI, S. 34, nach: Urs Bitterli, ebda., S. 388)

Von Siedlungen zu Kolonien

„Weiber und Wein, Glücksspiel und Tücke vermindern den Reichtum und vergrößern die Bedürftigkeit. Das Geld, was für ein Laster verbraucht wird, könnte zwei Kinder ernähren."

„Liebst Du das Leben? Dann vergeude keine Zeit, denn das ist der Stoff, aus dem das Leben gemacht ist. Der schlafende Fuchs fängt kein Geflügel. Im Grab ist der Schlaf noch lang genug."

„Betreibe Dein Geschäft und laß Dich nicht davon treiben. Faulheit macht alle Dinge schwer, Fleiß alles leicht. Früh zu Bett und früh heraus macht einen Mann gesund, reich und weise."

Der unablässige Einwandererstrom hatte den Siedlungsraum von einem anfangs nur dünnbesiedelten Küstenstreifen bis an die APPALACHEN und an den ST. LORENZSTROM vorgeschoben und die indianische Urbevölkerung nach Westen abgedrängt. Aus verstreuten Siedlungen hatten sich im Verlauf eines Jahrhunderts *13 Kolonien* entwickelt, in denen um 1745 über eine Million Menschen wohnte. Bereits 1775 war die Bevölkerung auch durch die Verschleppung von 400 000 schwarzafrikanischen *Sklaven* auf 2,5 Millionen angewachsen. Über 90 % der Sklaven lebten in den fünf südlichen Kolonien, wo sie auf einer der *Großplantagen* Tabak, Reis, Indigo und Baumwolle anbauten.

Von den vier mittleren Kolonien war *Pennsylvania*, wo seit 1681 Glaubensflüchtlinge aller möglichen Religionsgemeinschaften und Nationen eine neue Heimat fanden, am dichtesten besiedelt. Seine Hauptstadt PHILADELPHIA wuchs von einigen Hundert Einwohnern im Jahr 1685 auf 10 000 im Jahr 1720. 1775 war sie mit 24 000 Einwohnern die größte Stadt und dank ihrer günstigen Lage einer der wichtigsten Häfen Nordamerikas. Hier nahmen englische Schiffe Weizen, Mehl, Holz, Eisen und Felle an Bord, nachdem sie zuvor Rum, Zukker, Wein, Kutschen und viele andere Handelswaren für den täglichen Gebrauch oder auch den Luxus gelöscht hatten. Pennsylvania galt wegen seiner fruchtbaren Weizen-, Roggen- und Maisfelder als Kornkammer Amerikas.

Die felsige Nordatlantikküste mit ihren vielen natürlichen Häfen und dem waldreichen Hinterland machte Schiffbau und Überseehandel für die vier *Neuengland-Kolonien* zu den wichtigsten Wirtschaftszweigen. Neben den Zentren des Geschäftslebens BOSTON und NEWPORT, die um 1750 etwa 15 000 bzw. 10 000 Einwohner zählten, gab es in den Neuengland-Kolonien etwa 10 Städte mit mehr als 3000 Einwohnern und eine Fülle kleiner Landstädte und Dörfer, deren Bewohner auf kargen Böden Landwirtschaft betrieben.

Wer damals in den Kolonien umherreiste, konnte bemerken, daß die Menschen sich nach ihrem Besitz und ihrer beruflichen Tätigkeit drei Schichten zuordnen ließen. In jeder Kolonie stand eine kleine Führungsschicht an der Spitze, zu der im Süden die sogenannte „Pflanzeraristokratie" und im Norden Großkaufleute und Reeder, aber auch erfolgreiche Rechtsanwälte zählten. Die meisten Menschen bildeten freilich die Mittelschicht: vor allem kleinere Kaufleute, Ladenbesitzer und Handwerker, auch Ärzte, Pfarrer oder Lehrer sowie die selbständigen Farmer auf dem Land. Einfache Arbeiter, Tagelöhner, Seeleute, Obdachlose, Arme und Gescheiterte gehörten zu der relativ kleinen Unterschicht.

Kleine und feine Leute fühlten sich von „Poor Richard's Almanack" in gleicher Weise angesprochen. Mit diesem Bestseller von 1733 verbreitete BENJAMIN FRANKLIN in Wort und Bild (links) die puritanischen Vorstellungen von einer gottgefälligen Lebensführung.

1 Stelle Bradfords Beschreibung dem Reisebericht Dentons gegenüber. Welche Absicht verfolgt der Reisebericht?
2 Überprüfe mit Hilfe der Breitengrade die klimatischen Bedingungen für Boston, Philadelphia und Charleston.
3 Diskutiere die Ratschläge aus „Poor Richard's Almanack".

Englands Untertanen in Amerika

Der Konflikt mit dem Mutterland

Untertanen regieren sich selbst

Auch die englischen Siedler in Amerika blieben Untertanen des englischen Königs. Allerdings hatten sie in den ersten Jahren, ganz auf sich gestellt, ihr Zusammenleben geregelt und dafür die Ordnung der Kirchengemeinde zum Vorbild genommen: Sie wählten in ihren Gemeinden und später dann in den Städten ihre Gemeindevorsteher bzw. Bürgermeister und auch ihre Richter selbst. An der Idee, ihre Kolonien selbst zu verwalten, hielten die Kolonisten auch fest, als der König *Gouverneure* an die Spitzen der Kolonien stellte. Ihm traten – wie im englischen Unterhaus dem König – Abgeordnete gegenüber, die von zwei Dritteln der erwachsenen männlichen weißen Bevölkerung gewählt wurden.

Handel bringt Wandel

Zwischen den Kolonien und dem Mutterland hatte es von Anfang an regen Warenaustausch gegeben. Englische Kaufleute nahmen auf ihren Schiffen Rohstoffe und landwirtschaftliche Erzeugnisse mit nach England und lieferten Geräte und Bedarfsgüter nach Amerika. Aus Angst vor ausländischer Konkurrenz verpflichtete die englische Regierung die Kolonien, ihre Waren nur auf englischen Schiffen zu exportieren. Auch durften bestimmte Produkte allein nach England verschifft werden. Zudem sollten hohe Zollmauern ausländischen Waren den Weg in die Kolonien versperren. Sogar den Handel der Kolonien untereinander kontrollierte die englische Regierung. Daß die Liste der allein für England bestimmten Waren immer länger wurde, nahmen die Kolonisten noch murrend hin.

Untertanen wehren sich – die Boston Tea Party

Zum offenen Widerstand der Kolonien kam es erst, als England 1764 manche Importzölle erhöhte oder auf neue Waren ausweitete. Mit dieser Maßnahme wollte die englische Regierung die Ausgaben für die Kriege decken, mit denen England sein Kolonialgebiet auf Kosten der französischen und spanischen Besitzungen in Nordamerika erweitert hatte. Der englische Hinweis auf die Vorteile des Gebietszuwachses verfing bei den Kolonien nicht. Mit der Parole „Keine Steuer ohne politische Mitwirkung" lehnten es die Kolonisten ab, länger Bürger zweiter Klasse sein. Denn über Steuern entschied das englische Parlament nach eigenem Gutdünken.

In BOSTON, wo es seit 1768 immer wieder zu Reibereien mit den dort stationierten englischen Truppen gekommen war, boykottierten Kaufleute den Handel mit dem Mutterland. Eine Massendemonstration im Hafen verlangte die Rücksendung dreier aus England eingetroffener Teeschiffe. Um zu verhindern, daß der englische Gouverneur die Ladung vom Militär löschen ließ, enterten als Indianer verkleidete Kolonisten bei Nacht die Schiffe und warfen die 342 Kisten Tee in das Hafenbecken. Daraufhin schloß die englische Regierung den Hafen von Boston, um den Ersatz des Schadens zu erzwingen und um andere Städte abzuschrecken. Doch folgten mehrere Städte dem Bostoner Beispiel.

Öffentliche Verbrennung der Gebührenmarken, mit denen die Kolonisten für alle Druckerzeugnisse (Bücher, Zeitungen usw.) Steuern zahlen mußten.

1 Nenne und erläutere die Handelsbeschränkungen für die Kolonien.
2 Überlege, wer in den Kolonien kein Wahlrecht besitzen könnte.

Alle an einem Strang?

Der erste *Kontinentalkongreß*, zu dem vom 5. September bis zum 14. Oktober 1774 Vertreter aller Kolonien mit Ausnahme von Georgia nach PHILADELPHIA gekommen waren, sicherte dem belagerten BOSTON die Unterstützung von „ganz Amerika" zu. Doch das war einfacher gesagt als getan, da die Vorstellungen der einzelnen Kolonien über das weitere Vorgehen auseinandergingen. Zu einem einjährigen Wirtschaftsboykott England gegenüber fanden sich nur 11 Kolonien bereit. Bewaffneten Widerstand lehnten die Bewohner Pennsylvanias aus religiösen Gründen ab. Und in North Carolina hielten einige immer noch dem König die Treue.

Am 10. Januar 1776 erschien eine Flugschrift, von der in einem Vierteljahr 120 000 Exemplare verkauft wurden. Ihr Verfasser THOMAS PAINE (1737–1809), der erst 1774 nach Pennsylvania ausgewandert war, stärkte das Selbstbewußtsein der Kolonisten und wies ihnen den Weg:

„Unabhängigkeit ist das einzige Band, das uns verknüpfen kann"

> Die Autorität Großbritanniens über diesen Kontinent stellt sich in der Form einer Regierung dar, die früher oder später ein Ende haben muß. Es gab eine Zeit, als dies angemessen war, aber es gibt auch eine angemessene Zeit, diesen Zustand zu beenden. Der Gedanke, ein Kontinent sei auf Dauer von einer Insel zu regieren, ist völlig absurd. Niemals hat die Natur einen Satelliten größer gemacht als seinen zugehörigen Planeten: und da in der Beziehung Englands und Amerikas zueinander diese allgemeingültige Ordnung der Natur umkehrt ist, wird deutlich, daß beide zu verschiedenen Systemen gehören: England gehört zu Europa, Amerika jedoch zu sich selbst. Mich haben nicht Motive des Stolzes, der Parteilichkeit oder des Ärgers dazu gebracht, für die Lehre der Trennung und Unabhängigkeit einzutreten; ich bin voll und ganz, endgültig und aufrichtig überzeugt, daß sie dem wahren Interesse des Kontinents entspricht und daß jede andere Lösung nur Flickwerk ist, die kein dauerhaftes Glück schenken kann.
>
> Ihr, die ihr euch jetzt gegen Unabhängigkeit stellt, wißt nicht, was ihr tut. Ihr öffnet ewiger Tyrannei die Tür, indem ihr den Platz der Regierung frei haltet.
> *(Thomas Paine, Common Sense and Other Political Writings, New York 1953, S. 23, 26, 33, übersetzt von D. Kaufhold)*

Am 15. Mai 1776 nahm der Kontinentalkongreß dem englischen König die Regierungsgewalt über die Kolonien und beschloß knapp einen Monat später, daß „diese Vereinigten Kolonien freie und unabhängige Staaten sind". Er beauftragte eine Fünferkommission, eine Erklärung abzufassen, in der „die Gründe dargelegt werden, die uns dazu gezwungen haben, diesen wichtigen Beschluß zu fassen".

„Verbinde dich oder stirb". Benjamin Franklins berühmter Holzschnitt aus dem Jahre 1754 mit der Klapperschlange hatte nichts an Aktualität eingebüßt.

1 Begründe die Wirkung von Thomas Paines Flugschrift. Welche Gründe für die Unabhängigkeit der Kolonien nennt er?
2 Weißt du, was sich hinter den Abkürzungen von Benjamin Franklins Klapperschlange verbirgt? Vor welcher Gefahr wollte er schon 1754 warnen?

Die Unabhängigkeitserklärung vom 4. Juli 1776

Folgende Wahrheiten halten wir für selbstverständlich: daß alle Menschen gleich sind, daß sie von ihrem Schöpfer mit gewissen unveräußerlichen Rechten ausgestattet sind und daß dazu das Leben, die Freiheit und das Streben nach Glück gehören; daß zur Sicherung dieser Rechte Regierungen unter den Menschen eingesetzt werden, die ihre rechtmäßige Gewalt aus der Zustimmung der Regierten herleiten; daß, wann immer eine Regierungsform diesen Zielen zu schaden droht, es das Recht des Volkes ist, sie zu ändern oder abzuschaffen und eine neue Regierung einzusetzen.

So sind die Kolonien nun gezwungen, ihre bisherige Regierungsform zu ändern. Die Regierungzeit des jetzigen Königs von Großbritannien ist von unentwegtem Unrecht und ständigen Übergriffen gekennzeichnet, die auf die Errichtung einer absoluten Tyrannei über diese Staaten abzielen.

Er hat seine Zustimmung zu Gesetzen verweigert, die für das Wohl aller äußerst nützlich und notwendig sind. Er hat wiederholt die Abgeordnetenkammern aufgelöst, weil sie seinen Eingriffen in die Volksrechte entgegengetreten sind. Er hat seine Zustimmung dazu gegeben, unseren Handel mit allen Teilen der Welt zu unterbinden und uns ohne unsere Einwilligung Steuern aufzuerlegen. Er hat seinen Herrschaftsanspruch dadurch aufgegeben, daß er uns als außerhalb seines Schutzes stehend erklärte und gegen uns Krieg führte.
(nach: Angela und Willi Adams (Hrsg.), Die Amerikanische Revolution in Augenzeugenberichten, München 1976, S. 262–265, gekürzt)

John Trumbull (1756–1843) arbeitete zwischen 1787 und 1818 an diesem Gemälde, auf dem John Adams (1735–1799) aus Massachusetts, Roger Sherman aus Connecticut, Robert Livingston aus New York, Thomas Jefferson (1743–1826) aus Virginia und Benjamin Franklin (1706–1790) aus Pennsylvania den Entwurf der Unbhängigkeitserklärung dem Präsidenten des Generalkongresses, John Hancock, überreichen.

Der Unabhängigkeitskrieg

Als die Kolonien ihre Unabhängigkeit vom Mutterland erklärten, war der Krieg eigentlich schon in vollem Gange. Am 19. April 1775 hatten englische Truppen in dem kleinen Ort LEXINGTON bei Boston versucht, Bürgerwehren der Kolonisten zu entwaffnen. Dabei fiel „jener Schuß, der rund um die Welt gehört wurde", denn er eröffnete einen Krieg, in den 1778 Frankreich, Spanien und die Niederlande auf seiten der 13 Kolonien eintraten.

Bis dahin hatte die „Amerikanische Kontinentalarmee", wie die zusammengewürfelten Verbände unter der Führung von GEORGE WASHINGTON etwas hochtrabend hießen, große Mühe, sich gegen die gut ausgerüsteten englischen Truppen zu behaupten. Erst das Organisationstalent des ehemaligen preußischen Generals FRIEDRICH WILHELM VON STEUBEN formte aus den eilig aufgestellten Bürgerwehren eine Armee, die dank der Unterstützung von 6000 französischen Soldaten den 55 000 englischen Soldaten auf Dauer Widerstand entgegensetzen konnte.

Nach sechs wechselvollen Kriegsjahren gelang es den amerikanischen Truppen am 19. Oktober 1781, eine 7000 Mann starke britische Armee bei YORKTOWN einzuschließen und zur Kapitulation zu zwingen. Ein Entkommen der britischen Streitkräfte zur See hatte die französische Flotte vereitelt. Damit war der Krieg, in dem 70 000 Amerikaner ihr Leben ließen, entschieden. Bevor noch am 3. September 1783 in PARIS der Friedensvertrag unterzeichnet wurde, erkannte der englische König GEORG III. in seiner Thronrede vom 5. Dezember 1782 die Kolonien als unabhängige Staaten an.

Am 4. Juli 1777 erklärte der Kontinentalkongreß dieses „Sternenbanner", mit dessen Anfertigung General Washington die Näherin Betty Ross aus Philadelphia angeblich beauftragte, zur amerikanischen Nationalflagge.

General Washington, der spätere erste Präsident der Vereinigten Staaten, in einer Lagebesprechung zusammen mit dem Herzog von Rochambeau und dem Marquis Lafayette 1781 im Lager vor Yorktown, das von 7800 Franzosen und 9000 Amerikanern eingeschlossen ist.

1 Beschreibe das Bild von der Unterzeichnung der Unabhängigkeitserklärung. Nenne Gründe, die zur Unabhängigkeitserklärung führten.

Ein Staat ohne König

Die Verfassung der Vereinigten Staaten

„We are one"

Vom 15. Mai bis zum 17. September 1787 arbeiteten in PHILADELPHIA 55 Abgeordnete eine *Verfassung* für die 13 Vereinigten Staaten aus. Die „Founding Fathers" legten aus Angst vor einem Machtmißbrauch die Regierungsgewalt nicht in die Hände nur einer Person. Sie übertrugen das Recht, Gesetze zu beschließen, dem *Kongreß* als *gesetzgebender Versammlung*. Ein vom ganzen Volk gewählter *Präsident*, in dem manche wegen seiner Machtfülle eine Art „Wahlkönig" sahen, sollte die Gesetze ausführen. Diese beiden Gewalten überwachte das oberste *Bundesgericht*, dessen Mitglieder der Präsident nur mit Zustimmung des Kongresses ernennen konnte. Zusätzlich zur Gewaltenteilung enthielt die Verfassung noch weitere „Checks and Balances", um jeder der drei Gewalten den Weg zur absoluten Macht im Staat zu versperren. So hatte der Präsident gegenüber Gesetzesbeschlüssen ein *Vetorecht,* das der Kongreß nur mit einer Zweidrittelmehrheit überstimmen konnte. Der Gerichtshof konnte Gesetze für verfassungswidrig erklären oder einen Präsidenten, der sich rechtswidrig verhalten hatte, in einem Gerichtsverfahren seines Amtes entheben.

Um eine angemessene Vertretung der 13 Einzelstaaten zu erreichen, sollte der Kongreß aus zwei Abgeordnetenkammern bestehen. Im *Repräsentantenhaus* waren die von der Bevölkerung gewählten Abgeordneten vertreten, in den *Senat* entsandten die Wähler jedes Einzelstaates zwei Senatoren.

Einige Einzelstaaten wollten Garantien wie die Rede-, Presse- und Versammlungsfreiheit oder den Schutz vor willkürlicher Verhaftung in der Verfassung verankert sehen. Erst die Aufnahme einer *Bill of Rights* beseitigte ihre Bedenken gegenüber dem Verfassungsentwurf. So trat am 4. März 1789 die Verfassung in Kraft.

Die erste Münze der Vereinigten Staaten. Übersetze den Text und erkläre das Symbol der Kette.

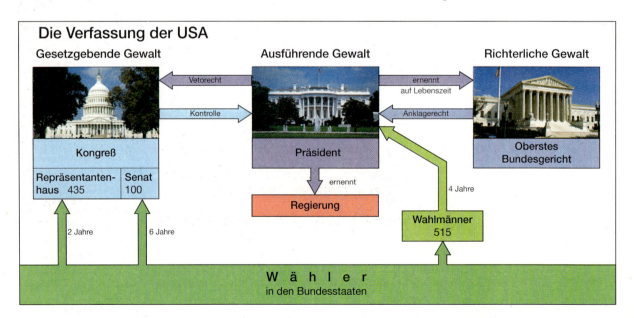

1 Erläutere die einzelnen Verfassungsorgane der USA.

Die Ausdehnung der Vereinigten Staaten

„das Nest, von dem aus ganz Amerika bevölkert werden muß"

Unter diesem Motto standen nicht nur die Expeditionen in den Westen, die THOMAS JEFFERSON (1743–1826) anregte. Unter seiner Präsidentenschaft (1801–1809) kauften die Vereinigten Staaten Frankreich die Kolonie LOUISIANA für 15 Millionen Dollar ab. Doch stillte diese Gebietserweiterung um 800 000 km² den amerikanischen Landhunger noch nicht. Außenminister JOHN QUINCY ADAMS (1767–1848) notierte am 16. November 1819 in sein Tagebuch:

> Die Welt muß sich mit dem Gedanken vertraut machen, daß der uns angemessene Herrschaftsbereich der nordamerikanische Kontinent ist. Seit unserer Unabhängigkeit ist dieser Anspruch ebenso naturgesetzlich begründet wie die Tatsache, daß der Mississippi ins Meer fließt. Spaniens Gebiete grenzen im Süden, Großbritanniens Gebiete im Norden an uns. Es ist einfach unmöglich, daß Jahrhunderte vergehen sollten, ohne sie von den Vereinigten Staaten annektiert zu sehen. Wir wollen dies nicht aus expansionistischer Gesinnung oder aus Ehrgeiz erzwingen. Aber es erscheint absurd, daß territoriale Bruchstücke, die für ihre Herrscher, die sich 1500 Meilen entfernt auf der anderen Seite des Ozeans befinden, wertlos und lästig sind, auf Dauer neben einer großen, mächtigen, wagemutigen und schnell wachsenden Nation bestehen können.
>
> (nach: H. Keil, Die Vereinigten Staaten von Amerika zwischen kontinentaler Expansion und Imperialismus, 1991, S. 70)

„Amerika den Amerikanern" – darin waren sich die Präsidenten vom reichen Pflanzer George Washington über den Juristen Thomas Jefferson bis hin zum Industriellen John Quincy Adams einig.

1 Stelle die Argumente zusammen, mit denen J. Q. Adams die Ausdehnung der Vereinigten Staaten rechtfertigt.

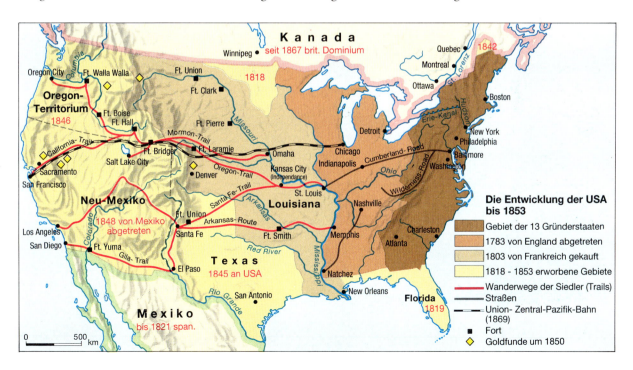

Ein Staat ohne König

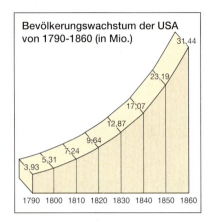

Vor allem Angehörige der Mittelklasse zogen im frühen 19. Jh. in kleineren oder größeren Gruppen, oft aber auch nur im Familienverband, nach Westen (Gemälde von 1861).

Go west – auf nach Westen!

Die Besiedlung des *Westens* erfolgte Zug um Zug in drei sich stets wiederholenden Wellen. Zunächst erkundeten Jäger und Fallensteller (Trapper) die von Indianern nur dünn besiedelten Gebiete. Ihnen folgten die Trecks der landsuchenden Farmer, deren Siedlungen durch Forts geschützt wurden. Als letzte Gruppe siedelten sich Handwerker, Kaufleute, Ärzte und Rechtsanwälte an, die den „Wilden Westen" bereits zivilisierter erscheinen ließen. Zugleich erschlossen erste Fernstraßen und Kanäle das Land. So die 18 m breite Cumberland-Road, die seit 1811 über eine Distanz von 1000 km die Ostküste mit dem MISSISSIPPI verband. Oder der 1817–25 erbaute ERIE-KANAL, der den Wasserweg vom Atlantik zu den Großen Seen eröffnete, und zur Erschließung des mittleren Westens beitrug.

Leidtragende dieses ungehemmten Vorstoßes waren die *Indianer*, denen zunächst Landnahmeverträge Entschädigungen versprachen und ein friedliches Miteinander vorgaukelten. Zudem sahen es die Weißen als gerechtfertigt an, die „Wilden" aus einem Land zu vertreiben, das diese unerschlossen und brach liegen ließen. Der Kongreßbeschluß aus dem Jahre 1830, alle Indianerstämme westlich des Mississippi anzusiedeln, unterwarf die Urbevölkerung, die keinen Fürsprecher im Kongreß besaß, der *Zwangsumsiedlung*. So hatten die weißen Siedler den Indianern nicht nur die angestammten Jagdgründe genommen und ihre Lebensgrundlagen nachhaltig gestört, sondern durch die Massendeportation auch unter den Indianerstämmen Unfrieden gestiftet.

Mit der Eröffnung der ersten Eisenbahnlinien – 1860 fauchte das Feuerroß immerhin schon über eine Strecke von 49 000 km – schob sich die Siedlungsgrenze unaufhaltsam nach Westen zum PAZIFIK vor.

Riesige Büffelherden sicherten zu Beginn des 19. Jh. den Nahrungs- und Kleidungsbedarf der Indianer.

1 Beschreibe anhand der Karte das Vordringen der USA und den Weg der Siedlertrecks nach Westen.
2 Berichte einem Freund über die Lage und Hoffnungen der Siedler.

Zusammenfassung 277

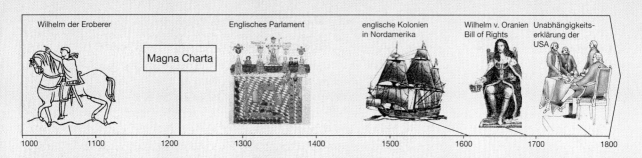

England und die Vereinigten Staaten von Amerika

Die *Vereinigten Staaten von Amerika* waren das erste Land der Welt, in dem nicht mehr ein König an der Spitze stand, der als Regierungschef, Gesetzgeber und oberster Richter alle Macht in seiner Person vereinigte. Eine *Verfassung* gab die ausführende Gewalt im Staat an einen für vier Jahre zum *Präsidenten* gewählten Mitbürger, die gesetzgebende Gewalt an den *Kongreß* und die richterliche Gewalt an den *Obersten Gerichtshof*. *Gewaltenteilung* und wechselseitige Kontrolle der Verfassungsorgane galten in Europa als vorbildlich. Zwar blieben Indianer, Schwarze und Frauen sowie etwa ein Viertel der ärmeren weißen Bevölkerung vom Wahlrecht ausgeschlossen; doch lag in den Vereinigten Staaten alle Macht in den Händen des Volkes und machte sie zu einer *demokratischen Republik*.

Viele Amerikaner dachten vor allem im erbitterten Krieg um die Unabhängigkeit nicht mehr daran, daß sie die Demokratie in Amerika letztlich dem Mutterland verdankten. Auch wenn England weiterhin eine Monarchie blieb, so war doch seit der *Glorious Revolution* 1688 der englische König an eine Verfassung gebunden. Ein Mitspracherecht bei der Gesetzgebung gab es in England schon seit 1295, auch wenn zunächst nur ein kleiner Personenkreis Einfluß nehmen konnte. Und die erste Urkunde, in der der einzelne vor der Willkür des Königs und damit des Staates geschützt wurde, war die *Magna Charta* von 1215. Auch erinnerte der amerikanische Kongreß mit Senat und Repräsentantenhaus an das englische Parlament mit Oberhaus und Unterhaus.

Trotz vielfacher Bande in Politik, Sprache und Religion lagen die Vereinigten Staaten in einer neuen Welt, wo die Gesetze einer neueren Zeit galten. Die Weite des Kontinents, der ununterbrochene Einwandererstrom aus aller Herren Länder und deren Pioniergeist ließen Amerika in den Augen vieler zum Land der unbegrenzten Möglichkeiten werden.

Wichtige Begriffe

Bill of Rights
Bostoner Tea Party
Gewaltenteilung
Glorious Revolution
House of Lords
House of Commons
Indianer
Kongreß
Konstitution
Magna Charta

Mayflower
Konstitutionelle Monarchie
Parlament
Pilgerväter
Puritaner
Präsident
Unabhängigkeitserklärung
Unabhängigkeitskrieg
Verfassung
Westwanderung

Geschichtslabor

Vertrieben aus Wigwam und Tipi

„Die Erde weint"

Rücksichtslos machten sich die Weißen die Erde auch Nordamerikas untertan. In ihrem Landhunger verdrängten sie zunächst die seßhaften *Indianerstämme* aus ihren Dörfern im Osten. Mit ihrem Zug nach Westen überzogen sie die nomadisierenden Stämme in den weiten Ebenen des Westens mit Krieg und brachten in nicht einmal einem Jahrhundert die Natur, Flora und Fauna, aus dem Gleichgewicht.

Unübersehbar war das Sterben der *Bisons,* die den Indianern Fleisch für die Ernährung, Fell für die Kleidung und Behausung und Dung als Brennstoff garantierten. Aus Büffelknochen hatten die geschickten Hände der Indianerfrauen Haushalts- oder Gebrauchsgeräte gefertigt. Von den wohl mehr als 60 Millionen Bisons zu Beginn des 19. Jahrhunderts lebten 1889 noch 541. Die riesigen Büffelherden waren dem weißen Mann bei seiner Landnahme im Wege, eine willkommene Beute von Fellhändlern oder bloße Zielscheibe für die Renommiersucht weißer Eisenbahnfahrer.

So kündigte sich im Sterben der Büffel der Untergang der Prärie-Indianer an, deren Lebensart unser Indianerbild nachhaltig prägt.

Eine Wohnung für die Wanderschaft

Der Aufbau der kegelförmigen Zelte war neben der Sorge für Kinder, Kleidung und Küche Sache der Frauen. Zunächst stellten zwei Squaws 16 Holzstangen von etwa 8 m Höhe in ein Rund und verbanden sie mit Lederschnüren. Mit der letzten Stange hoben sie die Zeltplane, die aus etwa zwölf zusammengenähten Büffelhäuten bestand, nach oben. Der Transportschlitten – der Trovois – diente den Frauen als Leiter, um in der Höhe die offenen Teile der Zeltplane zusammenzuziehen und mit Birkenstöckchen zu verschließen. Starke Holzpflöcke verankerten die Zelthaut fest im Boden, ließen sich aber zu Belüftungszwecken rasch wieder entfernen. Mit zwei langen, bis zum Boden reichenden Stangen an der Rückseite des Zeltes verfügte die Rauchklappe über eine durchdachte Fernbedienung. Wie ein Schild bedeckte eine oft reich verzierte Klappe den nach Osten ausgerichteten Eingang. So war das Zelt dem Sonnenaufgang zugewandt und vor stürmischen Westwinden geschützt.

Wir bauen ein Tipi

Bemalt alte Bettücher nach Indianerart, fügt sie zu einer Zelthaut zusammen und breitet sie über sieben Stäbe. Zeltleine und Sicherheitsnadeln helfen euch weiter. Bedenkt bei der Innenausstattung und Zusammenstellung des Hausrats, daß ihr morgen weiterziehen müßt!

Daten der Geschichte

Deutsches Reich

768-814	Karl der Große König des Frankenreichs
800	Kaiserkrönung Karls d. Gr.
843	Reichsteilung; Ostfranken an Ludwig den Deutschen
919-936	Heinrich I.
936-973	Otto I.; Reichskirchensystem; 955 Sieg über die Ungarn
962	Kaiserkrönung Ottos I.
seit 1075	Investiturstreit zwischen Kaiser und Papst
1122	Wormser Konkordat beendet den Investiturstreit
11./12. Jh.	Entstehung von Städten
1152-1190	Friedrich I. Barbarossa
seit 12. Jh.	Ostsiedlung
seit 13. Jh.	Ausbau der Landesherrschaft
1356	Goldene Bulle sichert den Kurfürsten die Königswahl
um 1450	Erfindung des Buchdrucks
1517	Luthers Thesen gegen den Ablaßhandel; Beginn der Reformation
1519-1556	Karl V.
1520	Reichstag zu Worms
1524-1525	Bauernkrieg
1545-1563	Konzil von Trient; katholische Reformen
1555	Augsburger Religionsfriede bestätigt Glaubensspaltung
1618-1648	Dreißigjähriger Krieg
1683	Türken vor Wien
1740-1786	Friedrich II.; aufgeklärter Absolutismus in Preußen
1740-1780	Maria Theresia; Reformen in Österreich
1756-1763	Siebenjähriger Krieg in Europa; Preußen steigt zur Großmacht auf

Frankreich

843	Teilung des Frankenreichs; Westfranken an Karl. d. Kahlen
987-1328	Herrschaft der Kapetinger; Erbmonarchie in Frankreich
10./11. Jh.	Kirchenreform von Cluny
1096	Aufruf des Papstes zum Ersten Kreuzzug
1209-1229	Albigenserkriege; Südfrankreich fällt an die Krone
1309-1377	Päpste in Avignon
1339-1453	Hundertjähriger Krieg
1461-1483	Ludwig XI.; Stärkung der zentralen Königsmacht
1515-1547	Franz I. behauptet sich gegenüber Habsburg
1559-1598	Glaubenskrieg zwischen Katholiken und Hugenotten
1598	Edikt von Nantes
1661-1715	Ludwig XIV.; Absolutismus in Frankreich; Kampf um die Vorherrschaft in Europa
1756-1763	Siebenjähriger Krieg; Kolonien fallen an England

England

9./10. Jh.	Vereinigung der angelsächsischen Königreiche
1066	Normannische Eroberung
1215	Magna Charta
1339-1453	Hundertjähriger Krieg mit Frankreich; Verlust des franz. Festlandbesitzes
1455-1485	Thronwirren (Rosenkriege)
1534	Errichtung der anglikanischen Staatskirche durch Heinrich VIII.
1558-1603	Elisabeth I.; Aufstieg zur führenden Seemacht
1642-1649	Bürgerkrieg zwischen Parlament und König; 1649 Hinrichtung Karls I.
1688-1689	Glorious Revolution; Garantie parlamentarischer Rechte (Bill of Rights)
1756-1763	Siebenjähriger Krieg; Aufstieg zur führenden Handels- und Kolonialmacht

Spanien

711	Araber vernichten das Westgotenreich
756-1031	Kalifat von Cordoba; maurische Kultur
8./9. Jh.	Christliche Königreiche im Norden; Beginn der Rückeroberung (Reconquista)
13. Jh.	Spanien unter christlicher Herrschaft; muslimisches Kgr. Granada bis 1492
1479	Isabella v. Kastilien u. Ferdinand v. Aragon vereinigen ihre Länder
1492	Kolumbus entdeckt Amerika; Aufbau des span. Kolonialreichs
1494	Vertrag v. Tordesillas; Abgrenzung spanischer u. portugiesischer Einflußzonen in Übersee
1516-1556	Karl V. König von Spanien; seit 1519 Deutscher Kaiser
1556-1598	Philipp II.
1566-1581	Freiheitskampf der Niederlande
1701-1714	Spanischer Erbfolgekrieg

Polen

10. Jh.	Einigung poln. Stämme
966	Taufe von Mieszko I.
992-1025	Boleslaw Chrobry erwirbt Schlesien und Pommern
999	Erzbistum Gnesen
13. Jh.	Einströmen deutscher Siedler
1386	Polnisch-Litauische Union
15. Jh.	Konflikte mit dem Ordensstaat
1525	Ordensstaat wird poln. Lehen; Polen Vormacht in Osteuropa
1569	Lubliner Union
1572	Wahlkönigtum
1660	Friede v. Oliva; Ende der Vormachtstellung
1697-1733	August der Starke König v. Polen
1772-1795	Teilungen Polens

Rußland

seit 9. Jh.	Wirtschaftliche Erschließung durch normannische Waräger; Reich von Kiew
seit 988	Christianisierung durch Byzanz
1236/1240	Beginn der Mongolenherrschaft
14. Jh.	Aufstieg des Großfürstentums Moskau
1462-1505	Iwan III. gründet den russischen Einheitsstaat; Ende der Tatarenherrschaft 1480
16. Jh.	Expansion im Süden u. Osten; Beginn der Kolonisation Sibiriens
1682-1725	Peter der Große; innere Reformen; Aufstieg Rußlands zur europäischen Großmacht
1762-1796	Katharina II.; Ausdehnung im Süden (Türkenkriege) u. Westen (Teilungen Polens); Scheitern sozialer Reformen

Vorderasien

seit 7. Jh.	Islamisches Kalifenreich in Vorderasien
7./10. Jh.	Blütezeit des Byzantinischen Reiches
1054	Trennung von römischer u. griech.-orthodoxer Kirche
11. Jh.	Oberherrschaft türkischer Seldschuken in Vorderasien
1099	Kreuzritter erobern Jerusalem (1. Kreuzzug); Kreuzfahrerstaaten in Syrien u. Palästina
1256-1502	Mongolenherrschaft in Persien und Mesopotamien (Ilchane, Timuriden)
seit 14. Jh.	Aufstieg des Osmanischen Reiches (Türkei)
1453	Türken erobern Konstantinopel; Ende von Byzanz
seit 15. Jh.	Türken erobern SO-Europa u. Teile Vorderasiens
1502-1736	Nationale Einigung Persiens unter den Safawiden

Amerika

13.-16. Jh.	Inka- und Aztekenreich
1492	Kolumbus landet in Amerika
1519-1521	Cortez zerstört das Azteken-Reich
1531-1534	Pizarro zerstört das Inka-Reich
seit 16. Jh.	Spanisches u. portugiesisches Kolonialreich
seit 1604	Englische u. französische Kolonien in Nordamerika
1620	Pilgerväter in Nordamerika
1754-1763	England erobert den französischen Kolonialbesitz
1775-1783	Nordamerikanischer Unabhängigkeitskrieg
1776	Unabhängigkeitserklärung der 13 englischen Kolonien
seit 1800	Erschließung des Westens der USA

Minilexikon 281

Ablaß. Der reuige Sünder mußte für seine Sünden verschiedene Bußen auf sich nehmen, z. B. Gebete, Almosen, Wallfahrten. Erst danach wurde er von seinen Sünden losgesprochen. Nur diese Bußstrafen – und nicht wie oft angenommen die Sünden selbst – konnte man im Spätmittelalter durch einen Ablaß verkürzen oder erleichtern. Aus dem Verkauf der päpstlichen Ablaßbriefe entwickelte sich für die Kirche eine sprudelnde Einnahmequelle.

Absolutismus (lat. absolutus = losgelöst). Regierungsform, in der ein Monarch die uneingeschränkte und ungeteilte Herrschaftsgewalt (Souveränität) besitzt. Er regiert von den Gesetzen losgelöst und muß sich keinem Menschen, sondern nur Gott gegenüber rechtfertigen. Er sieht seine Macht als gottgegeben (Gottesgnadentum) und fordert unbedingten Gehorsam von allen Untertanen. Der Begriff bezeichnet die Epoche vom 16.–18. Jh., als der A. in Europa vorherrschte. Als Vorbild galt der französische König Ludwig XIV. Um die Macht zu zentralisieren, unterwarf er den politisch selbständigen Adel und brach das Steuerbewilligungsrecht der (↑) Stände. Zu Stützen seiner Macht entwickelte er das (↑) Stehende Heer, die (↑) Beamtenschaft und den (↑) Merkantilismus.

Adel. Privilegierter Stand, dessen Macht sich im Mittelalter auf Grundbesitz und kriegerischen Erfolg stützte. Im Frankenreich erhielten Adelige vom König Land (↑ Lehnswesen), wofür sie als bewaffnete Reiter Heeresfolge leisten mußten. Von seinen Bauern verlangte der adelige Grundherr (↑) Abgaben und Frondienste, übernahm deren Schutz und sprach Recht. Der Adel entwickelte im Mittelalter besondere Lebensformen und war von Steuern befreit. Zum Adel zählte man durch Geburt (Geburtsadel) oder Dienst im Auftrag des Königs (Dienst- oder Amtsadel). Im 12. Jh. bildete sich der Hochadel heraus, an dessen Spitze die Kurfürsten standen. Zum niederen Adel zählten vor allem Ritter und Ministeriale (↑).

Anglikaner. In England ging die Reformation vom Herrscher aus. König Heinrich VIII. (1509–1547) trennte sich von Rom, als der Papst seiner Ehescheidung nicht zustimmte. 1542 machte sich Heinrich zum Oberhaupt der sogenannten anglikanischen Staatskirche. Ihre Erzbischöfe und Bischöfe werden bis heute vom jeweiligen Herrscher ernannt.

Aufklärung. Eine Bewegung im 18. Jh. in West- und Mitteleuropa gegen den (↑) Absolutismus. Ihre zumeist bürgerlichen Vertreter – Schriftsteller, Philosophen und Staatstheoretiker – hielten alle Menschen „von Natur aus" für vernunftbegabt und befähigt, ihr Leben „vernünftig" zu gestalten. Die Zeit war erfüllt von Fortschrittsglauben und Optimismus. Mit Hilfe von Büchern, Zeitungen und Diskussionen gewannen die Aufklärer die öffentliche Meinung in ihrem Kampf gegen religiösen Fanatismus, gegen Vorurteile und überlieferte politische Machtverhältnisse.

Augsburger Religionsfriede. Reichsgesetz, zwischen König Ferdinand I. und den (↑) Reichsständen 1555 ausgehandelt. Er besiegelte die Glaubensspaltung des Reiches, indem er die Lutheraner rechtlich anerkannte. Die Landesfürsten erhielten Konfessionsfreiheit und schrieben nach dem Grundsatz „cuius regio, eius religio" (= wem das Land gehört, der bestimmt die Religion) ihren Untertanen das Bekenntnis vor. Wer damit nicht einverstanden war, mußte auswandern.

Beamte. Die absolutistischen Herrscher wollten ihr Land durch eine zentrale Verwaltung kontrollieren und organisieren. Zur Durchführung benötigten sie „Staatsdiener", die ihnen treu ergeben waren. Diese Leute konnten sie nicht im Adel finden, da er sie entmachtet hatten und der solche Arbeit als entwürdigend ansah. Sie fanden gut ausgebildete Kräfte im Bürgertum und schufen dadurch eine neue Berufsgruppe, die Beamtenschaft.

Bill of Rights. Sie sicherte die Herrschaft des englischen Parlaments über den König und seine Regierung. Nach der „Glorreichen Revolution" erließ das siegreiche Parlament 1689 dieses Staatsgesetz, das der neue König unterzeichnen mußte. Die Bill of Rights regelte die Thronfolge in England und alle Rechte des Parlaments.

Bürger. Ursprünglich die Bewohner eines Ortes im Schutze einer Burg. Später die freien Einwohner der mittelalterlichen Städte. Sie erkämpften sich von ihren adeligen Stadtherren zahlreiche Rechte, so daß manche Städte schließlich nur noch dem Kaiser untertan waren (Reichsstädte). Die Macht besaßen zunächst die reichen Kaufmannsfamilien (Patrizier ↑), später auch die Zünfte (↑) der Handwerker.

Bulle (lat. bulla = Kapsel). Eine Bulle ist das in eine Kapsel eingeschlossene Siegel einer Urkunde. Im Abendland benutzten Herrscher und Päpste bei besonders wichtigen Urkunden Gold- und Silberbullen. Seit dem 13. Jh. bezeichnet man die gesiegelte Urkunde selbst als Bulle.

Calvinismus. Bezeichnung für die Lehre des Reformators Johann Calvin (1509–1564). Grundlage ist die Prädestinationslehre, d. h., daß Gott von vornherein den Menschen entweder zum ewigen Heil oder zur ewigen Verdammnis bestimmt hatte. Da man Gottes Gnade am äußerlichen Erfolg der Arbeit zu erkennen glaubte, wirkte der C. wirtschaftlich sehr anspornend. Calvin führte eine strenge Kirchenzucht ein, der auch das Privatleben unterlag. Die Gemeinde, die alle Ämter selbst besetzte, sollte sich im Gottesdienst auf Predigt und Gott konzentrieren. Deshalb wurde aller Kirchenschmuck aus reformierten Kirchen entfernt. Calvins Lehre verbreitete sich hauptsächlich in Westeuropa.

Deutscher Orden. Ritterorden, während der Kreuzzüge um 1200 im Heiligen Land gegründet. Er unterwarf im 13. Jh. die heidnischen Pruzzen und gründete im späteren Ostpreußen ein großes Herrschaftsgebiet. Sein Hauptsitz war die Marienburg an der Oder.

Dreifelderwirtschaft. Art der Bodenbewirtschaftung seit etwa 800 n. Chr. In jährlichem Wechsel wird $1/3$ des Ackerlandes mit Wintergetreide bestellt, $1/3$ mit Sommergetreide, $1/3$ bleibt brach liegen, damit sich der Boden erholen kann.

Edikt (lat. edictum = Erlaß). Kaiserlicher oder königlicher Erlaß, der Gesetzeskraft erlangt. Wichtiges Beispiel: das Edikt von Nantes gewährte den (↑) Hugenotten 1598 Glaubensfreiheit.

Frondienst (althochdt. frô = Herr). Der hörige oder leibeigene Bauer mußte für seinen Grundherrn unbezahlte Arbeit leisten. Je nach seiner rechtlichen Stellung waren diese Arbeiten nach Anzahl der Tage, Zeit, Ort und Art festgelegt. Zu den Frondiensten zählten besonders Bodenbestellung, Fuhrdienste sowie Burg-, Haus- und Straßenbau.

Fronhof. Hof des Grundherrn. Dazu gehören das Herrenhaus, Häuser für Gesinde und Tagelöhner, Ställe und Scheunen. Der Fronhof ist umgeben vom Salland, welches der Grundherr selbst bearbeiten läßt und den Hufen, welche er an (↑) Hörige ausgegeben hat. Im Fronhof findet auch das Hofgericht statt.

Frühkapitalismus. Mit dem Aufkommen der Geldwirtschaft entstand auch eine neue Wirtschaftsgesinnung, die die (↑) Zunftordnung sprengte. Einzelne Unternehmerfamilien wie die Medici in Florenz oder die Fugger in Augsburg waren in verschiedenen Bereichen europaweit aktiv: in Handel, Geldverleih, Bergbau, Verlagswesen. Nur sie besaßen die erforderlichen Mittel, um Produktion und Handel im großen Stil durchzuführen. Und sie waren bereit, ihr Geld zur Erhöhung des Gewinns stets erneut im Unternehmen anzulegen.

Gegenreformation. Die innere Erneuerung der katholischen Kirche, beschlossen auf dem Konzil zu Trient (1545-1563). Gleichzeitig der – oft gewaltsame – Versuch der Reichsfürsten, protestantisch gewordene Gebiete zur katholischen Lehre zurückzuführen. Eine wichtige Rolle spielte dabei der (↑) Jesuitenorden. Die religiösen und damit verbundenen politischen Spannungen führten zum Dreißigjährigen Krieg (1618–1648).

Geld/Geldwirtschaft. Nach dem Zerfall des römischen Münzwesens war Geld bis ins 12. Jh. kaum gebräuchlich. Das Wirtschaftsleben bestand zumeist im Tausch von Ware gegen Ware. Die Geldwirtschaft blühte seit den Kreuzzügen zuerst in den norditalienischen Städten wieder auf.

Geusen (franz. gueux = Bettler). Der Begriff stammt aus dem Freiheitskampf der Niederlande im 16. Jh. und war zunächst ein Spottname der Spanier für die niederländischen Edelleute. Doch bald

Minilexikon

darauf bezeichneten sich die Niederländer selbst stolz als Geusen.

Gewaltenteilung. Die Teilung der Staatsgewalt in drei verschiedene, voneinander unabhängige Staatsorgane: Legislative (gesetzgebende Gewalt/Parlament), Exekutive (ausführende Gewalt/Regierung und Verwaltung), Judikative (Rechtsprechung). Sie soll durch gegenseitige Kontrolle den Herrschaftsmißbrauch unterbinden und die persönliche Freiheit der Staatsbürger sichern. Ihre Prinzipien wurden in der Auseinandersetzung mit dem (↑) Absolutismus entwickelt.

Graf. Stellvertreter des Königs in einem bestimmten Gebiet mit dem Auftrag, den Frieden zu sichern und die Finanzen, d. h. die Zölle, zu verwalten. In der Karolingerzeit wuchs seine Bedeutung, da der Graf das Heeresaufgebot befehligte. Außerdem übte er im Namen des Königs die hohe Gerichtsbarkeit aus. Karl der Große hatte das Amt noch an Unfreie gegeben, doch bald wurde es in den vornehmen Familien erblich. Seit dem 12. Jh. machten einige Grafen ihr Herrschaftsgebiet zu selbständigen Territorien und wurden zu (↑) Landesherren.

Grundherrschaft. Herrschaft über Land und die darauf lebenden Menschen. Adlige, auch Klöster, gaben meist unfreie Bauern (↑ Hörige, ↑ Leibeigene) Land zur Bewirtschaftung und gewährten den Bauern Schutz. Dafür leisteten diese Abgaben und (↑) Frondienste. Der Grundherr verfügte über die niedere Gerichtsbarkeit und verurteilte leichtere Vergehen; damit war er Teil der Obrigkeit. Die Grundherrschaft formte die europäische Wirtschaft und Gesellschaft über Jahrhunderte, in Deutschland bis zum Beginn des 19. Jh.

Hanse (althochdt. = bewaffnete Schar). Zusammenschluß deutscher Kaufleute (= Gilde) zur Sicherung ihrer Handelsinteressen im Ausland. Die seit 1358 im lockeren Bund organisierten Handelsstädte bauten den Nord- und Ostseebereich als Wirtschaftsraum aus und verfügten über eine Vormachtstellung in Nordeuropa. Seit Ende des 15. Jh. wurde die Hanse von den aufkommenden Nationalstaaten und den deutschen Landesfürsten entmachtet und wirtschaftlich durch den Atlantikhandel verdrängt.

Hausmacht. Bezeichnung für die politische Macht, über die ein Fürst aufgrund der Bedeutung seines (↑) Territoriums verfügte. Da die (↑) Landesherren ihre Hausmacht durch Krieg und Heirat zu vergrößern suchten, bedrohten sie die zentrale Reichsgewalt. Seit Rudolf von Habsburg (1273-1291) versuchten daher die deutschen Könige, ihre eigene Hausmacht auszubauen, um ihre Vormachtstellung zu sichern.

Herzog. Bei den Germanen der oberste gewählte Heerführer eines Stammes. Diese Stammesherzöge erlangten eine vom König fast unabhängige erbliche Macht. Sie lenkten ihre Herzogtümer Bayern, Schwaben, Sachsen, Franken und Lothringen als Kriegsherr und Friedenssicherer, als Richter und Gesetzgeber. Die Stammesherzöge wählten 919 den Sachsenherzog Heinrich zum König und gründeten damit das mittelalterliche Deutsche Reich. Seit dem 12. Jh. zerfielen die Stammesherzogtümer in zahlreiche festumrissene Gebiete (Territorien), deren Einheit nicht mehr durch einen Stamm, sondern durch die Herrschaft des (↑) Landesherrn gebildet wurde.

Höriger. Ein Bauer, dem ein Grundherr Land gegen Abgaben und (↑) Frondienste leiht. Hörigkeit war eine Form der dinglichen Abhängigkeit. Der Hörige bearbeitete den Boden selbständig, war aber an ihn gebunden; das galt auch für seine Kinder und für den Fall, daß das Land verkauft wurde. Oft wurden Freie durch Schuldknechtschaft zu Hörigen oder sie unterstellten sich freiwillig dem Schutz eines Grundherrn, da sie den Kriegsdienst nicht mehr leisten konnten.

Hugenotten. Bezeichnung der französischen – meist calvinistischen – Protestanten. In Frankreich hatte sich die Reformation bis in hohe Adelsfamilien durchgesetzt und zu blutigen Machtkämpfen geführt. Nach der Ermordung der hugenottischen Führer in der „Bartholomäusnacht" 1572 und weiteren Auseinandersetzungen erließ der neue König 1598 das „Edikt von Nantes". Darin gewährte er den Hugenotten Gewissensfreiheit und politische Gleichberechtigung. Die Aufhebung des Ediktes durch Ludwig XIV. im Jahre 1685 führte viele Hugenotten auf ihrer Flucht nach Brandenburg.

Humanismus (lat. humanus = menschlich). Künstler und Gelehrte, Fürsten und Päpste sammelten antike Handschriften und Kunstwerke und machten sie anderen zugänglich. Sie nannten sich Humanisten, denn sie waren überzeugt, daß die Menschen durch das Studium der klassischen Vorbilder vollkommener würden.

Inquisistion (lat. inquirere = untersuchen). Mittelalterliches Rechtsverfahren, bei dem Anklage, Untersuchung und Urteilsspruch in einer Hand lagen. Papst Gregor IX. gründete 1232 die päpstliche Inquisition und beauftragte den Dominikanerorden, (↑) Ketzer aufzuspüren, zu bekehren oder zu bekämpfen. Das Geständnis wurde durch Anwendung der Folter erzwungen, das Opfer danach der weltlichen Macht zum Tod auf dem Scheiterhaufen übergeben.

Investitur (lat. investire = bekleiden). Die Einsetzung eines Bischofs oder Abts in sein geistliches Amt und zugleich die Übertragung von weltlichen Herrschaftsrechten. Als Zeichen der geistlichen Würde übergab der König Ring und Hirtenstab. Diese Mitwirkung eines Laien, selbst des Königs, wollten die Vertreter der (↑) Kirchenreform nicht länger dulden. Es folgte der sogenannte Investiturstreit, der die religiösen und politischen Grundlagen des Mittelalters erschütterte. Papst und König setzten sich im Jahre 1076 gegenseitig ab und bannten sich. Ein Kompromiß konnte erst 1122 mit dem Wormser Konkordat erreicht werden.

Jesuiten. Die wichtigste Kraft der katholischen Kirche gegen die Reformation wurde der Jesuitenorden (societas Jesu = Gesellschaft Jesu, abgek. SJ). Gegründet hat ihn der spanische Adelige Ignatius von Loyola (1491-1556). Die Jesuiten übten als Erzieher und Beichtväter an Fürstenhöfen sowie durch die Einrichtung vieler Schulen und Hochschulen großen Einfluß aus. Das Volk gewannen sie durch Predigten und karitative Tätigkeiten. Sie erhielten vom Papst den Auftrag der weltweiten Mission.

Ketzer. Menschen, die der amtlichen Kirchenlehre widersprechen. Die (↑) Inquisition verfolgte sie. Der Begriff leitet sich von den Katharern ab, die im 12. Jh. bes. in Südfrankreich die Lehre der römischen Kirche und deren Machtapparat (Hierarchie) bekämpften.

Kirchenbann. Der Bann ist das Recht des Herrschers, etwas unter Androhung von Strafe zu gebieten oder zu verbieten. Der Kirchenbann ist die vom Papst verhängte Kirchenstrafe gegen Ketzerei und schwere Sünden. Er bedeutet Ausschluß von den Sakramenten (Exkommunikation) und damit Ausschluß aus der Gemeinschaft der Gläubigen. Der Bann kann durch Buße des reuigen Sünders aufgehoben werden. Der Kirchenbann war ein wichtiges Mittel im politischen Kampf des Papstes gegen die weltliche Macht (↑ Investiturstreit).

Kirchenreform. Um das Jahr 1000 führte der moralische Verfall der Kirche und vieler Klöster zu einer Gegenbewegung, die zur ursprünglichen Reinheit des Glaubens zurückkehren wollte. Diese Reformkräfte waren auch unzufrieden mit dem Einfluß von Laien im religiösen Leben. Von der Benediktinerabtei Cluny in Burgund/Frankreich ging die Kirchenreform aus und gewann durch hervorragende Äbte und zahlreiche Töchterklöster in ganz Europa starken Einfluß.

Kloster (lat. claustrum = abgeschlossen). Durch eine Mauer von der Welt abgetrennter Lebensraum von Mönchen oder Nonnen. Sie haben das Gelübde abgelegt, in Armut, Gehorsam und Ehelosigkeit ihr Leben im Dienst Gottes zu führen. Die Leitung hat ein Abt oder Prior. Benedikt von Nursia gab um 530 den zahlreichen abendländischen Klöstern einen klaren Aufbau und strenge Regeln, die jahrhundertelang gültig blieben.

Kolonie. Ein abhängiges Gebiet in Übersee. Mit den Entdeckungen und Eroberungen der Portugiesen und Spanier begann das Kolonialzeitalter. Europäische Staaten besetzten dank ihrer überlegenen Waffen überseeische Gebiete, unterwarfen die dortige Bevölkerung, besiedelten das Gebiet und beuteten es wirtschaftlich aus. Je nach Schwerpunkt unterscheidet man Wirtschaftskolonien, Siedlungskolonien, Militärkolonien, Strafkolonien.

Konfession (lat. Bekenntnis). Sie umfaßt alle Menschen, die das gleiche Glaubensbekenntnis ablegen und damit zur gleichen Glaubensgemeinschaft gehören. Katholiken und (↑) Protestanten bilden die beiden großen Konfessionen in Deutschland.

Konkordat. Vertrag zwischen der katholischen Kirche und einem Staat zur Regelung kirchlicher Angelegenheiten. Ein wichtiges Konkordat des Mittelalters war das Wormser Konkordat von 1122, welches den (↑) Investiturstreit beendete.

Konzil (lat. concilium = Zusammenkunft). Die Versammlung hoher kirchlicher Würdenträger zur Beratung und Entscheidung wichtiger Angelegenheiten von Glauben und Kirche. Ein Konzil betrifft die Gesamtkirche. Kirchenversammlungen für ein begrenztes Gebiet sind Synoden.

Kreuzzüge. Kriegszüge der abendländischen Christenheit zwischen 1096 und 1291 zur Befreiung des Heiligen Landes von der Herrschaft des Islam. Die Kreuzritter haben ihr Ziel nicht erreicht. Der Kontakt mit der islamischen Welt brachte aber neue Kenntnisse und Gedanken nach Europa. Der Begriff umfaßt auch die Kriege, zu denen die Kirche im Mittelalter gegen Heiden oder Ketzer aufrief.

Kurfürst (althochdt. Kuri = Wahl). Ein Fürst, der das Recht hat, den Herrscher zu wählen. Allmählich erlangte im Deutschen Reich eine Gruppe von 7 Fürsten dieses Privileg und bildete so die Spitze des Hochadels. Es waren die Erzbischöfe von Mainz, Köln und Trier, der Pfalzgraf bei Rhein, der Herzog von Sachsen, der Markgraf von Brandenburg und der König von Böhmen. Die Goldene Bulle von 1356 bestimmte endgültig allein diese Kurfürsten zur Königswahl und legte ein Mehrheitswahlrecht fest. Weiterhin bestimmte sie die Unteilbarkeit der Kurländer sowie das Erstgeburtsrecht bei der Erbfolge.

Landesherr. Inhaber der obersten Gewalt in einem festumrissenen Gebiet (Territorium). Ursprünglich waren im Mittelalter die Besitzrechte des Adels zersplittert und seine Besitzungen weit zerstreut. Seit dem 12. Jh. versuchte der Adel jedoch, Besitzungen und Herrschaftsrechte zusammenzufassen, andere Herren zu verdrängen oder zu unterwerfen und ein geschlossenes Territorium aufzubauen. In diesem Territorium unterstanden nun alle Einwohner allein der Gewalt des Landesherrn (z. B. Herzog, Graf), der seine Regierung durch eine einheitliche Verwaltungs- und Gerichtsorganisation wirksam verstärkte. Die Bildung der Landesherrschaften führte allerdings zur Schwächung des Königtums.

Landeskirche. Luther selbst setzte nach den Bauernkriegen die Fürsten als „Notbischöfe" zur Leitung der Kirche ein. Die Ämterbesetzung erfolgte nicht durch die Gemeindemitglieder, sondern wurde wieder von der Obrigkeit bestimmt. Die protestantischen Landesherren erweiterten dadurch ihre Macht.

Lehnswesen. Es entstand im 8. Jh. im Frankenreich und bildete die Grundlage der politisch-gesellschaftlichen Ordnung des Mittelalters. Der König (Lehnsherr) verlieh seinen Gefolgsmännern Land und Leute als Lehen. Dafür schuldete der Lehnsmann (Vasall) seinem Lehnsherrn lebenslange Treue, Gefolgschaft und Waffendienst. Mächtige Lehnsleute verliehen Grundbesitz an Untervasallen weiter. Da Lehen frühzeitig erblich wurden, erlangten die Lehnsleute eine starke Machtposition gegenüber dem König. Das führte in Deutschland zu einer Schwächung der zentralen Staatsgewalt.

Leibeigenschaft. Eine Form persönlicher Abhängigkeit. Der Leibeigene war unfrei, aber kein privatrechtliches Eigentum wie der Sklave. Er gehörte zum Gesinde eines Herrenhofes, mußte seinem Leibherrn eine jährliche Kopfsteuer zahlen und (↑) Frondienste leisten. Auch sein Privatleben war unfrei: er durfte nicht ohne Genehmigung heiraten, und nach seinem Tod hatten die Erben dem Leibherrn besondere Abgaben zu zahlen.

Magna Charta Libertatum (lat. Große Freiheitsurkunde). Im Jahre 1215 mußte der schwache König Johann „Ohneland" den englischen Baronen, den hohen Kirchenfürsten und den Abgesandten der Stadt London in dieser Urkunde Freiheiten gewähren und damit Einschränkungen seiner königlichen Gewalt hinnehmen. Die Magna Charta ist die älteste Verfassungsurkunde Englands. Sie bildete den Ausgangspunkt der späteren politischen Herrschaft des (↑) Parlaments.

Manufaktur (lat. manu facere = mit der Hand machen). Ein Betrieb, in dem vorwiegend Handarbeit geleistet wurde. Die Arbeit fand allerdings im Gegensatz zum traditionellen Handwerksbetrieb in großen Produktionsräumen mit vielen Arbeitern statt. Zur Steigerung der Produktion teilte man die Herstellung z. B. eines Gewehrs in Einzelschritte auf (Arbeitsteilung). Im Zeitalter des Absolutismus gründeten viele Landesherren Manufakturen, um den Bedarf an Waffen und Uniformen zu decken oder durch andere Produkte Handel und Wirtschaft nachhaltig zu beleben.

Merkantilismus (lat. mercator = Kaufmann). Die staatlich gelenkte Wirtschaftsform des Absolutismus. Um die Macht des Staates zu vergrößern und die Mittel für das (↑) Stehende Heer, die (↑) Beamten und den höfischen Prunk aufzubringen, mußte durch intensiven Handel möglichst viel Geld ins Land kommen und möglichst wenig das Land verlassen. Die Regierung erhöhte daher die Ausfuhr von Fertigwaren und erschwerte durch hohe Zölle die Einfuhr ausländischer Produkte. Durch eigene Kolonien kam man an billige Rohstoffe. Die Regierung förderte Unternehmer und qualifizierte Arbeiter, die in den neuen (↑) Manufakturen Exportwaren produzierten. Im Inland beseitigte der Staat Handels- und Gewerbeschranken durch Ausbau der Verkehrswege (insbesondere Kanäle), durch einheitliche Währung, Maße und Gewichte sowie durch Beseitigung von Zöllen und Zunftordnungen.

Ministeriale (= Dienstleute). Weltliche oder geistliche Herren beauftragten Ministeriale mit Hof- und Kriegsdienst oder mit der Verwaltung ihrer Besitzungen. Die Könige nahmen für solche Aufgaben oft Unfreie, da sie ihnen treuer ergeben waren als die selbstbewußten großen Adligen. Die Stauferherrscher versuchten sogar – allerdings erfolglos –, mit Hilfe der Ministerialen eine Reichsverwaltung aufzubauen und die Macht des hohen Adels zu brechen. Die Ministerialen glichen sich allmählich dem Adel an und stiegen in den Ritterstand auf.

Nation (lat. natio = Geburt, Volk). Als Merkmal einer Nation gelten gemeinsame Abstammung und Sprache, gemeinsame Sitten und Gebräuche sowie das Zusammengehörigkeitsgefühl der in einem Gebiet zusammenlebenden Menschen.

Orden (lat. ordo = Ordnung, Stand). Religiöse Gemeinschaft von Mönchen oder Nonnen, die nach einer gemeinsamen Lebensordnung (Regel) leben. Im Lauf der Jahrhunderte haben sich verschiedene Orden mit unterschiedlichen Zielen und Aufgaben gebildet (z. B. Benediktiner, Zisterzienser, Franziskaner, Dominikaner, Jesuiten u. a.).

Parlament (mittellat. parlamentum = Besprechung). Das englische Parlament entwickelte sich aus den Beratungen am königlichen Hof. Dort kamen die Angehörigen des Hofes mit hohen geistlichen und weltlichen Adeligen sowie den Vertretern der Grafschaften (Gentry, niederer Adel) zusammen. Unter dem schwachen König Johann „Ohneland" erstarkte das Parlament (↑ Magna Charta). Im 14. Jh. teilte es sich in das Oberhaus („House of Lords" – hoher Adel und hohe Geistlichkeit) und das Unterhaus („House of Commons" – gewählte Vertreter von Gentry und Bürgertum). In den Revolutionen des 17. Jh. besiegte das Parlament die Könige und vereitelte ihre Versuche, den (↑) Absolutismus in England einzuführen.

Patrizier. Die Angehörigen der Oberschicht einer mittelalterlichen Stadt. Sie sahen sich in der Nachfolge der römischen Adelsgeschlechter, die allein zur Regierung und Verwaltung der Republik berechtigt waren. Zu den Patriziern zählten reiche Kaufleute, Dienstleute des Stadtherrn und Adelige, die sich in der Stadt niedergelassen hatten. Konnte sich eine Stadt von ihrem Stadtherrn unabhängig machen, so übernahmen diese gesellschaftlichen Gruppen die politische Führung. Sie allein waren ratsfähig, d. h. nur sie besetzten die städtischen Ämter. Seit dem 13. Jh. kämpften in vielen Städten die (↑) Zünfte gegen die Vorherrschaft des Patriziats und erlangten politische Mitsprache.

283

Pfalz (lat. palatium = Palast). Das Frankenreich und das Deutsche Reich des Mittelalters kannten keine Hauptstadt. Der Herrscher reiste mit seinem Hofstaat, seiner Familie, seinen Beamten und Priestern durch sein Herrschaftsgebiet. Auf den Pfalzen, die im ganzen Reichsgebiet verstreut lagen, übte er seine Herrschaft an Ort und Stelle persönlich aus. Die Pfalzen waren zumeist gut befestigte große Höfe mit Kirche, Wohngebäuden, Verwaltungs- und Wirtschaftsgebäuden. Die Ernährung eines großen Gefolges war damals problematisch, so daß sich der Hof nicht allzulange auf einer Pfalz aufhalten konnte.

Protestanten. Bezeichnung für alle Christen, die nicht zur römisch-katholischen Kirche oder zur orthodoxen Ostkirche gehören. Nach einem Reichstagsbeschluß von 1529 sollten alle kirchlichen Reformen verboten werden und die Anhänger Luthers der (↑) Reichsacht verfallen. Dagegen protestierten die reformierten Fürsten und Städte aus Gewissensgründen. Von dieser „Protestation" leitet sich der Begriff her. Die von Luther gebrauchte Bezeichnung „evangelisch" setzte sich nur langsam durch.

Puritaner (lat. purus = rein). Bezeichnung für Anhänger des Calvinismus in England. Sie glaubten, die reine Lehre des Evangeliums zu vertreten und lehnten alles ab, was nicht in der Bibel begründet war. Radikale Puritaner forderten ein demokratisches Gemeindeleben und die Abschaffung des Bischofsamtes. Aufgrund der andauernden Verfolgungen wanderten etliche Puritaner nach Nordamerika aus (Pilgerväter 1620), wo sie die Entwicklung der späteren USA stark beeinflußten.

Reconquista (span. Wiedereroberung). Die Araber hatten nach ihrem Sieg im Jahre 711 über die Westgoten die Iberische Halbinsel erobert. Nur im Norden konnten sich noch kleinere christliche Herrschaftsgebiete halten. Von dort aus begann der Jahrhunderte dauernde Kampf gegen die Muslime (auch Mauren oder Sarazenen genannt). 1492 fiel Granada, der letzte maurische Stützpunkt auf spanischem Boden.

Reformation. Der religiöse Umbruch Europas im 16. Jh., der zur Auflösung der kirchlichen Einheit des Abendlandes führte. Zu seinen Ursachen zählten kirchliche Mißstände wie der Lebenswandel vieler Geistlicher, Simonie und (↑) Ablaßhandel. Eingeleitet wurde die Reformation durch die Thesen Martin Luthers (1517), und sie erfaßte gegen den Widerstand der römischen Kirche sehr rasch breite Bevölkerungsschichten. Da sich auch viele (↑) Reichsstände der Reformation anschlossen, wurde die Reformbewegung zu einem politischen Machtfaktor. Die Reformation setzte sich vor allem in Mittel- und Nordeuropa durch. Der römischen Kirche gelang es, durch die Reformen des Konzils von Trient (1545-63) sowie die Tätigkeit der (↑) Jesuiten erneut an Boden zu gewinnen (Gegenreformation).

Reichsacht (althochdt. acht = Verfolgung). Im Falle eines schweren Verbrechens konnte der Herrscher den Täter ächten. Der Geächtete wurde damit aus der Gemeinschaft ausgestoßen, verlor sein Eigentum und jeden Rechtsschutz – er war „vogelfrei". Wer ihm half, verfiel selbst der Acht. Wenn der Geächtete Gehorsam gegen Kaiser und Reich versprach, konnte er durch ein kaiserliches Gericht aus der Acht gelöst werden. Oft wurde die Reichsacht zusammen mit dem (↑) Kirchenbann ausgesprochen.

Reichsinsignien. Herrschaftszeichen der deutschen Könige: Reichskrone, Heilige Lanze, Reichsschwert, Reichsapfel, Zepter, Reichskreuz, Reichsevangeliar und Krönungsmantel. Diese Gegenstände waren unerläßlich für die Rechtmäßigkeit der Herrschaft und wurden dem König nach Krönung und Salbung im Aachener Dom überreicht. Sie sollten die Einheit von christlicher und weltlicher Herrschaft symbolisieren.

Reichskirchensystem. Die ottonischen und salischen Könige setzten Bischöfe und Äbte in hohe Staatsämter ein und übertrugen ihnen große Besitzungen. Durch diese Maßnahme wollten sie dem Machtanspruch der Stammesherzöge beggnen, die sich gegen die zentrale Reichsgewalt auflehnten. Die Reichskirche wurde auf diese Weise zur wichtigsten Stütze des Königtums, bildete ein Gegengewicht zu den (↑) Herzögen und war Verfechterin der Reichseinheit. Erst der (↑) Investiturstreit stellte dieses System in Frage, da dem König die Investitur von Bischöfen entzogen wurde.

Reichsstände. Politische Mächte im Deutschen Reich, die Sitz und Stimme im Reichstag besaßen. Hierzu zählten die geistlichen Reichsstände (z. B. Bischöfe, Äbte), die weltlichen Reichsstände (z. B. Herzöge, Grafen) sowie die Reichsstädte. Im Reichstag, den der König einberief, gliederten sich diese Reichsstände seit 1489 in 3 Gruppen (Kurien) auf: Kurfürstenrat, Fürstenrat und Reichsstädte. Das Stimmrecht dieser Kurien war unterschiedlich geregelt.

Renaissance (franz. Wiedergeburt). Im 15. Jh. wandten sich viele Menschen in den norditalienischen Städten der römisch-griechischen Vergangenheit zu. Dort suchten sie Vorbilder für ihr Leben und trennten sich von der kirchlich-religiösen Bevormundung des Mittelalters, das ihnen als finster und barbarisch erschien. Der einzelne Mensch rückte in den Mittelpunkt des Interesses; er sollte seine Fähigkeiten entfalten und durch eigenständiges Denken und Beobachten die Natur erkennen. Maler, Bildhauer, Dichter, Philosophen, Wissenschaftler und Forscher verbreiteten diese neuen Gedanken in Europa. Unterstützung fanden sie bei Fürsten und auch bei Päpsten.

Stand, Stände. Die europäische Gesellschaft war bis zur Französischen Revolution unterteilt in Gruppen mit verschiedenen Rechten. Jeder Mensch wurde in seinen gesellschaftlichen Stand hineingeboren. Diese strenge und verbindliche Rangordnung galt als gottgegeben. Die Geistlichen bildeten den ersten Stand (Lehrstand), die Adeligen den zweiten (Wehrstand). Die große Masse der Bauern bildete den dritten Stand (Nährstand), zu dem später auch die Bürger zählten. Außerhalb der Ständegesellschaft blieben sozial Verachtete (z. B. Henker, Spielleute, Dirnen) sowie die Juden.

Stehendes Heer. Im Mittelalter wurden Heere nur für einen Krieg aufgestellt, die Soldaten (Söldner, Landsknechte) anschließend entlassen. Seit dem 17. Jh. schufen die absolutistischen Herrscher jedoch Armeen, die auch in Friedenszeiten einsatzbereit unter Waffen standen. Innenpolitisch benutzten die Herrscher das Stehende Heer, um unbotmäßige Stände auszuschalten, Aufstände niederzuschlagen und die Staatsgewalt zu zentralisieren. Damit wurde es zum wichtigsten innen- und außenpolitischen Machtinstrument.

Territorium (s. Herzog, Landesherr).

Toleranz (lat. tolerare = erdulden, erleiden, ertragen). Die Duldung von Menschen mit anderer Überzeugung, besonders in religiösen oder politischen Fragen. Die Vertreter der (↑) Aufklärung sahen in der Achtung vor dem Andersdenken einen entscheidenden Schritt zum friedlichen Zusammenleben der Menschen. Sie kämpften gegen religiösen Fanatismus und forderten vom Staat Toleranz.

Verleger. Ein reicher Kaufmann, der einem Handwerker die Rohstoffe vorlegt (= vorstreckt), dieser dann zu Hause bearbeitet. Er bekommt dafür einen Lohn, ist also nicht mehr selbständig. Der Verleger sorgt für Arbeit, Rohstoff, oft auch für das Werkzeug und den Verkauf.

Zunft. In den mittelalterlichen Städten schlossen sich die Handwerker des gleichen Berufs zu einer Zunft zusammen, um sich gegenseitig im Alter und bei Krankheit zu unterstützen. Später mußte jeder Handwerksmeister einer Zunft beitreten, die – im Einverständnis mit der städtischen Obrigkeit – das Wirtschaftsleben lenkte und kontrollierte, um ein angemessenes und gerechtes Auskommen zu sichern. Sie regelte Qualitätsmerkmale und Preise, Ausbildung und Arbeitszeiten, Höchstzahl von Lehrlingen und Gesellen, Herstellungsmengen und Produktionsmethoden. Jeder Verstoß wurde hart bestraft. Aus Angst vor Konkurrenz durften die Handwerker nicht auf Vorrat arbeiten, sondern nur auf Bestellung. Diese strengen Regeln hemmten technische Neuerungen und die freie Entfaltung tüchtiger Handwerker. Seit dem 13. Jh. kämpften die Zünfte gegen die Stadtherrschaft der (↑) Patrizier.

Register

Aachen 17ff., 22, 24, 114
Abgaben 14, 76f., 83, 86, 107, 183f., 232, 251
Ablaß(handel) 172, 174, 176ff., 193
Absolutismus 215f., 218, 228, 232f., 236, 246, 253, 262f.
Adalbert I., Erzbf. v. Bremen 29
Adel 8, 11f., 14, 18, 21, 28, 47, 58, 69f., 76, 86, 120, 129, 158, 174, 178, 182, 203, 205, 207f., 215f., 218-222, 230, 232, 234, 240, 244, 248f., 251ff., 258ff., 262
Adelheid, dt. Ksn. 20, 22f.
Adelsrepublik 129
Äbte 11, 14, 28, 78f., 83, 259f.
Afrika 146, 156, 158, 227, 241 269
Agnes, dt. Ksn. 26, 28f., 31
Alba, Fernando 205
Alexander II., Papst 28
Alexander III., Papst 42, 44
Allmende 73, 184
Amerika(ner) 137f., 148, 150, 153-158, 160, 164, 189, 197, 204, 227, 241, 258, 266, 268-271, 273, 275, 277
Amtsadel 21
Angelsachsen 259
Anglikaner 203, 264, 266
Anno II., Erzbf. v. Köln 29
Araber 10, 112, 122, 133, 146f.
Armada 160, 204
Asien 137, 146, 148, 197
Askanier 43, 116
Aufgeklärter Absolutismus 216, 240ff., 244
Aufklärung 216, 236-239, 245, 250f., 253
Augsburg 21f., 31, 94f., 102, 164
– Reichstag von 190f., 193
– Religionsfrieden von 172, 192, 195, 207, 212
Augsburger Bekenntnis 190
August II., der Starke, Kf. v. Sachsen, Kg. v. Polen 229, 234f., 254
Autokrator 131
Awaren 10, 22
Azteken(reich) 152ff.

Bankwesen 141, 160f., 163, 165, 221
Barock 230, 254
Bartholomäusnacht 206
Bauern 14f., 57f., 64, 68-77, 86, 100, 107, 121, 128, 134, 173, 183-187, 211, 220f., 224, 227, 232, 240, 245f., 251
Bauernkrieg (1524/25) 184-187, 193
Bayern 10, 19, 20, 29, 30, 40, 42f., 64, 114, 209, 229
Beamte 47, 120, 153, 219, 222, 226, 238
Behaim, Martin 137, 148
Benedikt von Nursia 78f.
Benediktiner 78
Bergbau 143, 155, 162, 164f., 226
Berlin 116f., 229, 232
Bernhard von Clairvaux 37
Bevölkerung, Bevölkerungsentwicklung 60f., 64, 70f., 74, 77, 92, 94, 107, 125, 132, 144, 156, 161, 183, 210f., 221, 232f., 244, 269, 276
Bildung(swesen) 16, 107, 112, 133, 137, 141, 144, 238
Bill of Rights 264f., 274
Bischöfe 11, 14, 16, 19, 21f., 26, 28ff., 33ff., 40f., 48, 51, 92, 101 118, 156, 161, 174ff., 188, 197, 199, 204, 259f.
Böhmen 113f., 118f., 125, 202, 207f.
Böttger, Johann Friedrich 235
Boleslaw I. Chrobry, Kg. v. Polen 24, 129

Bostoner Tea Party 270
Brandenburg 116f., 202, 212f., 232, 253
Brun(o), Erzbf. v. Köln 21
Brunelleschi, Filippo 140
Buchdruck 57, 138, 144, 165
Bürger 35, 58, 64, 69, 91ff., 95, 99, 100-103, 107, 112, 120f., 141, 144, 158, 161, 185, 187, 201, 203, 218, 221f., 224, 245, 251, 258ff., 264, 266
Burg(en) 36, 40, 57, 70, 84, 85, 87, 92
Burgund 8, 26, 28, 31, 51, 119, 134, 179
Byzanz 16, 112, 130f., 135, 146

Calvin, Johannes 196, 200ff., 213
Calvinismus, Calvinisten 196, 201f., 204-208, 212f., 223, 266
Canossa 32
China 146, 150
Christen(tum) 8ff., 16f., 19, 23, 33ff., 38, 47, 51, 67, 86, 100, 107, 112, 115, 118, 122f., 127f., 130, 147, 150, 172, 174, 180, 185, 189, 266
Christian IV., Kg. v. Dänemark 208
Cid, el 122
Clermont, Konzil von 34
Cluniazenser 28
Cluny 26, 28, 32
Colbert, Jean Baptiste 222, 226f.
Coligny, Gaspard de 206
Cortez, Hernando 151f., 154f., 157
Cromwell, Oliver 264

Deutscher Orden 127, 129f.
Diaz, Bartholomäus 146
Dictatus Papae 29
Diderot, Denis 236
Dominikaner 78, 123, 156, 177
Dreifelderwirtschaft 73, 126
Dreißigjähriger Krieg 195f., 207-210, 212f., 232, 249
Dresden 229f., 234f., 254f.

Eck, Johannes 178
Edikt von Nantes 206, 223, 232
Edward I., Kg. v. England 260
Edward III., Kg. v. England 120
Einhard 9, 16
Elisabeth I., Kgn. v. England 203f.
England (Großbritannien) 10, 43, 45, 68, 95, 106, 111, 120f., 125, 160, 196, 202ff., 207f., 213, 223, 241, 247, 257ff., 262, 264, 270f., 275, 277
Entdeckungen 137f., 146-150, 157
Erbrecht 12, 18, 22f., 45, 79, 114, 117
Evangelische 171f., 196, 198, 207, 213

Familie 75, 79, 91, 96, 102, 132, 141, 161, 164, 183, 219, 221, 238, 268
Fehdewesen 92, 113
Ferdinand I., dt. Ks. 192
Ferdinand II., dt. Ks. 207ff., 213
Ferdinand I., Kg. v. Aragon 122f., 147
Florenz 139ff., 167f.
Franken(reich) 8ff., 12, 16-20, 26, 34, 37ff., 54, 125
Franklin, Benjamin 269, 271f.
Frankreich 14, 21, 35, 48, 68, 106, 111, 119f., 132, 160, 190ff., 196, 202, 206, 209, 212f., 215, 217, 223-227, 231f., 234, 241, 259, 264, 273, 275
Franz I., Kg. v. Frankreich 119, 163, 189
Frauen 23, 41, 75, 87f., 93, 98, 103, 153, 175, 230, 234, 279

Friedrich I. Barbarossa, dt. Ks. 7f., 36f., 40-45, 50, 68, 89
Friedrich II., dt. Ks. 45-49, 51, 113
Friedrich I., Kf. v. Brandenburg 116f.
Friedrich II., Kf. v. Brandenburg 117
Friedrich V., pfälz. Kf. 207f.
Friedrich I., Kg. in Preußen 232
Friedrich II., Kg. v. Preußen 231, 233, 239-245, 252f.
Friedrich III., der Weise, Kf. v. Sachsen 179, 181
Friedrich Wilhelm, Kf. v. Brandenburg 232f.
Friedrich Wilhelm I., Kg. in Preußen 233, 239
Frondienst 14, 76f., 86, 107, 183f., 251
Frühkapitalismus 164
Fugger 161ff.

Galilei, Galileo 143, 145, 165-169
Gama, Vasco da 147
Gefolgschaft 11f.
Gegenreformation 198, 207, 213
Geistliche 11f., 16, 21, 28, 41, 44, 48, 58, 69, 70, 88, 118, 120, 175f., 199, 202ff., 218, 244
Geld(wirtschaft) 14, 47, 77, 86, 92, 100, 116, 122, 125, 141, 153, 161f., 164, 225ff., 229, 240, 245
Genf 196, 200ff.
Georg III., Kg. v. England 257, 273
Gerichtsbarkeit 92f., 95, 101, 117, 120f., 123, 183f., 222, 240, 251, 259, 265, 274, 277
Geusen 205
Gewaltenteilung 274, 277
Gilde 95
Glaubens
– fragen 172, 175-178, 180, 190, 192, 197, 199, 201, 207f., 213, 223, 245, 258, 266ff.
– kämpfe 172, 191, 195f., 206, 208f.
– spaltung 172, 192f., 195, 199
Glorious Revolution 264, 277
Goldene Bulle 114f., 135
Goldene Horde 130
Gotik 54f.
Gottesgnadentum 218, 223, 236, 262
Grafen 11f., 19, 26, 228, 259f.
Gregor V., Papst 24
Gregor VII., Papst 28ff., 32
Grenzmarken 10
Griechen(land) 140, 143
Grundherr(schaft) 14f., 72, 76f., 86, 107, 120, 125f., 183
Gustav II. Adolf, Kg. v. Schweden 195, 209f.
Gutenberg, Johannes 144

Habsburger 113f., 119, 135, 162ff., 207, 213, 244
Handel 47, 64, 92, 95, 100, 104ff., 116, 127, 130, 141, 146, 148, 153, 158-161, 164f., 201, 221, 227, 229, 232, 258, 268ff.
Handwerk(er) 65, 83, 85, 91f., 95-98, 102, 122, 161, 201, 221, 227ff., 269
Hanse 104ff., 117, 127
Hausmacht 113, 119, 135
Heiliges Römisches Reich Deutscher Nation, s. Reich
Heinrich I., dt. Kg. 19ff.
Heinrich II., dt. Ks. 7, 26
Heinrich III., dt. Ks. 26ff., 83
Heinrich IV., dt. Ks. 26, 29-33, 51

Heinrich V., dt. Ks. 26, 33, 40, 43
Heinrich VI., dt. Ks. 44f., 89
Heinrich VI., Kg. v. England 261
Heinrich VII., Kg. v. England 121
Heinrich VIII., Kg. v. England 203
Heinrich IV., Kg. v. Frankreich 206
Heinrich der Löwe, Hg. v. Sachsen 42ff., 46
Heinrich der Stolze, Hg. v. Sachsen 40, 43
Herzöge 10, 12, 19, 21, 43, 101, 134
Hexen(verfolgung) 175
Hörige 14f., 77, 83
Hof(staat) 13, 16f., 21, 62, 69, 86, 88, 118, 131, 134, 174, 176, 219f., 228, 230, 234
Hohenzollern 116f., 202, 232
Hufe 14f.
Hugenotten 206, 223, 232
Humanismus 140
Hundertjähriger Krieg 111, 120
Hungersnöte 64, 72f., 165, 195f., 211, 221
Hus, Jan 118, 173, 179
Hussiten 118
Hutten, Ulrich von 182

Ignatius von Loyola 197
Indianer (Indios) 149, 152, 154–157, 267ff., 275, 278f.
Indien 137, 146ff., 150, 160, 165, 227, 241
Inkareich 155
Innozenz III., Papst 46
Innozenz IV., Papst 48
Inquisition 123, 166f., 169, 197
Interregnum 113
Investitur(streit) 8, 29, 31, 33, 40, 42, 51
Isabella I., Kgn. v. Kastilien 122f., 147, 155
Islam 37, 112, 122
Italien 8, 22ff., 26, 28f., 32f., 42, 45f., 48, 51, 95, 119, 132, 137f., 140f., 158, 161, 165f., 174, 190, 196, 230
Iwan III., Zar v. Rußland 131

Jakob I., Kg. v. England 262
Jakob II., Kg. v. England 264
Jeanne d'Arc 121
Jefferson, Thomas 272, 275
Jerusalem 34, 35–39, 45, 47, 67
Jesuiten 169, 197f., 207, 213
Johann der Beständige, Kf. v. Sachsen 185, 188
Johann Friedrich I., Kf. v. Sachsen 191
Joseph II., dt. Ks. 244f., 252f.
Juden 35, 41, 100, 122f., 132, 161

Kaiser(tum) 7f., 17f., 22ff., 26, 32f., 35, 42, 45, 46, 48f., 51, 111, 115, 119, 135, 163, 172, 179f., 189, 208f., 212
Kant, Immanuel 236
Karl der Große, Ks. 7–12, 16–19, 22, 24, 34, 51, 68, 93
Karl II., der Kahle, Ks. 13, 18
Karl IV., dt. Ks. 111, 114
Karl V., dt. Ks. 119, 163f., 171f., 179f., 189ff., 193, 197, 199
Karl I., Kg. v. England 263f., 268
Karl II., Kg. v. England 264f.
Karl VII., Kg. v. Frankreich 121
Karl XII., Kg. v. Schweden 249
Karolinger 9, 17f., 73
Katharina II., Zarin v. Rußland 250ff.
Katholiken, Katholizismus 8, 10, 128, 172, 180, 190, 192, 196–200, 203, 205ff., 212, 223, 234, 245, 264, 268
Kaufleute 92f., 95, 98, 100f., 103–106, 128, 141, 158, 160f., 165, 201, 221, 227f., 238, 262, 269f., 275
Ketzer 118, 121, 123, 166, 168f., 171, 173, 178ff., 197, 223
Kiewer Reich 130
Kinder, Kindheit 62, 75, 82, 99, 153, 197, 221, 237f., 244, 251, 279
Kirche(n) 8, 11, 16ff., 28, 30, 33f., 51–55, 57, 64, 67ff., 79f., 82f., 111f., 118f., 123, 128, 130f., 135, 145, 165, 168f., 172ff., 176f., 180, 188–191, 193, 197, 199–204, 246, 250, 254f., 259
Kirchenbann 29–33, 47f., 51, 178f., 193
Kirchenreform 28, 31, 33, 118, 135, 173, 178, 197, 213
Kirchenstaat 174
Kloster 11f., 14f., 20, 28, 57, 62, 67f., 78–83, 92, 95, 107, 116, 124f., 173, 183, 188, 245
Klosterreform 28
Knox, John 204
König(tum) 7–14, 17, 19, 21f., 29f., 32, 40, 45ff., 51, 83, 92, 100f., 112–116, 120f., 129, 215–221, 258f., 262, 265
Königsboten 11
Kolonie(n) 156, 158, 160, 164, 189, 213, 227, 241, 257f., 266, 268–273, 275
Kolumbus, Christoph 137f., 147ff.
Konfession 171f., 192, 196, 202, 207, 213
Kongreß (amerikanischer) 274, 277
Konrad I., dt. Kg. 18f.
Konrad II., dt. Ks. 26
Konrad III., dt. Kg. 40
Konrad IV., dt. Kg. 49, 113
Konrad der Rote, Hg. v. Lothringen 20f., 26
Konradin, Kg. v. Sizilien 49
Konstantinopel 34, 112
Konstanze, dt. Ksn. 45f.
Konzil 148, 135, 178, 180, 190, 199
– von Lyon 48
– von Konstanz 118, 173
– von Trient 191, 199
Kopernikus, Nikolaus 137, 145, 165ff., 169
Kreuzfahrerstaaten 36f.
Kreuzzüge 8, 34–39, 45, 47f., 51, 62, 122, 127, 146
Kurfürsten 114–117, 119, 135, 163, 179

La Fayette, Marquis de 273
Landesausbau 124–128
Landesfürsten(tum) 106, 112, 117, 119, 172, 183, 193, 212, 238
Landesherr(schaft) 106, 113, 116f., 135, 161, 183, 188, 193 196
Landeskirchen 172, 188, 193, 202
Landfrieden 113, 116
Landwirtschaft 14, 59f., 64, 70, 72–75, 77, 107, 125f., 156, 240, 245, 269, 270
Langobarden(reich) 10, 17
Las Casas, Bartholomé 156
Lehen, Lehnswesen 8, 12f., 28, 41f., 45f., 48, 86, 113, 116, 127
Leibeigene 14, 93, 184, 245, 251
Leo III., Papst 16
Leo IX., Papst 28
Leo X., Papst 141, 174, 176f.
Leonardo da Vinci 142f.
Liga (katholische) 207ff.
Lombardei 22, 32, 42, 44
London 105, 141, 203, 230, 259, 263f.
Lothar I., Ks. 18
Lothar III., dt. Ks. 40, 43
Lothringen 19ff., 28, 35, 121, 192

Ludwig II., der Deutsche, fränk. Kg. 18
Ludwig XIV., Kg. v. Frankreich 215–220, 222–228, 253, 264
Lübeck 103, 105f., 126
Luther, Martin 84, 171f., 175–180, 184–188, 193, 199, 200f., 203
Luxemburger 114, 116

Magellan, Fernando 138
Magna Charta 259, 277
Mailand 29, 42, 119, 141f.
Manufaktur 226f., 229, 232, 248
Maria I., die Katholische, Kgn. v. England 203
Maria von Burgund 119
Maria Stuart, Kgn. v. Schottland 204
Maria Theresia, Kaiserin 241f., 244
Markt 92–95, 98, 101f., 126, 153
Marktfrieden 92f.
Marktrecht 92f.
Mathilde, dt. Kgn. 20
Mathilde von Tuszien 32
Mauren 34, 122f.
Maximilian I., dt. Ks. 119, 178
Maximilian I., Hg. v. Bayern 207
Maximilian II. Emanuel, Kf. v. Bayern 229
Mayflower 266
Medici
– Cosimo 141
– Lorenzo di 142
– Katharina di 160
Mehmed II., türk. Sultan 131
Melanchton, Philipp 171, 178, 188f.
Menschenrechte 272
Merkantilismus 227, 229, 240
Mexiko 151, 154
Ministeriale 41
Mission(ierung) 23f., 51, 124, 155f., 197
Mönch(tum) 28, 48, 62, 68, 78–83, 107, 124, 127f., 144, 173, 176f., 198
Monarchie 114f., 120
– absolute 216, 236, 257f.
– konstitutionelle 264
Monopol 161f.
Montezuma II., Aztekenfürst 152, 154
Moritz, Kf. v. Sachsen 191f.
Moskau 130f., 246f., 249
Müntzer, Thomas 185, 193
Muslime (Moslems) 36, 38f., 122, 127

Nation(alstaat) 112, 118, 120f., 128, 135, 138, 160, 245, 248, 275
Naturrecht 236
Newton, Isaac 237
Niederlande 106, 119, 160, 196, 202, 204f., 207, 212f., 223, 225, 232, 264, 273
Nikolaus II., Papst 28
Nonnen 68, 79, 107
Nordischer Krieg 249
Normannen 28, 32, 34, 47, 121, 130, 259

Oberhaus (House of Lords) 260, 261, 264
Österreich 43, 113, 118f., 163, 213, 241, 244f., 251f.
Orden 78f., 81, 99, 123f., 127, 176, 197f.
Orthodoxe Kirche 130f., 250
Osmanisches Reich 251
Ostfrankenreich 18
Ostsiedlung 124–127, 135
Otto I., dt. Ks. 7f., 19–23, 26, 51
Otto II., dt. Ks. 22f.
Otto III., dt. Ks. 23–26
Otto IV., dt. Ks. 46

Register

Ottokar II., Kg. v. Böhmen 113
Ottonen 20

Papst(tum) 8f., 16, 22, 26, 28ff., 32f., 42, 44ff., 48, 51, 113f., 118, 123, 135, 140, 142, 150, 155, 167, 174ff., 178ff., 188, 191, 193, 197ff., 203, 207
Paris 14f., 121, 201, 206, 218, 224, 226
Parlament 203, 260-265, 270
Patrizier 95, 102f., 107, 161
Pest 60, 77, 112, 132, 135, 174
Peter I., Zar v. Rußland 229, 247ff., 253
Petersburg 229, 249f.
Pfalz 17, 19, 26, 92, 202, 207f., 211, 225
Pfälzischer Erbfolgekrieg 225
Philipp von Schwaben, dt. Kg. 46
Philipp II. August, Kg. v. Frankreich 37, 45
Philipp VI., Kg. v. Frankreich 120
Philipp der Schöne, Erzhg. v. Österr. 119
Philipp II., Kg. v. Spanien 160, 197, 199, 204f.
Philosophie 137, 140, 236, 239
Pilger 80f., 83, 127
Pilgerväter 266f.
Pippin III., fränk. Kg. 9
Pizarro, Francisco 155
Polen 24, 116, 125, 127ff., 202, 234, 252
Polo, Marco 146
Portugal 138 146f., 150, 158, 160
Prager Fenstersturz 207
Pragmatische Sanktion 244
Preußen 212, 223, 229, 232-235, 239-242, 244, 250-253
Priestertum 19, 21, 28, 86, 93, 118, 153f., 173f., 176, 178, 199
Privilegien 92, 113, 164
Protestanten 190ff., 196, 199f., 207ff., 213, 223, 254, 264
Puritaner 204, 266, 268f.

Reconquista 122
Reformation 135, 171f., 178, 181f., 184, 190, 193, 196, 202, 204, 213
Reformierte Kirche 202
Regalien 33, 42, 44
Reich 10, 18, 21, 23f., 26, 29f., 33, 42, 44f., 49, 51, 83, 113-117, 119f., 127, 134f., 179, 189, 208f., 212f.
Reichs
- acht 43, 178f., 181, 193, 207
- bischöfe 21
- fürsten 33, 40, 43-46, 51, 92, 113f., 125f., 135, 161, 174, 179, 189, 191, 209
- insignien 22f., 29, 33
- kirchensystem 21
- klöster 83
- rat 114
- ritter 182f.
- städte 90, 93, 101, 113, 190ff.
- stände 180, 190ff., 212
Religion 51, 100, 122, 138, 154f., 167, 169, 172, 174, 182, 190f., 207, 212, 222f., 240, 264, 268
Renaissance 139f., 165, 174
Richard I. Löwenherz, Kg. v. England 37, 45
Richelieu, Armand 209
Ritter 12, 19, 34, 36, 38f., 41, 44, 51, 70, 86ff., 100, 107, 111f., 116f., 120, 122, 182
Ritterorden 122
Rom, Römer 8, 10, 16ff., 22, 24, 26, 28, 30ff., 52, 67, 92, 131, 140f., 161, 166, 169, 174, 176, 178, 188, 203

Römisches Reich 17, 24, 51
Romanik 52f.
Rousseau, Jean-Jacques 238
Rudolf I. von Habsburg, dt. Kg. 113f.
Rurik 130
Rußland 95, 128, 130f., 135, 229, 241, 246-252

Sachsen 10 18f., 29, 40, 42f., 114, 118, 188, 229, 234f.
Saladin, Sultan v. Ägypten 37, 45
Salier 26f., 40, 52
Sarazenen 47f., 51
Schisma 33, 118
Schlacht
- bei Bouvines 46
- bei Crécy 111, 120
- bei Frankenhausen 185
- bei Hastings 120f., 259
- bei Kunersdorf 241
- bei Lützen 195
- bei Mühlberg 191
- bei Tannenberg 127
- am Weißen Berge 208
Schlesien 118, 135, 241, 244
Schmalkaldischer Bund 191
Schmalkaldischer Krieg 191
Schottland 202, 204, 263
Schule 14, 16, 57, 62, 82, 95, 133, 144, 153, 188, 237f., 244, 251
Schwaben 19, 30, 40, 164
Schweden 130, 195, 208f., 212f., 249
Schweiz (Eidgenossenschaft) 119, 196, 202, 212
Seuchen (Epidemien) 60, 91, 99, 132, 155, 165, 195f., 221
Sickingen, Franz von 182
Siebenjähriger Krieg 241, 253f.
Sigismund, dt. Ks. 116, 118
Silvester II., Papst 24
Simonie 28
Sizilien 8, 28, 34, 44-49, 51 113
Sklaven 153, 155ff., 269
Slawen 23f., 42f., 59, 116, 124, 126, 130
Söldner 161, 208, 211, 224, 233
Spanien 10, 34, 51, 112, 119, 122, 138, 146f., 150-158, 160, 162f., 179, 196f., 204f., 207, 225, 273, 275
Speyer
- Reichstag von (1526, 1529) 190
Spiritualien 33
Staat 12, 33, 36, 47, 51, 117, 127, 130, 197, 216f., 222, 224ff., 233f., 236, 242, 244f., 251, 253, 258
Staatskirche 203, 264
Städte 42, 44, 47f., 51, 58, 60, 64, 68, 70, 77, 90, 100-109, 112, 116f., 124, 126, 138, 141, 144, 153, 156, 165, 183, 187, 211, 228, 260, 269
Stadtgründung 60, 92f., 101, 124, 126
Stadtrat 101ff., 107, 141, 161
Stadtrecht 92f., 95, 101f., 124, 126
Stammesherzogtum 18, 20f.
Stand (Stände) 58, 69, 86, 92, 107, 113, 116f., 120, 181f., 218, 220, 222, 253, 265
Staufer 8, 40, 42f., 46, 49, 51
Stehendes Heer 121, 224, 232, 265
Stephan I., Kg. v. Ungarn 24
Steuben, Friedrich Wilhelm v. 273
Steuern 100, 102, 106, 117, 120, 122, 183, 204, 221f., 226f., 229, 232f., 244f., 248, 251, 258ff., 263, 265, 270, 272

Suleiman II., türk. Sultan 189
Synode 16, 28
- von Sutri 26
- von Brixen 32

Tassilo III., Hg. v. Bayern 10
Tataren 130f., 135
Tenochtitlan 152f., 154
Territorium 84, 116f., 119f., 135, 212
Tetzel, Johannes 177
Theophanu, dt. Ksn. 23
Tilly, Johann 208ff.
Toleranz 123, 240, 245
Türken 112, 135, 146, 189, 190f., 252

Unabhängigkeitserklärung 257, 271ff.
Unabhängigkeitskrieg 273, 277
Ungarn 10, 21, 24, 119, 125, 189, 190, 202
Uniformitätsakte 203
Union (protestantische) 207f.
Universitäten 47, 117, 133, 137, 144, 167, 176
Unterhaus (House of Commons) 260, 262ff.
Unternehmer 161, 164f.
Unterschicht 99, 103, 269
Urban II., Papst 34
USA, s. Vereinigte Staaten von Amerika

Vasallen 12f., 51, 260
Venedig 146, 161, 167
Vereinigte Staaten von Amerika (USA) 156, 258, 271, 273ff., 277
Verfassung 129, 274, 277
Verleger(system) 161, 164f.
Versailles 216-220, 222, 229, 234, 253
Vertrag
- von Verdun 18
- von Tordesillas 150
Vespucci, Amerigo 150
Voltaire, eigtl. François Marie Arouet 239, 250

Wahl(en) 18f., 26, 28, 30-33, 40, 42, 46, 113ff., 119, 129, 163, 270, 274, 277
Waldemar IV., Kg. v. Dänemark 106
Wallenstein, Albrecht von 208f.
Waräger 130
Washington, George 273, 275
Welfen, 40, 42f., 45f., 92
Weltbild 137, 145, 165-169
Westfälischer Frieden 212f.
Westgoten 122
Wien 189f., 229, 244
Wikinger 18, 21
Wilhelm I., der Eroberer, Kg. v. England 28, 120, 259
Wilhelm III. v. Oranien 264f.
Wirtschaft 83, 105, 107, 123, 127, 134, 138, 141, 226, 240, 262, 269
Wissenschaft 38, 47, 133, 140-145, 165, 167, 169, 237, 248
Wittelsbacher 43, 114, 116
Worms(er)
- Konkordat (1122) 33
- Reichstag (1521) 179f., 180, 190, 193
- Edikt (1521) 181, 190f.

Ziska, Jan 118f.
Zisterzienser 78, 124f.
Zölle 92f., 102, 104f., 227, 262, 270
Zunft 96ff., 102f., 107, 161

Bildnachweis

Agence Photographique de la Réunion des Musées Nationaux, Paris: 9 u, 34, 46, 221 r
Archiv für Kunst und Geschichte, Berlin: 48, 87 r, 88, 89 r, l, 100, 121, 126 r, 132 o, 145 o, 174 o, u, 179, 182, 183, 184, 187 u, 188, 191, 199, 207, 210, 217, 219, 220 l, r, 221 l, 231, 233, 239, 240 u, 242, 243 r, 250, 252, 259 u, 263, 272, 273 u, 276 o, u
Archiv der Hansestadt Lübeck: 105 u
Archives Prehistoric Europe, H. Meyer, Tapfheim: 90 o
Askani, Dr. B., Schwetzingen (Zeichnungen): 12, 13, 17, 54 l, r, 55 o, 66, 70, 80/81, 104, 144 o, 228
Batchelor, J.: 147 u
Baumbusch, U., Heidelberg: 38 u, 39 li
Bavaria, Gauting: Foto: H. Hartmann, 470, Foto: A. Williams, 203, Foto: Picture Finders, 274 u l, r, Foto: G. Beck, 274 u m
Bayerische Staatsbibliothek, München: 31
Bayerisches Hauptstaatsarchiv, München: 24
Bayerisches Nationalmuseum, München: 102
Biblioteca del Archivo General de la Nacion, Mexiko: 152 o, u
Biblioteca Vaticana: 16, 32 o
Biblioteca nazionale, Florenz: 166 l
Bibliothèque Publique, Dijon: 79 u
Bibliothèque Publique et Universitaire, Genf: 205
Bibliothek der New York Academy of Medicine, New York: 143 o
Bibliothèque des arts décoratifs, Paris: 156
Bibliothèque Nationale, Paris: 35, 37 u, 38 r, 59 u, 111, 134 o, 211, 218 u, 237
Bibliothèque Royal Albert, Brüssel: 100 u
Bildarchiv Preußischer Kulturbesitz, Berlin: 9 o, 37 o, 98, 117 u, 118 u, 123 o, 127, 129, 133, 141 o, 145 u l, r, 147 o, 151 o, 154 u, 157 o, 160 o, 167 o, 169 o r, 185 o, 186 o, 192, 226, 232, 236 u, 264
Blase, D., Steinfurt: 93, 125, 181 u l
British Library, London: 56/57, 75 l, 79 o, 103, 259 o, 262, 265 u
British Museum, London: 265 o
Brüdern, J., Braunschweig: 43 l
Bundschuh-Genossenschaft, Schwabhausen: 187 o
Burgerbibliothek, Bern: 28, 36, 45 u, 118 o
Collection of the New York Historical Society, New York: 256/257
Collection Musée des Beaux Arts (Foto: MCBA-JC Ducret), Lausanne: 206
Dagliorti, Paris: 153 o
Derenne, A., Paris: 55 r
Det kongelige Bibliothek, Kopenhagen: 82 l, 155, 201
Deutsches Historisches Museum, Berlin: 94
Deutsches Hugenottenmuseum, Bad Karlshafen: 200
DLR Weßling, Oberpfaffenhofen: 166 r
Edition Temmen, Bremen: 248 o
Eulenspiegel Verlagsgesellschaft, Berlin: 173, 178 o, u
Freies Deutsches Hochstift, Goethehaus (Foto: U. Edelmann), Frankfurt/M.: 238 o
Fremdenverkehrsamt der Stadt Ochsenfurt: 68 l
FUB, Institut für Allgemeine Zoologie, Berlin: 240 o

Gallimard Jeunesse, Paris: 168, 278
Generallandesarchiv, Karlsruhe: 228
Georgi, Chr., Schneeberg: 162
Germanisches Nationalmuseum, Nürnberg: 72, 108 u, l, m, 114, 136/137, 176
Giraudon, Vanves: 87 l, 134 u, 214/215, 218 o, 222, 236 o
Hansestadt Lübeck, Amt für Archäologische Denkmalpflege: 64, 109 u l, r
Heinrich, Reutlingen: 68 m
Herzog August Bibliothek, Wolfenbüttel: 20 u, 43 r, 181 u r
Herzog Anton Ulrich Museum (Foto: B. P. Kaiser), Braunschweig: 161, 194/195
Hessische Landes- und Hochschul-Bibliothek, Darmstadt: 29
Hessische Landesbibliothek, Handschriftenabteilung, Fulda: 45 o
Historisches Museum, Frankfurt/M.: 99
Historisches Archiv der Stadt Köln (Foto: Rheinisches Bildarchiv): 23
Historisches Museum der Pfalz (Foto: Diehl), Speyer: 33 o, 113
IBM Stuttgart: 254, 255 l, r
Jeiter, M., Morschenich: 42
Jung, Hilchenbach: 132 u r
Jürgens, Berlin: 106, 127 u, 130, 131 u, 171/172, 177 u, 180, 181 o, 185 u, 190, 243 l
Karpinski, J., Dresden: 230 o
Kestner-Museum, Hannover: 40 o l
Klammet, Ohlstadt: 55 u
Klöckner, J., Köln: 223 u
Kunsthistorisches Museum, Wien: 22 l, r, 63, 65, 229, 224
Kunstsammlungen der Feste Coburg, Coburg: 208 o, u
Kyffhäuser Fremdenverkehrsverband e.V. (Foto: Görtz), Frankenhausen: 50
Loose, H., Buggingen: 175 u, 177 o
Mainfränkisches Museum (Foto: Amt für Öffentlichkeitsarbeit und Statistik), Würzburg: 230 u
Mauritius, Mittenwald: Foto: Thonig, Titel, Foto: Mehlig, 20
Medialog, Hamburg: 84 l, r
Mittelalterliches Kriminalmuseum, Rothenburg o. d.T.: 169 m, u
Mix, Miguel Rojas, Paris: 149
Musée de l'Assistance Publique – Hòpitaux de Paris, Paris: 99 r
Museo di Storia della Scienza, Florenz: 167 u
Museum für Angewandte Kunst, Köln 64 r
Museum Hameln, Hameln: 62 l
Museum für Kunst- und Kulturgeschichte (Foto J. Jäger, Badendorf), Lübeck: 62 r, 106 u, 108 u r
Museum für Staatsgeschichte, Moskau: 246
Museum zu Allerheiligen, (Besitz der Peyerschen Tobias Stimmer-Stiftung), Schaffhausen: 61
Museumsdorf Düppel, Berlin: Foto: Dr. A. Förster, 71, Foto: D. Todtenhaupt, 75 r
Nationalbibliothek, Paris: 138
Neef, G., Brühl: 91
Niedersächsische Staats- und Universitätsbibliothek, Göttingen: 119 o
Österreichische Nationalbibliothek, Wien: 14/15, 41, 74, 116
Philadelphia Museum of Art. Gift of Mrs. John D. Rockefeller, Philadelphia: 269 o, m, u

Pilgrim Society, Massachusetts: 266
Readers Digest, London; 279 r o, r u
Reichert Verlag, Wiesbaden: 82 r, 83
Rheinisches Bildarchiv, Köln: 21
Rijksmuseum, Amsterdam: 160 u
Rizzoli, Mailand: 86
Royal Collection, Her Majesty Queen Elisabeth II., Windsor: 261
Sächsische Landesbibliothek/Deutsche Fotothek, Dresden: Foto: Richter, 234, Foto: Hutter, 254, Foto: Peatzold, 273
Scala, Antella: 44, 139 r, 140 u, 142 o, 197
Schneiders, T., Lindau: 164 u
Seltmann, Dr. Th., Erlangen: 58
Spiegel Verlag, Hamburg: 175 o
Staatliche Graphische Sammlung, München: 238 u
Staatliche Kunstsammlungen, Porzellansammlung, Dresden: 235 o, u
Staatliche Münzsammlungen, München: 40 u, 164 o, 223 l, 274 l
Staatliche Museen zu Berlin, Preußischer Kulturbesitz, Münzkabinett (Foto: R. Saczewski), Berlin: 9 m
Staatliche Museen, Gemäldegalerie Alte Meister, Kassel: 209
Staatsbibliothek zu Berlin, Preußischer Kulturbesitz, Berlin: 26, 33 u
Städelsches Kunstinstitut (Foto: U. Edelmann), Frankfurt/M.: 95
Stadt Speyer (Foto: K. Hofmann): 53 u
Stadt Augsburg, Kunstsammlungen: 198 r, 212
Stadtarchiv (Foto: D. Rixe), Braunschweig: 92
Stadtarchiv, Worms: 30
Stadtbibliothek, Nürnberg: 96 u, 97
Stamm, Gießen: 151 o
Stavginski, H., Wiek/Rügen: 59
Sturm, K., Stadtbergen: 224
Tappeiner Werbefoto AG, Lana: 11
The Bodleian Library, Oxford: 153 u
Thüringer Universitäts- und Landesbibliothek, Abt. Handschriften und Sondersammlungen, Jena: 32
Ullstein Bilderdienst, Berlin: 270
Universitätsbibliothek, Heidelberg: 76
Unversitätsbibliothek Jagiellonskii, Krakau: 96 o
Verkehrsamt der Stadt Nördlingen: 90 u
Wallraf-Richartz-Museum (Foto: Rheinisches Bildarchiv), Köln: 139 l
Wirtz Verlag (Foto: F. J. Klimm), Speyer: 52 o, u, r
Wolff-Seybold, H., Konstanz: 49
Zeiss, Carl, Oberkochen: 228 r